■本课题研究得到山西黄宝山高科技有限责任公司的资助，特此感谢。

▶ 教育部人文社会科学研究"十五"规划项目

正确思维的基本要领

当代青少年综合思维方法研究

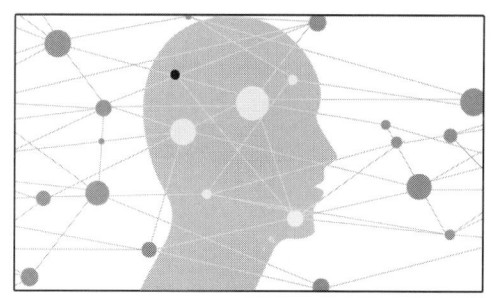

◎ 思维要确定
◎ 思维要具体
◎ 思维须质疑
◎ 思维要柔软

■ 张晓芒 / 著

BASIC ESSENTIALS
OF RIGHT THINKING

中央编译出版社
Central Compilation & Translation Press

目 录

开篇的话:如梦的人生场景与正确的思维 …………………………… 1

第一章　逻辑思维的基本要领 ………………………………… 9

　　人不能两次踏入同一条河流。人能不能一次踏入同一条河流?在一定的条件下,思维认识对象的是什么,又不是什么?我们怎样想清楚、说清楚、写清楚?这是有效的人际沟通中必须要考虑的问题。

一、咬定青山不放松——思维要确定 ………………………………… 9

　　有效的沟通交际没有什么窍门,它只是一些大家"共许"的思维游戏规则的分享和熟练运用。理解、掌握并熟练运用这些规则,可以让我们体味并享受思想交锋的快乐。

二、定乱扶衰于一尊——确定性与逻辑思维规律的关系 ……… 21

　　强制性的逻辑思维规律,是确定性的有序展开与保证,也是破斥谬误与诡辩的利器。确定性是逻辑规律的概括与体现,逻辑规律则是确定性的有序展开与保证。

三、考名责实——概念要确定 ……………………………………… 35

　　人究竟是什么?霸权是褒义词还是贬义词?在人际沟通中,只有认识概念的本质及逻辑特征,才能理解、掌握并应用有关概念的一些简单逻辑方法,并在"通意后对"的基础上,展开有效的沟通交际。

四、是非两明——判断要恰当 ……………………………………… 60

　　任何一个判断都有其确定的断定内容,在同一思维过程中,肯定什么和否定什么必须要明确。判断的这个逻辑性质,目的是要消除日常语言的歧义性，从而以明确断定内容的判断，加强人们相互之间的沟通。

五、珠连绳贯——推理论证要首尾一贯 ························ 82
所谓的"推理论证要首尾一贯"，首先是指思维的对象要逻辑一贯地确定，其次是指论证过程中的前提与结论的逻辑一贯性。

六、言不诡随——问句的合理性与确定性意识 ·················· 93
问什么问题，怎样问问题，有一个逻辑合理性的问题。问句没有真假问题，但问题中隐含的预设有真假，并由此决定了问句问的是否成立，是否确切，是否有意义。

七、小道大成——写作中的一点"讲究"与确定性意识 ·········· 106
"想清楚"、"说清楚"、"写清楚"的逻辑能力，也表现在写作中的一些细小要求上。文章的写作，既有真理的标准，又有逻辑的标准，同时还有美学的标准。

第二章 辩证思维的基本要领 ······························· 127
把一枚硬币抛上去，当它掉下来的时候，正好插在一堆烂泥里。这枚硬币究竟是这面朝上还是那面朝上？真理都是具体的。具体的思维可以使发展的理性认识真正把握不断发展变化的事物，不至于落入绝对主义或相对主义的思维陷阱里。

一、柳絮飞来片片红——思维要具体 ························· 127
夕阳返照桃花坞，柳絮飞来片片红。辩证地认识事物，就是要在具体的认识活动中，从具体事物联系和存在的条件出发，把握事物的具体规定性，从而把握事物存在和发展的特殊性。

二、变则通，通则久——具体性与确定性的关系 ·············· 131
世界上唯一不变的法则是永远在变。我们的思维只能随着事物、认识的变化而变化，从而在变化了的具体场景中，对事物作出确定性的判断。

三、孤亭一目尽天涯——整体思维的原则 ···················· 136
在认识事物的过程中，只有正确反映事物的思维观念有思维的整体性，我们才能对事物作更深、更远的思考，不至于"盲人摸象"。

四、权之轻重度短长——全面认识的原则 ············· 150
　　现实生活中,对许多事物的判断,不能绝对地肯定或绝对地否定。全面考察事物,有助于我们去发现矛盾、分析矛盾,谋求合理解决矛盾的正确途径。

五、一枝一叶总关情——系统思维的原则 ············· 167
　　任何事物都可以体现为一个由要素构成的系统,对事物细枝末节的大而化之,都会妨碍修正对事物情况的是非判定。

六、本末始终无不察——联系的观点与认识 ············· 175
　　祸福相依,否极泰来。任何两个事物都会有一定的联系,矛盾分析法可以使我们从事物的相互联系、相互转化出发,避免僵化的思维导致僵化的结果。

七、大辂椎轮竟如何——发展的观点与认识 ············· 189
　　没有绝对的是非,只有确定条件下的具体是非。具体是非取决于事物发展变化的条件与根据。即所谓"明日黄花蝶也愁"。

八、进退中绳不失正——儒道情怀的具体价值取向及思维方法论
　　意义 ·· 193
　　"天行健,君子以自强不息;地势坤,君子以厚德载物。"儒道情怀的思维方法论,可以让我们永远保持生命的韧劲。

第三章　批判性思维的基本要领 ············· 208
　　一切思索都开始于怀疑。一个问题只有被怀疑,才会被关注,被思考。一些怀疑通过评价性的思考走向肯定和认同,一些怀疑则因思考而深化,并由此走向创新之路。

一、疑者,觉悟之机——思维须质疑 ············· 208
　　如何以正确的评价,既批判性地认识事物,也批判性地认识自己?主动选择的思维方式,能够培养"为什么这样"、"是不是这样"的习惯,从而既批判性地认识问题,也批判性地认识自己。

二、寸玉之间有瑕瑜——怎样评价概念是否正确 ………… 219

　　借助于对概念的准确理解,我们可以明确理解某一事物的内涵和外延,从而把它与其他事物区别开来。而在这种评价过程中,既有逻辑的根据,也有背景的根据和常识的根据。

三、每疑丹青过其实——怎样评价判断是否恰当 ………… 225

　　一般来讲,任何一个论证的假设或预设都是以判断的形式出现的,因此,对于潜含虚假预设的客观描述,我们也只能对其进行批判性的评价。

四、长虑顾后终可继——怎样评价论证是否有效 ………… 231

　　在沟通交际的过程中,我们应该适时提问:论题成立不成立?论据真实不真实?前提假设成立不成立?理由充分不充分?前提与结论之间有没有联系?论证是否符合逻辑的要求与伦理的要求?推理可行不可行?存在不存在别的因素影响推理?

五、愚人千虑有一得——怎样评价"问题" ………… 238

　　在思考过程中,我们应该适时追问自己:如何寻找问题,问题是否存在?如何寻找理由,理由是否充分?如何寻找结论,结论是否成立?

六、疑似之间求无惑——怎样评价类比 ………… 252

　　对任何一个沟通中的类比,我们应该适时提出问题:两类事物之间有没有相同性或相似性?有没有相异性?有没有相关性?有没有遗漏的信息?类比是否具有一种实质合理性?有没有其他因素影响类比?

第四章　创新思维的基本要领 ………… 273

　　万花开处松千尺,群鸟鸣时鹤一声。创新是现实生活"逼迫"出来的。虽然在创新世界里"发现"永远比"存在"更重要,在创新活动中做个"疯子"远比做个"呆子"强,但我们依然需要遵循某种创新的科学性与人文性的"度"。

一、柳暗花明又一村——思维要柔软 ………… 273

　　什么是创新?创新就是以另辟蹊径的独特性、灵活性、综合性、批判性、人文性,展现了思维的柔软与灵活。

二、桃花胜景何处寻——如何灵活地思维发散 …………… 278
  对任何问题都要向自己提出三个基本问题:能不能取消? 能不能合并? 能不能用更简单的东西来取代? 一个思维发散的过程,发散方向越多,发散程度越高,发散质量也就越好,其解决问题的方案也就越具有灵活性。

三、归全反真察所由——如何灵活地思维收敛 …………… 290
  在一个创新思维过程中,单靠发散思维,虽然能够想出各种解决问题的方法,但究竟哪一种最好,需要运用收敛思维对所有的方法作出论证,经过反复沉淀、验证,集中导向,作出最佳的选择。

四、反身而观有洞天——如何灵活地反向思维 …………… 295
  在反向思维的过程中,不是一般地对作分析判断,而是灵活地打破逻辑思维的流向,完全把常规的、固定的思维逆转,以寻求解决问题的方案。

五、等闲识得春风面——如何灵活地直觉感受 …………… 302
  直觉思维是根据对事物的生动的知觉印象,跳过循序渐进的思维过程,直接把握事物的本质与规律,因此也是一种浓缩或省略的思维方法。说白了,就是"跟着感觉走"。

六、心有灵犀一点通——如何灵活地爆发灵感 …………… 309
  灵感思维往往是在显意识的思维活动受阻中断之后,在强烈的解决问题的欲望驱使下,调动了潜意识的功能,在潜意识中孕育成熟后,突然和显意识贯通,涌现在显意识中,使问题得以顺利解决。

七、大珠小珠落玉盘——如何自由地驰骋想象 …………… 315
  想象思维是在头脑中改造记忆表象而创造新的形象的思维过程,也是对过去已经形成的那些事物的联系方式灵活进行新的综合的过程。因此,它是一种对事物形象或概念的选择或重组。

八、山光水色总相依——创新思维与逻辑思维的关系 …… 324
  人的思维能力与素质作为一个整体,在认识世界、发现世界、改造世界的过程中,是多种思维能力的综合效应,它也必定是以人类最基本点思维方式——逻辑思维为基础。

九、从心所欲不逾矩——创新思维活动中的伦理确定性问题 …… 335

  创新活动中,虽然创新意志是自由的,但不等于说创新意志是随意的。任何创新都应该以其具有扩散价值的人文性和社会性,真正解决创新什么、怎样创新、为什么创新及为谁创新的问题。

参考文献 ·· 346
后记 ·· 349

开篇的话：如梦的人生场景与正确的思维

曾为许多梦中的场景着急、愤怒、难过、感动。遽然醒来，细品之后，觉得那真是一个个毫无逻辑可言的、荒诞无稽的故事。想必在梦境中，每个角色都在以弗洛伊德所言的"本我"式的思维运作，而醒来之后的荒诞感觉，已是在用带有公众意识的游戏规则以正常思维琢磨了。然而，在现实生活中，这种梦境般的人生故事却在到处上演着。我们应该怎样正确地思维？

随着社会的快速发展以及网络时代的到来，人们所接受的信息越来越多，人际沟通、交流也越来越频繁，竞争将越来越激烈。在这样的时代，我们每个人都想成为具有"与众不同的思维能力"的人，并以此为自己开辟向上的道路。但是，任何人的任一思维过程都是一个综合了各种思维品质的思维整体，其中包括逻辑思维、形象思维、辩证思维、批判性思维、创新思维等。在这样的整体思维过程中，我们很难分清哪一句话是什么思维，似乎有雾里看花、朦胧一片的感觉。但人类有效沟通、交际、论证的需要，仍然要求人们必须明晰不同的思维品质及其作用。这是因为，思维是一个理性认识的过程，它的目的在于有效地沟通、交际，有说服力地进行论证，从而恰到好处地表现自己，更准确地表述或论证一个思想。

请看下列几则例证。它们的说服力有无问题？

有同学十多年后相聚。某君一一问别人是怎么来的。有"打的"来的，某君说："潇洒，潇洒！"有自己开车来的，某君说："潮流，潮流！"有骑自行车来的，某君说："廉洁，廉洁！"有走着来的，某君说："健康，健康！"又有一位，见某君如此八面玲珑，便没好气地说自己是爬着来的，某君仍然面不改色心不跳地说:"稳当,稳当!"

有位刚搬新家的教授向新邻居打招呼:"你好!很高兴与你成为邻居。我是大学教授,在教逻辑推论。"

邻居问:"什么是逻辑推论?"

教授:"让我举个例子给你听好了。我看到你后院有个狗窝。据此,我推论你养有一只狗。"

邻居:"没错。"

教授:"从这个事实,我可以再推论出你有一个家。"

邻居:"也没错。"

教授:"既然你有一个家,我推论你已经有妻子了。"

邻居:"非常正确。"

教授:"那我可以进一步肯定你是一个异性恋。"

邻居:"这就是逻辑推论?真不错。"

过了几天,这位邻居对又一位邻居男士说:"刚搬来的新邻居有一个非常有趣的工作,在大学教逻辑推论。"

男士:"什么是逻辑推论?"

邻居:"让我举个例子给你听好了。你家后院有没有狗窝?"

男士:"没有。"

邻居:"OK,你是个同性恋!"

2004年8月,当俄罗斯别斯兰人质事件发生时,中央四套的《今日关注》在直播画面下方,滚动着一行字幕,要求短信竞猜:"俄罗斯人质危机目前共造成多少人死亡?"

我们该如何体味某君的判定标准?说其"辩证"?"创新"?而对于那位"糟蹋逻辑"的"逻辑教授",仅仅一笑了之也是不行的。至于揪心时刻的"短信竞猜",想必许多观众惊愕之后便是气愤了。

人们的沟通世界实际上是一个"交际场",人生就是一个不断推销自己、说服别人的过程。在这个"交际场"中,对待同一个问题,不同的知识水平、不同的思想观点、不同的社会经历,会给予人们不同的认识角度和主观态度。因此,在这个"交际场"中,由于每个人的知识和信念都处于一种独立平衡的状态,每个人都具有一个相对稳定的知识与信念域。也正是因为这种不一致，人们才需要沟通。正确的思维能够使不同的知识与信念域融会贯通，这样，在合作原则的基础上，每个人都为有效的沟通交际作出自己的贡献，使原有的独立平衡状态不断被否定，不断被提升。

例如，先秦时代的孟子曾经对杨朱①、墨子②大加挞伐："杨朱为我，是无君也；墨子兼爱，是无父也。无君无父，是禽兽也。"③孟子"稻草人"式的攻击，如何能够令人信服？

又如，2006年8月，有一家日本在华企业欲申注"三光"商标，被国家商标局依照《商标法》的规定，依法撤销了。但有人认为这是"错斩崔宁"，不能因古汉语水平不高就"迁怒"于"三光"④。对于"三光"问题的"批判性"评价，我们应该如何"批判性"地再评价？

又如，2007年某地公务员《行政职业能力测验》试题中，有四道辨析题，要求判断正误并说明理由。但有一些考生就是舍不得先写出"正确"（对）或"错误"（错）来。即使答对了，但也白白丢掉了应先得的1分。这些考生显然缺乏对辨析题答题要求的基本理解。而另有一些考生，偏偏要兜圈子地先判断"不完全正确"、"不完全错误"、"有片面性"等等，判卷老师也只好先扣他们1分。虽然这与这些年来一些教师对于哲学思维方法的过度渲染教育有关，即认为只要是辩证地分析，任何问题都可以解决，但这些考生对于辨析题的确定性要求不明晰也是一个原因。

这些问题也说明：在现实生活中，为了更完美地促进沟通与交流，我们要在正确的思维过程中体验思维活动中的方法与技巧，而任何思维活动中的方法与技巧又必然要求思维必须遵守一些"共许"的思维要领。否则，别人就要对你说"Game over"了。

---

① 杨朱，战国初期道家。主张"贵生"、"重己"。其中心思想为"为我"，意为不受外物的诱惑，一心一意地保全个人的天性和生命。

② 墨子，春秋战国之际思想家，墨家学派创始人。要求以"兼爱"、"非攻"的主张，达到天下"兼相爱"，"交相利"。

③ 《孟子·滕文公下》。

④ 《三字经》中有"三才者，天地人；三光者，日月星"；《庄子·说剑》也有："上法圆天，以顺三光；下法方地，以顺四时；中和民意，以安四乡。"

"要领"之"要",为古"腰"字;"领"为脖子。按《礼记·檀弓下》:"是全要领以从先大夫于九京也。"注曰:"全要领者,免于刑诛也。"疏曰:"古者罪重要(腰)斩,罪轻颈刑也。"由于长衣提起腰和领,襟袖自然平贴,后便比喻为主旨、纲领或事物的重点、关键。如《史记·大宛列传》:"(张)骞从月氏至大夏,竟不能得月氏要领。"思维的"要领",就是指思维的关键,或最基本的要点。

遵守"共许"的思维要领,有时未必是自觉的或自愿的,但却是现实的。这种现实性就在于它是在现实的社会关系中,规范人们正确思维的"强约束"。这种强约束不但体现了人类的逻辑精神,同时还体现了人类的伦理精神。

例如,有位大胆的姑娘下夜班回家,发现后面有个人老是紧跟着。姑娘快走,这人也快走;姑娘慢走,这人也慢走。于是姑娘跑到路边一个公墓里,往一个墓座上一躺:"这下总算到家了。"那人被吓跑了。后来又出现过一次类似的场景,姑娘又重演了一幕"这下总算到家了"。后面紧跟的那位很高兴,也往旁边的墓座上一躺:"哈哈,原来咱们是邻居。"这次姑娘吓跑了。

前后两次的"被吓跑",就是两人都服从了思维的"共许":体现在必要条件假言(只有 p 才 q)推理有效式中的确定性规则——肯定后件就要肯定前件。

又如,伊拉克战争的道义性和合法性问题之所以到今天仍然没有得到解决,就在于当初美国的开战理由"因为伊拉克有大规模杀伤性武器"所形成的思维形式"p ——→q"(如果 p 那么 q)中的"p"始终没有找到。

"p ——→q"中的"p"作为充分条件,有之必然"q"(战争)。但由于充分条件的逻辑性质决定了它不是唯一的,所以,当没有"p"时,不一定不可以有"q"。决定"q"的条件还可以有其他的"r"、"s"、"t"等。如"萨达姆与基地组织有联系"、"推广美国式的民主"、"控制石油资源"等等。只是由于美国始终不能把"控制石油资源"这个真正理由摆出来,才使美国不得不竭力寻找其他的冠冕堂皇的"p"理由。其原因就在于,逻辑学的全人类性的性质所决定的体现在充分条件假言(如果 p 那么 q)推理有效式的确定性规则。因为美国需要向整个世界解释自己的行为。

如前所述,任何人的任一思维过程都是一个综合了各种思维品质的思维整体,其中包括了逻辑思维、形象思维、辩证思维、批判性思维、创新思维等。而任一具体的思维都有其自己的基本要领。把握了这些基本要领,就把握了这些思维的基本精神。我们就可以在思维的过程中"记事者必提其要"①,"若挈裘领,诎五指而顿之,顺者不可胜数也"②,从而在理解、把握、实践这些思维要领基础上重新整合自己的整体思维能力;在认识、分析、理解事物的过程中,评价不同的思维方式、方法在认识、理解、解决实际问题中的不同眼界、意义及作用;并进一步从理论和实践的角度,探讨它们在知识创新时代在整合、提高综合思维能力上的互补性。

人们对于世界的理性把握,对他人和自己的思想进行合理的审察,从而作出正确的判断,以寻求合理的解决方案,提高创新的能力,都需要综合性的思维方法和思维能力对其进行规范。现代思维科学的发展,也为单独地分析、研究各种思维方法提供了可能,表明了对于综合性思维方法的研究是当代思维科学研究的一个趋势。通过这种对于综合性思维方法的研究,可以充分利用青少年时期这一思维发展的最佳可塑期,培养当代青少年掌握和运用科学的综合性的思维方法,提高他们解决实际问题的综合思维素质和思维能力。同时,通过对综合性思维方法的研究,还可以拓宽思维科学研究和教学的领域。

学习、了解、掌握正确思维的各种基本要领,其意义和目的还在于可以使我们在重新整合自己的整体思维能力的基础上,在思维实践中将理论思维的知识转换为运用思维的技巧和技能。而思维的工具学科性质也决定了它在强调技巧和技能的训练过程中,是可以通过具体实践来提高综合思维能力的。

其一是可以培养人们认识世界的方法,理解和掌握各门具体科学以及它们之间的关系,获取新的知识,更加自觉地正确思维,从而体现思维

---

① [唐]韩愈:《进学解》。
② 《荀子·劝学》。

的"现实性在它的开展中表明它自己是必然性"①。

其二是有助于提高沟通交际的能力。也就是想清楚、说清楚、写清楚的能力,能够准确严密地表达思想,论证思想,使之符合准确表达的三个条件:合逻辑,合语法,有说服力。

其三是有助于识别、反驳错误的认识或诡辩。因为在现实生活中,到处都有错误的认识以及靠诡辩"假装聪明而实非聪明,而且是用表面上的聪明而非真正的智慧去赚钱的人"②。正是因为他们"以任意的方式,凭借虚假的根据,或者将一个真的道理否定了,弄得动摇了;或者将一个虚假的道理弄得非常动听,好像真的一样"③,所以我们也必须了解与掌握正确思维的基本要领,以帮助我们识别、反驳错误的认识或诡辩。

其四是有助于应对社会各种思维能力素质考试。当前社会的各种考试如 GCT、MPA、MBA 等逻辑考试,国家公务员《行政职业能力测验》以及各种招聘考试都有思维能力素质的内容。因此,了解、掌握正确思维的基本要领,也有助于提高应对社会思维能力素质考试的能力。

其五是有助于提高自己的创新能力。当今世界是一个比以往任何时候都需要创新能力的世界。因为,随着知识经济时代的到来,人们所面对的竞争压力将比以往任何时代都要激烈,是否具有较强的创新能力必然要成为判断是否具有竞争力的标准之一。从"世界 500 强"最重视的员工能力来看,进取心和热情、沟通技能、成功经历、理性思考过程、成熟度、计划和组织、能否面对压力等,无不需要一种与在学校面对书本时所截然不同的思维品质。如作为世界顶级学府,牛津、剑桥大学曾以许多冷僻怪异的考题,让人们领教了创新思维能力的重要性,如"为什么植物没有脑袋?"(剑桥兽医系);"如果有人撞上灯柱,会对社会产生什么影响?"(牛津法律系);"月亮是奶酪做的吗?"(牛津兽医系);"流浪歌手那么能唱还流浪街头,他们是不是疯子?"(剑桥政治学系经济学系);"古时候的人是怎么知道 2+2=4 的?"(牛津哲学系);"人类消失后,还

---

① 黑格尔:《法哲学原理》,商务印书馆 1961 年版,第 280 页。
② 亚里士多德:《工具论》,广东人民出版社 1984 年版,165a,15—20。
③ 黑格尔:《哲学史讲演录》第 2 卷,商务印书馆 1978 年版,第 7 页。

会第二次出现吗?"(剑桥神学院、经济学院)等等。如今,作为一种招聘面试中的考试形式,许多要求富有创新思维能力的考题,如"马圈问题"、"分蛋糕问题"、"度量楼房"等,也开始直面我们了。了解和掌握正确思维的基本要领,也有助于我们以合适的手段,解决正确思维的重新适应问题,以发现创新思维的感觉,发展创新思维的意识,发掘创新思维的能力,发扬创新思维的精神。

其六是有助于培养正确思维的精神。即将日常生活中积累起来的"自发的思维感觉"培养成为"自觉的思维意识",并通过"自为的思维训练",将正确思维的感觉、意识升华为一种"自由的思维精神",使之成为一种时刻要求自己自觉的正确思考的"习惯"。这就是正确有效思维的素质。它对于我们清楚地论证什么或反驳什么是时刻有用、永伴一生的。

本书是教育部人文社会科学"十五"规划项目"当代青少年综合思维方法研究"的成果。主要从逻辑思维、辩证思维、批判性思维、创新思维的基本要领四个方面,探讨了不同思维的基本要领在正确思维过程中的作用和意义;在统一的思维过程中,不同思维的基本要领在各自范围内的合理性与局限性;它们相互之间的关系;如何将不同的思维方法整合成一种统一的智力品质。

第一章以现实生活中的实例分析了逻辑思维的基本要领是确定性。它对理解、掌握、运用各种逻辑思维形式有着规范性的指导意义,从而在认识理解问题中,规范着思维认识对象的确定;在表达交流中,规范着概念的确定、判断的确定、推理论证的首尾一贯。

第二章主要以极富传统思维方式的古代例证,分析了辩证思维的基本要领是具体性。它对理解、掌握、运用各种辩证思维形式有着开放式的指导意义,从而有助于在具体的思维认识和表达中理解、掌握具体概念的辩证本性;判断的辩证本性,判断的肯定和否定的矛盾运动;推理论证的辩证本性,假说向科学理论转化的辩证依据,科学理论的实质、特征与发展。

第三章主要以社会逻辑考试试题与现实生活中的例证,分析了批判性思维的基本要领是评价性。它对思维过程中主动思考的过程、问题的主动提出以及寻求正确合理的解决问题的途径有着批判性的指导意义，从而在怎样发现问题、怎样寻求理由、怎样发现价值冲突、怎样评估和衡量、怎样发现认识中的错误等方面，从感性走向理性。

第四章以科学史、现实生活中的实例以及国家公务员《行政职业能力测试》中的一些题型，分析了创新思维的基本要领是灵活性。它对理解、掌握、运用各种具体的创新性思维方法有着柔软性的指导意义，就如何在解决问题的过程中通过选择、突破和重新建构已有的知识、经验和新获取的信息，以新的认知模式把握事物发展的内在本质及规律，以思维方向上的求异、变化性，进一步提出具有独特见解的认识成果。

本书另就青少年尤其是大学生学习生活中带有普遍性的一些问题单列小节进行了分析、探讨。

李白有诗：

> 庄周梦蝴蝶，
> 蝴蝶梦庄周，
> 一体更变易，
> 万事良悠悠。①

但在现实生活中，我们并不总是浪漫主义诗人。在那诸多如梦般的人生场景中，仍然需要正确的思维，仍然需要了解和掌握正确思维的基本要领。

---

① [唐]李白：《古风》。

第一章　逻辑思维的基本要领

任何人的任一思维过程都是一个整体,其中包括逻辑思维、形象思维、批判性思维、创新思维、辩证思维等。我们很难说在这个思维过程中哪一句话是什么思维。但是,一个思维过程能够顺利地进行下去,必须是以逻辑思维为基础的。因此,了解、掌握逻辑思维的基本要领是最为基本的,也是最为重要的。

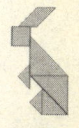

一、咬定青山不放松——思维要确定

当代社会是一个更加需要思维品质、思维能力、思维艺术的时代。这是因为,随着社会的快速发展,随着网络时代的到来,人们相互之间的人际沟通会越来越频繁,创新活动也越来越重要。因此在思想、道德品质和知识技能等方面的锻炼和培养中,更需要当代人的思维品质、思维能力、思维艺术的培养和提高。在这个过程中,为了更恰到好处地表现自己,为了更准确地表述一个思想,为了更完美地促进沟通与交流,我们就不能不去体验思维活动中的方法与技巧了。

但是,任何思维活动中的方法与技巧,都必须遵守最基本的思维要领,它们又必定是建立在一定的思维知识基础上的,其中最为基础的是逻辑学知识。

例如,通过形象思维理解一种意境,就必须有一种内在的逻辑联系。如柳永的《雨霖铃·寒蝉凄切》:"今宵酒醒何处? 杨柳岸,晓风残月。"苏轼的《念奴娇·赤壁怀古》:"大江东去,浪淘尽,千古风流人物。"在体味它们所蕴涵的意境过程中,如果没有一定的内在逻辑思维,就很难推断为什么柳永的词"只合十七八女郎,执红牙板",而苏轼的词则必须是"关西大汉,铜琵琶,铁绰板"①。

又如,无论怎样通过创新思维的发散形式,"神骛八极,心游万仞"地顿悟出一个新的想法,这个新想法只表现了思维的广度,其可行不可行,是否有思维的深度,最终还必须由收敛思维来进行理性的"最优收敛"。而收敛思维的过程,就是一个逻辑思维的论证过程,它以逻辑思维中的选言推理的否定肯定式形式,围绕创新点的轴心,进行排他法的比较取优论证:

$p \vee q \vee r \vee s$(发散出的不同的想法:p 或 q 或 r 或 s)

$\neg p \wedge \neg q \wedge \neg r$(围绕创新轴心的汰劣排除:并非 p 并且并非 q 并且并非 r)

_____

s(比较后的最佳选择)

这样才能使思维的广度和思维的深度,在缔造灵性空间、活化思维、提高认知水平和创新思维能力的层面上,过滤各个创新思想,并通过创新漏斗,形成创新思想流。如美国的 3M 公司②有一个非常良好的创新机制:公司在各个事业部都建立了实验室作为研究开发的核心地点,为员工提供了发明创造的设备仪器和场所。公司规定,允许部门员工拿出 15% 的时间来"干私活",即从事个人感兴趣的工作方案,不管这些方案是否直接有利于公司。这就是有名的"15% 规定"。在这种群体性的创新活动中,3M 公司将创新分为三个主要阶段:杂乱无章的创新(随机性强);经过设计的创新;指明方向的创新(有序的创新,计划性强)。③ 由

---

① 参见俞文豹:《吹剑录》。

② 3M 公司(Minnesota Mining and Manufacturing),全称为明尼达矿山及制造公司,是世界著名的产品多元化跨国公司,涉及工业、化工、电子、电器、通信、交通、汽车、航空、医疗、安全、建筑、文教办公、商业及家庭消费品等领域,产品多达 6 万种。

③ 参见林润辉:《网络组织与企业高成长》,南开大学出版社 2003 年版,第 226 页。

于有了项目筛选程序与自我淘汰机制,3M公司的任何一个新创意与产品都必须经过这种自然而残酷的竞争选择,只有那些真正具有成长潜力和良好适应性的创新成果才能存活下来,并得到高速发展。

如是,创新思维在逻辑思维的基础上,既打破了原有的思维模式,提供了一种全新的思考方式,又必须以逻辑理性为指导,从而在创新的过程中达到发散与收敛的和谐统一。"当我们深思熟虑地考察自然界或人类历史或我们自己的精神活动的时候,首先呈现在我们眼前的,是一幅由种种联系和相互作用无穷无尽地交织起来的画面"①,而人们"要真正认识事物,就必须把握、研究它的一切方面、一切联系和'中介'。我们绝不可能完全做到这一点,但是,全面性的要求可以使我们防止错误和僵化"②。

如果在这个过程中离开了逻辑思维论证的基础能力,"想什么就是什么",那样就会像当年"长江上的白板"——花了几千万修建起的硕大的广告牌,却因其太大、价格太高而招不来客户,只好再花钱拆掉。

又如,通过批判性思维对一种观点或说法提出质疑,也必须从固有的知识出发,从逻辑上看它是支持还是削弱了这种观点或说法。否则,就会对违反逻辑的言语行为熟视无睹。如电视剧《梅花档案》中的下围棋场景:白子先走。不知这是哪辈子的规矩。又有一部古装电视剧中的下围棋场景:第一步黑子走最中心点的天元,第二步白子则紧挨着。主人公还念念有词:"在天愿做比翼鸟,在地愿为连理枝。"不知这是下围棋呢,还是在下五子棋?

而辩证思维之所以能"夕阳返照桃花坞,柳絮飞来片片红"地从"反面看",也必须有它从"反面看"的逻辑根据。即"任何一件事,如果是真实的或实在的,任何一个陈述如果是真的,就必须有一个为什么这样而不那样的充足理由"。这样才能在思维中真正认识清代学者方以智所说的"设教之言唯恐矛盾,而学天地者不妨矛盾"。否则,凭什么"夕阳返照桃花坞,柳絮飞来片片红"?

---

① 马克思恩格斯:《马克思恩格斯选集》第3卷,人民出版社1972年版,第60页。
② 列宁:《列宁选集》第4卷,人民出版社1972年版,第458页。

正确思维的基本要领

在生活中有一种"90/10 法则"。即生活的 10% 是由在你身上发生的事情组成的,而另外的 90% 则由你对所发生的事情如何反应所决定。"90/10 法则"的内在含义是:我们确实无法控制发生在我们身上的 10%,比如早晨刚起来就碰上一件烦心事,无法预料并避免一个偶然的事故,应聘时谁也不能对自己能够被录用打保票等。但另外的 90% 就不同了,我们完全能决定这另外的 90%。这是因为,对于另外的 90%,不同的认识态度和行为将展开不同的逻辑因果关系:辩证的认识可以使我们避免坏的逻辑因果关系,探寻好的逻辑因果关系。比如对于早晨刚起来就碰上的烦心事,如果我们为此一天都抑郁不振,可能会因此带来一连串的烦心事,一天下来,喝口凉水都塞牙。因此,如果我们不小心被人撞了一下,与其大发脾气,直至发生冲突,不如使用"90/10 法则",保持冷静,不做过火的事情。突然被解雇,与其失眠或怒火冲天,还不如把自己用来忧虑的精力和时间用来重新找工作。"得失在人"就是"90/10 法则"的最好体现。辩证的思维,将使我们的生活阳光明媚。

基于以上,逻辑思维是一切思维形式的基础,逻辑学是一切思维科学的基础。

但是,逻辑学是一个庞大的知识体系,学习、理解这个知识体系需要一个过程,而掌握并自觉运用逻辑知识,则更是一个长期实践的过程。在这个过程中,如何抓住要领,就是一个重要的学习方法了。为了学好最为基本的逻辑思维方法,了解、掌握逻辑思维的基本要领是必需的,它有助于我们在逻辑思考的过程中,提纲挈领,一贯而下。

1. 提纲挈领——寻求第一"共许"

我们每一次的认识、交流、创新活动,都决定了要说明、论证什么,为什么说明、论证以及怎样说明、论证。这整个过程,就是一个思维的过程。由于认识角度及主观态度的不一致,人们需要进行思想沟通。为了保证思想沟通的正常进行,相异思维路径的交叉,要求有一个最基本的共同的思维接口,从而使人们的对话成为可能,并促进相互之间的沟通和了解。顺畅的思维沟通说到底,只是在交换信息或对异己观点的认识与分析中一些思维规则的分享与熟练运用。因此,顺畅的思维沟通不是信口开河,不是自说自话,它有着规范自己思维进程的千古不变的、大家"共许"的"道"和"理"。

而在现实生活中,我们却常常被一些令人疑惑的问题搅得心绪不宁。

例如,我是中产阶级吗?据一项调查,85%的中国城市居民认为自己属于"中产阶级",而又一项中国几个大城市的调查结果却显示,就连年薪几十万元的高级白领都说:"别开玩笑了,我怎么算中产?"①"中产"的意思究竟是什么?

又如,"中华民族的伟大复兴"是我们这些年来常讲的一句话。但"复兴"何意?只是简单地理解为"回归过去中华帝国在东亚所处的位置",还是面向未来,在不可逆转的全球化过程中开辟一条新的发展道路?这是需要进行解释的。

又如,我们常常会因某一个问题而和别人争得面红耳赤,然而事后细细想来,才发觉所争论的问题原本就不是同一个问题。

又如,我们对把企事业单位的领导称做"法人代表"已是习以为常了。但当某一天查词典,才发现原来这种使用是有疑问的。究竟应该是"法人代表",还是"法定代表人"?

又如,常在书报刊物中见到使用"空穴来风",基本上是在"无根据"的意义下使用。但从"空穴来风"的理据性原则来看,这种使用恰好用反了。我们应该在理据性原则下理解其"意义",还是应该在通用性原则下理解其"意义"?有人会说这个问题"矫情","约定俗成谓之宜"②。然而2004年国家公务员《行政职业能力测验》B类试卷第21题就出现了这样的问题:

社会上的各种传言和议论,有的是无中生有,有的是空穴来风,我们要善于思索和分辨。"空穴来风"的意思是:

A. 有洞穴没有风进来,比喻无缘由的事。

B. 有洞穴就有风进来,比喻事情不是完全没有原由的。

---

① 《中国人不认同"中产"概念》,载《环球时报》,2006年7月12日,第6版。

② 《荀子·正名》。

C. 好像洞穴中的风一样飘忽不定，一会儿这样，一会儿那样。

D. 好像洞穴中的一股风，它是朝着某个方向吹去的。

面对这样的试题，如果你是考生，还能说这个问题"矫情"吗？①

又如，随着社会经济活动的日益频繁，一些经济交往中的词汇走进了百姓生活，"定金"、"订金"就是其中最常使用的一组词汇。但它们各自所表达的确切的含义有无不同？各自所规定的权利与义务是否一样？这是非常需要注意的。②

又如，这些年来一直流传着一个故事：天堂里有两个来自中国和美国老太太相遇了，两人都有自己的得意之处：美国老太太住了大半辈子好房子，但大半辈子都在还债，临终终于还清了；中国老太太攒了大半辈子钱，临终终于买到了自己的住房。这个故事对中国人影响很大，"用明天的钱，圆今天的梦"。于是自这个故事后，现在老百姓谈论最多的一个话题就是"买房"。但怎样既有自己的"自住房"，又不至于因贷款过多而成为"房奴"？国家九部委有关房地产调控的"十五条"规定："除购买自住住房且套型建筑面积 90 平方米以下的仍执行首付款比例 20% 外，其余情况下，个人住房按揭贷款首付款比例不得低于 30%。"但现在不少银行普遍认为如何界定"自住房"是难点，因为"自住房"这个概念比较含糊，每个人在购房问题上，主要是以家庭为考虑单位的，但登记、按揭时，绝大多数只体现个人的相关情况。

又如，我们读书时，常常对一些同音词的混用、标点应如何规范、数字应如何规范等，感到心中无数。如一些常见的同音词的混用：好象，好像；作法，做法；当作，当做；看作，看做；成分，成份；惟有，唯有；思辨，思辩；旋涡，漩涡；谐调，协调；热中，热衷；折中，折衷；无动于中，无动于衷；毋宁，勿宁；丰富多采，丰富多彩；融会，融汇；拼合，拚合等。读来总觉得这是一个问题，但当我们自己写作时，似乎对这些又不太"讲究"了。

那么，如何使我们在认识、交流、创新活动中"头脑更清楚"，从而

---

① 关于"空穴来风"的理据性原则和通用性原则如何统一，将在本章第四节详述。
② 关于"定金"与"订金"的分析将在本章第三节详述。

"在任何时候都必须用思想的首尾一贯性去帮助还不充分的认识"①呢?

这就需要我们学习思维科学的知识。其中,普通逻辑是最基本的思维科学。比如上述各种问题的解决,都是需要论证的,虽然这些论证都涉及各门具体的学科,但这些论证却都需要能够"令人信服"。它所涉及的思维科学的知识,首先就是普通逻辑的知识,它总结了人类思维的经验和教训,以保持思维的确定性为核心。它以一系列的逻辑规则、逻辑方法帮助人们正确思考和表达思想。因此,"思想的确定性"正是普通逻辑的基本要求,同时也是普通逻辑基本规律的集中和概括。从这个意义上讲,"确定性"就是逻辑思维的基本要领。

任何事物都是形式与内容的统一。例如,无论现代生活中怎样强调"工艺品生活化"、"日用品艺术化",却总也改变不了形式与内容的统一。逻辑思维也是如此,它是思维内容和思维形式的统一。

所谓"思维内容",就是反映到人们思维中的客观对象;"思维形式"则是思维内容的一般形式结构,即不同思维内容所包含的具有某种相同逻辑性质的组成部分之间的一般联结方式。普通逻辑的思维形式包括概念、判断、推理。这些思维形式实际上是一种"样式",它是从具体思维内容中抽取出来的,贯穿于一切具体逻辑思维内容的形式——该类概念、判断或推理等所共同具有的结构。

所谓"思维形式的规律",是思维内容的一般结构的规律,即用概念组成判断和用判断组成推理的规律。它是客观事物存在的确定性在思维形式中的反映。普通逻辑的基本规律包括同一律、矛盾律、排中律、充足理由律。

这个最基本的"共许"的"道"、"理",就是逻辑思维的形式规则和规律。它们规范着沟通双方对所讨论问题或信息中概念的确定性认识、判断的恰当性认识、推理的一致性认识、论证有无充足理由的认识。它们构成了正确逻辑思维的基本要领,也构成了思想沟通方法的灵魂,并具体体现在逻辑学的四条基本思维规律中:

同一律要求,在同一思维过程中,每一思想都必须与自身保持一致。

---

① 《马克思恩格斯选集》第3卷,人民出版社1972年版,第459页。

就概念来说,任何一个概念都有其确定的内涵和外延,在同一思维过程中,它反映什么对象就只能反映什么对象;就判断来说,任何一个判断都有其确定的断定内容,在同一思维过程中,它肯定什么就肯定什么,否定什么就否定什么。

矛盾律要求,在同一思维过程中,任何一个思想及其否定不可能都是真的,其中必有一个是假的。

排中律要求,在同一思维过程中,两个相互矛盾的思想,不可能都是假的,其中必有一个是真的。

充足理由律要求,在一个论断过程中,任何一个论断被确定为真的,必须具有充足理由。

这些最基本的"共许"的"道"和"理",是客观事物质的稳定性在人们头脑中的反映。虽然任何客观事物总是发展变化的,世界上唯一不变的法则就是永远在变,"人不能两次踏入同一条河流",但在一定的时间和一定的空间内,客观事物却总是具有相对的质的稳定性,它是什么就是什么,不是什么就不是什么。这种客观事物在确定的时间、空间内的相对静止、相对稳定性,要求相应的认识的确定性,这就为人们在同一个语言环境中正确认识事物提供了可能。否则,绝对没有任何质的稳定性的"万物皆流",将使人们无法认识任何事物,"正确的认识"将是一句空话。

例如,有一个秀才去买柴。他对卖柴的人说:"荷薪者汝来!"卖柴的人只听懂一个"来"字,于是把柴担到秀才面前。"其价几何?"卖柴的人又听懂一个"价"字,便告诉秀才价钱。"外实而内虚,烟多而焰少,请损之。"此时卖柴人实在是哪个字也听不懂了,于是便担着柴走了。秀才以自己的语言砍价,却使要"说什么"丧失了共同的知识背景,从而也丧失了要"说什么"的确定性。

而据报载,有位装修师傅,面对女主人无休无止的"最小运营地"、"最大跨度地"经济学语言,终于忍无可忍地甩手而去。

又如,汉代王充所著《论衡·书虚》有:"传书言:'齐桓公负妇人而朝诸侯。'此言桓公之淫乱无礼甚也……云负妇人于背,虚矣!桓公朝诸侯之时,或南面坐,妇人立于后也。世俗传云,则曰'负妇人于背'矣。

此则'夔一足'、'宋丁公凿井得一人'之语也。"本来,"齐桓公负妇人而朝诸侯"是说"齐桓公上朝时背朝着妇人";"夔一足"是说"唐虞时,善调音乐的夔有一个就足够了";"宋丁公凿井得一人"是说"宋丁公挖井(这件事情的结果是)节省(等于得到)了一个劳动力"。但在传言中却变成了"齐桓公背着妇人上朝"、"善调音乐的夔只有一只脚"、"宋丁公挖井挖出一个人来"。之所以会出现这种以讹传讹的词语歧义,是由于古汉语中经常使用具有多义的单字。"负"既可以解释为"背朝着",又可以解释为"背着";"足"可解释为"足够"或"脚";"人"有一般意义上的"人"和"劳动力"两种解释。但是,一个多义词在确定的语境中究竟表达的是哪一种含义,应该是确定的,这是同一律对概念所提出的逻辑要求:任何一个概念都有其确定的内涵和外延,在同一思维过程中,它反映什么对象就只能反映什么对象。虽然一个多义词可以表达不止一个含义,但是在大多数情况下,通过语境,采用逻辑重音①的方法,仍然可以限定并知晓它所表达的是哪一种含义。思想沟通双方完全可以从确定的语境和逻辑重音中,理解所使用词汇的含义。相互替换它们就会造成模糊语境的逻辑错误。

如果故意利用词语语义上的歧义性,随心所欲地按自己的要求解释,就是诡辩了。庄子在与惠施的"濠梁之辩"②中,就采用了这种诡辩方法。

因此,保证思想认识在同一个思维过程中的"确定性",就是最基本的"共许"的意义及作用所在,同时也是我们学习逻辑知识,锻炼、培养逻辑思维能力过程中的基本要领。它的集中体现就是:

(1)概念要确定;
(2)判断要确定;

---

① 如说"夔一足"时,为了消除语言歧义,可注意逻辑重音,说"夔一足",而不是"夔一足"。自觉强调逻辑重音也是确定判断的基本内容和意义、明确判断的逻辑重点的逻辑环节。因为随着判断的逻辑重音的变化,判断的逻辑内容和意义也就会发生变化。如上述两个判断所表达的意义显然有所不同。所以,逻辑重音既是一个逻辑问题,也是一个语言问题。在一些特定的语言场合,逻辑重音不清楚,也会造成语言表达的歧义和思维的逻辑混乱。因此,在特定的语言场合,自觉强调逻辑重音是消除语言歧义的辅助手段。
② 参见张晓芒:《诡辩——思维的陷阱》,企业管理出版社2006年版,第168—169页。

(3)推理论证要首尾一贯。

2. 一贯而下——落实第一"共许"

思想沟通所完成的社会性功能是促成沟通双方对某一问题的认识上的是非理解,求同存异,从而推动双方合作关系的建立。因此,思想沟通的实际意义就在于它是人们信息沟通和彼此间达成共识的一种努力。人们不是为沟通而沟通,它只是人们的思想互通有无的一种手段、一个过程。因此,在这个过程中,我们不但要寻求思想沟通时的最基本的"共许",更需要在思想沟通中落实这种"共许"。这就必须从第一"共许"的集中体现入手。

(1)所谓的"概念要确定",是指作为思维的最小单位,思维过程中所使用的任一概念都必须要有确定的内涵和外延,而且它们都必须与其所反映的事物对象相符合。这样,我们才可以在明确了解和表达概念的基础上继续我们的思维进程。如上述的"困惑"中,对把企事业单位的领导称做"法人代表",我们不妨确定一下相互有联系的概念:"法人"、"法人代表"和"法定代表人"。所谓"法人"是"自然人"的对称,指具有权利能力和行为能力的、依法独立享有民事权利和承担民事义务的组织,包括企业、事业单位、机关、社会团体等。所谓"法人代表",含义宽泛,只要有授权法人的机关、法人的业务员都可以成为法人的代表,即法人代表。所谓"法定代表人",是指依照法律或法人组织章程规定,代表法人行使职权的负责人,是法人的法定代表人。如厂长、经理是企业的法定代表人。这三个不同的概念,都有其确定的内涵和外延,因此,为了保持思想的确定性,我们在称企事业单位的领导人时,不能将"法定代表人"混同为"法人代表"。

又如,对于那些在写作中,经常被混用的词语、标点、数字,我们应勤查一下有关的工具书,如《现代汉语词典》、《辞海》、国家语委 2001 年 12 月发布的《第一批异形词整理表》和国家颁布的有关使用标准。对于那些同音(声、韵、调完全相同)、同义(理性意义、色彩意义和语法意义完全相同)的一组词,工具书对其中的一个词有详细的解释,对另一个词只是注明"同某某",因此在书写形式的选择上,没有必然的要求,如"想像"与"想象"等。这时，不管我们使用哪个词语，在整个写作过程中，当选定使用哪一个词语时，就应保持一致，使用哪一个就一直使用哪一个。对于那些工具书中只对其中的一个有解释，没有另一个词的同音的一组词，工具书中没有解释的另一个词肯定是对这一个词的词形的误用或随意颠倒。如"想像力"与"想象力"、"斥责"与"责斥"。对于那些虽同音但其实含义不同的一组词，如"做法"与"作法"，虽同音但其实是书写字体的不同的一组词，如"拼合"与"拚合"（前是简体字，后为繁体字），就应该严格按照工具书来确定一个正确的用法，以保证思想的同一性和确定性。①

又如，前述"自住房"概念的模糊，已经影响了不少人的买房意愿。为此，某股份制银行有关人士提议，考虑一对年轻夫妻为双方父母购买或是父母为子女购买等行为，有三套小户型住房可不算投资；如果超出三套，则有投资嫌疑。"自住房"的概念有望清晰。② 而从 2006 年 6 月 2 日起，商业银行发放的住房贷款（不包括住房公积金贷款）首付款比例不得低于 30%；对购买套型建筑面积 90 平方米以下而且是自住房的住房贷款最低首付款比例仍执行 20% 的规定。对于如何界定"自住房"的"身份"，商业银行将通过三大渠道来确定：一是银行要求贷款人申请住房贷款时应如实申报所购房屋的用途，不得将非自住房申报为自住房；二是通过央行"个人信用信息基础数据库"获取贷款人的贷款信息；三是通过当地房地产主管部门获取贷款人的房屋交易、登记信息。央行人士认为，通过以上渠道，可以最大程度地实现对"自住房"的明确判定。③ 而在 2006 年 7 月上旬，交通银行率先对外公布了"自住房"的定义，即"贷款人购买的首套住房，并且建筑面积在 90 平方米以内"。有业内人士表示，交通银行这次明确给出的"自住房"的定义，有望成为业内的

---

① 对于写作中的"一点讲究"以及逻辑意识，将在本章第七节详述。
② 参见钱妤：《上海房贷细则尚未出台，自住房界定让银行犯难》，载《新闻晚报》，2006 年 7 月 3 日。
③ 参见《商业银行三招定自住房》，载《北京日报》，2006 年 6 月 2 日。

标准。①

有意思的是,2006年6月26日,国土资源部土地利用管理司某官员撰文,认为我国城市居民住房自有率接近82%,达到世界第一。② 但有人对此提出疑问,认为其计算混淆了两个概念,"住房私有"与"住房自有"各自有确定含义。"住房私有"是指住在自己购买的住宅中,而"住房自有"是住在产权私有的房子里(既包括住在自有产权的房子里,也包括租住别人产权的房子)。由于"住房私有率"表示的是私有产权住房面积在总住房面积中的百分比,因此,82%的住房是私有的与82%的住户有私有住房,意思有天壤之别。82%的住房是私有的只表明公有住房少,不能表明拥有自己住房的居民多。因此,"住房私有率世界第一"绝不意味着中国拥有自己产权房的住户比例达到世界第一。③

尽管这些争论的焦点不是逻辑问题,但"概念要确定"的逻辑问题显然是争论中的思维根据。

(2)所谓的"判断要确定",是指在逻辑思维中,对事物情况的断定要明确,要有根据,肯定什么就是肯定什么,否定什么就是否定什么,不能含含糊糊,首鼠两端;不能是非两可,或者是非两不可,或者是非无可无不可。

(3)所谓的"推理论证要首尾一贯",首先是指"思维的对象要逻辑一贯地确定",其次是论证过程中的前提与结论的逻辑一贯性。

当我们思考某个问题或与别人讨论某个问题时,必须要确定所思考或所交流的问题究竟是"哪个问题"。这样,思考或沟通的过程才能是有意义的。从思想沟通的伦理原则上讲,"把显然愚蠢的思想硬加到论敌身上,然后加以驳斥。这是不大聪明的人使用的方法"④。因此,对于"言意相离",《吕氏春秋·离谓》评价为:言辞是表达思想的,说的话与

---

① 参见李强:《交通银行率先对外公布自住房定义》,www.sina.com.cn,2006年7月10日,国际在线。
② 参见束克欣:《城市居民住房自有率世界第一,买房导向危险》,载《中国经济周刊》,2006年6月26日。
③ 参见刘世昕:《住房自有率世界第一遭质疑》,载《中国青年报》,2006年7月5日;莫林浩:"住房自有率争议背后的真问题",国际在线,2006年7月6日。
④ 《列宁选集》第3卷,人民出版社1972年版,第673页。

意思相违背,则是凶险的。

总之,"思维的确定性"是逻辑思维中具有普遍意义的问题,同时也是关键性的问题。它体现了逻辑思维规律的基本要求,并将其贯穿在诸逻辑思维形式的规则中,因此,它是逻辑思维的基本要领。掌握了这个要领,就掌握了学习逻辑知识的钥匙,就可以如黑格尔所说,"从事这种形式逻辑的研究,无疑有其用处,可以借此使人头脑清楚"①,从而在学习逻辑基本知识的过程中,在运用逻辑思维解决实际问题的过程中,"在思想上得到真理而在行动上得到自由"②了。

二、定乱扶衰于一尊——确定性与逻辑思维规律的关系

逻辑思维的四条基本规律是最基本的"共许",它们与思维的确定性都有互为表里的关系。确定性正是这四条规律的集中和概括,是理解逻辑学和在现实生活运用逻辑知识的一把钥匙。

1. 确定性与同一律的关系

同一律是对客观事物在一定时间、条件下质的确定性的反映,表明客观事物在确定的时间、条件下,有就是有,没有就是没有。其基本内容和要求是,在同一思维过程中,任何一个思想都与其自身保持同一。其逻辑表达式为:

A 是 A;或:A→A。(如果 A,那么 A)

就概念来说,它要求任何一个概念都有确定的内涵和外延,在同一思维过程中,它反映什么对象就只能反映什么对象;就判断来说,任何一个判断都有其确定的断定内容,在同一思维过程中,它肯定什么就肯定什么,反之亦然。

用逻辑学创始人古希腊的亚里士多德的话说,就是:"B 是 B 自

---

① 黑格尔:《小逻辑》,商务印书馆 1980 年版,第 73 页。
② 培根:《新工具》,载《十六——十八世纪西欧各国哲学》,商务印书馆 1975 年版,第 47 页。

己","每个真理必须在各个方面都自相一致"。①

用中国古代思想家的话说,就是"其名正则唯乎其彼此焉。谓彼而彼不唯乎彼,则彼谓不行(对'彼'的称谓不合适);谓此而此不唯乎此,则此谓不行。其以当不当也。不当而当,乱也。故彼彼止于彼,此此止于此,可。彼此而彼且此,此彼而此且彼,不可。……夫名,实谓也。知此之非此也,知此之不在此也,则不谓也。知彼之非彼也,知彼之不在彼也,则不谓也"②;"正名者彼此。彼彼止于彼,此此止于此,可。彼此不可,彼且此也"③;"然后随而命之(给事物命名):同则同之,异则异之。……知异实者之异名也,故使异实者莫不异名也,不可乱也。犹使同实者莫不同名也"④。

同一律的这种逻辑要求就是"确定性的要求"。这是逻辑基本规律从正面要求思维对象的确定性、概念的确定性、判断的确定性和推理过程的一贯性。

例如,有这样一个三段论推理:我国的大学有几千所;北京大学是我国的大学;所以,北京大学有几千所。

如果真是这样,也就用不着分什么"一本"、"二本"、"三本"了,大家都上北京大学好了。显然,在这个推理中一定有不确定的东西影响了推理的进程。

又如,有这样一个关系推理:

鲁迅就是周树人;   (a=b)

周树人是浙江绍兴人;   (b=c)

鲁迅是浙江绍兴人。   (a=c)

按同样的思维形式,还可以有如下推理:

$2/4=1/2$;   (a=b)

$1/2$ 的分母是2;   (b=c)

---

① 亚里士多德:《工具论》第三篇,《前分析篇》,47a8,中国人民大学出版社2003年版,第161页。

② 《公孙龙子·名实论》。

③ 《墨子·经说下》。

④ 《荀子·正名》。

2/4 的分母是 2。　　　　　（a = c）

要识破这个蒙人的把戏,必须考察究竟在什么地方违反了"确定性"要求。

2. 确定性与矛盾律的关系

矛盾律的基本内容和要求是,在同一思维过程中,互相否定的思想不可能都是真的,其中必有一个是假的。它的逻辑表达式为:

A 不是非 A;或:¬（A∧¬ A）。（并非"A 并且非 A"）

矛盾律是对"确定性的要求"的进一步展开和反面论证,仍然是对客观事物在一定时间、条件下质的确定性的反映,只不过是反面的反映。这是因为,客观事物在确定的时间、条件下,其确定的事物不可能同时存在又不存在,因此,作为思维反映的相反判断也就不能同时成立。

用亚里士多德的话说就是:"事物不可能同时存在和不存在。"①这是事物的存在规律。"一切意见中最为确实的是,对立的陈述不能同时为真。"②这是思维认识的规律。

用中国古代思想家的话说就是:"辩,争彼也。辩胜,当也。"③"或谓之牛,或谓之非牛,是争彼也。是不俱当。不俱当,必或不当。不当若犬。"④

虽然矛盾律的基本内容,古代中西同源,但"矛盾"一词却产生于中国古代的韩非。韩非在分别考察了存在于自然界、人的生理特点、社会领域、家庭中、君臣之间、君民之间、法术之士与当涂之人之间、贤治与势治之间以及思维领域中大量的矛盾对立现象后,以极具中国古代特色的"楚人鬻盾与矛"的寓言说理故事,形象生动地说明了矛盾律思想的基本内容:"不相容之事,不两立也,不可陷之盾与无不陷之矛,不可同世而

---

①　亚里士多德:《形而上学》,996b29 – 30,苗力田主编:《亚里士多德全集》第 7 卷,中国人民大学出版社 1992 年版,第 68 页。
②　亚里士多德:《形而上学》,1011b14 – 15,《亚里士多德全集》第 7 卷,第 106 页。
③　《墨子·经上》。
④　《墨子·经说上》。

立……矛盾之说也";①"以不可陷之盾与无不陷之矛,为名不可两立也……矛盾之说也"。② 从而为先秦以来诸子谈说论辩中所体现出来的矛盾律思想作了最后的总结,使矛盾律思想从"悖"、"谬"、"惑"等词语上根基于"矛盾"一词上,并使这种矛盾的对立比之"两端"、"两可"更为直观形象,使后人对于矛盾律思想的理解更为清晰,其"定名"过程有其历史的必然性和思维的必然性。③ 如今,"矛盾"一词的广泛使用,对于人们自觉保持思维的确定性,避免自相矛盾,时刻发挥着积极的作用。只要人类还在思维,"矛盾"一词就将永远灿烂。此功归于韩非,彪炳千秋。

矛盾律从相反方向要求思维的一贯性。即在同一个思维过程中,一个思想不能既是什么,又不是什么。这是因为思维的自相矛盾是每个人都有可能犯的错误。

例如,笔者当年在从事编辑工作时,曾在有关周恩来在重庆时期的一本书中见过这样一段描述,大意为:(美军)驻地离周公馆20公里,(几位美国兵)从早晨5点就出发,先坐了一段路的汽车,又步行10个小时,傍晚才到达周公馆。虽然这段描述表达了一种渴望见一见周恩来的心情,但也不至于坐了一段时间汽车后又走了10个小时才走了20公里。思维在描述过程中"后面忘记了前面"。

又如,在编辑有关淮海战役的一部书时,发现有段描述:国民党军队渡过河并烧了桥,然后在河东打了半天仗,结果还在河西为能抢夺渡河的桥拼命。同样是在描述过程中"后面忘记了前面"。

又如,《今日说法》曾有一个案例:证人说最后一个来的,没有看到案件的过程。过几天又说看见当事人与案件无关。正是由于他的证词自相矛盾有这种"不确定性",结果被查出是做了伪证。

又如,有甲、乙、丙三个运动员,他们分别是排球队员、篮球队员、足球队员;他们的年龄分别是17岁、19岁、21岁。已知:

---

① 《韩非子·难一》。
② 《韩非子·难势》。
③ 参见张晓芒:《韩非矛盾思想的历史成因》,载《哲学动态》,2004年增刊。

(1)甲比篮球队员大4岁。

(2)丙是足球队员。

依据上述条件:这三个运动员各自从事什么体育项目,年龄分别是多少岁?

我们可以采用图示法1表示真,0表示假。

根据已知条件(1),可推知甲是21岁(画1,年龄图表中其余纵横向各格画0);并且甲不是篮球队员(画0,项目图表中其余纵横向各格暂且不画)。

根据已知条件(2),丙是足球队员(画1,项目图表中其余纵横向各格画0);甲是排球队员(纵向各格已经画满0,仅余一格必定是1)。

根据现有情况,乙是篮球队员(横向各格已经画满0,仅余一格必定是1);并且根据条件(1)乙是17岁(相应地画真假值)。

根据现有情况,丙是19岁(其余纵横向各格已经画满0)。

根据现有情况,将最后的各格画满相应的真假值。

	甲	乙	丙	17	19	21
排球	1	0	0	0	0	1
篮球	0	1	0	1	0	0
足球	0	0	1	0	1	0
17	0	1	0			
19	0	0	1			
21	1	0	0			

本题所要说明的问题是,在每一个格中,不能既画真值1(真),又画真值0(假)。这种判断的一贯性就是受矛盾律制约的。

按此方法,我们可以再做一道复杂点的题:

有三户人家,孩子为小铃(女)、小红(女)、小虎;他们的父亲分别姓王、张、陈;他们的母亲是分别姓刘、李、方。对于这三户人家,已知:

(1)王家和李家的孩子参加了少年女子合唱团。

(2)张家的女儿不是小红。

(3)陈和方不是一家人。

根据以上条件,这三户人家各由谁组成?

实际上,在社会各种思维能力素质考试中,有些题需要靠协调原则来解题,而协调原则就是矛盾律的实际运用,只要结果和题干的条件不矛盾,就是正确答案。如国家机关2007年《行政职业能力测验》中的第51题:

学校举办一次中国象棋比赛,有10名同学参加,比赛采用单循环制,每名同学都要与其他9名同学比赛一局。比赛规则,每局棋胜者得2分,负者得0分,平局两人各得1分。比赛结束后,10名同学的得分各不相同,已知:

(1)比赛第一名与第二名都是一局都没有输过;

(2)前两名的得分总和比第三名多20分;

(3)第四名的得分与最后四名的得分相等。

问:排名第五名的同学的得分是(　　)。

A. 8分　　B. 9分　　C. 10分　　D. 11分

在解本题过程中,先需弄清一共下了多少盘,共有多少分。

按每个人都要下9盘,且每盘都是两个人下,每盘2分。因此:

(1×9)×10÷2=45(盘);总分为90分。

按条件(1),对于第一名我们可以确定他最多可以得17分。最少得多少分一时无法确定。则就按此计算。并排序第二名为16分。两人总分为33分。

按条件(2),第三名得分为:33-20=13(分)

这样还余:90-(33+13)=44(分)

按题干与条件(3),第四名最多得12分,按此,则最后四名的得分也为12分。

这样还余:44-(12+12)=20(分)

第五名只能得11分,多1分或少1分都与题干"得分各不相同"的条件矛盾。

这个结果与题干及条件协调,并无矛盾,所以它就是正确答案,为选项 D。

此外,整个解题的思维过程还应有批判性思维的评价性与创新思维的直觉思维方法参与在内,容第三章第五节、第四章第五节续谈。

3. 确定性与排中律的关系

排中律的基本内容和要求是,在同一思维过程中,两个互相矛盾的思想,不可能都是假的,其中必有一个是真的。它的逻辑表达式为:

A 或者非 A;或:A∨¬A(A 或者非 A)。

在这个排中律的逻辑表达式中,"A"与"非 A"是相互否定的两个思想,通过选言判断的形式来表述。"A∨¬A"的逻辑特征,其重点不在于"A"与"非 A"的矛盾关系,而是表示"A"与"非 A"所提供选言判断的选言支已经穷尽。由于"A"与"非 A"已经穷尽,两者之外不存在第三者,因此,排中律的根本逻辑特征就在于它排除了中间可能性。所以它才叫做"排中律"。用亚里士多德的话说就是:"在对立的陈述之间不允许有任何居间者。"[①]用中国古代思想家的话说就是:"彼,不可两不可也。"[②]

排中律是对客观事物区别性的反映。客观事物在确定的时间、条件下,是什么和不是什么也总是确定的。人们对它究竟是什么和不是什么必须要有所断定。遵守排中律的要求,就是为了消除人们认识中的不确定性。因此,排中律要求人们在是非面前,要作出明确的回答,即在同一个思维过程中,一个思想是什么或者不是什么,二者必居其一。从而以思维的明确性,进一步要求了思维对象的确定性、概念的确定性、判断的确定性。

在现实生活中,经常会碰到一些语言模糊的现象。

例如,王安石的儿子王元泽才数岁时,有客人在一只笼子里装了一只獐和一只鹿来问他:"何者是獐,何者为鹿?"王元泽根本不认识哪一个是獐,哪一个是鹿。琢磨了半天才说:"獐边是鹿,鹿边是獐。"

---

① 亚里士多德:《形而上学》,1011b 24,苗力田主编:《亚里士多德全集》第 7 卷,中国人民大学出版社 1992 年版,第 106 页。

② 《墨子·经上》。

又如,据说当年赫鲁晓夫被美国记者追问"苏联有多少原子弹"时,他阴沉着脸回答说:"够用!"

这些故事表明,有时语言模糊是必要的,也能反映出人们对客观事物的认识程度。因此,在现实生活中,模糊语言的存在有一定的合理性。

但应该注意的是,妙用模糊语言,只能限定在特定的场合和特殊的语言环境里,如果故弄玄虚,为模糊而模糊,则就有可能是诡辩了。

例如,"下雨天,留客天,天留我不留";"下雨天,留客天,天留我不?留!"这是妙用断句呢,还是理直气壮地混饭吃呢?

又如,古代有个笑话:三个读书人赴京赶考,途中请一个算命先生算卦,看此次结果如何。结果算命先生没说话,只伸出一根手指。三人不解其意,想继续讨教,算命先生摇摇头:"天机不可泄露。"三人悻悻走后,算命先生的徒弟问,"天机如何?"算命先生说:"如果将来考中一个,一根手指就表示考中一个;如果考中两个,一根手指就表示有一个考不中;如果考中三个,一根手指就表示一齐考中;如果一个也没考中,一根手指就表示一齐落榜了。"

这个"模糊"的诡辩,使算命先生无论怎样都左右逢源。

现如今,许多广告、说明书中就有许多语言的模糊性现象,应该明确表达的或是不明确表达,或是在故意含糊其辞。这恐怕就不是在妙用模糊语言,而是有意设置广告陷阱了。因此,从排中律要求思维对象的确定性、概念的确定性、判断的确定性的角度看,妙用语言应该有个限度。

4. 确定性与充足理由律的关系

17世纪德国哲学家莱布尼茨曾提出:"任何一件事,如果是真实的或实在的,任何一个陈述如果是真的,就必须有一个为什么这样而不那样的充足理由。"[1]

因此,充足理由律的基本内容和要求是,在一个论断过程中,任何一个论断被确定为真的,必须具有真实的充足理由,并且理由与推断之间

---

[1] 莱布尼茨:《单子论》,载《十六——十八世纪西欧各国哲学》,商务印书馆1975年版,第488页。

要有必然的逻辑联系。它的逻辑表达式为：

A 真，因为 B 真并且 B 能推出 A。

充足理由律实际上是要求在严密的逻辑证明时，怎样使它具有说服力。因此，充足理由律的逻辑要求在于保证思维的论证性。即保证从确定性前提到确定性结论的过程要有逻辑的有效性。

例如，某电脑商店承诺："所销售电脑在一个月内包换；一年内免费保修；三年内上门服务免收服务费。因使用不当造成的故障除外。"

某甲从该商店购买了一台电脑，三个月后软驱出现问题，要求该商店免费修理。他的情况属于"承诺"的服务项目，因此，免费修理的理由真实、充足，并且理由与要求履行"承诺"的推断之间也具有必然的联系，因此，这种要求是合理的。

某乙从该商店购买了 10 台电脑，40 天后拆箱安装时，发现有一台电脑有故障，要求该店更换。但他的要求超过了包换的期限，理由不充足，该商店只能提供免费修理。

某丙从该商店购买了 10 台电脑，没到一个月，鼠标丢了 3 个，要求该商店无偿补齐。但他的鼠标丢失与商店没有关系，没有要求无偿补齐的任何理由。

某丁从该商店购买了一台电脑，不小心感染了电脑病毒，要求该商店赔偿损失。但他的电脑感染病毒也不是商店的原因，也没有要求无偿赔偿的任何理由。

某戊从该商店购买了一台电脑，一年后键盘出现故障，要求该商店按半价更换一个新键盘。他的情况虽没有超过三年内上门服务免收服务费的期限，但要求半价更换键盘的理由不充足。

在社会各种思维能力素质考试中，有些概括推出的结论型试题，其选项中，除有一个选项是"可能"的可能模态判断外，其他都是"是"、"不是"的实然判断或"一定是"、"一定不是"必然模态判断。但认真解析，这些实然判断或必然模态判断都缺乏成立的充足理由，都断定过强。对于此类试题，我们可以直觉出可能模态断定应该是最稳妥的选择。这就是社会综合能力考试逻辑试题解题中的从弱原则，而从弱原则实际上就是充足理由律的实际运用。

例如：一个身穿工商行政管理人员制服的人从集贸市场走出来。

根据以上陈述，可作出下列哪项判断？

A. 这个人一定是该市场的管理人员。

B. 这个人可能是其他市场的管理人员。

C. 这个人一定不是该市场的管理人员。

D. 这个人一定是来买东西的市场管理人员。

E. 这个人一定是上级派来的检查人员。

在对信息分析过程中，"一定是"、"一定不是"都缺乏充足理由，断定太绝对。而直觉却告诉我们，这个人"可能是"也"可能不是"。按从弱原则，我们就只能选择"可能是"或"可能不是"了。选项 B 符合认识的模态。

又如，2004 年国家公务员《行政职业能力测验》(A 卷)第 73 题：

一份犯罪调研报告揭示，某市近三年来的严重刑事犯罪案件 60%都为已记录在案的 350 名惯犯行为。报告同时揭示，严重刑事犯罪案件的作案者半数以上是吸毒者。

如果上述断定都是真的，那么下列哪项断定一定是真的？

A. 350 名惯犯中可能没有吸毒者。

B. 350 名惯犯中一定有吸毒者。

C. 350 名惯犯中大多数是吸毒者。

D. 吸毒者大多数在 350 名惯犯中。

如果为一系列的数字所迷惑，认知心理的惯性就一定认为"350 名惯犯中一定有吸毒者"。但这样判断仍然缺乏充足理由。如果将此题代入数字，比如某市近三年来的严重刑事犯罪案件为 1000 例，作案者为 1000 人，则其中的 60% 案件可能是 350 名惯犯重复犯罪所为，他们不一定就是吸毒者。如图：

分析选项，选项 B、C、D 多为实然判断或必然模态判断。断定太强，但理由并不充足。而选项 A 则是一个可能模态判断。按从弱原则，A 为正确选项。

在类似的题型中，尽管我们有时在认知心理上很难接受"可能不是"的选项，而这恰恰就是该题型所设置的思维陷阱。如果我们能严格

遵从理由充足的、有效论证的确定性要求,就可以克服这种思维障碍,跳出思维陷阱了。如下题:

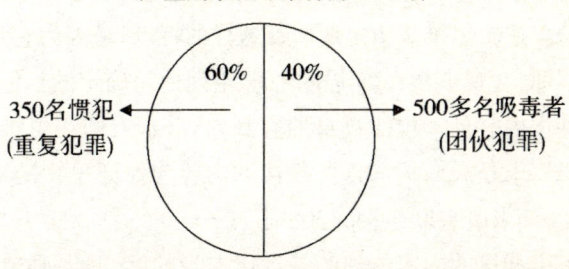

某大学校长在校庆大会上讲话时说:"我们有许多毕业同学以自己的努力已在各自领域获得了优异成绩。他们有的已成为科学家、将军、市长、大企业家,我们的学校以他们为骄傲。毋庸置疑,我们已毕业同学中有许多女同学。"

如果该校长讲话中的断定都是真的,以下哪项必定是真的?
A. 取得优异成绩的至少有女同学。
B. 取得优异成绩的男同学多于女同学。
C. 取得优异成绩的女同学多于男同学。
D. 取得优异成绩的可能没有女同学。

凭什么"可能没有女同学"? NO!按从弱原则,我们甚至可以忽略"毋庸置疑"这句"伟大的废话"的"外交语言",大大方方地选择选项 D 好了。因为,在这些概括推出的结论型试题中,最应该注意的一个问题就是,避免绝对化概念。

5. 逻辑思维规律的基本内容与它的逻辑要求的关系

逻辑思维规律的基本内容在本质上是一致的。至少在前三条中是这样。它们都是保证思维的确定性,但侧重点有所不同:同一律是以肯定的形式从正面要求一个思想的确定性,肯定就是肯定,否定就是否定;矛盾律则是以否定的形式从反面体现了确定性的要求,不能既肯定什么,又否定什么;排中律则是从区别性的角度,要求一个思维的明确性。

从命题逻辑的角度看,这三者在逻辑上是等值的,可以互相推出:

$$(P \longrightarrow P) \longleftrightarrow \neg (P \wedge \neg P) \longleftrightarrow (P \vee \neg P)$$

逻辑思维规律的特点有两个。首先是强制性,即正确的思维过程必须遵守逻辑思维规律。其次是规范性,即凡是符合思维规律的思维过程就是正确的。逻辑思维规律之所以有这样的特点,是因为它是客观规律的反映。亦即,客观事物在确定的时间、空间内是确定的。但是,逻辑思维规律的基本内容是指规律自身的客观内容,是人们在思维中的反映;而它的逻辑要求是人们根据这些规律的内容为保证思维的正确性而提出的。因此,两者既有联系,又有区别。

逻辑思维规律的内容体现的是规律本身的客观性、必然性,它不以人的意志为转移,不管愿意不愿意,在人们进行思维的过程中,它总起着一种"强约束"的作用。而逻辑思维规律的要求,人们可以遵守它,从而使逻辑思维的论证有效;也可能有意无意地违反它,无意的违反会造成思维的谬误,而有意的违反则是诡辩。这些都是正确思维的大敌,会妨碍思维论证与沟通的真诚、有效地进行。

6. 逻辑基本规律作用的条件性

虽然逻辑基本规律保证了一个思维过程的确定性、一贯性、明确性和论证性,但逻辑基本规律起作用是有其条件的。首先,它是在同一时间、同一关系下对具有确定性的同一对象而言的。这是因为,事物在确定的时间、空间内具有相对静止、相对稳定的性质,因此,作为对客观事物在确定的时间、空间下质的稳定性的一种反映,也就要求思维认识的相应的确定性。其次,逻辑基本规律只是在思维领域内起作用,它不是支配外部客观世界的客观规律。因此,在人际沟通中,这个条件性主要指同一个沟通语境。如果不是同一个沟通语境,或同一个沟通语境中已发生条件的变化,则逻辑基本规律就不起作用了。这是因为:

(1)就同一律来说,它并没有把外部事物看做是永远同一、永远不变的。因此,同一律只要求在同一时间、同一关系下对同一对象而言,思维应该保持自身的确定与同一。如果不是同一思维过程,或者不是在"三同一"(同一时间、同一关系、同一对象)的条件下,同一律就不起作用了。因此,同一律并不是绝对的、无条件的,而是相对的、有条件的。

例如,辛弃疾的《丑奴儿·少年不识愁滋味》:"少年不识愁滋味,爱上层楼,爱上层楼,为赋新词强说愁。而今识尽愁滋味,欲说还休,欲说还休,却道'天凉好个秋'!"到底知道不知道"愁"?随着时间的转移、事物的变化,判断可以不一样,所谓的"愁"也就不一样了。上片的"愁"指的是"闲愁",下片的"愁"指的是怀才不遇的"哀愁",各有自己的确定性。

(2)就矛盾律来说,它只要求在同一时间、同一关系下对同一对象不能作出两个自相矛盾的断定。如果不是同一思维过程,或者给不同的对象作出不同的判断,就不构成逻辑矛盾。因此,矛盾律也并不是绝对的、无条件的,而是相对的、有条件的。它所排除的也只是逻辑矛盾,而不是辩证矛盾。逻辑矛盾是思维的矛盾,而辩证矛盾是现实的矛盾。

例如,我们前述的"夕阳返照桃花坞,柳絮飞来片片红"。这是对白色的"柳絮"为什么又是红的的一种具体思维的辩证认识。

又如,"一切真理,其形式是主观的,而其内容是客观的"。这句话实际上包含了两个针对不同对象所下的判断,一个是"真理的形式是主观的",一个是"真理的内容是客观的"。所以,这两个判断之间并不存在逻辑矛盾。

又如,前几年美国总统布什访问日本期间,日本方面送了他一个礼物——机器狗。现场表演的时候,这个机器狗像个乖宝宝,让干什么干什么。后来在返途中,布什又想欣赏欣赏。不料,这个倔家伙,打死也不理睬超级大国的总统。赶紧问问日本方面是怎么回事。原来,这个机器狗只能听懂日本话,听不懂美国话。由于日本方面没有考虑到语境不同这一问题,结果是"瞎送"。

因此,对于具有完全不同性质的逻辑矛盾和辩证矛盾,不能混淆。清代学者方以智就曾说过:"设教之言唯恐矛盾,而学天地者不妨矛盾。"

(3)就排中律来说,首先,排中律的作用是排除两个相互否定思想的中间可能性,从区别性的角度保证思维的明确性,从而保证思维的确定性。但它是在当问题只有两种可能——非此即彼、两者必有一真而不能同假时,才起作用。

其次,排中律并不要求人们对任何存在矛盾观点的问题都作出明确表态。如对某些问题人们还尚未深入了解,对是非界限还不清楚,这时不表态是允许的,因为思维认识并没有确定下来。这与在同一思维过程中对两个相互否定的思想不承认其中必有一真是不相同的。但是,只要表态,就应该有个明确的态度。

第三,对于复杂问语,排中律也不要求采取简单的"是"或"非"的确定性回答。因为,复杂问语是隐含着一个预设的问句,对它的肯定回答或否定回答并不构成相互否定的思想,它们并非必有一真。

例如,"你停止打你的父亲了吗?"就是典型的古典复杂问语,暗含着对方所不具有的或不能接受的预设——你曾经打过你的父亲。

又如,2002年举办的一次全国青年歌手电视大奖赛中,曾考出一道综合素质题:"下列四大名旦中哪一位是女性:梅兰芳、程砚秋、尚小云、荀慧生。"这也是一个隐含有虚假预设的问句。①

第四,排中律的作用只在于提出两个相互否定的思想必有一真,以供人们选择,但它并没有指明两个判断中哪一个是真的。判断真要靠实践确定。

第五,排中律并不否认客观事物在发展过程中有中间的过渡状态,同其他思维规律一样,排中律只在逻辑思维领域中起作用。

(4)就充足理由律来说,它的逻辑要求在论证问题中有着十分重要的意义。在现实生活中,刑事诉讼中的无罪推定原则是证据不足不起诉的法理基础;证据不足不起诉的实体要件是案件的证据达不到起诉所必须具备的证明标准的要求。

例如,某人因被照相馆不经自己同意便私自使用自己的肖像,在要求停止使用却被拒绝之后,将照相馆告上法院。但照相馆得知这一消息后,悄悄撤下了这个人的肖像,并在法庭上矢口否认曾经使用过这个人的肖像。结果,这个人最终因举不出充分的证据而败诉。

又如,有一个人买家具,交了订金,但商家开收据时写的是"定金"。

---

① 关于问句预设的逻辑合理性问题将在本章第六节详述。

后来他又不打算买了,要求退订金。商家不肯,被这个人告上法庭。但法庭审理时认为,原告所主张的"订金"性质,不能提交有效证据予以证明,所以判其败诉。

所以,在司法诉讼中,证据保全是诉讼决胜的前提条件,而这正是充足理由律的逻辑要求的具体体现。

另外,在现实生活中对一些事件还存在有理由充足不充足的争议。

例如,现在的新闻"暗拍"获得了它的社会基础和舆论支持,但这是否是程序正义让位于实质正义?是否会更加剧了我们本来就脆弱的程序意识,导致法治的被破坏?这还有待于进一步讨论。

又如,如今对第三者的"暗拍"已经允许被当做证据,但由此会不会带来其他的问题?有些地方就在公开卖窃听器、微型摄像机,算不算合法?许多地方的私家侦探的存在合法不合法?这些都是值得讨论的问题。

三、考名责实——概念要确定

黑格尔认为,知性式的思维定律是同一律(甲 = 甲),其特点是坚持固有的规定性和各规定性之间彼此的差别,从而使思想具有坚定性和确定性。① 这种"抽象的同一性"在概念中体现得最为明显。

概念作为反映对象本质属性的最基本的思维形式,以其本质属性决定了一事物之所以成为该事物并使它与别的事物相区别,有其具体的规定性,也有其确定的所指内容和范围。例如,2002 年 8 月,阿根廷参众两院通过相关的法律草案,在其刑法中首次引入"信息犯罪"的罪名,填补了法律的空白,结束了阿根廷"黑客天堂"的历史。"信息犯罪"以"利用计算机进行间谍活动、破坏网络和计算机系统、运用电子手段进行诈骗、不经许可进入信息系统、窃取和贩卖信息"等,明确了这一犯罪性质,并且把这种犯罪行为与其他的犯罪行为区别开来。

---

① 黑格尔:《小逻辑》,商务印书馆 1980 年版,第 173 页。

在认识概念的确定性过程中,有两个问题需要注意:一是概念的主观性和客观性;二是概念的确定性和灵活性。而在如何使概念确定的过程中,也有两个问题需要注意:一是正确使用和理解概念的"通义后对"原则;二是要理解、掌握并应用有关概念的一些逻辑知识和逻辑方法,如概念的种类以及相互之间的关系、限制和概括的方法、定义的方法、划分的方法等。唯有如此,我们才能在概念的确定性基础上,有效地沟通交际。

1. 概念的主观性和客观性

作为概念的逻辑特征,任何一个概念都有其确定的内涵和外延。概念的内涵是反映到概念中的对象的本质属性,是从"质"的方面来考察概念的;概念的外延是概念所反映的对象的总和,是从"量"的方面来考察概念的。由于任何一个概念都是主观认识对客观事物的反映,因此,概念就其内涵和外延来说,就有了主观性和客观性。就其内容来说,它来自客观,反映客观,有其客观根据。因此,概念的内容是客观的。但概念是一种认识形式,属于意识的范畴,从其形式来说,它又有其主观的一面。概念的这种主观性和客观性分别体现在概念的内涵和外延上。

从概念的内涵看,认识对象的本质属性和概念的内涵既相联系又相区别。其联系是,认识对象的本质属性都可以反映在特定的概念中成为该概念的内涵;任何概念的内涵也都是反映特定认识对象一定方面的本质属性。其区别在于,并非对象的本质属性就是概念的内涵。本质属性存在于客观对象之中,而内涵存在于概念之中。本质属性属于客观存在,内涵属于认识的内容,是概念的特征。只有当一种本质属性被反映在概念之中时,才能成为概念的内涵。

一类对象有多方面的规定性,即有多种本质属性。人们可以从特定的方面抽象地反映该类对象的某种本质属性,形成相应的概念,这一相应概念的内涵只是该类对象这一特定方面的本质属性的反映,而其他方面的本质属性则尚未被反映,也就不成为这一概念的内涵。

例如,对"水"这一客观事物,既具有物理方面的本质属性,也具有化学方面的本质属性。当人们从物理性质方面来认识"水"的概念时,

"水"的概念的内涵就是:无色,无味,比重为1,在一个大气压下沸点为100摄氏度,冰点为0摄氏度的液体。当人们从化学性质方面来认识"水"的概念时,"水"的概念的内涵就是:氢和氧的最简单的化合物,其化学式为 H_2O。

概念反映事物的本质属性有层次性,也有时代性,是一定时期内生产力和科学技术发展水平的认识成果。例如,对于"人",历史上就曾有过不同的定义:

"人是两足直立的无羽毛的动物。"(古希腊柏拉图;犬儒学派的第欧根尼)

"之所以为人者,非特以二足无毛也,以其有辨也。"(《荀子·非相》)"辨":礼仪差等,指人的社会性。所以有荀子的定义:"人能群,彼不能群。"

"唯人万物之灵。"(《书·泰誓》)

"人是有理性的动物。"(古希腊的亚里士多德)

"人是万物的尺度。"(古希腊智者学派首领普罗塔戈拉)

"人是机器。"(19世纪法国哲学家拉美特利的定义)

"人是一切社会关系的总和。"(马克思)

又如,"安乐死"的概念,其内涵是对无法救治的病人停止治疗或使用药物,让病人无痛苦地死去。2004年4月1日开始,荷兰成为世界上第一个"安乐死"合法化的国家。但在执行上有严格的标准:首先,病人所受的病痛必须是"无法忍受的"、"无穷无尽的",病人已经"厌倦了生活";"安乐死"必须是病人经过慎重考虑后,自愿提出请求。其次,医生和病人还必须确信,除了安乐死之外,再无其他的方法可以解除病人的病痛折磨。第三,病人的主治医生还必须就病人的要求至少征询另一位同行的意见,"安乐死"的方法在医学上必须得当。这种严格的执行标准,实际上就是对"安乐死"概念内涵的严格限定。

而据《今日说法》的一篇报道,北京郊县某村按照《村民自治法》选举了村长,但被乡政府给免掉了。村民所选的村长向法院提起行政诉讼,但因无法律根据,法院不予受理。在某个法律制定时,应该考虑到它所赋予的权利一旦受到侵害,应该怎么办。专家说,这只能等法律修订时再作补充了。中国是一个成文法的国家,任何法律诉讼都必须有法律根据,如果法律所规定的权利得不到法律的保证,这个法律的有效性就要打折扣了,原因即在于某些法律概念的内涵规定不严密。

又如,曾经有一些阿拉伯国家要求对"恐怖主义"概念作个明确的界定,以免在全球反恐怖活动中,造成双重标准。

从概念的外延看,客观事物和概念的外延既相联系,又相区别。其联系是,任何事物都可以反映在特定的概念之中成为该概念的外延;任何概念的外延也都是反映特定对象的范围的。其区别是,并非客观事物就是概念的外延,事物是存在于概念之外的,相对于该概念来说,属于客观存在;而概念的外延是该概念所反映的对象范围,属于主观的认识,是概念两个逻辑特征之一。

例如,"太阳系的大行星"这个概念的外延,在天王星、海王星和冥王星被发现以前,就是当时为人们所认识并反映在该概念中的六大行星。在天王星、海王星和冥王星被发现以后,它的外延就是多年来人们所认识并反映在该概念中的九大行星。可是,作为客观存在的天体,"太阳系的大行星"并不以人们的概念是否反映了它的本质和范围而存在,也许哪一天又发现了新的大行星或有什么其他原因,"太阳系的大行星"这个概念的外延就又会有所变化。

2. 概念的确定性和灵活性

任何一个概念都是特定时代的认识成果,就这一时代来讲,概念的内涵与外延是确定的,都是确有"能指"和"所指"的。唯有如此,概念之间才能相互区别,人们的思想交流才能有所确定。因此,概念的确定性决定了概念不能随便替换,也不能任意相互混淆。

例如,前几年的七年级语文第四册中曾有一篇阅读文章《恐龙无处不有》,其中写到:"在地球上的其他大陆上也都发现有恐龙化石。这些古老的爬行动物在南极的出现……恐龙实际上并不适应寒冷的气候,但1986年在南极确实发现了这种古老两栖动物的化石。""爬行动物"和"两栖动物"是两个不同的概念,都有其确定性。二者的区别主要看生育,水中完成生育并可在陆地上生活的是两栖动物,而恐龙是蛋中孵化出来的,尽管有的恐龙也生活在水中,但仍属于爬行动物。这篇文章将这两个概念随便替换,混淆了两个概念的确定性。人民教育出版社曾为此作出承诺,如果得到有关专家的证实,他们在重新出版时一定要修改过来。教育部也就此问题责成出版社进行调查,问题一旦得到证实,将责成出版社向发现这一问题的天津学生及全国七年级的学生道歉。

又如,前几年有一场有关"基尼斯"与"吉尼斯"的官司。在确定时间内(1993年上海大世界正式与英国吉尼斯公司签约,成为吉尼斯中国地区总代理,至1996年12月31日),人们可以把这两个概念看做内涵同一。但从2002年1月1日辽宁教育出版社接到英国吉尼斯公司的授权书,成为中国唯一有授权书的吉尼斯代理单位开始,上海的"基尼斯"与辽宁的"吉尼斯"就是两个不同的概念了,各有其确定的内涵,不容相互混淆。上海的"基尼斯"不再是"世界之最",只能是"中国之最"了。

虽然概念是对对象本质属性的反映,是人们的认识形式。但是,客观事物是发展变化的,人类的认识也是在不断深化的,不同时代的认识不断地揭示着事物的新的本质属性。因此,概念的内涵与外延随着事物的发展和认识的深化也会相应发生变化,于是概念又有了其灵活性的一面。

例如,70多年来,"太阳系九大行星"是铁定的事实。但2006年8月24日,经国际天文学联合大会的表决,对"大行星"重新进行了定义,冥王星遭遇降级,全世界中小学的教科书都面临修改。这种新的定义就使得在不同的语境中,"太阳系大行星"又有了新的确定性。

又如,对于"死亡"概念的界定。《现代汉语词典》中对"死亡"概念的解释为"失去生命"。《辞海》解释为"机体生命活动的终止阶段",其过程分为"临床死亡"——心跳、呼吸停止,反射消失;"生物学死亡",又称"脑死亡"。

对于"心脏死亡"的定义为:"心脏停止跳动,呼吸停止。"这是迄今为止最传统的"死亡"概念的内涵。中医诊断时的把脉实际上就是实践这个内涵。

应该说,"死亡"的传统定义受传统文化影响很重。古代的人们往往把思维与人的灵魂联系在一起,认为心是人的思维器官,人的思维是心的产物,心与人的灵魂同生同灭。古希腊哲学家亚里士多德就曾经指出:心脏是灵魂和智慧的中心。中国古代哲学家孟子也曾经说"心之官则思"①,荀子则说"心者,形之君也,而神明之主也"②。应该说,这种把人的心脏视为主宰人的一切活动的中心器官的观念,为心脏死亡标准的形成及确立奠定了坚实的文化基础。③ 中国古代的思想家更根据这种认知,将"心"字升华为具有哲学意义的范畴,并且影响了整个中国哲学史及现代思维。如孔子说:"七十而从心所欲,不逾矩";孟子说:"尽心、知性、知天";荀子讲:"心知";明代哲学家陆九渊讲:"吾心即宇宙";王守仁讲:"心者,天地万物之主也"。

正是由于"心"有这样的生理学意义和哲学意义,所以"思"从心,思维、思考、思虑是"用心"思维、思考、想问题。如孔子说:"学而不思则罔,思而不学则殆。"④ 荀子说:"吾尝终日而思矣,不如须臾之所学也。"⑤

虽然古人认为思维是心脏的功能,但随着时代的发展和人们对思维的不断研究,人们逐渐认识到了思维的生理机制在于人的大脑。因此,随着现代社会的发展又有了"脑死亡"的定义:"严重昏迷,瞳孔放大、固定,脑干反映能力消失,脑波无起伏,呼吸停顿,以上五项连续出现六个小时而毫无变化。"这是卫生部前几年拟定的"脑死亡标准"。这个标准实际上就是"脑死亡"概念的内涵。这种内涵把"死人"与"植物人"(大

---

① 《孟子·告子上》。
② 《荀子·解蔽》。
③ "思":《说文解字》说:"心,容也。从心,囟声。"意思是说,思想包容万物。按"思"是由"心"和"囟"组成,我们有必要再介绍一下古人对"心"和"囟"的认识。

"囟":象形字。《说文解字》说:"囟,头会,脑盖也。象形。"意思是说,囟是头骨会合的地方,是大脑的盖子。"思"的"囟声"是指"人之精髓在脑,脑住记识。故思从囟,兼用为声。囟、思一声之转也"(徐灏《段注笺》)。

"心":象形字。甲骨文很像一个心的形状;金文略有变化,但也像一颗心。《说文解字》说:"心,人心,土脏,在身之中。象形。"意思是说,人心是属土的脏器,在身躯的中部。《尚书》说:"脾,木也;肺,火也;心,土也;肝,金也;肾,水也。"五行中土位于中,举五脏之部位言也。即:脾、肺、心、肝、肾,木、火、土、金、水。

④ 《论语·为政》。
⑤ 《荀子·劝学》。

脑皮层丧失活动能力,完全没有知觉的人)相区别开来。

尽管"死亡"的新概念节约了医疗资源、解决了器官移植的来源问题以拯救更多的人的生命,体现了人类进步的社会意义,但"死亡"概念的使用毕竟不是一件小事情。所以,对于它如何使用,不同的时代有不同的界定,即使是同一时代,不同的国家也有不同的界定。即使就是"脑死亡",不同国家对于脑死亡的判定标准、观察时间、判定的医生数,也是不同的。这就是概念的具体性,认识这种具体性,就是认识概念的灵活性。否则,用此一内涵标准套用彼一内涵标准,可能会犯谋杀罪。

又如,对于"霸权"概念的界定,中国人与西方人的看法有一些微妙而重要的差别。在中国人眼里,霸权首先是一种"行为",一种主观决定的策略,同"霸道"联系在一起,含有强烈的贬义。而英语中的"霸权"(hegemony)则源于古希腊语,没有明显的贬义,它指某个国家、集团或政权所处的超群的优势地位或能力,并不是特指一种行为或政策,本身没有"霸道"的意思。因此,对于美国被别的国家称做霸权国家,一般美国人并不对此敏感,甚或有些高兴。这也说明,概念的界定有其文化的特点,也体现了概念的灵活性。

但是,概念内涵与外延的确定性与灵活性是辩证统一的,虽然在不同的时间、空间和语境内,概念的内涵与外延允许有灵活性,但在确定的时间、空间和语境内,概念的内涵与外延必须是确定的。如果只强调概念的确定性,就会忽视事物的变化与认识的变化,不利于人们的沟通交际;如果只强调概念的灵活性,又会使认识失去统一固定的标准,同样不利于人们的沟通交际行为。

例如,"个人所得税起征点"概念的内涵与外延在一定的时期内(1981年至2005年底)必须是确定的,以800元为起征点。1981年起征之后20多年间,全国各地的平均收入水平差别很大,有些城市就率先将这个概念的内涵与外延重新进行了规定,以适应不同的实际收入水平。这就使这个概念有了它的灵活性。但这个灵活性是相对于没有进行调整的城市而言的,在进行了调整的城市,调整后的"个人所得税起征点"的概念内涵与外延仍然具有确定性,只不过是新的确定性罢了。而从2006年起,国家对于"个人所得税起征点"的概念就又有了新的统一的内涵与外延。但这仍然不会是最终的"确定性"。

逻辑学着重考察概念的确定性。它阐明在同一思维过程中,概念必须有确定的内涵和外延,必须保持自身的同一,不能相互混淆,更不能偷换。这是正确思维的重要条件之一。否则就要犯混淆概念或偷换概念的逻辑错误,造成思维混乱。

例如,前两年《焦点访谈》曾播出,上海师范大学体育学院康复专业的毕业证在国内不被承认。但学校有关领导却辩解说,这个毕业证在英联邦国家得到承认。这就混淆了概念内涵与外延的确定性和灵活性的关系。至于如今一些商家打出的"买一送一"的广告,其第二个"一"所指涉的有两种情况:一是"买"某一件商品,"送"一件同样的商品;二是"买"某一件商品,"送"一件价格低许多的商品。许多消费者的第一感觉是第一种情况,而商家也正是利用这种"模糊",诱导了消费者的第一种感觉,自己则是在作第二种解释。这就是在利用概念确定性和灵活性的关系进行诡辩了。

尽管随着社会历史和人类认识的发展,概念的确定性是相对的,灵活性是绝对的,但在同一思维过程中,概念反映什么对象就只能反映什么对象。这是同一律的逻辑要求在概念上的体现。只有概念保持了确定性,才可以继而保证思维论证的确定性和一贯性。

3. "通意后对"的原则

如上所述,概念的确定性是现实生活中正确思维、有效沟通的最基本的条件。但是,在现实生活中,并非所有的沟通交际都是在概念确定的基础上进行的。为了保证沟通交际的有效进行,"通意后对"的原则是必须遵守的。

《墨经》说:"通意后对。说在不知其谁谓也。""通,问者曰:'子知羁乎?'应之曰:'羁何谓也?'彼曰:'羁旅。'则知之。若不问羁何谓,径应以弗知,则过。且应必应问之时。若应焉,应有深浅、大小,当在其人焉。"①

---

① 《墨子·经下》,《墨子·经说下》。

《墨经》的"通意后对"原则所涉及的问题,包括了谈说论辩、言语沟通中的语言表达的语境问题、语用问题和词语歧义性的问题。如"羁"在不同的语境中,或者指马笼头,或者指旅客。这时便需要先问清楚对方所说的"羁"在此时究竟表达的是哪一种意思,然后再回答。如果没有弄明白对方所说的"羁"究竟在此时表达的是哪一种意思,便径直应答,则或者出现错误,或者干脆以"不知道"拒绝沟通,自然也影响沟通交际的效率。同时《墨经》还认为,应答问题时,应当恰如其分,表现为:一是适时应答;二是根据对方的情况来决定自己应答内容的深浅程度和范围的大小。

例如,"璞"这个词,在先秦时期,郑国人称没有雕琢的玉石为"璞",而周国人则把腌制的老鼠称做"璞"。因此当一个周国人问一个郑国人"你买不买璞"时,郑国人便马上回答说"买"。当这个周国人掏出一只腌制的老鼠时,这个郑国人的尴尬就可想而知了。怪就怪在他没有"通意后对"上。

又如,孟子见梁惠王。王曰:"叟不远千里而来,将何以利吾国乎?"孟子曰:"仁义而已,何必曰利?"①

汉代思想家王充认为:"夫利有二:有货财之利,有安吉之利。"他认为孟子将梁惠王所问的"安吉之利"偷换成"货财之利",并不问青红皂白地对此加以批评。这是"失对上之旨,违道理之实也"②。王充的反驳,实际上也涉及了谈说论辩中的"通意后对"原则,要求在谈说论辩中,必须要保持概念的同一,从而保证论题的同一。其批评言之肯綮。

虽然"通意后对"的要求已经超出了论辩方法本身,但它却是同一律思想在语境、语用等语言运用问题上的体现。作为有效沟通交际中的逻辑原则,"通意后对"要求在沟通交际中必须首先弄明白对方言辞的含义,然后再回答。这样就可以避免许多由于语言歧义性所造成的理解错误,从而保证在沟通交际双方思想确定、思维通畅的前提下,"循名责

---

① 《孟子·梁惠王上》。
② 《论衡·刺孟》。

实,实之极也;按实定名,名之极也"①地进行沟通或论辩,并以此经由"通意后对"而"谕意通志",达到明是非、别同异、察名实、决嫌疑的沟通交际目的。即所谓的"谈辩者,别殊类使不相害,序异端使不相乱,谕意通志,非务相乖。若饰词以相乱,匿词以相移,非古之辩也"②。

因为,从有效沟通交际的求真角度讲,"殊类"、"异端"是一事物按类同、类异,依不同性质各属不同的类,从而以实定名,形成不同的名。它们之间最大特点就是各自的规定性和隔离性,不能任意超越事物质的界限,"名不可外务"③。而"序"、"别"则是思维紧紧抓住事物之间的类同、类异,使名与实保持同一性的辨别过程。这是逻辑的求真任务和求真精神——保证沟通交际的有效性。

从逻辑的求善任务和求善精神——保证沟通交际的真诚性上讲,在思维的过程中,保持了名与实的同一性规则,还可以"治世,位不可越,职不可乱,百官有司,各务其形,上循名以督实,下奉教而不违"。如违反这一条规则,使表达实与名混同,"相害"、"相乱",往小里说,会"别言异道,以言相射,以行相伐,使民不知其要";往大里说,则会使"以名取士"之人,"受重赏而无功","居大位而不治","为理官而不平","御军阵而奔北"。④ 因此,概念的确定性,也就因此而有了极强的伦理精神。

至于如何"通意后对"以保证概念的确定性,则需要在正确理解概念具有确定内涵和外延的逻辑特征基础上,掌握并运用有关概念的一些知识与方法。

4. 通过概念间的相互关系确定概念

概念的种类是根据概念内涵或外延方面的不同特征,对概念进行的不同的分类。其中,根据概念外延的数量分为单独概念和普遍概念;根据概念内涵的不同分为集合概念与非集合概念、实体概念与属性概念、肯定概念与否定概念等。概念之间的关系是由其所指外延来决定的。

---

① 《邓析子·转辞》。
② 《邓析子·无厚》。
③ 《邓析子·无厚》。
④ 《邓析子·无厚》。

但如果不是同一类概念，它们之间也就不存在任何关系。而在现实的沟通交际中，普遍概念和集合概念最容易由于它们的字面相同或相近而混淆。

例如，我们前述，由"我国的大学有几千所，北京大学是我国的大学"，推出"所以北京大学有几千所"。如果这样从此便用不着分什么"一本"、"二本"、"三本"了，大家都上北京大学好了。实际上，这个推理中混淆了作为我国大学总体的集合概念"我国的大学"与可以分别指称我国大学中某一所大学的普遍概念"我国的大学"。因此，虽然在这个推理中"我国的大学"两次重复出现，但它们是两个不同的概念，各有其确定性，不容混淆。如果在一个三段论中把它们当成一个相同的概念使用，就是"四概念"的逻辑错误。我们可以通过下列推理进一步理解普遍概念（类概念）和集合概念的区别：

世界万物中人是最宝贵的；我是人；所以，我是最宝贵的。

怎样辨别它们各自的确定性呢？第一，一个类（类概念）所具有的属性，它的分子也一定具有（如"人"与人群体中的每一个"人"）；而一个集合体（集合概念）所具有的属性，它的个体却不一定具有（如"森林"与森林中的每一棵"树"）。第二，我们可以用反映类的概念来说明或指称这个类中的每一个分子（如用"学生"的类概念反映学生这个类中的每一个学生）；而反映集合体的概念却不能用来说明或指称这个集合体中的任何一个个体（如不能用"森林"这个集合概念来指称这个集合体中的任何一棵树）。第三，类概念的外延是这个类所包含的每一个分子，而集合概念的外延只是作为集合体的事物，不是集合体中的个体。

又如，我们前述由"鲁迅就是周树人，周树人是浙江绍兴人，鲁迅是浙江绍兴人"，推出"2/4＝1/2，1/2 的分母是 2，2/4 的分母是 2"。

在第二个关系推理中，大前提中的"2/4＝1/2"表示的是数量之间的关系；而小前提中的"1/2 的分母"只是一个单纯的数字，所指不是同一个概念。这违反了在同一思维过程中，概念具有确定性的要求。

5. 通过概括和限制的方法确定概念

所谓概括，又叫做概念扩大法，是通过减少概念内涵以扩大概念外延的一种逻辑方法。其思维根据是在具有属种关系的几个概念中,由种概念过渡到属概念,方法一般是减去附加语(限制词),有从小概念过渡到大概念的方向性。如"某大学某系某专业的学生——某大学某系的学生——某大学学生——大学生——学生"。

概括的目的与作用在于,有助于人们对事物的认识从特殊过渡到一般,掌握事物的共同本质,使人们的认识更加普遍化,从而在表达思想过程中,使概念表达按需要更准确,论证更严密。

所谓限制,又叫做概念缩小法,是通过增加概念内涵以缩小概念外延的一种逻辑方法。其思维根据是在具有属种关系的几个概念中,由属概念过渡到种概念,其方法一般是增加附加语(限制词),有从大概念过渡到小概念的方向性。如从"学生"一直过渡到"某大学某系某专业的学生"。

限制的目的与作用在于,有助于人们对事物的认识从一般过渡到特殊,掌握具体事物的特质,使人们的认识更加具体化,从而在表达思想过程中,使概念表达按需要更准确,论证更严密。

如我们可以在家说:"上街买点水果。"但在商店里却只能说:"买苹果、橘子(具体水果名)"等。

又如,修改前的《婚姻法》规定准予离婚的条件是夫妻"感情确已破裂"。怎么确定"破裂"?较为模糊。在操作上如何判定"感情破裂",可能会带来一些主观因素,因此操作上有一定的困难。修改后的《婚姻法》则在第三十二条对"破裂"作出了明确的规定:"(一)重婚或有配偶者与他人同居的;(二)实施家庭暴力或虐待、遗弃家庭成员的;(三)有赌博、吸毒等恶习屡教不改的;(四)因感情不和分居满二年的;(五)其他导致夫妻感情破裂的情形。"这种条件的明确规定,实际上就是对"感情确已破裂"的"破裂"概念的进一步限制,从而使离婚条件不再模糊。

正是由于概念的概括和限制有这样的功能,所以可以运用它们认识或破解现实生活中的一些谬误。

例如,有一年的正月十五,司马光的夫人要上街游玩,司马光不乐意。他夫人说:"我要去看花灯。"司马光说:"家中这么多灯,何必出去看?"他夫人又说:"我要去看游人。"司马光又反驳说:"家中这么多人,何必出去看?"这里,司马光就把街上的"花灯"、"游人"的概念以不当概括的方法偷换为家中的"灯"与"人"的概念了。

又如,笔者曾编辑过一部对国外反倾销、反补贴、保障措施的几个案件的研究分析的书稿。由于作者在写作中不断引用各种国内外材料,却又没有适时对一些关键概念如"商务部"、"委员会"、"海关"、"国内"、"国外"、"进口"、"出口"、"进口商"、"出口商"等进行最低限度的限制。因此,究竟是"谁"在根据"什么"做"什么",是需要根据上下文来"体会"的,且还经常是"猜"不出究竟是"谁"把东西从"哪"搬到"哪"。这都影响了读者即时的清晰准确的理解。更为严重的是,由于语境的游离不定,该书稿对中国台湾地区的叙述中,一些概念缺乏必要的限制,不符合出版原则。如是看来,语言的经济原则应该有个限度。

又如,20世纪末的"朔州毒酒案",曾一度被媒体炒得沸沸扬扬。但实际情况却是,毒酒致死人命案的发生地是山西朔州,而毒酒的生产商及产地是山西文水的一家企业。"朔州毒酒案"的提法给人的感觉是"朔州生产的毒酒致死人命案",这种习惯性的误解,给朔州生产白酒的厂家造成极大的损失,生产全部停顿。究其原因,冠以事发地名字的不当限制的报道,是根本的原因。

如果"朔州毒酒案"是对"毒酒案"的不当限制的话,那么,2001年中秋节前夕的"冠生园事件",则以一起独立的南京冠生园事件在不当概括的影响下,将恶名扩散到所有以"冠生园"命名的食品企业;而2002年广东一家媒体的报道《进口涂料惊现致癌魔影》,也因不当概括引起一些进口涂料公司的激烈反应。有公司甚至提出,事件主体A就是A,B就是B,如果由于媒体的报道而使A公司的产品问题株连了其他公司,媒体是要承担法律责任的。

从这两种事例可以看出,新闻媒体在报道类似的案件时,必须要传播清晰明确的信息,杜绝信息的不确定性,将负面报道的负面效果减至最低。其概念的准确使用,是第一重要的。否则,会由于所报道信息的不完整、不具体、不清晰而造成消费群体恐慌,由此造成的负面影响将很难消除。至于前几年日本人在珠海的"集体嫖娼"事件,许多媒体在报道中用的是日本的"买春"概念。是"集体嫖娼"还是"集体买春"? 概念不一样，司法结果就不一样。

从概括与限制的目的与作用看，它们都是使人们在表达思想过程中，概念表达更加准确，论证更加严密，即使概念表达按需要清晰化。

从媒体传播信息的角度讲，其首要职责就是传播清晰的信息，其反面要求就是减少信息的不确定性；其次，传媒的另一重要功能就是澄清模糊的信息，亦即把流传在公众中的信息进一步明确化，以减少谣言的产生。因此，在传播信息的过程中，媒体应承担起自己的责任，不传播模糊的信息，准确地使用概念。

又如，在某次学术会议上，有位学者提出一个观点：可以把儒家思想概括为"亚洲价值观"。当有学者提出质疑时，这位学者认为任何概括都是舍弃种概念的一些属性以过渡到属概念的。其实在逻辑上，这种解释只说对一半。因为任何概括或限制的目的，都是为了在准确理解具有属种关系的概念之间所具有的不同的内涵与外延的基础上，恰当准确地表达概念。故而任何概括或限制都应有一个合理的限度。这个限度就是所概括或限制的概念在当下沟通语境中的确定性。假如在这个学术会议上分别有印度学者、阿拉伯学者甚至俄罗斯学者（其国土大部分在亚洲）都用同样的方法把自己的文化概括为"亚洲价值观"，我们该认可谁？如果把这种理论作为一种文化交往的策略，在亚洲的诸多人口中，又有多少人愿意跟着垒"咱家的围墙"？从此例中也可看出，在现实的人际沟通中概念的正确限制与概括有"度"可量。这可以从又一个例证中得到说明：笔者是山西太原人，供职于南开大学。在学校碰到山西老乡时，我需要说我是太原人；而向其他省籍的人介绍自己是哪的人时，需要说我是山西人；当在国外开会时向其他国家的人介绍自己时，需要说我是中国人。不同场景有不同的概括限度。如果非要概括为"我是人"，废话；"我是动物"，毛病；"我是生动"，矫情；"我是物质"，傻瓜一个。

6. 通过定义的方法确定概念

所谓定义，就是揭示概念内涵的逻辑方法。即解释所使用概念是什么意思，从而通过揭示概念的本质属性，一是明确某个概念，二是使某个概念与其他概念区别开来。定义的方法包括属加种差定义,即属加上种与种之间的差别,如商品(被定义项)是为交换而生产的(种差)的劳动产品(属);语词定义,即说明或规定语词表达了什么意义,如第一宇宙速度是每秒7.9公里,活化石就是活体与化石都存在的生物,"成年人"是年满18岁的人等。

定义有其规则:一是定义应当相称,违反这条规则就会犯定义过宽或过窄的逻辑错误;二是定义必须明确,否则会定义不清;三是定义一般应肯定;四是定义项不能包含被定义项,否则是同语反复或循环定义。

定义的作用在于,通过定义或词语解释,可以把人们对客观事物的认识直接巩固下来。所以可以通过定义的方法,了解某个概念的确定内涵和确定外延,从而在讨论问题中"通意后对"。

例如,2006年5月,国务院有关部门在关于调整住房供应结构、稳定住房价格的文件中提出:"自2006年6月1日起,凡新审批、新开工的商品住房建设,套型建筑面积90平方米以下住房(含经济适用住房)面积所占比重,必须达到开发建设总面积的70%以上。"但对于什么是"套型建筑面积",甚至不少业内人士也不明所以,有人甚至称其为"达·芬奇密码"。至于"70%比例"是项目控制还是总量控制,业界也一直存在争议。受此影响,中国大部分城市的实施细则迟迟未能出台,市场也处于迷惘状态。为此,建设部于7月公布了《关于落实新建住房结构比例要求的若干意见》,对此前市场普遍存在疑虑的"套型建筑面积"和"70%"两个概念给出了明确界定:"套型建筑面积是指单套住房的建筑面积,由套内建筑面积和分摊的共有建筑面积组成";关于"70%的比例",提出了总量与项目结合的原则,具体规定是,自2006年6月1日起,各城市(含县城)年度(从6月1日起计算)新审批、新开工的商品住房总面积中,套型建筑面积90平方米以下住房(含经济适用住房)面积所占比重,必须达到70%以上。① 经过这种定义,不但老百姓对与自己生活息息相关的买房问题清楚了,对于那些希望通过户型突破打"擦边球"的开发商来说,无疑也是一个警示信号。

---

① 参见王永康:《建设部界定90平方米和70%两个概念》,新华网,2006年7月13日。

又如，一些腐败分子大谈自己是"受礼"而不是"受贿"。对于两者的法律界定，也只能通过逻辑的定义方法来明确它们之间的差异性：受礼与受贿的主体关系的性质不同（亲朋好友，利害关系）；受礼与受贿的主体关系产生的基础不同（血缘关系、婚姻关系、私人感情关系、关系维系时间长，相互利用关系、关系维持时间短、办完事情就结束）；受礼与受贿的主体的动机、目的以及对接受财物的认识不同（不求回报，要求回报）；受礼与受贿的行为方式和数额大小不同（公开、有契机、数额小，秘密、谋求利益之前或之后不久、数额大）；受礼与受贿者是否为对方谋取利益或谋取何种利益不同（不要求谋取特定的利益，要求谋取特定的利益）。

在正常的沟通交际中，还经常会出现一些混用貌似相同但实际并不相同的概念。这也需要通过定义的方法来明确它们各自的确定性。主要问题表现在：

（1）对一组相互关联的不同概念内涵认识不清晰，以为是相同的概念。

如前述的有些人往往认为企事业单位的领导即"法人代表"。这种使用牵涉到三个不同的概念："法人"、"法人代表"、"法定代表人"。其区别前已述。

（2）认为同音的一组词其意义也相同。

现在人们在购买大宗物品时，往往涉及交"定金"或"订金"的问题。由于概念的不清晰，也常常造成经济纠纷。

如某人与一房地产公司签订了认购书，并交了3万元定金。但在认购书与收款收据中均写成"订金"。后房地产公司因故无法及时交付成品房，此人便要求该公司按《合同法》中有关"收受定金的一方不履行约定的债务时，应当双倍返还定金"的规定，双倍返还定金。但该公司认为当初的3万元是"订金"，不能适用于定金规则，仅同意原数返还。后经法院审理，支持了被告房地产公司的申述，仅返还3万元"订金"。

又如，某人与一家具厂签订了购买一套家具的协议，并预付1000元。家具厂在出具的收据中，注明"定金1000元"。后家具厂因故未能及时交货，这个人便要求家具厂双倍返还定金。但家具厂辩称该人所付的是预付款,是"订金",只是由于自己笔误写成"定金",因此只同意返还预付款。经法院审理,认为被告不能提供有效证据证明当初所付是"订金",最终判定被告双倍返还收据中所注明的"定金"。

从概念的确定性角度讲,"定金"与"订金"是两个表面相似但内涵完全不同的概念。"定金"是"当事人一方在合同订立之后、履行之前,在应给付数额内预先支付另一方一定数额金钱的担保形式"。作为法律规定的履行合同的一种担保形式,根据我国《担保法》第八十九条和第九十条规定,定金应以书面形式约定,从实际交付之日起生效。给付定金的一方履行约定的债务后,定金应当抵作价款或者收回,如不履行约定的债务的,无权要求返还定金;收受定金的一方不履行约定的债务的,应当双倍返还定金。而"订金"的内涵则单纯是"预付款",它不受法律的制约,消费者交付订金后,有权要求返还,若商家违约,只需退还订金而无须作出赔偿。因此,它没有"定金"的担保功能,一旦违约,不能适用定金规则进行处理,只能按照预付款的规则进行处理。根据我国有关法律规定,当事人交付留置金、担保金、保证金、押金等,但没有约定定金性质的,当事人主张定金权利的,法院不予支持。

在以前的《现代汉语词典》中,只有"订金"一词的解释,为"定钱",又解释为"也做定金";而对"定金"的解释则是"同订金"。在《辞海》中,则只有"定金"的词条,解释为"当事人一方在合同订立之后,履行之前,在应给付数额内预先支付另一方一定数额金钱的担保形式"。应该说,以前的《现代汉语词典》对这两个词的解释,表明它们是同音(声、韵、调完全相同)、同义(理性意义、色彩意义和语法意义完全相同)的一组词,只是在书写形式上没有定规。而《辞海》对"定金"的解释表明它是一种承担风险的担保。虽然"定"、"订"都有"约定"的含义,但在现实的经济活动中,"定金"是侧重于从订购担保的角度来使用的,"订金"是侧重于从预付款的角度来使用的。它们交付一定数额金钱的行为虽然相同,但内涵并不相同;所以是两个概念。所以,以前的《现代汉语词典》的解释是模糊的。而在山西教育出版社2004年版的《现代汉语规范词典》中,"定金"辞条标注为"履行合同的保证金","订金"辞条标注为"预付的部分款项,有某种承诺的意思,但在法律上不具有担保合同履行的作用"。① 而在商务印书馆 2005 年第 5 版的《现代汉语词典》中,则明确了"订金"为"预付款";增加了"定金"的词条,为"一方当事人为了保证合同的履行,向对方当事人给付一定数量的款项。定金具有担保作用和证明合同成立的作用"。这就使人们在现实的经济活动中对这两个概念有了明确的区分。

随着人们相互之间经济活动的大量增加,类似"定金"与"订金"的概念正日益走进老百姓中。因此,在现实的经济活动中,当我们遇到这种似乎是同音、同义,只是在书写形式上没有定规的一组关键词时,一定要弄清楚它们是否是理据性和通用性一致的一组词,一定要仔细核查并服从于司法解释,从而以各自内涵的确定性,避免不必要的经济纠纷。

(3)对新概念的内涵规定不完善。

随着社会的发展,许多新概念不断产生。在确定新概念的过程中,确定其内涵是确定其外延的前提。如果一个新概念的内涵规定不严密,其所造成的后果也是无法预料的。"个性化车牌"便是一个突出的例子。

从 2002 年 8 月 12 日起在北京、天津、杭州、深圳试点的个性化车牌,仅仅推出 10 天后就被以"技术原因"紧急停止。究其原因,恐怕是对这个新概念的内涵规定不完善所致。

"个性化车牌"概念的内涵是由三个字母和三个数字组成的"体现个性的车牌",其外延即是所有"体现个性的车牌"。本来这个概念的内涵除要求符合个性之外,还应该要求符合法律法规,符合社会公德,即符合理性。但在注册的"个性化车牌"中,一是更多地体现的是共性,如北京 4002 个车牌中,有 430 个含有"001",有 352 个含有"168";二是有些"个性化车牌"注册的是国名(CHN001、USA)、组织名(FBI007、WTO)、商标名(IBM)、机构名(BTV),这属不属于侵权还有待分析;三是有些"个性化车牌"注册的是"SEX"、"TMD"(网络对话中的不文明用语),据说还有人抢注"USA911",这就如同有日本人要注册"CHN918"一样。显

---

① 应该说,这种解释虽然对这两个概念作了区别,但"有某种承诺的意思"仍然是模糊的,在经济活动中仍然会产生一定的歧义。

然，这些"个性化车牌"既不符合个性与共性的关系，因为不能突出个性的趋同价值观实际上仍然体现的是共性；同时也不符合个性与理性的关系，因为没有理性约束的个性是不安全的。个性的发挥不能违反社会公德，损害他人的利益，既要发挥个性又要培养健全的理性。

又如，前几年，青岛有一市民给报纸写了一篇文章，建议在公交车上设立"民工专区"。但"民工专区"这个新概念的内涵是什么？合理不合理？合适不合适？能不能经得起解释？故而，有文章认为，这是"体面人的不体面的思想"。

概念的本质属性决定了它是以某一事物自身性质来区别于其他事物的关系。亦即是以概念的"质"的方面来规定一事物究竟是什么。上述新概念的情况表明：由于对它们的内涵规定不严密，所以才会产生要么外延不好控制，要么出现非理性的情况。这些事例也使我们有必要思考，在新概念产生的过程中，如何从理据性原则和通用性原则出发，真正完善概念的确定性，使之不能被人任意理解。

（4）对概念外延的认识不确定。

正确的划分可以使人们明确概念的外延，了解和掌握概念使用的范围，有助于正确理解概念和准确使用概念。但是，如果在社会交往活动中，对概念的外延认识不清，也会使认识模糊。

例如，某人被一家公司聘用，聘期为三年，公司也颁发了聘书。但一年后，新上任的领导却无故将其解雇。当其以聘书为据力争时，新领导却认为聘书不是劳动合同，没有法律约束力。但是，"劳动合同"概念的内涵是指劳动者与用人单位之间为确立劳动关系，明确双方权利与义务而签订的书面协议。它包括劳动主体、合同内容、合同期限。由于聘用合同主要规定了聘用人员的职责、待遇、期限等，其中一个重要的特点就是以聘书作为表现形式。所以，聘用合同应在劳动合同的外延之内，也是劳动合同的一种。这个新领导的理由缺乏逻辑根据。

这些事例也说明，社会交往活动中的概念，其内涵与外延是统一的，通过概念划分的根据，可以使交往活动的主体进一步加强对概念内涵的理解，从而加深对事物属性的认识。在这方面，前几年成都武侯区某街道办事处取消了几百人领取"低保金"的资格的事例，则是一个保证概

念确定性的范例。当他们发现本地区有的"低保人员"开着小车来领取"最低生活保障金",有的"低保人员"每月手机费就三四百元,有的"低保人员"领取"低保金"后转身就进了茶馆打麻将时,就以"低保人员"概念的内涵——收入达不到某种最低生活要求需要而享受最低生活保障金的人员——来划分,凡是符合这种标准而"领取最低生活保障金的人员"就是这个概念的外延——"低保人员群体";如果不符合"低保人员"概念的内涵,也就不属于"低保人员"概念的外延。为此,他们将几百名已经不符合"低保人员"概念的内涵,自然也就不应该属于"低保人员"的外延的人,从"低保人员"的外延中清除出去,取消了他们领取"低保金"的资格。

又如,"腐败"概念基本上是作为一个政治概念而存在的,即"利用公共权力谋取个人利益"。这个概念有两方面的含义,一是滥用公共权力及其影响力来谋取个人利益;二是以失职或玩忽职守来达到个人目的。但现在"腐败"的概念用得有些过滥,有泛化倾向。如将医疗事故称做医疗腐败,将学术研究中的剽窃、拼凑、制造学术泡沫、低水平重复等称做学术腐败。2002年9月22日,中国科技大学率先在国内出台了《研究生学术道德规范管理条例》,对侵占、抄袭、剽窃他人学术成果,在考试中作弊的研究生,将给予相应的处分。该校一位学术委员会委员说,学术腐败的恶流日趋年轻化。而媒体在报道这件事时,也用了"中科大严惩学术腐败"。2007年3月,一位人大代表在其草拟的一份《建议》中,也将高校一些人的"抄袭剽窃"列为"学术腐败"。①

但如果分析一下,这些所谓的"腐败现象"与公共权力并不相干,医疗事故中的不负责任,只是医德问题,不是"腐败";学术研究中的剽窃、拼凑、制造学术泡沫、低水平重复等,也只是学术道德和学术水平问题,同样不是"腐败"。但如果任由"腐败"概念泛化,则不利于把握"腐败"概念的外延,也就不利于准确地打击腐败。因此,有必要给"腐败"概念做一个恰如其分的确定性限定。

又如,曾经一段时间内有人提倡"高雅艺术"。但"高雅"这个概念

---

① 参见《人大代表痛斥名校掠夺教育资源》,东方网,2007年3月4日。

是相对于"通俗"、"粗俗"、"庸俗"而言的,是正概念。所以,"高雅艺术"概念的对应概念是什么?"通俗艺术"?"不高雅艺术"?显然,"高雅艺术"的概念模糊不清,也需要进行正确的界定。如做不到这一点,就应停止使用这个概念。

(5)概念的约定俗成性。

概念的确定性与灵活性的辩证关系还体现在一些具有地域特色的约定俗成的概念上。对于概念的定义有一种说明的语词定义,但这种定义由于存在有地域性的约定俗成性,因此在现实的社会交往活动中,有时也会造成不必要的纠纷。

例如,报载某镇政府将其所有的一幢二层楼的公房经过招标拍卖,以3万元的价格卖给某甲。五年后,这幢楼房拆迁,某甲领取了十几万元的移民搬迁补偿费。镇政府却以当年拍卖的不是整幢楼房,只是底层的四间房为由,将其告上法庭,要求他返还10万元的"不当得利"。经过法院调查:其一,当初招标拍卖、签订的合同都是整幢楼房。其二,当地房屋买卖有一个特殊的交易习惯,即在买卖整幢楼房时,习惯以底楼的房间数作为买卖登记的房间数。亦即买卖的是一幢楼,当地习惯只看底楼有几间。后来,法院判决镇政府败诉,某甲的十几万元不属于"不当得利"。

如今随着网络的发展,大量网络语言出现。其中就有许多约定俗成的成分在内。如何在正常的人际沟通中正确规范与使用这些语言,的确也是一个现实的社会问题,值得进行讨论。

人们的各种社会交往活动,都有着一定的场景。在特定的场景中,可能会有特定的语言环境,它包括了交往活动双方的时间、地点,以及交往活动双方共同具有的知识背景等因素。在这种"语境"中,一些概念的形成有其历史积淀,使之有了不同于普遍解释的特定词语。但是,这种可能存在有多种解释的多义词,在确定的社会交往活动语境中,其含义仍然应该是确定的,这与它的约定俗成性并不矛盾,交往活动的主体在特定的交往活动语境中,仍然可以知晓它所表达的是哪一种含义。虽然如此,但随着社会交往活动地域的不断扩大、手段不断丰富,这种可能会带来多种解释的约定俗成概念,与概念所具有的灵活性还是不能等同的。因此,在要求没有歧义的社会交往活动中,这种具有地域、群体特色的约定俗成概念还是应该规范使用为好。否则,将可能被一些人利用这种概念的约定俗成性来为自己谋取不当利益。如近年来,购房者与开发商之间因延迟交楼的违约金承担问题而引发的纠纷不断出现。购房者虽拿到房屋钥匙,但开发商在交付房屋钥匙时并未具备法定的及合同约定的房屋交付条件。因交付了房屋钥匙而被法院认定双方事实上认可房屋符合交付条件的案例很多。因此,在这种社会交往活动中,如果明确了"交钥匙"不是"交楼",就可以避免对于概念的约定俗成解释了。

(6)突破心理的不适应性。

人们在判定一些问题时,思维往往受心理因素的影响,在心理上认定某些具有相似性的概念内涵不会改变。"买一送一"实际上就是利用了这种心理因素。一旦所判定的问题与心理感受不一致时,往往怀疑的不是自己的理解。因此,在明确理解某些概念的过程中,如何突破心理的不适应性也是值得注意的。

例如,社会逻辑考试中有这么一道题:

某甲买了块新手表。与家中的挂钟对照,新手表一天慢3分钟。又将挂钟与电视中的标准时对照,挂钟一天快3分钟。因此,某甲认为刚买的新手表是准时的。

问:下述哪项是对某甲推断的正确评价?

A. 由于新手表比挂钟慢3分钟,挂钟比标准时快3分钟。因此,某甲的推断正确。

B. 新手表一般不会有错,因此,某甲的推断正确。

C. 某甲不应该把新手表与挂钟对照,而是应该直接与标准时对照。因此,某甲的推断不正确。

D. 挂钟比标准时快3分钟,是标准的3分钟;新手表比挂钟慢3分钟,是不标准的3分钟。因此,某甲的推断是错误的。

E. 某甲的推断无法断定真假。

解析:两种"3分钟"不是同一概念。"快3分钟"的"3分钟",是电视中的"3分钟",是标准的"3分钟";"慢3分钟"的"3分钟",是挂钟的"3分钟",是不标准的"3分钟"。某甲的推断将其混同为一,犯了"混淆概念"的逻辑错误,违反了同一律的逻辑要求。因此,选项 D 是对某甲的正确评价。

又如,社会逻辑考试中还有这么一道题:

近期一项调查显示:日本产"星愿"、德国产"心动"和美国产"EXAP"三种轿车最受女性买主的青睐。调查指出,在中国汽车市场上,按照女性买主所占的百分比计算,这三种轿车名列前三名。"星愿"、"心动"和"EXAP"三种车的买主,分别有 58%、55% 和 54% 是妇女。但是最近连续 6 个月的女性购车量排行榜上,却都是国产的富康轿车排在首位。

以下哪项如果为真,最有助于解释上述矛盾?

A. 每种轿车女性买主占各种轿车买主总数的百分比,与某种轿车买主中女性所占百分比是不同的。

B. 排行榜的设立,目的之一就是引导消费者的购车方向。而发展国产汽车业,排行榜的作用是不可忽视的。

C. 国产的富康轿车也曾经在女性买主所占的百分比的排列中名列前茅,只是最近才落到了第四名。

D. 最受女性买主的青睐和女性买主真正花钱去购买是两回事,一个是购买欲望,一个是购买行为,不可混为一谈。

E. 女性买主并不意味着就是女性来驾驶,轿车登记的主人与轿车实际的使用者经常是不同的。而且,单位购车在国内占到了很重要的比例,不能忽略不计。

解析:题干似乎矛盾。但两个排名的依据不同:前一个排名依据某种轿车的买主中女性买主所占百分比;后一个排名依据女性实际购车量,它与前一个百分比没有直接关系,而与富康车女性买主占全部轿车买主总数的百分比相关联。因此,它们不是同一个概念。

我们可以用具体数字分析:假定前三种车各卖出去 100 辆,而富康车卖出去 10000 辆。"星愿"、"心动"和"EXAP"的女性买主是 58 人、55 人、54 人;而即使富康车的女性买主只占总买主的 1%,其数字也达到了 100 人。

因此,选项 A 有助于解释题干中似乎存在的"矛盾"。选项 B、C、E

都无助于解释这种似乎"矛盾"的现象,而选项 E 背离了题干含义(不是青睐,是实实在在的女性买主)。所以,正确选项是 A。

(7)通过定义的方法,我们还可以识破一些诡辩。

例如,在 2003 年 3 月伊拉克战争开始之前的舆论准备阶段,美英两国动武的主要理由就是伊拉克拥有大规模杀伤性武器。但此后美国一直没有在伊拉克找到这类"大规模杀伤性武器"。曾几何时,他们就开始改变口风,开始淡化大规模杀伤性武器的问题,一再宣称,对伊动武是为了"解放"伊拉克人民、为伊拉克送去"自由与民主"。然而,"以导弹输送民主"毕竟有违国际法,不能为国际社会所接受,所以两国政要不得不继续玩偷换概念的游戏。如赖斯就曾在一次电视访谈中说:"我们是在对付一个曾经使用过大规模杀伤性武器的人,他曾两次对他的邻国发起攻击。"在这里赖斯将现在时变成了过去时,并将前科当现行论处。而布什在 2004 年 2 月 6 日宣布成立独立调查小组调查伊拉克武器情报失误问题时,为动武辩解说:"萨达姆有引起巨大损害的意图和能力。"将"大规模杀伤性武器"的物质概念转换为"意图与能力"的推测。于是"大规模杀伤性武器"的证据,变成了"自由"与"民主"的推广,又变成了仅仅是"伤害意图",概念就这样在暗中被变来变去。至于布莱尔,也曾在公布了赫顿调查报告的前后,将"大规模杀伤性武器"偷换为"大规模杀伤性武器的项目"。①

7. 通过划分的方法确定概念

所谓划分,是把一个属概念,依照一定的标准分成若干种概念以明确概念外延的逻辑方法。如把经济体制分为传统经济、计划经济、市场经济。划分的方法有一次划分、连续划分、二分法等。划分的规则为:划分必须相称,否则将划分过宽或划分过窄;每次划分的根据必须统一,否则将混淆根据;划分的子项必须是互相排斥的,否则将子项相容;划分一般不应当越级,应按层次进行,否则将越级划分。

---

① 参见李学江:《伊拉克违禁武器没找到,"两布"偷梁换柱难过关》,载《人民日报》,2004 年 2 月 6 日,第 3 版。

划分的作用在于,可以使人们明确概念的外延,了解和掌握概念适用的范围,有助于人们正确地理解概念和准确地使用概念。例如,"贪污罪"和"职务侵占罪"的外延是什么?如何划分?"黑社会性质组织罪"与"集团犯罪"的外延是什么?如何划分?这些问题正是现在正在讨论的热点疑难问题。

关于"黑社会性质组织罪"与"集团犯罪"的划分标准,本书结合有关讨论,尝试为:组织程度不同(社会性程度高,组织程度低);犯罪目的不同(非法控制社会,不谋求非法控制社会);反刑事追诉能力不同(强,弱);组织成员人数不同(底限为10人,底限为3人);经济实力不同(强,弱);犯罪行为方式不同(以暴力为主要特征、多样性、半公开性,不以暴力为主要特征、单一性、秘密性);势力范围不同(相对固定,没有势力范围);罪名的内在结构不同(复合型犯罪,不是一个罪名而只是一种共同犯罪形式)。

综上,由于概念是对客观事物的确定认识成果,是科学认识在一定阶段上的总结,是思维的最小单位,是构成判断和推理的细胞。因此,概念的确定性是正确思维的首要条件之一。借助于具有确定性的概念,我们就可以把某一事物与其他事物区别开来了。故而,在论证、说明一个问题时,我们需要经常"抠字眼"。但这种"抠字眼"不是毫无意义的,它关系到一个人、一个群体、一个国家的各种利益。因此,在现实的社会生活中,保证概念的确定性是第一重要的,而正确运用明确概念的一些逻辑方法也是必需的。

概念练习题1:

老师向甲乙两个学生提了一个问题:"一炉铁水凝结成铁块,它的体积缩小了1/34,后来,铁块又熔化成铁水,体积增加了多少?"

学生甲经过计算,回答说:"增加了1/33。"

学生乙反驳说:"不对,同是一块铁,缩小的是1/34,增加的是1/33,是自相矛盾。"

学生甲说:"不是我自相矛盾,而是你混淆了概念。"

问:甲乙二人谁是谁非?

概念练习题2：

过去,我们在道德宣传上有很多不切实际的高调,以至于不少人口头说一套、背后做一套,发生人格分裂现象。通过对此种现象的思考,有的学者提出,我们只应该要求普通人遵守"底线伦理"。

根据你的理解,以下哪一选项作为"底线伦理"的定义最合适?

A. 底线伦理就是不偷盗、不杀人。

B. 底线伦理是作为一个社会普通人所应遵守的一些最起码、最基本的行为规范和准则。

C. 底线伦理不是要求人无私奉献的伦理。

D. 如果把人的道德比作一座大厦,底线伦理就是该大厦的基础部分。

提示:按照定义的规则比较。

四、是非两明——判断要恰当

在2003年MPA考试逻辑试题中曾有这样一道题:"他或者是工人,或者是干部。"

上述判断是以下哪种情况?

A. 无所谓真假。　　　　　B. 真的。　　　　C. 假的。

D. 或者是真的,或者是假的。　　E. 以上都不对。

据反映,有许多考生选择的是A。但这种选择是错的。这涉及"判断"是什么,以及它有什么逻辑性质。

"判断"是什么?是对思维对象有所断定的思维形式。是通过对思维对象的性质、关系等的肯定或否定来反映对象情况或真或假的思想,一般用陈述句表达。

因此,判断的逻辑性质有两个:

其一是有所断定。即任何一个判断都有其确定的断定内容,在同一思维过程中,它肯定什么就肯定什么,否定什么就否定什么。判断的这个逻辑性质,目的是要消除日常语言的歧义性,以具有明确断定内容的判断,加强相互之间的沟通。

如伊拉克战争爆发前,美英政府最痛恨的是萨达姆有大规模杀伤性武器;伊拉克战争发展到后来,美英政府最痛恨的是萨达姆没有大规模杀伤性武器。

这两个例句反映了判断必须有所断定的性质。

其二是有真假。既然判断是对事物情况的断定,它就有是否如实地反映了事物本来面目的两种情况。如实反映事物的判断是真实的判断,而虚假反映事物的判断是虚假的判断。

基于此,上述试题的正确选项是 D。

我们前述,所谓的"判断要确定",是指在逻辑思维中,对事物情况的断定要明确,要有根据,肯定什么就是肯定什么,否定什么就是否定什么,不能含含糊糊,首鼠两端;不能是非两可,或者是非两不可,或者是非无可无不可。这些都反映了逻辑思维规律的基本要求。

1. 判断要明确

作为判断的第一个性质,它对判断提出了自己的逻辑要求:任何一个判断都有其确定的断定内容,在同一思维过程中,它肯定什么就肯定什么,否定什么就否定什么。判断的这个逻辑性质,目的是要消除日常语言的歧义性,从而以具有明确断定内容的判断,加强人们相互之间的沟通。

例如有个故事:有两个年轻人在单位受了点委屈,便去庙里请教一位老禅师。禅师听了两个人的委屈后,说了一句话:"不过一碗饭。"听了此话后,其中的一位年轻人茅塞顿开:"不就是一碗饭么! 有什么大不了的? 不干了!"于是辞职下海,艰苦拼搏了十年,成为一位小有名气的民营企业家。另一位年轻人听了此话后也是茅塞顿开:"不就是一碗饭么! 有什么大不了的? 忍!"于是埋头苦干,艰苦拼搏了十年,成为一位小有名气的事业单位领导。十年后两人再相聚时,都说自己的成功得益于老禅师当年的指点。但究竟谁的理解对?两人决定再去问问老禅师。当他们又走进山门时,老禅师远远摆摆手,又甩出一句话:"不过一念间。"

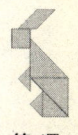

这个故事反映了中国传统"顿悟"思维方式的特点：突然领悟出事物间的因果联系或规律性的东西。但由于这种"致知不必格物"的顿悟具有一定程度的模糊性，在人际沟通中，有时就会由于对判断的歧义理解，仁者见仁，智者见智，从而流于"幽谬"。因此，在现实生活中，通过"通意后对"，达致"谕意通志"，这种"不过一念间"还是少些好，以表明判断明确对于有效沟通的必要性。

例如，针对如今许多广告利用语言的模糊性而搞的广告骗局、霸王条款，国家计委2001年11月颁布了《禁止价格欺诈行为的规定》，其中所认定的13种价格欺诈行为中，就包括了利用语言的模糊性而搞的价格欺诈；建设部2002年发布的《商品房销售管理办法》中，也对这类含糊其辞的虚假商品房广告亮起了"红灯"，规定其广告应符合有关规定，内容必须真实、合法、科学、准确。这实际上就是要求广告语言要有确定性。

又如，教育部2003年9月开始施行的新的《普通高校学生管理规定》中，取消了"道德败坏，品德恶劣"等容易引起歧义的道德评价，以严格的法律用语取代道德评价来实行对大学生的管理。这个决定也是为了使判断有明确的内容。

曾给一个同学看课程论文，提出修改意见，并指出"摘要"与"关键词"的作用。当修改稿以电子邮件形式再传回来时，主题栏赫然写着："张晓芒，修改稿"。看得我有点发愣，感觉比"嗟！来食"还差。其实，这实在是误解了主题栏的用意所在，以为这里应写关键词一类的词语。其实不然，这里所写，应该是一个判断句式的提示，明确告知收信者，发信者是"谁"，要"干什么"。这样才能在判断明确的前提下，继续下一步的沟通交际。随着计算机网络的普及，通过电子信箱互发邮件，已成为人们沟通的又一种快捷手段。但在打开收件箱时，主题栏部分常常是一些莫名其妙的词语，如"你好"、"无"等等。再看发件者，常是一串符号"猜不出来"。本意是要沟通交际，无意中玩成"猜猜看"。面对这样的糊里糊涂，许多人常是"天王老子来信也得删"——怕病毒。

另外，这里还想就当前我们的一些新闻媒体经常使用别人的措辞，不能作独立判断的现象，讨论一下媒介在信息传递过程中应该如何"用自己的眼睛看世界",从而使判断更加明确的问题。

当代社会是一个信息化社会,各种信息就是对各种事物情况的断定所形成的判断。但事物情况的"真相"有不同的面目,它们的选取往往因立场而异,而真相在新闻报道中变形、消失,是经常发生的事情。作为建构相互沟通、理解的平台的媒介,在如何认识不同思维方式的差别,从而营造对话双方都能理解和接受的、可以达成沟通的话语过程中,起着不可替代的作用。这是因为,受不同文化心态的影响,媒介对各种信息的选择与评价,往往在很大程度上受其文化机制的影响,从而以自己的文化眼光来作判断。如果当一种文化属于强势文化时,它往往也会利用跨国度的强大话语体系,推行着自己的文化标准,从而使许多事实真相因选取立场的不同,在媒介的传播中变形、消失。如果长期、反复接触这样的信息,就会产生一种不自觉的习惯,主张这一文化尺度的人会认为这很自然,而反对有唯一文化尺度的人也不自觉地将别人的视角和语气变成自己的视角和语气,接受媒介所传播的或隐含或直露的价值判断。如是,通过滤色镜来认识、评价世界的视角与语气,将在不自觉的习惯中"失色"、"失声",不自觉地认可了强势文化对弱势文化的支配性权力,从而丧失了自己作独立判断的能力。

例如,"国际社会"这一词组,如今在很多场合是少数国家为了更体面地追求自己利益而打出的旗号,它往往掩盖了绝大多数国家在国际事务中没有发言权、一些非政府国际组织被个别强势国家操纵的残酷现实。什么时候该用,什么时候不该用,都是大有讲究的。美国人亨廷顿早在1993年的《文明的冲突》一文里就指出,海湾战争前,英国首相梅杰在一次电视访谈中说"西方"要对萨达姆采取军事行动,但他立即意识到"西方"一词用得不妥,于是他在后来该用"西方"的时候一律改用"国际社会"。亨廷顿直率地指出,梅杰的所谓"口误"恰恰暴露了真相:"'国际社会'这词组已变成取代'自由社会'的委婉语式的集体名词,它使旨在维护美国和其他西方国家利益的行动具有全球的合法性。"①

---

① 转引自陆建德:《大国公民要有大国气度》,载《环球时报》,2004年1月30日,第15版。

应该说,文化的意义是一个对话,如果意义不被片面地理解,它就是一种平等的交换。如今,在据调查显示全世界重大新闻的80%源自西方几家主要媒体的情况下,如果我们的媒介在传递中只会用别人的文化编码,无疑也就接受了别人的"预设",肯定会影响并误导"咱们自己人"对一些事实真相的了解。基于此,保持"平常心",保持开放社会的开放心态,理性对待自己的文化情结,用"自己的眼睛看世界",才能在作出自己的独立判断过程中,正确理解与评价各种事物,给"咱们自己人"一个具有确定性的"完善拷贝"。

2. 判断要有根据

从因果关系的角度讲,任何事物和现象的产生都有其原因,任何原因都必然引起一定的结果。因此,因果联系是客观世界普遍联系和相互制约的表现形式之一,而思维中判断的因果联系只不过是客观因果联系的反映。这种反映就是判断得以成立的根据——把某种事物作为结论的前提或语言行动的基础。如果一个判断失去了其成立的根据,那么它就是一个无根无底的虚假判断,自然也就失去了让人"相信"的确定性了。我们将之称为判断无据。

判断无据是一种"推不出"的逻辑错误。因为,既然判断的逻辑特征是"有所断定",那么,在有效沟通交际的意义上,它就应该是有"根据"的"有所断定"。否则,它就是虚假的。汉代王充在其《论衡·书虚》中即对此有所认识:

> 传书或曰:"颜渊与孔子俱上鲁(鲁国)泰山。孔子东望吴(吴国)闾门外,有系白马。引颜渊指以视之,曰:'若(你)见吴闾门乎?'颜渊曰:'见之。'孔子曰:'门外何有?'(颜渊)曰:'有如系练之状。'……"世俗闻之,皆以为然(是这样)。如实论之,殆虚言也。
>
> 案《论语》之文,不见此言;考"六经"之传,亦无此语。……盖人之目所见,不过十里;过此不见,非所明察,远也。……案鲁去

(离)吴千有余里,使离朱望之,终不能见,况使颜渊,何能审之?……人目之视也,物大者易察,小者难审。使颜渊处阊门之外,望泰山之形,终不能见;况从泰山之上,察白马之色?色不能见,明矣!非颜渊不能见,孔子亦不能见也。

"如实论之"表明了这种判断无据的虚假性。

至于现代的"孔子亦不能见",则是多年来的一个判断:"在月球上能看到地球上的唯一人工建筑物是长城。"但如果经过仔细计算,就会发现,在月球上看中国的长城,就等于在 38000 米的高空看到 1 毫米的一道线。而这是根本不可能的。几年前,首位乘坐航天飞机遨游太空的美国人蒂托,在返回地面后举行的记者招待会上,就曾以肯定的语气回答说:"没有看到中国的长城。"2007 年 2 月,中科院一个科研团队在完成的一项研究中也确认了"在太空中无法看到长城"。因此,"在月球上能看到中国的长城"的判断是一个没有真实反映客观事实的虚假判断。这个判断只表明了当时的一种心态,而这种心态其实是背负过于沉重的民族虚荣的、缺乏自信的表现。如今,随着国力的日益强盛,长城"看不见了",但我们的民族自豪感却变得实在了。

又如,报载某省公安厅召开电话会议,通报了一起恶性车匪路霸案件,通报批评了检查不力的当地交通警察,并宣布乘客的损失由驾驶员全额赔偿。警方称,据《民法》有关条款,乘客购票上车后,即与客车形成了合约关系,驾驶员应安全、准点地将乘客送到目的地。

但是,警方的宣判并不合法。因为,公安机关作为行政部门,除刑事侦查手段外,行使的都是行政权力,在其权力范围内,可依法对驾驶员作出诸如吊销驾驶执照、行政拘留等行政处罚,但无权代替法院对民事违约行为作出"判决",否则就是混淆了行政权和司法权的界限,就是在用行政权取代司法权。因此,上述"判决"是对驾驶员财产权的侵犯,在逻辑上则是一个"不合法"的虚假判断,驾驶员可以不执行。至于驾驶员

---

① 又名离娄,古代传说中能望得很远的人。见《慎子》:"离朱之明,察秋毫之末于百步之外。"

是否构成民事违约,应由受损失的乘客提起民事诉讼,由法院作出真实的裁决来予以认定。

又如,以假判断为自己挽回颓势的莫过于陈水扁之流了。2006年当一连串的"弊案"让陈水扁"六亲无靠"时,台湾岛内的"中央社"却发出了"美国希望保持稳定,让陈水扁做完任期"的消息。但这个消息仅流传了12个小时就被美国国务院发言人予以了否认。做假判断者"画饼"却没有"充饥"。

在人际沟通中,真实的判断有助于人们认识一个道理,解决一个问题。而虚假的判断则不但无助于人们认识一个道理,解决一个问题,有时反而更加添乱。

例如,曾有一位埃及著名律师根据《圣经》的记载,准备向法庭起诉犹太人几千年前"抢劫"了埃及人的财宝。针对此,有位以色列作家也根据《圣经》的记载,准备向法庭起诉当年埃及人把犹太人当成奴隶来使唤,所以他们也有权要求埃及政府给予犹太人后代巨额的工资补偿。法律界对此十分头疼。因为,这涉及判断的真实性问题。现行的法律中还没有规定《圣经》里记载的事情能否作为打官司的事实依据。埃及人权组织的一位法律专家承认,要想在法庭上证明《圣经》中的一些文字记载合乎历史事实"极为困难","因为这需要找到大量历史文献来证明,而这是很难做到的。"

又如,上海至杭州的磁悬浮铁路于2006年3月通过国务院批准立项,当时有舆论认为,德国西门子、克房伯公司手握一把好牌,其主要观点为:"沪杭磁悬浮"在"十一五"规划中已经立项,如果不上马则会陷于被动;"沪杭磁悬浮"是2010年上海"世界博览会"的一部分,届时如不完成,会影响"世界博览会"的全局。但有政府官员认为,国务院批准的是"沪杭磁悬浮"交通项目建议书,是进入可行性研究阶段,而绝非外界所说的"开工阶段"。既然是可行性研究,就有可行不可行两种结果。"沪杭磁悬浮"并非"非建不可"。① 而据6月2日的英国《金融时报》称,

---

① 参见谢言俊:《中德沪杭磁悬浮谈判陷僵局,中方称不是非建不可》,www.sina.com.cn,2006年6月7日。

德国政府已拒绝中国要求,不愿以提供政府融资和转让敏感技术为代价,换取43亿美元的建造权。酝酿多年的"沪杭磁悬浮"计划正面临搁浅。有专家认为中德谈判陷入僵局是预料之中的事,他首先将责任归咎于国内媒体对"沪杭磁悬浮"的大肆炒作,过分强调中国建磁悬浮的意义在谈判中产生了负面效应,让德国误认为"沪杭磁悬浮"项目是非建不可,以此作为不断要价的砝码。①

虽然,逻辑学并不考虑思维的具体内容,它只是从判断形式的结构方面研究不同类型的判断的真假特征,以及各种判断之间的真假关系。至于判断的真假,是由实践来检验的。尽管如此,我们在日常思维中,判断的真假却是必须要考虑的,因为它既涉及思维内容的确定性问题,又涉及思维形式的有效性问题。而这两者对于正确有效的沟通交际都是十分重要的。

例如,在2002年10月份举办的亚运会上,中国的一位竞走运动员处在第一集团的绝好位置上,夺牌有望,但却被裁判以犯规为名罚下场。事后中国的另外一位运动员抱怨说:"实际上,竞走项目双脚腾空有时是很正常的,但在大赛中,能真正被判犯规的却极少,这有时是运气,有时则反映了其他方面。"在大赛中有个别裁判不公是不争的事实,但这位运动员的"竞走项目双脚腾空有时是很正常的"说法没有根据。按照竞走比赛规则(公认规则),"双脚腾空"就是犯规,任何时候都不属于正常范围。我们的报纸登出这样的说法,不负责任,心态有问题。

又如,日本靖国神社2006年6月推出了中文、韩文、英文的宣传册,把日本当年发动的侵略战争说成是"日本被逼无奈、不可避免的自存自卫的战争",是"为了解放亚洲民族的战争";而"二战"后在"东京审判中被判有罪的战犯是在由联合国一手策划的审判中单方面被判为战争罪犯的"。对此明目张胆地为侵略战争唱"赞歌"以及为战犯"鸣冤叫屈"的胡言乱语,任何有历史良知的人,都会立刻举出当年的日本军国主义者的累累战争罪行来进行驳斥。

---

① 参见白红义:《沪杭磁悬浮计划遭遇诸多争论正面临搁浅》,www.sina.com.cn,2006年7月14日。

这就是所谓的"事实胜于雄辩"。因为,"实验乃是确实性之母"①;"实践是一切理论的无可争议的试金石,在这个场合也应该让它做我们的指导者","凡在理论上必须争论的一切,那就干脆用现实生活的实践来解决"。② 这仍然有助于我们正确理解判断的确定性。

3. 不要自相矛盾

2006年7月12日早晨,我们为一条体育消息感到振奋:"北京时间7月12日凌晨,中国飞人刘翔在刚刚结束的2006年瑞士洛桑田径超级大奖赛男子110米栏的比赛中,以12秒88打破了沉睡13年之久、由英国名将科林·杰克逊创造的12秒91的世界纪录!"

然而当继续往下看这篇报道时,却怎么也高兴不起来了:"由于美国双杰特拉梅尔和阿诺德在刚刚结束的巴黎站黄金联赛上分别跑出了11秒06和11秒08的赛季前两位成绩,因此毫无争议地占据了第五道和第四道的中心位置。"③

在同样一篇报道中,出现了两个自相矛盾的判断:

在国际正式110米栏的比赛中,刘翔是第一个跑出12秒88的人。

在国际正式110米栏的比赛中,刘翔不是第一个跑出12秒88的人。

对此,不太熟悉110米栏比赛情况的笔者该相信哪一个?尽管笔者认为这篇报道中的两个"11秒"可能是"13秒"的笔误,但这个笔误对许多人来说,无疑是泼了一盆冷水。

亚里士多德曾经说过:"一个语词或一个语句都有确定的意义,假如一个事物是a又不是a,那么语句就没有确定的意义了。"南宋大儒朱熹也曾提出:"天下之有一理,此是即彼非,此非即彼是,不容并之。"上述例子可谓是也。

自相矛盾往往是在同一思维过程中思想信马由缰,想到后面时,常

---

① 丹皮尔:《科学史》,商务印书馆1979年版,第165—166页。
② 《车尔尼雪夫斯基选集》上卷,三联书店1959年版,第113、114页。
③ 参见骆驼:《洛桑田径超级大奖赛,刘翔12秒88打破世界纪录卫冕》,新浪网,2006年7月12日。

常忘记了前面,没有保持同一思维过程中思想的一致性。其表现一般为"自相矛盾的概念"、"自相矛盾的判断"、"自相矛盾的思想体系"、"自相矛盾的言行"。我们把这些统称为"自相矛盾"。

(1)自相矛盾的概念一般表现为所使用的概念本身蕴涵着不可调和的矛盾,将其展开就会形成自相矛盾的判断。

例如,19世纪的德国哲学家杜林曾做了一个关于概括世界的定数律:"可以计算的无限序列"。如果是"可以计算的",就不能是"无限序列";如果是"无限序列",就不能是"可以计算的"。因此,这个"定数律"将形成两个自相矛盾的判断。也正是由此,恩格斯在《反杜林论》中批评说:"杜林的囊括世界的定数律是一个形容语的矛盾,它本身就包含着矛盾,而且是荒唐的矛盾。"①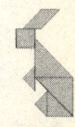

(2)自相矛盾的判断指判断本身包含有不可调和的矛盾。

如在一篇文章中有一句话:"中国园林建筑始于汉唐时期。""汉"、"唐"两个朝代,中间相隔有近四百年,中国的园林建筑如果始于汉代,就不可能始于唐代;如果始于唐代,就与汉代毫无关系。我们可以说"汉唐盛世",但不能说"某某始于汉唐"。一旦将这个判断分解为两个判断时,就可以发现这个判断本身包含有不可调和的矛盾了。

又如,某报纸载有一个案件的宣判过程,其中有如下两段话:

> 8:03分,法警告诉犯人,今天根据终审判决,依法对你执行死刑。
>
> 9:25分,法官宣读终审判决,下达了执行死刑的命令。

在同一篇文章的这两句话中,如果肯定第一句话是有效的,那么第二句话就失去了意义;如果肯定第二句话是有效的,那么第一句话就没有合理性并且违反规定。显然,在"谁有权宣读终审判决"的问题上,这两句话是自相矛盾的。真实的判断是,按照司法程序,最终的审判应由法院作出。

---

① 《马克思恩格斯选集》第3卷,人民出版社1972年版,第90页。

(3) 自相矛盾的思想体系，是指在一个思想体系中既肯定一种思想，同时又在否定这种思想。

例如，在《道路交通法规》论证过程中，有的人一方面主张"没有责任也要赔偿"，要"关爱生命"；另一方面又主张"新手可上高速公路"，并且还主张"在高速公路上可以不限速"。不知道这些人是怎样"关爱生命"的。

应该注意的是，任何理论体系中，如果出现逻辑矛盾，就必须加以排除，否则，这种学说就一定不能成立。因为，只要发现这个理论有矛盾，它的生命也就立刻结束了。

例如，古希腊哲学家亚里士多德曾提出一个理论：两个不同重量的物体自由落地时，重的物体先落地。但两千多年后的伽利略却从这个理论中发现了矛盾：如果将两个不同重量的物体绑在一起将会怎么样？它们的重量将重于其中重量大的那个物体，下落速度也一定要快于那个重量大的物体；但另一方面，虽然这两个物体绑在一起，但它们的下落速度不一样，重量轻的物体一定会"拉扯"重量重的物体，所以，它们的下落速度又一定慢于那个重量大的物体。伽利略正是从理论上找出了这条定理的毛病，所以推翻了亚里士多德的定理，得出结论："重量大的物体下落速度同于重量轻的物体的下落速度"。据说后来经过比萨斜塔的试验，进一步证实了伽利略的论断。

而在《哥达纲领》中，拉萨尔派硬塞进一个结论："劳动所得应当不折不扣地和按照平等的权利属于社会一切成员"。马克思在《哥达纲领批判》中对此批评说："属于社会一切成员？也属于不劳动的成员吗？那么'不折不扣的劳动所得又在哪里呢'？只属于社会中劳动的成员吗？那么社会一切成员的'平等权利'又在哪里呢？"从而指出了这个判断本身包含有不可调和的矛盾。

(4) 自相矛盾的言行是指一个人说的是一套，做的则与自己所说的相反。

这种矛盾就是所谓的"南辕北辙"、"缘木求鱼"、"心口不一"。如果是故意的，其所危害的就有可能不是一两个人的问题了。

例如，2004年11月，按津房拆许字(2004)第124号拆迁许可证规定,因地铁一号线项目建设,需要拆迁"二纬路以北"的房屋。一年多后的 2006 年 3 月,南开区建委发布《更正公告》,称这个拆迁许可证中出现"笔误",拆迁范围中本应是"二纬路以南"。作为一级政府行政部门,通过一纸"笔误"公告,更改具有法律效力的规范性文件,这种做法当然引起了拆迁户的强烈不满。有住户就认为,这纸"更正"缺乏正当理由:其一,拆迁许可证是打印文件,"南"、"北"两字无论采用拼音输入法还是字型输入法,都很难出现误操作;其二,按照有关规定,颁发拆迁许可证有严格的程序,要经过市、区两级拆迁办审查批准,而且规定"现场查勘拆迁范围与提供的资料应当一致"。因此有住户认为,天津地铁一号线通车后,地铁周边房价随之上涨,开发商恐怕是看中了"二纬路以南"地段迅速增加的商业价值,才发生了如此"笔误"。①

其实,对于思维不要自相矛盾的逻辑对策很简单,即当我们思考问题时,应该在整个的思维进程中,不断"回头看",想想在同一思维过程中,从前是怎么想的,现在就必须还是那样想。当然,从前是怎样想的必须明确、清晰,否则也会有意无意中自相矛盾。对此,汉代思想家王充在其《论衡·语增》中作了一语中的的评析:

> 世称纣力能索铁伸钩;又称武王伐之,兵不血刃。夫能索铁伸钩之力当人,则是孟贲、夏育之匹也(古代大力士一类人)。以不血刃之德取人,是则三皇五帝之属也。以索铁之力,不宜受服;以不血刃之德,不宜顿兵(把兵器用钝)。今称纣力则武王德贬;誉武王则纣力少。索铁、不血刃,不得两立。殷、周之称,不得二全。不得二全,则必一非。

4. 不要非此非彼

有人说,中国人最应该清除的是有时故意的模糊性。"为人只说三分话,不可全抛一片心。"在真假是非的问题面前含糊其辞,态度暧昧,没

---

① 参见胡梅娟等:《天津拆迁上演"笔误",居民楼竟要强制拆迁》,新华每日电讯,2006 年 6 月 8 日。

有明确的回答。这在某种程度上就是判断没有确定性的又一种表现："非此非彼"或"模棱两可"同样会妨碍思维的确定性。

（1）所谓非此非彼，是对两个相互矛盾的判断同时予以否定。但由于矛盾判断已经排除了第三种可能，因此，对两个相互矛盾的判断同时予以否定的"非此非彼"也就丧失了判断的明确性。

例如，古代的"各打五十大板"：有个人丢失了一头牛。后来他抓住了偷牛贼，并将偷牛贼扭送到县衙门。县令听了事情的原委，立即下令打偷牛贼五十大板；打完被告，又下令打原告五十大板。然后就将原告和被告一齐轰出了县衙门。至于这个县令对这个案件的明确态度或主张是什么，根本不知道，只是留下了一句俗话——各打五十大板。

又如，现代的"各打五十大板"：2002 年 10 月 27 日的甲 A 联赛，因云南红塔队对上海中远队罚点球闹事。10 月 30 日，足协处罚中远队的一名队员。中远队不服，要上诉。11 月 1 日，足协又对云南红塔队两名队员进行处罚。红塔队不服，也要上诉。结果如何，就不知道了。这就是现代"各打五十大板"所带来的纠纷。

又如，克隆人的问题曾是一个吵得沸沸扬扬的话题，有人赞成，有人反对。还有第三种意见，说："有人认为克隆人符合人类发展的需要，有人则认为克隆人不符合人类发展的需要。这两种观点都是错误的。"如是，那么自己的观点究竟是什么？则无从断定。面对这些没有任何明确意见的"非此非彼"，我们只能如列宁所说的："二者必居其一……请你直截了当地说吧。"①

（2）所谓模棱两可，是对两个相互矛盾的判断含含糊糊地同时加以肯定或否定，但实际上并没有明确表明自己的态度或主张，因此，"模棱两可"实际上是"模棱两不可"，仍然是对事物的情况无所断定。

"模棱两可"一词来自《旧唐书·苏味道传》。据说唐朝有位名叫苏味道的宰相，他曾对别人说："处事不欲决断明白，若有错误，必贻咎谴。但模棱以持两端可矣。"由于他的这种对问题的正反两方面意见从来都不明确表态的态度，人们给他起了个外号叫"苏模棱"。而在现实生活

---

① 《列宁全集》第 20 卷，人民出版社 1972 年版，第 83 页。

中,面对真假是非问题,这种"苏模棱"还真不少。

例如,前些年,对于也是吵得沸沸扬扬的"特异功能"的话题,就有人左右逢源地说:"人身上存在有特异功能是迷信的说法;但要说根本不存在特异功能,也未免武断,因为有些现象还真不好解释。"听了这种分析判断,我们能够知道什么呢?

至于前日本首相小泉纯一郎面对媒体"是否还会参拜靖国神社"的提问,三番五次地说"会进行适当判断",其"模糊得可以",也算是一个模糊"大家"吧。

当然,"模糊"包括"无意模糊"和"有意模糊"。但无论哪一种,都会以"是非不明"影响有效的沟通交际。

关于"无意模糊"的有,2006年教育部新闻发言人常对媒体说:"希望媒体像保护大熊猫一样保护我。"其本意是希望社会对新闻发言人和新闻发布制这一新生事物,给予更大的理解,像保护大熊猫一样,给予更多的呵护。但因其本意模糊,被解读为"我是国宝"。当然给人的心理感受就不一样。

关于"有意模糊"的有,2005年11月,面对美国的"黑狱事件",美国总统国家安全事务助理对记者说:"我们正在用一切必要的手段,保护我们的国家免受恐怖主义袭击。"而白宫发言人说得更暧昧:"总统最重要的责任是保护美国公民。"①这种"有意模糊"的解释,比"此地无银三百两"还差。

虽然排中律的作用在于排除两个相互否定思想的中间可能性,从而以区别性保证思维的明确性。但排中律是在当问题只有两种可能——非此即彼、两者必有一真而不能同假时,它才起作用,它并不要求人们对任何存在矛盾观点的问题都作出明确表态。如人们对某些问题尚未深入了解,对是非界限还不清楚,这时不表态是允许的。但是,只要表态,就应该有个明确的态度。因此,对于这种故意的闪烁其词,我们可以向其提出排中律的逻辑要求:在是非面前,对问题要作出明确的回答。

---

① 参见何洪泽等:《美国秘密监狱让欧盟不安》,载《环球时报》,2005年11月7日,第3版。

虽然遵守排中律的逻辑要求,就是为了消除人们认识中的不确定性,但在现实的人际沟通中,"闪烁其词"的事例还是有很多。其中有些是诡辩,有些则是不得已。如鲁迅在其所著《野草》中讲过这样一个故事:

有一个人家生了一个男孩,满月时亲友们都来祝贺。有个人说这孩子将来能当大官,得了赏;有个人说这孩子将来能发大财,也得了赏;有个人说这孩子将来是要死的,结果挨了一顿揍。

对此,鲁迅不无感慨地说:说假话的得赏,说真话的挨打。要是遇到我,只好说:"哎呀,哈哈,这孩子,哈哈……"

这种回避对"是"与"不是"之间的选择,就是一种"闪烁其词"。虽然违反了排中律的逻辑要求,但在特殊的场合,这种回答还是情有可原的。因此,合理的"闪烁其词"只能限定在特殊的场合和特殊的语言环境里。

不过,值得一提的是,在鲁迅所描述的话语中,"这孩子将来是要死的"还是有些问题。因为这个判断只注意了普遍"是非"的确定性,却忽视了特定语境中的确定性。

人际之间的语言沟通,是一种言语行为。而任何一种言语行为,都是如下三种行为的逻辑复合体:

语谓行为——说出一串话语。这是"说什么"这一行为本身。

语旨行为——在说出话语的同时,或者陈述一个事实,或者确认或否认某一事件,或者进行一次询问,或者发出一个指令,或者提出一个请求,或者作出一个预测,或者给予一个劝告,或者表示一个祝贺。这是在"说什么"的同时,说话者所表达的说出这个话语的"用意"。

语效行为——说话者通过语谓行为表达自己的语旨用意之后,在听话者身上(也可能是说话者自己,如当他自问自答的时候)产生的一定影响,出现的一定效果。

从语言交际功能的语用学角度讲,任何一种完成了言语行为的成功的交际语言,都是有意义的语言,亦即是有具体内容的语言。因此,它们在通过言语行为以达到沟通交际的目的时,都应满足言语行为的"恰当性条件"。而言语行为的"恰当性条件"又包括:

实质性条件——语旨行为的目的是什么,亦即它要达到的效果是什么。

真诚性条件——要求说话者具有真诚的心理状态,使自己所说的话语恰当。

预备性条件——符合交际双方的利益,相信对方能够理解、接受。

命题内容条件——语旨用意在所说的话的内容方面要有所区别,如"陈述句"与"疑问句"不同,"警告"与"劝告"不同,"报告"与"预报"不同等。①

按此言语行为的意义理论,"这孩子将来是要死的"的话语,虽然符合普遍"是非"的确定性,却不符合"祝贺"的言语行为的恰当性条件。亦即,它既不符合"祝贺"的预备性条件的要求,也不符合"祝贺"的真诚性条件的要求,同时还不符合"祝贺"的实质性条件的要求。因此,这是一种非常不成功的言语交际行为,不符合听话者的利益,并因此而失去了特定语境中的确定性。

看来,人际沟通中的言语行为,不仅要符合形式逻辑的要求,也要符合语用逻辑的要求。从这一意义上讲,在确定的场合和确定的语言环境里,我们有时大可不必以"外交辞令"闪烁其词。

5. 判断的标准要确定统一

同一个事物在确定的条件下是什么就是什么,这是由事物"质"的规定性所决定的。而对其的断定也就必须是什么就是什么,这是判断的确定性要求所决定的。在这样的判定过程中,判定标准的确定统一是尤为重要的。

例如:有两个学生请教他们的老师究竟什么是诡辩。

老师说:有两个人到我这里来做客,一个人很干净,另一个很脏。我请两个人去洗澡。你们想想,他们两个人中谁会去洗澡呢?

学生:当然是那个脏人。

---

① 参见周礼全主编:《逻辑——正确思维和成功交际的理论》,人民出版社1994年版,第393—407页。

老师：不对，是干净人。因为他养成了洗澡的习惯，脏人认为没有什么好洗的。再想想看，是谁洗澡了呢？

学生：干净人。

老师：不对，是脏人。因为他需要洗澡，而干净人不需要洗澡。如此看来，我的客人中谁洗澡了呢？

学生：脏人。

老师：又错了，当然是两个人都洗了。干净人有洗澡习惯，而脏人需要洗澡。那么他们两个人后来到底谁洗澡了呢？

学生：两个人都洗了。

老师：不对，两个人都没洗。因为脏人没有洗澡的习惯，干净人不需要洗澡。

学生：有道理。但是我们究竟该怎样理解呢？您讲的每次都不一样，而又总是对的！

老师：正是如此。这就是诡辩。

之所以会形成这个诡辩，是因为在评价事物的过程中，没有使用确定统一的标准，从而才会产生不同的判断。对这种标准的不统一，中国古代思想家庄子曾严厉地批驳过，并在其《齐物论》中提出了"辩无胜"的主张：

既使我与若（你）辩，若胜我（你辩胜了我），我不若胜，若果是也，我果非也邪？我胜若，若不吾胜，我果是也，而（尔）果非也邪？其或是也，其或非也邪？其俱是也，其俱非也邪？我与若不能相知也。则人固受其黮闇（昏暗不明），吾谁使正之？使同乎若者正之，既与若同矣，恶（怎么）能正之？使同乎我者正之，既同乎我矣，恶能正之？使异乎我与若者正之，既异乎我与若矣，恶能正之？使同乎我与若者正之，既同乎我与若矣，恶能正之？然则我与若与人俱不能相知也，而待彼也邪？……是若果是也，则是之异乎不是也，亦无辩；然若果然也，则然之异乎不然也，亦无辩。

在这段论述中，庄子采用了完全归纳推理的方法，从"用你的标准"、"用我的标准"、"用第三者的标准"、"用你我共同的标准"来分析评价,认为这四个标准都不能评判"你我之间的是非"。而这四个不同的标准在庄子看来是评价"你我之间是非"的所有标准,所以可以得出一个取消"辩"的一般性的结论:"没有任何一个标准可以评价你我之间的是非"。所以,"辩无胜"。

庄子的"辩无胜"是对当时名辩思潮中取法标准上主观性的批判的结果,是庄子痛感其时人的生存危机而造成的人性迷失的悲叹,希望以此为人的自我拯救、重塑人格指点迷津。但在这个批判的过程中,庄子却显然忘掉了一个判定是非的最为根本的标准——客观实际。因此,当他肯定"辩无胜"而否定"辩有胜"时,却忘记了自己的"辩无胜"也是一种关于"辩"的判断,而这一对判断仍然有抽象性的一面,仍然有静止、确定的关系。因此,由于庄子忘掉了判定是非最为根本的标准,使他的"辩无胜"的判断存在着一个不可调和的矛盾。

故而后期墨家在《墨经》中批驳了庄子的"辩无胜",认为,"谓辩无胜,必不当,说在辩";"辩也者,或谓之是,或谓之非,当者胜也"。所谓的"当",就是指符合客观实际。

又如,庄子主张"不谴是非,以与世俗处"①,"与其誉尧而非桀也,不如两忘而化其道"②。采取了一种"非诽"(反对批评)的态度,希望以此来泯灭是非、真假的界限。但《墨经》又指出了这个判断仍然存在自相矛盾:"非诽,非己之诽也。不非诽,非可诽也。非不可非也,是不非诽也。"

但后来有"非诽"论者不甘心,又提出了一种"少诽"论。对此,《墨经》又运用排中律思想进行了反驳:"诽之可否,不以众寡,说在可非";"论诽之可不可,以理之可非,虽多诽,其诽是也;其理不可非,虽少诽,非也。今也谓多诽不可,是犹以长论短"。

《墨经》认为,什么可以"诽",什么不可以"诽",这是由所谓"诽,明

---

① 《庄子·天下》。
② 《庄子·大宗师》。

恶也"①的实际情况所决定的,而不是由批评的多少所决定的。如果对方的道理可以批评,虽然批评的多了,但这种批评必须应该得到肯定(其诽是也)。如果对方的道理不可以批评,虽然批评的少,但这种批评也是不对的,应该得到否定(虽少诽,非也)。因此,批评的少,未必正确;批评的多,也未必不正确。以批评的多少来评价批评的是非对错,就好像"以长论短"一样荒谬,都违反了"诽"的客观标准。

由此可见,在判定一个确定场景中的是非时,采用确定统一标准的重要性,它有时关涉到千家万户的利益。

例如,2006年7月,财政部在确定2007年中央行政事业单位住房改革补贴标准时,就要求采用统一的计算公式。②

如果有意或"无意"地忘记了这个应该统一的标准,那就是诡辩。

例如,据认为,日本人非常重视用数字说话,没有数字的讨论,在日本人看来是缺乏水平的表现,很难听进去。但近几年日本出现了"中国威胁论",根据是所谓的中国"不断增加军费"。可是日本一些媒体只说中国军费每年以两位数的速度增长,却从来不说中国的军费是多少,与日本相比究竟如何。因此,如果不拿数字进行比较,很难判定"中国威胁论"的真假。实际上,人口比日本多10倍,面积多26倍的中国,军费开支还不到日本的一半。与其说"中国威胁",还不如说"日本威胁"更合适。

另外,语言的发展是一个历史的过程,在此期间,某些词语会发生意义的变化。因此,如何既立足于现实,又尊重历史;既充分注意语言的系统性,又承认发展演变中的特殊情况,也是一个值得注意的问题。

例如,有句老话:"父债子还,夫债妻还"。但这句老话放到现在,其判断的真假就需要从法律角度看了。《继承法》第三十三条规定:"继承人放弃继承的,对被继承人依法应当交纳的税款和债务可以不负偿还责任。"由此可见,一些老话有时就不一定正确,它还需要放到实际的场景中来进行确定性的评价。

---

① 《墨子·经上》。
② 参见《每日新报》,2006年7月14日,第13版,新华社北京7月13日电。

任何一个词语,都应是理据性原则与通用性原则的统一,其意义的转移变化也必定有其内在的历史的根据,从而在新的基础上保持对其理解上的确定性。但由于理据性原则与通用性原则相矛盾的现象,因而造成理解上的不确定性的,还是有例可查的。

曾见书、报、刊上的许多文章在用到"空穴来风"时,基本上是在"无根据"意义上使用的。一般的习惯用法是,在讲到"还是有根据"时为:"并非空穴来风";在讲到无根据或想当然时,则是"不免有些空穴来风"。

但这种使用恰好颠倒了"空穴来风"的本来意义。"空穴来风"意指有空洞,就有风进来。战国时期楚国宋玉的《风赋》中即有:"枳句来巢,空穴来风。其所托然者,则风气殊焉。"因为枳树(枳)弯曲(勾),树枝上常招引鸟儿筑巢;由于有空的洞穴,才引来了风。

又有《庄子·齐物论》中的"天籁"、"地籁"之说,"汝闻人籁而未闻地籁,汝闻地籁而未闻天籁夫!"亦当为此成语的理据之一。"籁",一是指古代的一种管乐器,三孔。二是指从孔穴中发出的声响;也指一般声音,如"万籁俱寂"。从《庄子·齐物论》的"地籁则众窍是已,人籁则比竹是已,敢问天籁。曰:夫吹万不同,而使其自已也,咸其自取,怒者其谁邪?"也可得到证明。

因此,从"空穴来风"的理据性原则出发,"空穴来风"的确切含义是"有根据"。唐代诗人白居易的《初病风》就准确地使用了这个成语:"朽株难免蠹,空穴易来风。"梁启超在其《续论市民与银行》中也准确地解释了这个成语:"空穴来风,理有固然。"

正是由于"空穴"与"来风"的这种"有根据"的逻辑因果关系,以前的《现代汉语词典》解释为"比喻消息和传说不是完全没有原因的";《辞海》解释为"比喻流言乘隙而入";《辞源》的解释同《辞海》;中国社会科学院语言研究所词典编辑室编,外语教学与研究出版社2002出版的《汉英双语现代汉语词典》中解释为"有了洞穴才有风进来。比喻消息和传说不是完全没有根据的"。这些解释都反映了"空穴来风"的理据性。而这也就是"空穴来风"历史上的确定性。

但在当前使用"空穴来风"的通用性原则上,由于可能是将"空穴来风"理解为"无中生有",所以"空穴"与"来风"就有了一种相反意义上的"无根据"的逻辑因果关系了。这样,"空穴来风"的理据性原则就与它的通用性原则相矛盾了。人们应该怎样确切地使用这个成语,容易产生混乱。如 2004 年国家公务员《行政职业能力测验》B 类试卷中就已经出现了这个题。显然,这个问题不是一个"矫情"就能了断的,因为它不符合逻辑思维的确定性要求。

按"约定俗成谓之宜"①,在照顾"空穴来风"的通用性原则的同时,如何又不使这个成语丧失了它的理据性原则,不割断它与历史文化的联系?2005 年第 5 版的《现代汉语词典》在原有的解释基础上,又补充了"现多用来比喻消息和传说毫无根据"。这就是这个成语的新的确定性。如果哪天又考这个题,其标准答案就又变了。

尽管如此,笔者仍然认为,这种完全相反的新的释义,转移的根据是什么,无从知晓。同时,在对这个成语作规定的词语定义时,也缺乏充足的逻辑根据。这样就在照顾"空穴来风"的通用性原则的同时,却使这个成语丧失了它的理据性原则,割断了它与历史文化的联系,使"望文生义"理据化。按"名无固宜,约之以命,约定俗成谓之宜,异于约则谓之不宜。……名有固善(完美),径易(简明易懂)而不拂(相违,自相矛盾),谓之善名"②,这种新的释义,虽然体现了概念的确定性与灵活性的关系,但仍然没有正确解决使用时的心理冲突,并使一个富有传统文化内涵的词语消失。这无疑也是个损失。

确定性的规范,是理性认识欲规范事物的结果。由于"'普遍的神圣的理性'不是一个单纯的抽象观念,而是一个强有力的、能够实现它自己的原则",并使"世界历史因此是一种合理的过程"③,因此,某个词语的新的确定性规定,其规范意图应是规范者所代表的历史的、集体思考的结果。它有主观的一面,"主观的理念,就其为独立自决的和单纯的自身一致的内容而言,就是善"④,其"'善'是'对外部现实性的要求'",这

---

① 《荀子·正名》。
② 《荀子·正名》。
③ 黑格尔:《历史哲学》,三联书店 1956 年版,第 76、47 页。
④ 黑格尔:《小逻辑》,三联书店 1960 年版,第 418 页。

就是说,'善'被理解为人的实践=要求(1)和外部现实性"①。在指导、规范人们的现实的言语行为中,"第一个前提:善的目的(主观的目的)对现实(外部现实)的关系;第二个前提:外部的手段(工具,客观的东西);第三个前提就是结论:主体和客体的一致,对主观观念的检验,客观真理的标准"②。

因此,尽管语言的发展有其自身的规律,往往与社会的发展、人们的认识更新联系在一起。但无论怎样发展,一定时期内的语言的确定性是必须要坚持的,当某个词语的理据性原则与通用性原则发生矛盾时,笔者认为,理据性原则轻易不要更改,一是因为会割断历史文化;二是将会对解释失据。如我们认可了"空穴来风"的新的释义,将如何对其进行字面解释?又将对一些相关词语如何解释,如"万籁俱寂"?

因此,为了照顾到通用性原则,我们可否再造一个与"空穴来风"具有反义的"无穴来风"的新词,并由语言权威部门认定?在讲到"还是有根据时",用"并非无穴来风";在讲到无根据或想当然时,则为"不免有些无穴来风"。这样既可以使这个新词与旧词有意义上的联系,又可以在表达思想时,符合思维确定性的逻辑要求;既可以照顾历史,又着眼现在和未来;既符合逻辑上的确定性,又符合心理上的适应性。同时还使我们的语言词汇在得以保持传统的具有文化底蕴的词汇同时,在判定标准统一的基础上,不断丰富汉语言的词汇库。

因为,语言系统本来就是一个开放系统,它既是社会理性的需要,也是社会理性的结果。这一理性的需要和理性的结果,必然要求在不断开放的语言系统中,仍然保持任一词语解释的严密性和确定性。

思维练习题:

老师在一张纸条上写了甲乙丙丁四个人中的一个人的名字,然后握在手里让这四个人猜一猜是谁的名字。

甲说:是丙的名字。　　乙说:不是我的名字。

丙说:不是我的名字。　　丁说:是甲的名字。

---

① 列宁:《黑格尔〈逻辑学〉一书摘要》,人民出版社1972年版,第149页。
② 列宁:《黑格尔〈逻辑学〉一书摘要》,第153—154页。

听完后,老师说:"只有一个人说对了。请再猜一遍。"这次四个人都很快同时猜出了这张纸条上写的是谁的名字了。

问:这张纸条上究竟写的是谁的名字,他们四人是怎样猜出来的?

五、珠连绳贯——推理论证要首尾一贯

前两年曾有个判断争论得非常激烈:"撞了能不能白撞?"其实,"撞了白撞"是将一个没有确定性的情绪化判断混淆了严格的是非判断。

而如今有一些中国学者写的书,看来看去,语境游离不定,不知道是中国学者写给中国人看?抑或外国学者写给中国人看?抑或外国学者写给外国人看?

这些都说明,概念与判断有了确定性,还要保持思想论证的首尾一贯。即当我们确定了一个判断的确切内容后,在同一思维论证过程中,它原先是什么,后来还应该是什么。

我们曾前述,所谓的"推理论证要首尾一贯",首先是指思维的对象要逻辑一贯地确定,其次是指论证过程中的前提与结论的逻辑一贯性。

什么是论证?论证就是用已知为真的判断确定某一判断的真实性(为真)或虚假性(为假)的思维过程。它的基本形式包括证明和反驳。

在现实的人际沟通中,人们随时在争论、议论着一些问题,确认自己主张成立的一方,他的思维过程就是证明的过程;而认为对方的主张不成立的一方,他的思维过程就是反驳的过程。

任何一个论证都是由论题、论据和论证方式三部分组成的。又由于在一个论证过程中,论题和论据之间的联系总是借助于一定的推理方式来实现的,所以,所谓的论证方式,就是论证中使用的推理方式。

逻辑学并不研究具体的论证内容,它研究的是任何论证都具有的逻辑结构,它以一种研究结果的普遍性(普遍适用性),解决论证的严密性、有效性和如何有说服力等问题。而这些问题都涉及如何使推理论证首尾一贯。

1. 思维的对象要确定

所谓"思维的对象要确定",是指当我们思考某个问题或与别人讨论某个问题时,必须要确定所思考或所交流的问题究竟是"哪个问题"。这样,思考或沟通的过程才能是有意义的。要达到这个目标,必须做到以下两点:

首先是论题必须明确。这是强调在一个论证中,论题必须清楚、明白、确切。

人们在人际沟通或写作中,总是要围绕某个问题进行思考或发表议论。不论发表什么样的议论,总是要让别人相信自己的某个观点是正确的,或者不同意某一观点,以便对此作出反驳。因此,论题清楚、明确是论证正确进行的基本条件之一,如果论题不明确,就无法找到适当的论据与正确的论证方式对它进行论证。别人也就不知道你究竟要说什么了。

这一条要求是保证沟通的确定性。亦即保证"谕志通意"的原则。违反它,将犯"论旨不明"的逻辑错误。

例如,曾有一段议论:"现在有些'追星族'一味地热衷于通俗歌曲,这没有什么不可以,不同的人有不同的需要。但通俗歌曲毕竟不是文化发展的主流,因此,一味热衷于通俗歌曲并刻意模仿的态度也是有疑问的。"

这段议论到底要说明什么?是赞成"一味地热衷于通俗歌曲"的态度,还是反对"一味地热衷于通俗歌曲"的态度,或者是反对"一味地热衷于模仿'歌星'"的态度?其论题始终是含混不清的。这种"论题不明"的议论,由于失去了证明的确定对象,同时也就失去了证明的意义。

其次是论题必须保持同一。这是强调在一个论证中,必须围绕同一个论题展开论证。这一条要求也是保证沟通的确定性,亦即保证沟通中"通意后对"的原则。违反它,将犯"混淆论题"、"转移论题"或"偷换论题"的逻辑错误。

混淆论题是指在同一思维过程中,把有某些联系或有某些表面相似之处的不同判断,当做相同的判断来使用,从而使本来应该得到证明的论题得不到证明。

据《吕氏春秋·去私》载:"晋平公问于祁黄羊曰:'南阳无令,其谁可为之?'祁黄羊对曰:'解狐可。'平公曰:'解狐非子之仇也?'对曰:'君问可,非问臣之仇也。'平公曰:'善。'遂用之。国人皆称善焉。"但在现实的人际沟通中,要真正做到这个首尾一贯的"善",却并非易事。

例如,英国博物学家、进化论者赫胥黎在达尔文发表《物种起源》后,大力宣传进化学说,并第一个提出了人类起源的问题。但遭到当时教会的反对。一次在辩论"人类是否由猿猴进化而来"时,一位贵族怒冲冲地问他:"请问,是你的祖父还是祖母是由猴子变来的?"这里,这个人显然是把"哪个人是由猿猴变来的"混同于"人类是由猿猴进化而来的"了。但这是两个似乎相似但完全不同的论题。对"哪个人是由猿猴变来的"论证,显然不能使原来的论题——"人类是由猿猴进化而来的"得到逻辑证明。对此论题的混淆,赫胥黎用大量的事实证明了进化论。最后他说:"我并不因人类是由猿猴进化而来而感到羞愧,我只是为一些人不敢承认人类是由猿猴进化而来而感到羞愧。"据说这位贵族的夫人听了赫胥黎的论证后,哭着问这位贵族:"难道我们真的是由猴子变来的吗?"这位贵族哭丧着脸说:"大概是吧。"竟然把那位贵族夫人气得昏了过去。到了这时,她还是搞不明白"哪个人是由猿猴变来的"与"人类是由猿猴进化而来的"是两个似乎相似但完全不同的论题。

转移论题是指在同一思维论证过程中,用一个完全不同的判断去替换原来的判断。这样也会使本来应该得到证明的问题得不到证明。

例如,笔者曾看过一场辩论赛。辩题是"留学生归国是社会问题还是个人问题"。正反双方辩得挺热闹,但开辩没几分钟,话题就转到"'社会问题'是个褒义词还是个贬义词"上了。尽管双方引经据典,但真正的辩题已在九霄云外了。

偷换论题由于其是故意的,这就是诡辩。要想辨识和破斥这种诡辩,唯有"思维的对象要确定"的意识和辨别能力。如《庄子·外物》中有:

> 庄周家贫,故往贷粟(借粮)于监河侯(监管河水的侯王)。监

河侯曰:"诺。我将得邑金(封邑的租赋收入),将贷子三百金,可乎?"

庄周忿然作色曰:"周昨(昨天)来,有中道而呼者,周顾视(回头看)车辙中有鲋鱼(fù 鲫鱼)焉。周问之曰:'鲋鱼来,子何为者邪?(鲫鱼,你在这里做什么)'对曰:'我,东海之波臣(水官)也。君岂有斗升之水而活我哉?(救我一命)'周曰:'诺。我且南游吴越之王(将到南方去游说吴王越王),激(壅引)西江之水而迎子,可乎?'鲋鱼忿然作色曰:'吾失我常与(时时同在一起的,指水),我无处所。吾得斗升之水然活耳,君乃言此,曾不如早索我于枯鱼之肆!(还不如早点到卖鱼干的市场上找我)'。"

在这个论辩中,庄子的借粮是为了"救急",而监河侯所答应的借给"三百金"是在"救穷"。但"救急"与"救穷"显然不是同一个话题。监河侯用庄子并不需要的"救穷"取代了庄子急需的"救急",这是以偷换论题来掩盖自己既不想帮忙又想落个乐善好施名声的嘴脸。其违反同一律的逻辑错误是故意的,其应答的荒谬性也是明显的。庄子根据监河侯偷换论题,采取了将错就错、以谬还谬的论辩方法,构造了一个更为荒谬的同类判断,以驳斥监河侯的虚伪。这种揭穿对方偷换论题的归谬类推虽是间接的,但其悲愤的斥责却是直截了当的。

又如,现在当人们对一些行政执法部门乱罚款现象提出质疑时,有些行政执法部门的人却说:"罚款本身不是目的,严格执法是为了维护人民的合法权益。"这就将"罚款本身对不对"的问题,偷换为"如何维护人民的合法权益"的问题了。提问者可以继续提问,让话题回到原来的提问中。

又如,在伊拉克战争爆发前,美国的许多城市也爆发了大规模的反战游行。当有记者问美国政府的发言人如何看待这一问题时,这位发言人说:"这至少表明了一种民主。我们的人民可以自由地表达他们自己的意愿。"这就是借转移论题,摆脱困境。破斥的方法同上。

2. 前提与结论的逻辑一贯

如前所述,任何论证都是借助于一定的推理方式来实现的,所以,要想使论证有效,前提与结论之间的逻辑联系也必须符合推理规则,即所谓的逻辑一贯。

(1)理由与推断之间要有必然的逻辑联系。

否则,就可能推不出结论或无法证明论题的真实性。而"推不出"的逻辑错误包括"论据与论题不相干"、"以人为据"、"诉诸无知"、"以相对为绝对"等。

所谓"论据与论题不相干",是指在一个论证中,理由尽管是真实的,但与结论之间没有必然联系。其代表莫过于战国时期楚国宋玉的《登徒子好色赋》了:

> 大夫登徒子侍于楚王,短宋玉曰:"玉为人体貌闲丽,口多微辞,又性好色。愿王勿与处于后宫。"
>
> 王以登徒子之言问宋玉。
>
> 玉曰:"体貌闲丽,所受于天也;口多微辞,所学于师也;至于好色,臣无有也。"
>
> 王曰:"子不好色,亦有说乎? 有说则上,无说则退。"
>
> 玉曰:"天下之佳人莫若楚国,楚国之丽者莫若臣里,臣里之美者莫如臣之东家之子,增之一分则太长,减之一分则太短;着粉则太白,施朱则太赤;眉如翠羽,肌如白雪,腰如束素,齿如含贝,嫣然一笑,惑阳城,迷下蔡。然此女登墙窥臣三年,至今未许也。登徒子则不然。其妻蓬头挛耳,龋唇历齿,旁行踽偻,又疥又痔。登徒子悦之,使有五子。王熟察之,谁为好色者矣?"

这种"因为什么就如何"的"因果"联系,其实是论证者自己杜撰出来的,其因果的相关性只是心理上的,而非逻辑上的。因此,表现在沟通交际中,实际上就是以非论证的表述来取代论证。这种"不相干谬误"是最常见的语用谬误,是故意以非论证的形式取代沟通语境中应具有的论证,这就是诡辩。但这种"牵强附会"的"因为什么就如何"诡辩,在现实生活中并不鲜见。

例如,报载某贪官就是这样为自己被黑社会腐化的行为辩解:"因为大权在握,所以身不由己",因此"被黑社会腐化实属无奈"。

所谓"以人为据",是指仅仅以一些人的言行为根据,对某一论点或者肯定或者否定,却并没有考虑他们的言行是否与自己的论题有真正的逻辑关系。这种谬误也是"不相关"谬误,属于非形式谬误。通常人们所说的"因人纳言"的"爱屋及乌","因人废言"的"嘴上没毛,办事不牢"等,都是"以人为据"的逻辑错误。

在现实生活中,"以人为据"的谬误不胜枚举,并且有一些"以人为据"的实质是以"大家认为"来代替逻辑的论证,用以攻击某人的个人品质。

例如,报载一位老师,因自己班上丢了东西,又一时查不出是谁偷的,竟荒唐地让全班同学投票"选小偷"。当被"选举"出来的同学问有什么证据时,这位老师竟摇晃着那一叠"选票"说:"大家选你,你就是小偷"。

某次"丢东西"只是一次独立的事件,就算某个人以往有过"偷东西"的经历,但他以往的经历与这一次"丢东西"之间却没有必然的联系。因为,经验中的因果联系充其量只是一种"可能",但这种"诉诸公众"的"共识",显然是以"人"本身作为其论证的唯一根据,从而把本不必然的"可能"联系当做"确凿的证据",将毫不相关的两件事情扯在了一起,并以此"因人而纳言","因人而废言"。

遗憾的是,现实生活中有许多类似"选小偷"的事例。什么"选最差公务员"、"选劣迹人"、"选最差教师"等事例,屡屡见于报端。更有甚者,据《今日说法》中的一个案例,某地的一个法官就曾言之凿凿地以"大家的共识"为据,将一个无罪的人定了罪。这些冠冕堂皇的言行和举措,无一不是"选小偷"的翻版。

其实,一个"选"字并无多少特殊功能。但它却有着不容亵渎的严肃性,这种严肃性就体现在"选"的过程中对所有相关事件的认可。如果只是为了交差,或为了对某件独立的事件有个交代,就滥用"选"字,

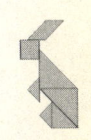

无疑是对事物因果联系的漠视,无一不是在"众口铄金"之下,拿人的尊严开玩笑。

所谓"诉诸无知",是指以自己的无知为自己的错误行为辩解。

例如,常见有人犯了罪后这样辩解:"我不懂法律,所以才犯了罪"。无知绝不是犯罪的论据,不懂法律,并不意味着法律对其无效。法律思维最根本的特征就是规范性、逻辑性。①

(2)严格遵守推理形式的逻辑规则。

各种推理形式的逻辑规则是保证推理有效的必要条件。违反它们,推出的结论就一定不是逻辑有效的。这是因为,同任何事物都是形式与内容的统一一样,思维也是形式与内容的统一。"思维内容"就是反映到人们思维中的客观对象;"思维形式"就是思维内容的一般形式结构,也即不同思维内容所包含的具有某种相同逻辑性质的组成部分之间的一般联结方式。它的表现形式是:

第一,思维形式是一种从具体思维内容中抽取出来的,贯穿于一切具体思维内容中的形式结构。它是判断或推理共同具有的思维"样式"。

第二,不同的思维形式都有自己的逻辑规则,并由此构成了推理的有效式。

这种思维"样式"及其规则的确定性,不受推理论证者心理感受的影响,以思维的"共许"体现在现实的人际沟通中,成为规范人们正确思维的"强约束"。

例如,古希腊哲学家苏格拉底曾经说过:"未经思考的人生是不值得过的。"现在思考了,值不值得过?

古希腊哲学家柏拉图学园挂有一块牌子:"不懂哲学者不得入内"。现在来了几个懂哲学者,让不让进?

中国古代圣贤孔子曾经说过:"名不正则言不顺,言不顺则事不成,

---

① 关于"推不出"的逻辑错误,还有"滥用权威"的"推不出"、"诉诸他恶"的"推不出"、"诉诸感情"的"推不出"等。参见张晓芒:《诡辩——思维的陷阱》,企业出版社2006年版。

事不成则礼乐不兴,礼乐不兴则刑罚不中,刑罚不中则百姓无措手足。"现在名正了,是否百姓就"有措手足"?

游泳池前也挂有一块牌子:不会游泳者不得入内。现在来了几个会游泳者,让不让进?

《刑法》上有一条:如果被教唆者没有犯教唆者所唆使的犯罪,那么,教唆者可以减轻罪责。现在如果被教唆者犯有教唆者所唆使的犯罪,那么,对教唆者将怎样?

上述的语言,尽管具体思维内容不一样,但如果从中抽取出思维形式,它们都具有一个固定的具有相对独立性的思维形式:

只有 p 才 q(p⟵⟶q);或:如果不……则不……(¬p⟶¬q)

这就使我们有可能学习并掌握这种思维形式的逻辑特征,即它在何种情况下具有何种真假值或不确定值,从而以形见理,对上述推理很快得出一个正确的结论来。如果还觉得抽象,我们就再举一个生活中的例子:

不生病就不会发烧。现在生病了,发烧不发烧?

思维内容不一样,但思维形式与上述提问是一样的。因此,由其"形同"而"理同",上述问题就好理解了。这正是规范人们正确思维的"强约束"的确定性所在。

这种"强约束"还保证着人们沟通交际的正常进行,体现了人类的逻辑精神。

例如,信仰的支撑、利益的驱动、道德的约束、法律的规范,这些都是一个社会健康有序发展的必不可少的条件。其中的任何一个对社会健康有序发展来说,都是必要条件。有了其中的一种,未必有后面结果;但缺少了其中的一种,就必然没有后面的结果。这是由充分必要条件推理规则的确定性所决定的。

又如,2006 年 6 月,《突发事件应对法(草案)》提请全国人大常委会进行审议。其中第 57 条规定:新闻媒体违反规定擅自发布有关突发事件处置工作的情况和事态发展的信息或者报道虚假情况,情节严重或者造成严重后果的,由所在地履行统一领导职责的人民政府处 5 万元以上10 万元以下的罚款。这些条款引起媒体的争议。对此,国务院法制办公室负责同志表示,《草案》在确保政府及时、准确发布突发事件信息,并为新闻媒体做好服务工作的前提下,规定了对突发事件相关信息的报道进行管理。这是应对突发事件的客观要求。本意是为了防止因个别新闻媒体编发没有根据的信息和传言或者报道虚假情况,误导社会公众,却引起了不必要的恐慌。因此,《草案》中有关对媒体的处罚规定只有在违反规定擅自发布不实信息或者报道虚假情况,情节严重或者造成严重后果的情况下才适用,这不会影响新闻媒体正常报道有关突发事件的信息。①

按必要条件推理否定前件就要否定后件规则的确定性,不违反就不适用。因此,"这一规定不会影响新闻媒体正常报道有关突发事件的信息"。

又如,社会逻辑考试中曾有过这样一道题:

大嘴鲈鱼只在有鲦鱼出现的河中长有浮藻的水域里生活。漠亚河中没有大嘴鲈鱼。

从上述断定能得出以下哪项结论?

Ⅰ. 鲦鱼只在长有浮藻的河中才能发现。
Ⅱ. 漠亚河中既没有浮藻,又发现不了鲦鱼。
Ⅲ. 如果在漠亚河中发现了鲦鱼,则其中肯定不会有浮藻。

A. 只有Ⅰ。　　　B. 只有Ⅱ。　　　C. 只有Ⅲ。
D. 只有Ⅰ和Ⅱ。　E. Ⅰ、Ⅱ、Ⅲ都不是。

按题干的推理形式为:

有鲦鱼∧有浮藻⟵有大嘴鲈鱼(只有……才……;p⟵q)

漠亚河没有鲈鱼(¬q)(必要条件否定后件)

所以……

许多考生希望能够在选项中找到一个不会出现矛盾的场景。因此,在思维内容上不断地进行匹配。殊不知,本题考的就是看考生有没有掌握必要条件推理规则的确定性。而按必要条件推理否定后件不能否定

---

① 参见孟娜:《国务院法制办:媒体正常报道突发事件不受干预》,新华网,2006年7月3日。

前件规则的确定性,本题是不能必然推出任何结论的。所以,正确选项是 E。

这种"强约束"不但体现了人类的逻辑精神,同时还体现了人类的伦理精神。

例如,报载某人因妻子在网络上进行虚拟的"网上重婚",为此提出离婚诉讼,并要求妻子赔偿精神损失。但是按照《婚姻法》第四十六条规定:"有下列情形之一,导致离婚的,无过错方有权请求损害赔偿:(一)重婚的;(二)有配偶者与其他人同居的;(三)实施家庭暴力的;(四)虐待、遗弃家庭成员的。"但这个人的妻子的"网上婚姻"并不是法律意义的结婚,因而不构成事实上的重婚;也没有实际的同居行为;同时还没有实施家庭暴力与虐待、遗弃丈夫。所以在要求精神赔偿的四个要件中,没有一条符合这个人的实际情况。这样,就把这四个要件所组成的相容选言判断的所有选言支全部否定了。因此,这个人可以申请离婚,但他的精神赔偿要求却不属于《婚姻法》第四十六条所规定的任何一条情形,所以不在其适用范围内。

3. 应该注意的"意义"问题

在保持"思维对象要逻辑一贯地确定"和"前提与结论要有逻辑一贯性"的同时,我们还要注意推理论证过程中的"意义"问题。即在现实的推理论证过程中,推理的前提不是任意一些判断的"凑合",而必须是一些有逻辑联系的判断的有机结合,其逻辑标志就是"所以"。这也就是所谓的"有意义"。

例如:如果 2+2=4,那么老天爷下雨;2+2 的确等于 4,所以老天爷一定下雨。

从逻辑形式的确定性上讲,这个推理是正确的,因为在一个充分条件假言推理中,肯定前件就要肯定后件,而可以根本不管其前件与后件之间有没有什么内容上、意义上的联系。但在自然语言中,运用假言推理时,其真假就不单纯取决于前后件的真假,还要看前后件是否在内容上、意义上具有某种关系。如果在充分条件假言推理中,前件与后件之间没有意义上的联系,即使前件真、后件也真,整个假言推理仍然是无意义的。

基于此,从上述推理之间的内容联系上看,是无意义的。因为,"天行有常,不为尧存,不为桀亡"①。老天爷才不管你"2+2等于几",该下雨它还得下雨。

从人际沟通的角度研究、掌握逻辑思维的确定性,我们就必须要在考虑思维形式的同时,还要考虑到思维的内容。这样,我们思维的确定性,才是有意义的。

综上,逻辑学总结的人类思维的经验和教训,以保持思维的确定性为核心。它以一系列的规则、方法帮助人们正确思考问题和表达思想。因此,"思想的首尾一贯性"也体现了逻辑思维规律的基本要求和基本要领。掌握了这个要领,我们就"可以借此使人头脑清楚"。因此,我们有必要重温前述黑格尔的话:坚持固有的规定性和各规定性之间彼此的差别。……使思想具有坚定性和确定性。

思维练习题1:

甲乙二人辩论"人工流产是否合理"。

甲认为"人工流产合理",因为,"有时为了人类更高的整体性的长远利益,不得不牺牲部分人的生命。比如,我们为什么不把汽车的时速限定为不超过自行车呢?这样汽车交通死亡事故的发出率就几乎可以降低至零。这说明,有时确实需要以生命的数量为代价来换取生命的质量。"

乙反对"人工流产合理",也不同意甲的类比,因为"如果汽车的速度与自行车一样慢,还要汽车干什么?难道我们的社会还要回到没有汽车的时代?"

问:以下哪项最为确切地评价了乙的言论?

A. 乙的说法有力地反驳了甲的论证。

B. 乙的说法实际上支持了甲的论证。

C. 乙的说法有力地支持自己的立场。

D. 乙的说法完全离开了甲阐述的论题。

---

① 《荀子·天论》。

E. 乙的说法是对甲的人身攻击而不是对甲的论证的评价。

思维练习题2：

质量与数量是对立统一的，是可以互相转化的。质量的好坏，影响着数量的多少；数量的多少，又促进着质量的不断改进。而假冒伪劣产品质量低劣，白白地消耗着各种宝贵的资源，因此，这是最大的资源浪费。

问：上述论证有无错误？

思维练习题3：

据报载，有个人因救落水儿童而牺牲，被民政部批准为革命烈士。当其家属向对烈士的死负有责任的单位提出民事赔偿时，却有人认为这会玷污烈士见义勇为的行为，而该单位也声称"烈士家属无权要求民事赔偿"。

问：上述认识有无逻辑错误？

六、言不诡随——问句的合理性与确定性意识

在人们的日常沟通中，问句是使用最普遍的一种提出问题并要求回答的语句。问句"问"得合理不合理，也牵涉到思维的确定性问题。考虑到当前社会经常进行一些社会调查问卷，求职面试也大多以问句形式提出问题，所以如何设计合理的问句是非常重要的。因此，本书就这一问题专节进行讨论。之所以如此，是因为笔者曾对2002举办的全国青年歌手电视大奖赛中的一道综合素质题有过疑问，并进行了思考。这道题如下：

下列四大名旦中哪一位是女性？梅兰芳、程砚秋、尚小云、荀慧生。 ……………………………………………………… (1)

当时，答题者"猜"出一个"尚小云"，但被告知答错了，正确答案是"没有女性"。众目睽睽之下，情急的答题者说了一句："不能这样问问

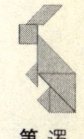

正确思维的基本要领

题呀!"而综合素质评委在点评时却说道:"问题没错。应回答'没有女性'。干脆利落。"

但实际上,这个问句是个不合理的问句。答题者的质疑有道理,评委的点评值得商榷。故而笔者认为有必要从这个实例问句入手,分析一下问句的逻辑合理性问题以及熔铸其中的思维的确定性意识。

1. 问句有类型区别

问句(疑问句)是人际沟通中运用非常普遍的一种提出问题并要求回答的语句,一般分为两大类:一类是事实问句,如"你同意吗?","你是赞同还是反对?","谁来了?"等;一类是审议问句,是为了寻求决策的。如,"下月的研讨会你参加不参加?","你今年准备去哪旅游?",等等。由于对审议问句的回答没有真假之分,本书只分析事实问句的逻辑合理性问题与思维的确定性意识。

结合语形和语义,事实问句一般可分为三种类型:

(1)是否问句。这种问句是具有"A 吗"结构的问句,一般只能有两个相互否定的直接回答:"是,或者不是","有,或者没有"。例如:

南开大学附中今年的中考录取线还是 580 分吗? ……………………………………………………………… (2)

四大名旦梅兰芳、程砚秋、尚小云、荀慧生中有女性吗? ……………………………………………………………… (3)

(2)选择问句。这种问句是具有"是 A1 还是 A2 还是 A3……还是 An"结构的问句,一般并列若干个供选择的答案,让回答者选择其中的一个或几个为直接回答。例如:

今天是星期三,还是星期四? ……………………………… (4)

今天的会议主持人是张三,李四,王五,还是赵六? ……………………………………………………………… (5)

(3)特指问句。这种问句是用疑问词语"什么"、"怎么"、"为什么"、"谁"、"哪"、"多少"、"几"等指出要求回答的内容的问句。例(1)即为特指问句,即"谁属于四大名旦并且是女性?"。又如:

太阳系九大行星中哪颗行星离太阳最近? ………… (6)
哪位科学家发现了万有引力定律? …………… (7)

例句(6)问的是什么行星属于太阳系九大行星之一并且离太阳最近;例句(7)问的是谁属于科学家并且发现了万有引力定律。

问句的三种类型有其内在的联系,是否问句可以被看作是一种特殊的选择问句,如例句(2)的答案实际上是在"是580分"与"不是580分"之间选择;例句(3)也显然是在"有女性"与"没有女性"之间选择。而特指问句实际上也是让回答者在某种条件下作出选择,如例句(1)将条件设定在四个选项内,而例句(7)的设定范围是古往今来的所有的科学家。

三种类型的问句之间的区别在于,其一,是否问句直接提供了两种相互否定的选择答案,如例句(2)、例句(3);选择问句则并列提供了若干个选择答案,如例句(4)、例句(5);特指问句如没有条件限制,可以不明确地提供选择答案,其选择范围可以是无穷的,如例句(6)中去掉"太阳系九大行星中"这一条件;也可以是有穷的,如例句(7)。其二,所有的问句都可以通过疑问语调表示疑问,从而不使用疑问语气词。一旦需要使用疑问语气词,则是否问句所使用的主要疑问语气词是"吗",不能是"呢";选择问句与特指问句所使用的主要疑问语气词是"呢",不能是"吗"。否则将会混淆问句类型的确定性。如对是否问句"他不同意吗",只需回答"是"或"不是"。如果将此改为"他不同意呢",就相当于问:"他要不同意,该怎么办?"这样就成为特指问句,问句的类型和内容都发生了变化,这时所要求回答的就只能是"怎么办"了。

由此可见,问句的类型与问句的疑问所在和回答线索是密切相关的、确定的。人们回答问题时都是按确定的"疑"来寻找答题线索的,所以,当提问者提问时就应该为回答者确定"疑"之所在,从而提供确定的答题线索。如果提问者混淆了问句类型,就有可能混淆疑点所在及答题线索,从而使答题者在丧失确定性的情况下,误入歧途。如例句(1)所设疑问是"四大名旦中谁是女性",而例句(3)所设疑问是"四大名旦中有没有女性"。它们所设的疑问显然不是同一个问题,其答题线索自然也有差别。因此,当我们提出一个问句时,应按照问题的要求,选择一个合适的、确定的问句类型,这样才能使答题者明确"疑"之所在和答题的线索,从而作出对应的确切回答。

2. 问句预设要真实

人们总是在一定的语境中用自然语言来交流思想的,每当人们说出一句或断定、或询问、或请求、或应允等的话语时,他总要先作出关于语境的某种假设,并且这种假设是隐含在沟通话语中、被沟通交际双方共同相信并接受的事实或判断。只有在这样的基础上,人际之间的沟通才成为可能。这种关于语境的某种假设就是预设(presupposition),它有一个非常重要的逻辑性质,就是一个语句有意义必须以其预设成立(即预设表示的事物存在)为前提。

同样,作为人际沟通中常用的一种语言形式,任何一个问句的提出,无论提问者提问题的目的是什么,他在提问题之前,也总要先在自己的思维中对有关的思维对象作出至少一个确定的判断,而疑问就是在这样的判断确定性基础上提出来的。因此,任何一个问句,都可以分为两部分:一是已知部分,二是未知部分。已知部分就是在提出问题之前已经作出的确定性判断,它是隐含在问句之中的;未知部分就是问句所直接提出的疑问,它直接显现在问句中。问句中的这种已知部分,就是"预设"。

例如,当我们提出例(2)的问句时,我们就已经在自己的思维中作出了以下几个预设判断:"存在南开大学","南开大学有附属中学","南开大学附属中学有高中部分","南开大学附属中学去年的中考录取线是580分","南开大学附属中学今年继续招收高中生"。这个问句之所以成立,就在于不管对它的回答为"是"还是"不是",它的预设所表示的事物总是存在的。

这些预设判断,采取的是断定几种情况同时存在的联言判断,我们可以将此称做一个问句的预设集。按联言判断的逻辑性质,当一个联言判断中有一种联言支为假时,整个联言判断就是假的。因此,当一个预设集中有一种预设情况假时,整个预设集就是假的。在这种情况下,问句就不能在确定的意义下被理解,这个问句也就提得毫无意义了。

　　因此,在自然语言中,预设真实是一个具有实际意义的话语成立的先决条件,即"命题 S 预设 S′,当且仅当 S′ 真是 S 有真假值的必要条件"①。亦即一个问句提得有意义,提得合理,必须建立在这个问句的预设真实基础上。

　　预设既然有这样的逻辑性质,那么,为了保证人际沟通的正常进行,预设也必须遵守一定的规则。这就是在交际语境中,说话者对听话者说出一句话时,说话者相信这句话所指的事物或事态存在,并且相信听话者也相信这句话所指的事物或事态存在。②

　　对于问句的考察历史,可以上溯至亚里士多德。他在分析判断之间的关系时,就已经涉及问句与回答之间的联系。指出:"即使所要求的答复是正确的,问题也不是单一的。"③另外,亚里士多德在分析谬误产生的原因时,还认为把多个问题当做一个问题提出时,会因一个问题与多个答案之间的关系不同而产生谬误。④ 而在现代,更有逻辑学家提出了一条著名的原则:问句有效当且仅当所有预设为真。⑤ 因此,问句中的真实预设,是问题得以被提出的必要条件,而这种预设真实体现在问句中,就是:

　　当提问者提出是否问句时,提问者预设了两个相互否定的解答中,只能而且必然有一个解答符合实际,并且这个问句有可能得到回答。同时根据前述语言交际时合作原则中最强的真诚准则,相信对方也相信这

---

① *The Encyclopedia of Philosphy*. Vol. 6.
② 周礼全主编:《逻辑——正确思维和成功交际的理论》,第459页。
③ 亚里士多德:《解释篇》20b 27—31,三联书店1957年版,第72页。
④ 亚里士多德:《工具论》第六篇,《辩谬篇》167b,27—168a 10,中国人民大学出版社2003年版,第561—562页。
⑤ Leonard H. S, *An Introduction to Principles of Right Reason*, New York, 1957.

种预设。

当提问者提出选择问句时,提问者预设了在若干个解答中至少有一个为真,同时也相信它有可能得到回答。同时相信对方也相信这种预设。

当提问者提出特指问句时,提问者预设了特指的取值范围中至少有一个为真,并相信这个问句有可能得到回答,同时提问者相信对方也相信这种预设。①

上述提问者真诚的相信态度,实际上是基于逻辑思维的基本规律基础之上的。是否问句的两个相互否定的解答,体现了排中律"A 或者非 A"中必有一真的逻辑性质;选择问句和特指问句的解答,则体现了选言判断所断定几种可能的事物情况中至少有一个存在的逻辑性质。

当我们用这种理论分析例句(1)时,可以得知其预设的判断:"存在有梅兰芳、程砚秋、尚小云、荀慧生四个人","梅兰芳、程砚秋、尚小云、荀慧生是四大名旦","四大名旦中至少有一位是女性"。在这个预设集中,"四大名旦中至少有一位是女性"的预设,指明了"这位女性"所在的范围:或者是梅兰芳,或者是程砚秋,或者是尚小云,或者是荀慧生。但由于这四个人都是男性,所以,在这个预设集中,提问者所预设的"四大名旦中至少有一位是女性"是个虚假预设。因此,整个预设集是假的,这个问句也因此丧失了它成立的先决条件。在这次全国青年歌手电视大奖赛中,也正是因为在这个问句中,提问者违反了预设规则,而回答者遵守了预设规则,所以回答者才会"蒙"出一个"尚小云"来。

问句不同于陈述句,它表达的是疑问,而疑问既不肯定什么也不否定什么,因此问句没有真假问题。但问句是隐含有预设的问句,而预设是判断。按前述判断有所断定、有真假的逻辑特征,问句中隐含的预设有真假,并由此决定了问句问的是否成立,是否确切,是否有意义。"是否确切"是问句的确定性问题,"是否有意义"是问句的合理性问题。基于此,这次全国青年歌手电视大奖赛中所提的这个问题,是个含有虚假预设的不确切、不合理的问句。

---

① 周礼全主编:《逻辑——正确思维和成功交际的理论》,第 468—473 页。

为了说明这一点,我们再举出几个例子。

你停止打你的老婆了吗? ················(8)

这是一个常被引用的古老"复杂问语",这个问句的提问者对回答者"是否打过老婆"并不知晓,但却贸然提出这样一个问题。对这个问句无论回答"是"或者"不是",都意味着承认问句中所隐含的预设——"你曾经打过你的老婆"。但这个预设可能是回答者并不具有的行为,因此,这样的复杂问语就构设了一个含有虚假预设的语言陷阱。对于这样的问句,回答者完全有权拒绝回答,并像电视大奖赛中的那位参赛选手一样,指出:"不能这样问问题!"对于这种"有时一问蕴涵一未经承认的假设,如果一个人对于这种问语有所答复,他就无形之中承认了这种假设"的问句,我国现代逻辑学家金岳霖先生在20世纪30年代就称之为"复杂问语的错误"。① 又如:

1、2、3、4 四个数中哪一个是负数? ···········(9)
谁发明了永动机? ···················(10)

这两个问句一个预设了"1、2、3、4 四个数中至少有一个是负数"的虚假判断,一个预设了"有人发明了永动机"的虚假判断。对于这两个问句,如果是由具有相关知识的人来回答,他会认为这是一个可笑的问题,对于提问者来说,提出这样的问题是愚蠢的;如果是由不具有相关知识的人来回答,他也只能蒙出一个错误的结果,对于提问者来说,提出这样的问题也是愚蠢的。

但为什么对例句(9)、例句(10)的预设错误人们能够明察,而对例句(1)的问句不会感到奇怪呢?原因在于例句(9)、例句(10)的预设错误迷惑性小,而例句(1)的预设错误迷惑性大。这就如同:

---

① 金岳霖:《逻辑》,三联书店1961年版,第67页。

10^{-2}、$(-5)^2$、$-3/-4$、$-(3/-5)$四个数中哪个是负数？ ………………………………………………………………（11）

对于例句（11），懂得正负数的人不会认为这是一个可笑的问题，并会因这些数字中都包含有负号而认真思考后回答"没有负数"；由不懂得正负数的人来回答，他也不会感到受了欺骗，也会认真地"蒙"一把，而不管这个问句中的预设是否都真实。由此也可以看出，一个问句的是否合理，并不是一眼就可以看出来的。但是，作为提问者，在提出一个问句时，却必须要考虑到这个问句的预设是否真实，并由此而确定所提问题是否确切，是否有意义，是否合理。

3. 问句的预设要充足

问句的预设不仅要真实，而且必须充足。先看下例：

甲、乙、丙、丁四人中谁是女性？ ……………………（12）

按照前述人际沟通中合作原则中的真诚准则，提问者在提出一个问句时，他在预设真实的基础上，还应该为回答者提供足够的相关信息，以使回答者能够按"疑"回答。但在例句（12）中，提问者虽预设了"存在有甲、乙、丙、丁四人"、"甲、乙、丙、丁中至少有一人是女性"，但所存在的这四个人究竟姓甚名谁，却没有给出足够的相关信息。这样，就使回答者连"蒙"也没有了根据。

17世纪德国哲学家莱布尼茨曾经提出："任何一件事，如果是真实的或实在的，任何一个陈述如果是真的，就必须有一个为什么这样而不那样的充足理由。"[①]这种要求同样适用于问句。因为，问句中隐含的预设是否充足，决定着回答者能否按照答题线索来回答问题，同样也决定着问句的是否成立、是否有意义、是否确切，以至问句是否合理的问题。

---

① 莱布尼茨：《单子论》，载《十六——十八世纪西欧各国哲学》，商务印书馆1975年版，第488页。

所以,预设为真且充足时,问句是有意义的,也是确切的、合理的;预设为真但不充足时,问句是无意义的、不确切的、不合理的,我们称之为"预设缺损问句"。如果我们在提问时忽视了这一问题,任意缺损该提供的信息,人际沟通就变得非常困难,同样没法正常进行。

4. 问句逻辑重点要明确

任何一个问句都是有"疑"而问,这个"疑"就是问句的逻辑重点。由于"疑"的不同,不同类型的问句其逻辑重点也会有所不同。它可以落在主语上,如在例句(7)的特指问句中,其逻辑重点为"谁";也可以落在联系词"是"或"有"上,如例句(3)的是否问句中,其逻辑重点为"有"或是"没有"。

问句中的逻辑重点对于保证问句的确切、合理是很重要的。它实际上是针对问句之"疑",发出要求回答的指令。尤其在选择问句和特指问句中,这个指令还为回答者设定了一个确定的思考范围,要求他在这个确定的思考范围内选择正确的答案。因此,问句的逻辑重点必须确切地针对疑问所在,并与所设条件一致。这样的问句才是合理确切的,否则就是不合理、不确切的。如在例句(1)中,其逻辑重点是要求回答"谁是女性",并且还规定了思考范围"四大名旦"。但"四大名旦"实际上都是男性,问句的逻辑重点与所设条件存在矛盾。所以,从逻辑重点必须明确这一点来看,例句(1)也是个不合理、不确切的问句。其实,这里需要回答的疑问并不是"谁是女性",而是"有没有女性"。赛场考评者宣布的正确答案"没有女性"可以清楚地表明这一点。其所以出现这一不合理、不确切的问句,在于命题者混淆了问句的逻辑重点,以"谁是女性"取代"有没有女性"发问。

现在社会中经常进行一些问卷调查,有时就有一些问句实在不知道该怎样回答,原因就是这些问句的逻辑重点不明确,使回答者不知道究竟要问什么?

问句的逻辑重点与问句的确切性、合理性问题同样有着密切的联系,因为,按照人际沟通中合作原则中的真诚准则,当提出一个问句时,提问者应给对方指明一个回答问题的方向,而不是故意制造迷惑,将对方引入歧途。而按照表达准则,一个问句不能模糊,不能有歧义,否则将会使这个问句失去确定的逻辑重点,回答者也将无法找到确定的"疑"之所在。因此,保证问句有确定的逻辑重点,是问句预设真实性的体现,也是检验问句是否具有确切性、合理性的条件之一。其最终目的仍然是保证思维要有确定性。

5. 确切合理的问句必定有答案

任何一个预设真实且充足的问句,都应该能得出一个答案。在是否问句中,其答案是两个相互否定的答案中的一个;在选择问句中或特指问句中,其答案是若干答案或确定思考范围内的一个或几个。

虽然预设真实且充足的问句必定有答案,但答案还有正确与否之分。符合事实的是正确答案,不符合事实的是错误答案。

但是,预设虚假或预设缺损的问句,就永无答案。因为,对于预设虚假的问句,它一旦有了答案,就势必承认了虚假的预设,如世界上并不存在什么永动机;那么对例句(10)将怎样回答?张三?李四?……而对于预设缺损的问句,如例句(12),则"蒙"也不知从何入手。

但在现实的人际沟通中,人们对某些预设虚假的问句也以正确的判断给予了回答,如对例句(1)、例句(9)、例句(10)等含有虚假预设问句的回答:"没有女性"或"谁也不是女性";"没有负数"或"哪一个也不是负数";"谁也没有发明出永动机"等。这些判断显然也是正确的判断。尽管如此,这也并不表明预设虚假的问句能够得出正确的答案。我们还是以例句(1)为例:

当提问者提出例(1)的问句时,其预设所规定的取值范围是"四大名旦",但其中并没有女性,而问句之"疑"却要求回答出"谁是女性",这既违反了矛盾律的"不能是又不是"的逻辑要求,也违反了确定的条件下事物"不可能存在又不存在"的客观事实。虽然提问者所要求的正确答案"没有女性"在这里的确是一个真实的判断,但它已经不是预设虚假的特指问句例句(1)的答案,而是预设真实的是否问句例句(3)的答案了。如果回答者以这个答案对例句(1)做答时,他实际上已在自己的思维中把原来不确切、不合理的问句修正为新的问句,使之成为消除了虚假预设的合理的问句了。这也就是为什么我们会对例句(1)、例句(9)等隐含有虚假预设的问句,仍然能够以"没有女性"、"没有负数"等正确判断予以回答的原因所在。

事实上,在人际沟通中,为了保证思想交流的顺利进行,人们在回答各种问句时,往往不自觉地按照回答问题的需要修正提问者的问句,从而把没有答案的不合理问句变成了有答案的合理问句。思维的这种化解错误的修正功能,仍然是具有确定性的逻辑思维在起着作用,这也说明了逻辑思维与现实的必然联系。尽管如此,提问者仍然不能把希望寄托在回答者的思维自我修正功能上,而应该首先严格要求自己,使问句提得确切、合理。这对于把不确切、不合理的问句消除在出现之前,是至关重要的。

再从回答多样化的角度分析,对问句的回答除直接解答外,还有回避、回驳、回问的形式。

回避是在不知道问句的正确答案时的一种巧妙回答,如禅语中的问答:"花何时开?""当开时开。"回避尽管没有得出一个提问者所要求的回答,但回避毕竟承认了提问者的问句预设的真实。而回驳则是对问句中虚假预设的否定,例如,对例句(9)回答"哪一个也不是负数";对例句(10)回答"谁也没有发明出永动机"。这实际上是指出了问句预设——"至少有一个是负数"、"有人发明出了永动机"的虚假。至于回问,则是对预设缺损问句之"疑"的进一步确认,如对问句"你近来怎么样"的回答:"什么怎么样?"又如对例句(12)问句的回答:"甲、乙、丙、丁具体指谁?"这实际上是指出了问句预设的缺损——"'怎么样'指什么"、"甲、乙、丙、丁指谁"。

按此,对例句(1)如回答"谁也不是女性",实际上就是对这个问句的回驳,它指出了这个问句预设的虚假。这种回驳式的回答,恐怕不是当初出题者的初衷。

有学者认为,在广义上,问句的回避、回驳、回问也是问句的答案。①

---

① 参见王雨田主编:《现代逻辑科学导引》(下),中国人民大学出版社1987年版,第363—364页。

但笔者认为,从人际沟通的正常进行上讲,回避只是一种闪烁其词的回答形式,不能算是确定的答案;回驳作为一种回答的形式,是对预设虚假的不合理问句的反驳,也不是正常意义下的确定答案;回问则是对预设缺损的原问句的反问,无论从哪种角度看,它都不能算是确定的答案。

基于此,从"确切合理的问句有答案"来看问句,问句也有其是否有意义的问题。因此,保证问句有确定的答案,是问句预设真实、充足的体现,也是检验问句是否具有确切性、合理性的条件之一。

如是,这次全国青年歌手电视大奖赛中的这道综合素质题,实在应该修正为具有两个相互联系的疑问的问句:"下列四大名旦(梅兰芳、程砚秋、尚小云、荀慧生)中有没有女性?如果有,是哪一位?"这种修正,既可以满足提问者检测参赛选手的知识素质的初衷,也使原来不合理的问句变成了合理的问句。

这样,我们就可以尝试给出一个确切合理问句的语义解释了:一个问句是确切合理的,当且仅当这个问句的预设是真实且充足的、逻辑重点明确的并且有答案的。

6. 问句合理的确定性意识

语言是一种极其复杂的沟通交际工具,在交际的过程中,极有可能因语言使用上的原因发生错误。这体现在问句中,就有一个如何使预设真实、充足、重点明确,从而使问句确切合理的问题。这其中既有如何正确地表达问句的问题,也有如何准确地理解问句的问题。但在现实生活中,却常常因问句表达或理解上出现偏差,产生一些答非所问的无谓绕圈子。例如下例电话呼救者(甲)与消防队接线员(乙)的对话:

甲:"救火!救火!"
乙:"在哪里?"
甲:"在我家!"
乙:"我是问着火的地点在哪里?"
甲:"在厨房!"
乙:"我是问我们怎么去你家?"

甲:"你们不是有救火车吗?"
乙:"我是问我们怎么开到你家?"(接线员显然有些生气)
甲:"难道你们没有司机?"(报警的人火气更大)

如果我们正确地理解了问句的逻辑合理性,在问句的表达中,我们就可以结合语境真实而充足地进行问句预设;没有歧义地准确使用概念;准确地使用疑问词,使问句的逻辑重点成为真正的疑问所在,从而使提出的问句成为合理的问句。在对问句的理解中,我们也可以结合语境辨明问句是否合理,拒绝回答不合理的问句;明确理解问句中的有关概念,辨明问句的含义;寻找问句的逻辑重点,辩明问句的疑问所在。并且当沟通出现障碍时,在正确表达和理解问句的意义上,随时修正原来不合理的问句。

换言之,只有正确地理解了问句的合理性问题,我们才能在现实的人际沟通中消除那些不合理的问句,比如在各种考试考查的问题设计中,在各种社会调查的问卷设计中,在招聘面试等的问题设计中,消除那些预设虚假或预设缺损的、逻辑重点混乱的、概念不清晰或疑问不明确的考题或问句,使问题提得准确、合理。尤其在招聘面试等的问题设计中,消除那些涉及个人隐私的不合理问句,更是不仅涉及问句的逻辑问题,同时也涉及问句的伦理问题。

例如,南京有位刚毕业的女大学生在招聘面试中曾经三次被问到"能喝多少"。虽然招聘单位声称这是考察应聘者"是否具有善于应酬的素质",同时也"能折射应聘者的性格"。但这个问句显然包含有一个不合时宜的虚假预设。

至于下面这个曾经出现过的招聘面试问题:

你对一夜情有何认识或体会?

这哪里是在面试!
而2007年某省警察学校在新生的心理测试中的一道题则让许多考生"感到很困惑":

你的性生活是否满意?①

由此可见,正确使用和理解问句与消除不合理的问句的最终目的是保障人际沟通在确定性的条件下正常有效地进行。也只有在正确使用和理解问句与消除不合理问句的基础上,沟通双方才能在问答式的人际沟通中,遵循合作原则,提问者"谕志通意",回答者"通意后对",从而保证沟通双方在思想确定、思维通畅的前提下,保证沟通、交际的效率,达到明是非、别同异、察名实、绝嫌疑的沟通交际目的。

七、小道大成——写作中的一点"讲究"与确定性意识

在人民教育出版社出版的七年级语文第四册中,有一首唐代诗人常建所写的诗《题破山寺后禅院》:

清晨入古寺,初日照高林。
曲径通幽处,禅房花木深。
山光悦鸟性,潭影空人心。
万籁此都寂,但余钟磬声。

但在天津社科院出版社出版的相应的教材参考书《学背古诗文》中,这首诗却变成了:

清晨入古寺,初日照高林。
竹径通幽处,禅房花木深。
山光悦鸟性,潭影空人心。
万籁此俱寂,但馀钟磬声。

---

① 《心理测试:警察学校考"性生活"》,2007年8月15日,中国新闻网。

古文的版本不一、用字不一是正常的现象，但教材与参考书一般来讲是统一使用的，应该一致，从而有利于学生能够按照统一的版本学习。可是在这里，"曲径"、"竹径"、"都"、"俱"、"余"、"馀"混用，就使概念的确定性混淆不清，自然使学生无所适从了。

笔者曾编辑过一部有关网络经济的书稿。当笔者熟悉了"网络组织"这个概念后，突然发现在另一章的整章中，各级标题频频出现"NO"；而在文中又都是使用着"NetOrg"。细核之后，发现它们原来都是"网络组织"概念，只是表述方式不同。想到当前有许多文章和书籍中都有类似的现象，以及写论文是大学生及研究生必须要做的事情，感觉到这应该是个问题。即同样的概念可以有不同的表述方式，这是概念表述的灵活性。但在确定的同一个语境中，怎样表述却应该是统一的。这个统一的尺度就是怎样合乎规范，怎样方便读者阅读。而这正是概念的确定性要求所决定的。

如果以不同语言书写形式的灵活性取代相同语境下的确定性，随意交互使用一些概念的中文书写形式与英文书写形式，不仅会使人产生随心所欲的感觉，还会影响读者的阅读理解，使读者在本应该按照"共许"的思维路径，按照作者的叙述，知道有"谁"在"根据什么"来"做什么"的时候，却或不知道"根据什么"来"做什么"的这个"谁"究竟是"谁"；或不知道这个"做什么"的"谁"究竟是"根据什么"；或不知道这个"根据什么"的"谁"究竟在"做什么"。

这些严重存在的问题，说轻一点，是如何遵循确定、统一的原则来使用概念的逻辑问题；说重一点，则是撰写过程中的心态问题；更甚者，是"我究竟是谁"的"认同"问题。前两个问题只涉及作者自身，后一个问题还涉及"读者究竟是谁"的问题，而这恰是问题的严重之处。当读者不断体验"又来了"的感觉的时候，其所带来的感受，恐非一个"失语症"就能解释清楚的。

有人会说："矫情！"

思维的确定性是正常沟通交际最起码的要求。一个人不管思想多么深邃，如果他的言语行为颠三倒四，他能让受众也跟着一直颠三倒四吗？

有人会说:"雕虫小技!"

文章的写作,既有真理的标准,又有逻辑的标准,同时还有美学的标准。就算我们思想不深邃,至少也应该让人读明白,体验阅读的美感。

基于此,笔者结合教学中所体察的本科生及研究生论文写作中的一些"随心所欲",根据读一本书时"好事"所归纳整理的一些相同的不规范现象,探讨一下写作中的一点"讲究",以及如何在写作规范中保持思维确定性的逻辑意识。

1. 问题的罗列

曾读一本书,发现作者每每在"相同的意义"下,混用不同的词形、引文句式。有时就在同页、同段甚至同行内混用。出现频率之高,毫无定规可言。如下:

(1) 同音词的混用。

其他,其它;他物,它物。

讲到诸侯时,一会用"它",一会用"他";讲到诸神时,一会用"它",一会用"他",即使是同一神仙,也是"他"、"她"、"它"地不定。

象什么,像什么;好象,好像;想象,想像;想象力,想像力;影象,影像;形象,形像;物象,物像;假象,假相,假像;象征,像征。

作什么,做什么;作出,做出;作了,做了;作到,做到;作成,做成;作好,做好;作法,做法;当作,当做;叫作,叫做;看作,看做;用作,用做;称作,称做;比作,比做;认作,认做;装作,装做。

那么,那末;要么,要末;什么,甚么。

以至,以致;成分,成份;惟一,唯一;惟有,唯有;思辨,思辩。

旋涡,漩涡;谐调,协调。

热中,热衷;折中,折衷;无动于中,无动于衷。

毋宁,勿宁;丰富多采,丰富多彩。

融会,融汇;宫廷,宫庭;各个,各各;拼合,拚合。

(2) 随意颠倒次序的。

斥责,责斥;源泉,泉源;敏锐,锐敏。

(3)对于人名的表述前后不一。

巴曼尼德,巴曼尼德斯;赫拉克利特,赫拉克里特;哥白尼,歌白尼;伏尔夫,伏尔弗;伊丽莎白,伊丽沙白。

(4)对于纪年的表述前后不一。

公元前×××年—前××年,公元前×××年—×××年。

(5)对于不确定的时间词的表述前后不一。

一当,一旦。

(6)数字表述前后不一。

十四年,25年(上下行);二十五年,25年(同段内);三十年代至四十年代,三十—四十年代,30—40年代;十九世纪,30年代;五十年代,50年代(同页内)。

(7)标点符号的混用。

①破折号与连接号混用。

亚里士多德——托勒密,亚里士多德—托勒密;市民——资产阶级,市民—资产阶级;莱布尼茨——伏尔夫,莱布尼茨—伏尔夫。

表现在他的伦理学的最高范畴——"至善"上;贯穿于他的伦理学中的一个重要思想——"应当"。

1812—1870年,1811——1848年,1861至1865年,1811~1848年。

②顿号与连接号混用。

社会—历史,社会、历史,社会历史(同段、同页内)。

③顿号省与不省前后不一。

马克思、恩格斯;马克思恩格斯;马克思和恩格斯。

④书名号省与不省前后不一。

圣经,《圣经》。

⑤分号使用前后不一。

一方面,……,另一方面,……。

一方面,……;另一方面,……。

(8)引文注释句式的混用。(这是大学生尤其是研究生在论文写作中最为普遍的一种现象)

混用1:直接引文句式中句末标点与注释号混用。

1.1:说(认为、指出、写道):"……。"①

1.2:说(认为、指出、写道):"……"①。

1.3:说(认为、指出、写道):"……①。"

1.4:说(认为、指出、写道):"……①"。

混用2:间接引文和直接引文句式中句末标点与注释号混用。

2.1:认为……,"……"①。

2.2:认为……,"……。"①

2.3:认为……,"……"①。

2.4:认为……,"……①"。

混用3:叙述中夹有引文的句末标点与注释号混用。

3.1:……,"……"①。

3.2:……,"……"。①

3.3:……,"……。"①

3.4:……,"……①"。

混用4:叙述中夹有几段引文的句末标点与注释号混用。

4.1:……,"……",……,"……"。①

4.2:……,"……",……,"……"①。

4.3:……,"……",……,"……"①。

混用5:引文内还有引文的句式混用。

5.1:"……("……")……"

5.2:"……('……')……"

2. 对问题的分析

(1)对于同音词混用的分析。

其他,其它:

"他":在指示代词的意义上,《现代汉语词典》①解释为"另外的"、"其他的",如"他人"、"他律"、"他处"。古代文献中即有此种用法,如《孟子·梁惠王下》:"王顾左右而言他。"而《词典》中"它"则解释为"称

---

① 指商务印书馆2005年修订第5版的《现代汉语词典》,以下简称《词典》。

人以外的事物"。但在古典文献中,"它"也有"别的"、"其他"的含义,如《诗·小雅·鹤鸣》:"它山之石,可以攻玉。"而现在人们一般把这一句话写为:"他山之石,可以攻玉。"

至于"其他"、"其它"这两个词,《词典》中对"其他"的解释为"别的";"其它"一条下则只有"同'其他'(用于事物)"。《辞海》①中无"其他"、"其它"的词条。

可见,在表示"另外的"、"别的"事物的意义时,这一组词是同音(声、韵、调完全相同)、同义(理性意义、色彩意义和语法意义完全相同)的一组词,只是在书写形式上无定规。《第一批异形词整理表》②对这一组常用词也没做推荐。但是,从理据性原则和通用性原则的角度看,我们在词形的书写上,还是采用《词典》中有详细解释的"其他"词形较为妥当。

他物、它物:

《词典》与《辞海》中都无这两个词条。但按如上的对"其他"、"其它"的分析,应把"它物"理解为符合理据性原则和通用性原则的书写词形。因为,作为代词,"他"是指称自己和对方以外的某个人;"它"则是指称人以外的事物。

因此,当讲到诸侯等"人"时,无论如何是应该使用"他"的。这属于有定规的一类;当讲到"神"等时,从哲学认识论角度分析,任何一个"神",都是宗教和神话中所指的主宰物质世界的、超自然的、具有人格和意识的存在,这种存在是以人格化的方式在人们头脑中的"思维的、虚幻的产物",这正是"神"与"人"之外的事物的不同之处。正是由于"神"的这种"具有人格和意识的存在"的特征,因此,从理据性和通用性的角度分析,在指称诸神时,虽然用"他"或"它"应该是无定规的,但从"拟人化"的美学观点看,还是用"他"更为贴切。

而当讲到事物时,从"他们"是指称"自己和对方以外的若干人",而

---

① 指上海辞书出版社 1999 年版的《辞海》。
② 指教育部、国家语委 2001 年 12 月发布、2002 年试行的《第一批异形词整理表》,以下简称《整理表》。

"它们"则指称不止一个的事物的意谓看,应该是使用"它们"的词形的。这属于有定规的一类。

好象,好像:

在"形象上相同或有某些相似点"、"好像"、"比如"的意义上,《词典》中只有"好像"一词,意谓"有些像"、"仿佛"。这属于有定规的一类。

想象,想像:

以前的《词典》对"想像"有具体的解释,然后在最后又注明"也作想象";而在"想象"一条下只注明"同'想像'"。属于无定规的一组词。新版《词典》则正好相反。因此在使用上,一般应采取新版《词典》有具体解释的词形——想象。但不管使用哪一个,如果开头使用的是什么词形,在整篇文章或整部书中,就必须一直使用这个词形。对于无定规的词形,都应采取这种书写方法。

想象力,想像力:

以前的《词典》中只有"想像力"一条,而无"想象力"一条。原属于有定规的一类,"想象力"应视为"想像力"词形的误用。但新版《词典》增加了"想象力"的词条,并有详细解释,而将"想像力"解释为"同'想象力'"。这就又使有定规变成了无定规。按上述对于无定规词形的书写方法,全书应统一。

影象,影像:

《词典》中对"像"字的解释中还有一条:从物体发出的光线经平面镜、球面镜、透镜、棱镜等反射或折射后所形成的与原物相似的图景。而在"影像"词条下的解释同此,且并无"影象"一条。属于有定规的一类。但在实际表述中,把"影像"误写为"影象"的人一定不少,这就是为什么《整理表》特意也把"影像"作为推荐词形。

形象,形像:

《词典》中对"象"的解释中有"形状、样子",如"形象"、"景象"、"天象"、"气象"、"印象"等。在对"像"的解释中也有"比照人物制成的形象",如"画像"、"塑像"、"肖像"等。因此,《词典》中只有"形象"的词条,并无"形像"的词条。这属于有定规的一类。"形像"应算做是"形象"词形的误用。

物象,物像:

《词典》中两个词条都有,但"物象"一是指动物、器物等在不同的环境中显现的现象,二是指物体的形象;而"物像"则是指来自物体的光通过小孔或受到反射、折射后形成的像。虽然作为专用名词,《辞海》中有"物候相"的词条,意谓"生物或非生物出现的物候特征现象";佛教名词中也有"法相"一词。但人们一般都是在"动物、器物等在不同的环境中显现的现象"或"事物的形象"意义上混用"物象"或"物像"的。可以说,在社科论文写作中,"物像"常常是对"物象"词形的误用。另外,我们还可以用古代词汇"法象"作为佐证,如《易·系辞上》:"是故法象莫大乎天地,变通莫大乎四时。"在这种使用中,"法象"即指事物现象的总称,其词形中用的就是"象"。

假象,假相,假像:

《词典》中对"假象"的解释为:"跟事物本质不符合的表面现象。"并在最后又表明"也作假相"。而在"假相"词条下,只有"同'假象'"。《辞海》中有"假象"、"假相"两个词条,其中对"假象"的解释为:"同真象相对,是事物本质的一种歪曲反映。"而对"假相"的解释为:"亦称'幻像'、'偶像'。"从哲学用语上讲,"假相"是英语"idols"的意译,是英国哲学家培根的用语,指"使人的理智限于谬误的种种错误观念和虚妄意见"。这个词汇是培根"四假相"说的基本概念。而"假象"是英语"appearannceo"或德文"schein"的意译,指"以否定的形式从反面歪曲地表现事物本质的一种现象"。在黑格尔哲学中,作为对本质现象的虚假反映,用的即是"假象"一词;列宁也曾说过:"假象＝本质的否定本性。"①看来,在哲学用语中,如何书写"假象"、"假相"的词形,是有一定的理据性原则的,但按《词典》和《辞海》的解释,它们似乎又属于无定规的一类。不过,在表述"跟事物本质不符合的表面现象"时,还是使用"假象"要稳妥。这也可以用另一个哲学认识论词汇"表象"作为佐证。如"表象不能把握整个运动,例如它不能把握秒速为 30 万公里的运动,而思维

---

① 列宁:《哲学笔记》,人民出版社 1959 年版,第 137 页。

则能够把握而且应当把握"①。在这种使用中,"表象"即指人脑在感觉和知觉的基础上形成的感性形象,其词形中用的也是"象"。

另外,可以肯定,无论如何是没有"假像"的词形的。

象征,像征:

《词典》中只有"象征",无"像征"。"像征"之"像"是错字,是对"象征"词形的误用。属于有定规的一类。

作,做:

这两个字是人们使用极为频繁的两个字,但《词典》的解释不能说是清晰的。根据笔者曾从事多年编辑工作的感觉,如何区分"作"、"做"是最为头疼的一件事。但由于这两个字又是人们使用极为频繁的两个字,因此不能不做区别。根据《词典》中由"作"、"做"所组成的词组及笔者的体会,在单独使用"作"、"做"时,"作"一般用在较为抽象的行为中,如"作贡献"、"作出贡献";而"做"则一般用在较为具体的行为中,如"做论证"、"做出论证"。如今《整理表》在"小题大做"、"小题大作"一组词中,推荐使用"小题大做"可证明这一点。而目前有出版社对于"作出"、"做出",一律统一为"作出"。

不过,由"作"、"做"所组成的固定词组,在《词典》中有明确的罗列,当使用任何一个由"作"或"做"组成的固定词组时,务必要核对一下《词典》。

另外,"作法"、"做法"也是音同的两个词。《词典》中"作法"为意义不同的两个词,其中的一个意谓"指道士施行法术";另一个有两种含义,一是"作文的方法",一是"做法"。而"做法"词条下的解释为"处理事物或制作物品的方法"。由于《词典》中"作法"有"做法"的含义,所以,在写作中,人们基本上是在"处理事物或制作物品的方法"的含义下混用"作法"与"做法"的。这似乎是属于无定规的一类。不过,由于"做法"词条下的解释详细,所以,为了与"作法"的"道士施行法术"相区别,在大多是表达"处理事物或制作物品的方法"的写作中,我们还是使用"做法"好。这是用词时的理据性原则。

---

① 列宁:《哲学笔记》,第 246 页。

至于由这两个字做词尾而组成的"当作"、"当做"、"叫作"、"叫做"、"看作"、"看做"、"比作"、"比做"、"用作"、"用做"、"称作"、"称做"、"认作"、"认做"、"装作"、"装做"等各组不同的词形,也是人们在书写中经常混用的。也是应该进行分析的。

按我们在如上对单独使用"作"、"做"时所做的分析中,"作"一般用在较为抽象的行为中,而"做"则一般用在较为具体的行为中。如是,在"当做"等以"做"为词尾的各词形中,"做"可以作为"成"讲。而"成"则有"成为、变为","已定的、定形的、现成的"等含义。应该说是一个具体性的动词。而"作"作为抽象性的动词,似不可以解做"成"。

因此,在《词典》中,无"当作"或"当做"的词条,但在"认领"词条的解释中,解为"把别人的孩子当做自己的领来抚养",在解"看做"时解为"当做"。从通用性上讲,显然"当作"这个词形要弱一些。

有"叫做"的词条,意即"称为",而无"叫作"的词条;有"看做"的词条,并解释为"当做",而无"看作"的词条。

《词典》中无"比做"、"称做"、"认做"、"装做"等词条,但有"装模作样"的解释。

如上,由"作"、"做"做词尾而组成的各组不同的词形中,以"做"为词尾构成的词形应当算做是具有理据性的用法。不知这是否能构成一个使用原则?

那么,那末:

《词典》中"那么"与"那末"同属一个词条。属于无定规的一类。但现在《整理表》推荐使用"那么"的词形。属于这一类的还有"要么"、"要末"。

什么,甚么:

《词典》中只有"什么"一词,而"甚"(shé)只是"什"的繁体字。按出版要求,在出版物中,除非特殊情况,一般是不允许用繁体字的,更不要说是在同一个词形使用中,简体字、繁体字混用了。这属于有定规的一类。至于"甚"(shè),在方言中本身就有"什么"的意思。但这则是另一个问题了。

以至,以致:

作为连词,用在下半句的开头,"以至"所表示的是"由于前半句话所说的动作、情况的程度很深而形成的结果";"以致"所表示的是"下文是上述原因所形成的结果",并且"多指的是不好的结果"。从意义和语感上讲,两者是有一定的区别的。应属于有定规的一类。

成分,成份:

《词典》中"成分"与"成份"同属一个词条,属于无定规的一类。但现在《整理表》根据通用性原则,推荐使用"成分"的词形。

惟有,唯有;惟一,唯一:

在前版《词典》中,"惟"意谓"单单、只","只是"。因此,由它组成的词有"惟一"、"惟有"、"惟其"、"惟独"、"惟我独尊"、"惟恐"、"惟利是图"、"唯命是从"、"惟妙惟肖"等。而"唯(wéi)"只在组成哲学名词时才有"唯物主义"、"唯心主义"等。至于"唯唯诺诺"一词,"唯"读做"wěi"。由此可见,"唯"、"惟"的如何正确使用是有定规的。

但在大多数情况下,人们还是在习惯使用"唯一"、"唯有"、"唯其"、"唯独"、"唯我独尊"、"唯恐"、"唯利是图"、"唯命是从"、"惟妙惟肖"、"唯妙唯肖"等。因此,在2005年第5版的《词典》中,遵从了通用性原则,在详细解释"唯"字打头词语的基础上,"唯一"、"惟一","唯有"、"惟有","唯独"、"惟独","唯我独尊"、"惟我独尊","唯恐"、"惟恐","唯利是图"、"惟利是图","唯命是从"、"惟命是从"等为通用。属于无定规的一类。而"惟妙惟肖"、"惟其"没有改变词形。

尽管这类词无定规的很多,但在一篇文章中不能混用,却是一定的。现在一般出版物中,除"惟其"、"惟妙惟肖",基本上将此类词汇统一为"唯"了。

旋涡,漩涡:

《词典》中对"旋涡"有详细的解释,并且注明"也作漩涡";对"漩涡"则只注明"同'旋涡'"。属于无定规的一类。

谐调,协调:

"协调"其中之一意为"配合得得当",如"色彩协调";而"谐"在"和谐"的意义上也可组成"谐调"一词,也可用"色彩谐调"。在"配合得当"、"和谐"的意义上,属于无定规一类。

热中,热衷:

"热中"本是一个古代词汇,意谓"心情烦躁焦虑"。如《孟子·万章上》:"仕则慕君,不得于君则热中。"以后引申出"急切地企图获得(地位或利益)"的含义,并演化出理性意义、色彩意义和语法意义完全相同的"热衷"一词,广泛地为人们使用。但在《辞海》中只有"热中"的词条,并无"热衷"的词条。而在《词典》中,"热衷"、"热中"属同一个词条。属无定规一类。但现在《整理表》根据通用性原则,推荐使用"热衷"的词形。

折中,折衷:

"折中"、"折衷"均为古代词汇,在"取正,无所偏颇"的含义上,也是理性意义、色彩意义和语法意义完全相同。如《史记·孔子世家赞》:"言六艺者折中于孔子。"西汉扬雄的《反离骚》:"吾驰江潭之泛溢兮,将折衷于重华。"因此,《词典》中"折中"、"折衷"属同一个词条。属无定规一类。但现在《整理表》推荐使用"折中"的词形。

无动于中,无动于衷;毋宁,无宁,勿宁:

《词典》中"无动于衷"、"无动于中","毋宁"、"无宁"属同一个词条,属无定规一类。但现在《整理表》推荐使用"无动于衷"与"毋宁"的词形。又,《词典》与《辞海》中绝无"勿宁"一词,这是对"毋宁"、"无宁"词形的误用。

思辨,思辩:

《词典》中只有"思辨",无"思辩"。属于有定规的一类。

丰富多采,丰富多彩:

这组词属于现代成语,但用起来似乎无定规。如现代作家夏衍《在欢乐的日子里》:"时代是这样的飞速前进,生活是这样的丰富多彩。"而茅盾《关于长篇历史小说〈李自成〉》则说:"中国的封建文人也曾写过丰富多采的封建社会的上层和下层的生活。"秦牧的《菊花与金鱼》也为:"单一必然导致枯燥,而丰富多采、目不暇接则是绝大多数人所欢迎的。"但在《词典》中只有"丰富多彩"一词,而无"丰富多采"一词。虽然从人们的使用来看,这组词应属于无定规的一类,但现在《整理表》推荐

使用"丰富多彩"的词形。

融会,融汇:

《词典》中只有"融会"一词,并无"融汇"一词。"融汇"之"汇"为错字,是对"融会"的误用。属于有定规的一类。类似的还有"宫廷"、"宫庭","各个"、"各各"。

拼合,拚合:

《词典》中只有"拼合"的词条,"拚"为"拼"的异体字。按出版要求,除非特殊情况,出版物中一般不允许用异体字。属于有定规的一类。

(2) 对于随意颠倒次序的分析。

斥责,责斥:

"斥"、"责"均有责备义,但《词典》只有"斥责"的词条,无"责斥"的词条。显然属于有定规的一类,"责斥"是对"斥责"词形的随意颠倒。

源泉,泉源:

在"水源"的意义上,这两个词汇古文中都有使用。如《诗·卫风·竹竿》:"泉源在左,淇水在右。"东汉文学家班固的《西都赋》:"源泉灌注,陂地交属。"在"比喻力量、知识、感情等的来源或产生的原因"或"事物的来源"上,《词典》中这两个词也可以互解。属于无定规的一组词。不过,从使用习惯上看,"源泉"一词使用率高。

敏锐,锐敏:

《词典》中,两个词都有"(感觉)灵敏,(眼光)尖锐"的含义。属于无定规的一类。不过按照通用性,人们使用"敏锐"的频率似乎比"锐敏"大。

语言的丰富在于使用不同的词来形容,但这种把一个词颠来倒去的用法,尤其是在学术文章中把一个词颠来倒去地使用,恐不是语言丰富的表现。因此,在使用这种类型的词时,有定规的按照定规来,无定规的,则应始终使用同一个词汇,且应首选使用频率高的一个。

(3) 对于人名前后表述不一的分析。

对于外国人名、地名的翻译,不同的时期、不同的翻译者必然会有不同。但随着时间的推移,人们毕竟要形成一种确定性的共识,否则将无法进行沟通、交流。这就是"译名从众"的通用性原则,它遵循的是约定俗成的原则。因此,对译名的统一表述,是属于有定规的一类。

(4) 对于纪年前后表述不一的分析。

从理据性的角度分析,"公元前××年至前××年"与"公元前××年至××年"所表述的时段显然不同。前一种表述仍然是在"公元前"的时段内,而后一种表述则是跨越了"公元元年"的"度"。这是两种不容混淆的表述。现实中的人不可能像"彭祖"那样活了八百多岁,因此,对纪年的表述属于有定规的一类。

(5) 对于不确定的时间词前后表述不一的分析。

《词典》中只有"一旦"的词条,并无"一当"的词条。有人认为后者是前者的口语化表述。在学术性的著作中,这种口语化的表述最好不用。

(6) 对数字前后表述不一的分析。

在写作中,数字如何表述是一件很头疼的事情。但它的使用仍然是属于有章可循的,如国家语委标准化工作委员会办公室和中国标准出版社编,中国标准出版社 1997 年出版的《出版物数字用法表》。这份《用法表》开篇即讲清了数字使用的一般原则:

①凡是可以使用阿拉伯数字而且又很得体的地方,特别是当所表示的数字比较精确时,均应使用阿拉伯数字。遇特殊情形,或者为避免歧解,可以灵活变通,但全篇体例应相对统一。

②使用阿拉伯数字或是汉字数字,有的情形选择是唯一而确定的。其一是,非叙述性文字(如统计表)中不带量词的纯数值,必须使用阿拉伯数字;其二是,定型的词、词组、成语、惯用语、缩略语或具有修辞色彩的词语中作为词素的数字,必须使用汉字。

至于如何操作,请查此表,限于篇幅,此不赘述。

(7) 对标点符号混用的分析。

标点符号的具体意义,《词典》有说明;其如何使用,也有国家技术监督局 1995 年发布、1996 年实施的有关出版物的国家标准——《出版物上标点用法的规定》。标点的使用也属于有章可循的。

①破折号与连接号。

"破折号"意谓后面有个注释性的部分,占两格;而"连接号"意谓把

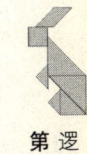

意义相关的词语连成一个整体,占一格。上举述的"亚里士多德——托勒密"、"市民——资产阶级"、"莱布尼茨——伏尔夫",显然是对"亚里士多德—托勒密"、"市民—资产阶级"、"莱布尼茨—伏尔夫"的错误表述;而"表现在他的伦理学的最高范畴—'至善'上",则是对"表现在他的伦理学的最高范畴——'至善'上"的错误表述。其原因就在于应使用连接号,却误用了破折号;应使用破折号,却误用了连接号。

按出版的通用性原则,在正文中,除了百分比之间可用"~"外,其他数字之间的连接一般应使用"至"。

②顿号与连接号。

如前所述,"连接号"意谓把意义相关的词语连成一个整体,而"顿号"则表示句中并列的词或词组之间的停顿。上举的"社会—历史"的表述不合定规。而"社会、历史"表示停顿,"社会历史"则表示不需要停顿,这两种表述均可,应视文意的需要选择。

③顿号省与不省。

"顿号"表示的是句中并列的词或词组之间的停顿,因此,上举"马克思、恩格斯"的表述合乎定规;而"马克思和恩格斯"的表述用连词"和"表示连接,也合乎定规。但"马克思恩格斯"的表述则不合定规,容易让人产生这是一个人的名字的错觉(目前还不至于产生错觉,但那是经验告诉我们的)。虽然在"《马克思恩格斯选集》"或"《马克思恩格斯全集》"的表述中,没有使用顿号或连词,但这是一种特殊的处理方式,不应视做定规。

④书名号省与不省。

《圣经》是基督教的经典,是一部书,而书名号《》恰是用来表示书名的。这也是属于有定规的。因此,"《圣经》"的表述是合乎定规的,而"圣经"的表述则是不当省书名号,不合定规。

⑤分号的使用。

"分号"表示的是:一句话中并列分句间的停顿。而"另一方面"则表示的是并列分句的开始。因此在下列的例子中:

一方面,……,另一方面,……。

一方面,……;另一方面,……。

前者是不正确的,后者是正确的。

还有一个论文写作中经常出现的问题需要提出,即在一个并列句群中,往往在分号与分号之间出现句号。这是不正确的,这将使得并列句群中分号与分号之间所出现的句号恰与句号表示的意义相悖。这时,应将分号统改为句号,并用其他的方式(如第一、第二或①、②等)来表明这一并列句群中各并列分句的开始。

3. 引文注释句式的混用现象及其逻辑对策

经查,在大学生尤其是研究生的论文写作中,引文注释句式的混用现象是极为普遍的,因此,有必要单列一小节来进行分析。

关于引文注释句式的混用现象,最容易出错的莫过于引文句末的注释号与句末标点了。对此我们做一分析。

(1)混用1中的直接引文句式:

1.1:说(认为、指出、写道):"……。"①

1.2:说(认为、指出、写道):"……"。①

1.3:说(认为、指出、写道):"……"①。

1.4:说(认为、指出、写道):"……①"。

应该说,任何一个句子都应该有自己的句末标点。

在"1.1"中,冒号的作用在于直接提出引文;句号表明这段直接引文的完成;注释号表明引文的出处。因此,按逻辑顺序来说,1.1是引文注释句式中直接引文的句号和注释号的正确使用。

而在1.2、1.3中,由于句号没有表明冒号所提出的整段直接引文的完成,因此,冒号所提出的整段直接引文没有句末标点,注释号的位置也就显得不伦不类了。在1.4中,句号的位置错误同上;注释号应表明是冒号所提出的整段引文的出处,它的正确位置应该在引号外,因此,位置也错了。

(2)混用2中的间接引文和直接引文句式:

2.1:认为……,"……"①。

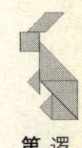

2.2:认为……,"……。"①

2.3:认为……,"……"。①

2.4:认为……,"……①"。

在2.1中,引号前的"认为"部分是间接引文,引号内是直接引文。注释号表明了整段直接引文的出处,句号表明了整段句子的完成。为间接引文和直接引文句式中注释号和句号的正确使用。

而在2.2中,由于把句号放在引号内,就使得这个句号属于这个直接引句。问题是,这个直接引文只是整个句子的一部分,前面的"认为……"是间接引文,也属于整个句子。但由于把整个句子的句末标点放在了引文内,就使得整个句子丧失了自己的句末标点。在2.3中,句号虽然表明了整段句子的完成,但注释号是表明间接引文和直接引文的出处呢,还是只表明直接引文的出处,则是不清晰的。在2.4中,注释号的错误同1.4。

(3)混用3中的叙述中夹有引文的句式:

3.1:……,"……"①。

3.2:……,"……"。①

3.3:……,"……。"①

3.4:……,"……①"。

在3.1中,注释号表明了这段引文的出处,句号表明了整段句子的完成,是叙述中夹有引文句式的正确使用。之所以3.1正确,3.2错误,是因为,从通用性原则出发,人们对于3.1和3.2句式的理解,先知晓引文出处再理解整段句子的完成,与先理解整段句子的完成再知晓引文出处,在整个的思维过程中不会出现偏差。但从人们理解事物的逻辑顺序的理据性原则出发,先明了引文的出处,再理解整段句子的完成,在人们的思维过程中应该更加合理。基于此,3.2的句式中,句号与注释号位置颠倒了。

在3.3中,句号本应该是整段句子的句末标点,却仅仅当做了引文的句末标点,因此也是错误的。在3.4中,注释号的错误同1.4。

(4)对混用4中的叙述中夹有几段引文的句式:

4.1:……,"……",……,"……"①。

4.2:……,"……,"……,"……"①。

4.3:……,"……",……,"……。"①

在4.1中,由于第一段引文是整段句子的一部分,所以逗号应该标注在引号后面;第二段引文后面的句号表示了整段句子的结束,所以句号应该标注在引号后面;注释号则表示了这段话中所引的几段引文的出处,所以注释号应该标注在整段话的最后。因此,4.1是叙述中夹有几段引文的正确句式。

在4.2中,由于第一段引文是整段句子的一部分,如果逗号放在引号里面,则表示这段引文还未说完,显然是错误的。而句末的先注释号再句号,虽然表示了整段句子的完成,但这个注释号是标注第二段引文的出处呢,还是标注几段引文的出处,则是不清晰的。如果只标注第二段引文的出处,则第一处引文没有出处,显然也是不完整的。4.3句末的句号错误同2.2。

(5)对混用5的引文内还有引文的句式:

5.1:"……("……")……"

5.2:"……('……')……"

在引文内还有引文的句式中,所引引文用双引号,引文内的引文用单引号。所以5.1是错误的句式,5.2是正确的句式。

对于上述的引文注释句式,我们有一个简便的判定方法,即句号到底应在引号内还是引号外,要视此段引文是单独引文还是在一段话中加引。如是单独引文,句号则在内;如是一段话中加引,句号则在外。其判定的简单方法就是看这段引文的前面要否加冒号,需要加的,一般是单独引文;不能够加的,则不是单独引文。而注释号在单独引文中,应标在引号外。在加引的引文中注释号如何标示,虽没见有关规定,但按笔者从事多年编辑工作的经验,还是标示在引号与逗号(或句号)之间更符合理据性原则,表明在断句之前即标明需要注释。

正确使用的形式归纳如下:

说(认为、指出、写道):"……。"①

认为……,"……"①。

……,"……"①。

……,"……",……,"……"。①
"……('……')……"

对于这些引文注释句式混用现象的逻辑对策,我们还可参照国家技术监督局1995年发布、1996年实施的有关出版物的国家标准——《出版物上标点用法的规定》中有关引号的用法。

4. "法"的意识

从以上的罗列与分析来看,写作中常犯的词形、句形混用现象有两类:一类是不循定规的混用,另一类是无定规可循的混用。那么,如何在写作中限制以至消除这种"自由",从而做到写作中要有点"讲究",使表述前后确定如一呢?这就涉及了"法"的意识。

"法",作为"人类行为的准则、法则"、"一定的秩序"①,是一个历史久远的词。②作为人们思想的一个规范,"法"曾经是后期墨家关于推理法则的基本概念,指推理的标准和公式:"一法者之相与也尽类"③;"效者,为之法也;所效者,所以为之法也。故中效,则是也;不中效,则非也。此效也"④。看来,这些历史久远的思想在如今指导我们的书写行为中,仍然具有鲜活的意义。"法"是以一定的书写规范行为,表明我们对这种确定的"人为的规范"的认识和运用。这里是就写作中词形、句形书写的一点"讲究"而言的。

对写作中的词形、句形书写的"自由"而言,它正如黑格尔所认为的,"法"是自由的实现,随心所欲的传统的自由是主观的、偶然的、抽象的;真正的自由是受客观的、具有普遍性的东西即"法"的限制的自由。所以,自由只有在"法"中才是现实的。因此,他要求使"精神的自由的本性和法的本质"统一起来。⑤我们认为,将"自由"体现在写作中的词形、句形的"讲究"中,其所涉及的"法"的意识,就是确定性的意识,简单

---

① 参见《国语大辞典》,日本"小学馆",1982年版,第693页。
② 参见张晓芒:《先秦辩学法则史论》,中国人民大学出版社1996年版,第13—26页。
③ 《墨子·经下》。
④ 《墨子·小取》。
⑤ 参见黑格尔:《法哲学原理》,商务印书馆1961年版,第55页。

点说,就是同一律意识。

亦即,一个词形或句形在所反映的或所断定的内容中是始终不变的,其词形或句形是确定的。只有这样,这个词形或句式才能保持自身的同一,从而保持思维的确定性。从而才能如亚里士多德所说的"B 是 B 自己"①、中国古人所说的"正名者,唯乎其彼此"②、"正名者彼此。彼彼止于彼,此此止于此,可。彼此不可,彼且此也"③。

由于同一律的基本内容体现了同一律本身的客观性、必然性,体现在"相同的意义"的表述中,它的作用就在于保证思想表达的确定性、明晰性,从而保证沟通交流的顺畅。因此,当我们在论文写作中,察觉到在"相同的意义"的表述中,存在有上述的两类性质的混用时,千万不可将其视为无关宏旨的细枝末节。因为,这种混用实在是逻辑混乱的一种表现。

那么,怎样"讲究"一点以消除论文写作中的带有普遍性意义的混用,以保证思想的同一性和确定性呢?就上述的那些带有普遍性意义的问题,我们认为:

首先,当察觉到存在有"相同的意义"表述下的混用时,一定要批判性地心存疑虑,以"讲究"一点的态度,以同一律的意识,用确定性的要求,去寻找有无一个定规以使其同一。

其次,养成勤查工具书的习惯。其中最常用的就是《词典》及《辞海》。如果有可能,还应把国家语委 1986 年重新发布的《简化字总表》、新闻出版署和国家语委 1992 年公布的《出版物汉字使用管理规定》、教育部和国家语委 2001 年 12 月发布的《第一批异形词整理表》、国家技术监督局 1995 年发布并于 1996 年实施《出版物上数字用法的规定》与《出版物上标点用法的规定》等作为写作的必备。这样就可以在勤查工具书和各种国家标准的习惯中,熟悉各种词语、标点符号等的规范用法。

再次,对于有定规的一类以及上述各种工具书、规定和国家标准的

---

① 亚里士多德:《工具论》第三篇,《前分析篇》,68a19,广东人民出版社 1984 年版。
② 《公孙龙子·名实论》。
③ 《墨子·经说下》。

规范用法应严格遵循。一切表述要同一于这些定规。

对于无定规的一类,有一个较为稳妥的经验,即在词形的书写上,一般采用《词典》中有详细解释的词形为好。至于《词典》中无解释,只注明"同某某"的词形,则应尽可能地少采用。对于那些都有解释的同音、同义但书写形式不同的词语,或只同义但书写形式不同的词语,则采取一种通用性原则,人们一般习惯使用哪个词语或词形,就随众使用哪个词语或词形。这时,查《整理表》的推荐词形就显得十分有意义了。

还需强调的是,即使无定规,但也应有常法。这个常法就是,一旦选定哪个词语、词形或句式,在整篇论文的写作中,就必须要自始至终地保持一致。因为,对于无定规的一类,虽然使用何种词形、词语或句式(如3.1和3.2)是自由的,但这种"从心所欲不逾矩"也只有在保持同一、确定的前提下才是有意义的。这也是"虽无定规,但有常法"中的同一律意识的体现,同时也是意义相同的词语、词形或句式的灵活性和确定性的辩证统一。

总之,统一和规范化是表里的关系,任何统一都要符合一定的标准和理据,按照权威的或是约定俗成的标准统一即是规范化。规范和自由则是辩证统一的关系,为了有利于思想表述的清晰、确定和统一,有利于沟通交流的互动,在论文写作中确立同一律意识,寻求一种标准,不但具有方法论的意义,更是我们在论文写作中,从"主观的自由"到"讲究"一点,再达致"从心所欲不逾矩"的过程。当然,这点"讲究"也是需要我们认真为之付出努力的。

为此,我们有必要再次体会前述黑格尔的一段话:知性式的思维定律是同一律。其特点是坚持固有的规定性和各规定性之间彼此的差别,从而使思想具有坚定性和确定性。

第二章 辩证思维的基本要领

如果我们把一枚硬币抛上去,当它掉下来的时候,肯定是或者这面朝上,或者那面朝上。问题是,当它掉下来的时候,正好插在一堆烂泥里,该怎么办?

世界上唯一不变的法则是永远在变。因为,事物总是发展变化的,人的认识也总是发展变化的。曾被世人称为"辩证法之父"的赫拉克利特,把世界的本原归结为"火",又由于火是永恒流转的,因此,由火所生成的世界万物也是处在不停的运动变化之中。为了说明这种"一切皆流,无物常住"的性质,赫拉克利特提出了一个著名的论题:"人不能两次踏入同一条河流"。但他的学生克拉底鲁却把老师关于运动变化的绝对性的思想绝对化,完全否定了事物的相对稳定和相对静止,干脆又提出了"人不能同时踏入同一条河流"的命题,"把赫拉克利特的辩证法弄成了诡辩"①。

如何既要使发展的理性认识把握不断发展变化的事物,同时又不落入相对主义或诡辩的思维陷阱里,这就涉及辩证的思维方法。

一、柳絮飞来片片红——思维要具体

"夕阳返照桃花坞,柳絮飞来片片红。"这是对白色的柳絮又是红色的一种具体思维的辩证认识。对于这种具有完全不同于确定性认识的

---

① 列宁:《哲学笔记》,第390页。

思维的辩证法,我们不能将其混淆。

逻辑矛盾和辩证矛盾是两种完全不同性质的矛盾。逻辑矛盾是指确定性思维中的自相矛盾,违反的是思维规律;而辩证矛盾是指事物的统一体中相互矛盾的两个方面,即事物的对立统一。即,辩证矛盾是事物在发展过程中其内部的对立的两个方面,既互相排斥、互相斗争,又在一定条件下相互依存、相互转化。因此,辩证矛盾是事物内部既对立又统一的矛盾,它包括现实(客观事物)矛盾和正确反映现实矛盾的思维的辩证矛盾。辩证矛盾普遍存在于自然、社会和思维中,是受自然、社会以及思维的最普遍规律——对立统一规律制约的。

例如,"运动本身就是矛盾,甚至最简单的机械运动的位移之所以能够实现,也只是因为物体在同一瞬间既在一个地方又在另一个地方。这种矛盾的连续产生和同时解决正好就是运动"[①]。

又如,在人们发现鸭嘴兽之前,"哺乳动物都是胎生的"是一个定论。当发现鸭嘴兽是卵生的之后,有许多人并不承认这个发现,甚至恩格斯也不例外,认为这是一个逻辑矛盾。但当事实证明确实如此后,恩格斯也不得不对鸭嘴兽道歉。

正是因为这两类具有完全不同性质的矛盾不能混淆,所以清代学者方以智才说:"设教之言唯恐矛盾,而学天地者不妨矛盾。"如何做到这一点,如何以正确的思维方式认识普遍存在的客观矛盾?辩证思维提供了正确的思维方法。

辩证思维是人类众多思维方式中的一种,是"辩证的思维方式"。它是思维依据辩证法的观念基础和事物存在的辩证本性,对于认识事物的辩证把握方式。恩格斯即指出:"所谓客观辩证法是支配整个自然界的,而所谓主观辩证法,即辩证的思维,不过是自然界到处盛行的对立中的运动的反映而已。"[②]因此,辩证思维与辩证法的关系是一种反映与被反映的关系。辩证法是关于客观世界的普遍性与必然性法则,是辩证思维的观念基础;辩证思维则是对辩证法的反映和把握。

---

① 恩格斯:《反杜林论》。
② 《马克思恩格斯选集》第3卷,人民出版社1972年版,第534页。

而思维辩证法则是"具有客观意义的辩证法,它对人的思维具有强制性的支配作用,存在于思维的一切方面和各个环节,任何人只要进行思维活动,都必然表现出这种辩证法"①。因此,辩证思维与思维辩证法的关系其实已经包含在辩证思维与辩证法的关系之中。辩证思维作为一种思维方式对对象辩证本性的把握,就包括了对思维辩证法的把握。

例如,"一切真理,其形式是主观的,而其内容是客观的"。在这句话中,实际上包含了两个针对不同对象所下的判断,一个是"真理的形式是主观的",一个是"真理的内容是客观的"。所以,这两个判断之间并不存在逻辑矛盾。

基于此,辩证思维并不与逻辑思维相对立,而是与形而上学的思维方式相对立。

应该说,辩证思维与形而上学两种思维方式的对立认识是从黑格尔开始的。如果他仅仅以此为限,就不会有以后的理论混乱了。但是,黑格尔在正确奠定了这两种思维方式对立的同时,又设立了一种虚假的、思维的、逻辑的对立:他把当时以形而上学作为观念基础的形式逻辑与形而上学等同起来,从而也就把形式逻辑当成批判对象。他在批评形式逻辑的思维规律时说:"同一律便被表述为'一切东西和它自身同一'……这个命题的形式自身就陷于矛盾……照普遍经验看来,没有意识按照同一律思维或想象,没有人按照同一律说话,没有任何种存在按照同一律存在。如果人们说话都普遍遵照这种自命为真理的规律(星球是星球,磁力是磁力,精神是精神),简直应该说笨拙可笑。"②这里,黑格尔显然把形式逻辑的同一律与形而上学静止不变的思想完全等同起来。同样,他在批评形式逻辑的排中律时说:"排中律是进行规定的知性所提出的原则,意在排除矛盾,殊不知这种办法反使其陷于矛盾。"③这种批评与其说是从辩证法的观点去指责形式逻辑规律,不如说是混淆了形式逻辑同形而上学的界限。

---

① 杨百顺、李志刚主编:《现代逻辑辞典》,湖北教育出版社1995年版。
② 黑格尔:《小逻辑》,第248页。
③ 黑格尔:《小逻辑》,第281页。

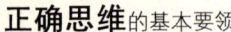

同时,由于黑格尔要以概念的逻辑推演的形式建立自己的哲学体系,因而他把自己的以范畴为体现形式的哲学推演体系叫做逻辑学,这样,他就把自己的逻辑学即思辨哲学(被后人叫做辩证逻辑)与形式逻辑对立起来了。

因此,要想消除这种人为的对立,就要把辩证思维如实地看做是一种普通的思维方式。不能把辩证思维作为一种不同凡响的高级思维来对待,要摆脱辩证思维与逻辑思维的对立,摆脱辩证逻辑与普通逻辑的对立。从黑格尔的迷雾中清醒过来,回归到与形而上学相对立的思维方式的研究中来,把对辩证思维的研究层次转移到"众多的思维方式中的一种"的境界上来考察它。即从思维的具体同一性,说明、表述事物在发展变化过程中的结构形态、具体状况,从而理解、把握存在的事物必定是具体的,即包含有差别、对立于自身的东西。

因此,辩证思维的基本要领是:思维要具体。

所谓思维要具体,就是思维在把握某一事物或现象时,把决定和影响思维对象的内部根据与外部条件等具体因素都考虑在内,通过对各种具体因素的综合分析,达到认识事物的特殊本质的目的。它是在具体的特定的联系和条件中把握事物具体规定性的。故而,所谓思维的具体性也就是思维认识事物的条件性。

之所以思维要具体,是因为矛盾特殊性是世界上的事物之所以千差万别的内在根据,每一事物的特殊矛盾规定了这一事物区别于其他事物的特殊本质,所以只有具体认识了一个事物所包含的特殊矛盾,才能认识这一事物的特殊本质。分析矛盾的特殊性是正确解决矛盾的前提。

思维要具体的一般特征在于,通过对思维对象内部联系的相互作用的分析,把握事物存在和发展的内部依据;通过对思维对象外部联系的相互作用的分析,把握事物存在和发展的外部条件;并进而在事物内部联系和外部联系各种因素的相互作用和具体统一中,把握事物存在和发展的特殊性。

思维要具体的主要表现就是条件性分析,即在辩证性的认识活动中,一切以时间、地点和条件为转移来把握思维对象,因此可以称之为条件分析法。一切以时间、地点和条件为转移,就要把思维对象放在当时具体的环境和条件下,考察事物和现象所具有的特殊的矛盾,从而把握住事物和现象的具体性质。同时,还要考虑当条件和环境改变时,事物和现象可能出现的变化,从而把握事物和现象的发展趋势。

思维要具体的另一种表现是历史分析法,它更多地体现在对社会生活现象和人物的认识和评价活动中。即在思维考察对象时要具有一种历史的观念和视角,把思维对象放在具体的历史条件下进行思考,考虑当时社会历史背景等众多因素对思维对象的决定和影响作用,达到对思维对象比较客观的认识和评价。

在开始分析辩证思维的基本要领前,还有必要交代这种分析所预设的两个理论前提:其一是,辩证法是关于客观世界的普遍性与必然性法则,无论是单一的、特殊的事物,还是普遍的存在,都受这一法则的支配;其二是,在人们对客观世界的思考和把握中,辩证思维作为一种思维方式、思维活动存在并发展着。

第一个前提确认了辩证思维的观念基础,第二个前提则直接承认了辩证思维的客观存在。因为如果不承认辩证思维的观念基础,不承认辩证思维的存在,我们对辩证思维的分析探讨就失去了对象,也就失去了意义。这样交代以后,我们就可以不必再去论证和说明有关辩证法的理论,不必去探讨有关辩证思维产生和发展的历史,而直接进入到从思维方式的角度来考察辩证思维的基本要领了。

中国传统思维中辩证思维方式是中国古代思维方式最显著的特点之一①,所以本章的分析以中国古代辩证思维方式为主。

二、变则通,通则久——具体性与确定性的关系

我们在第一章第二节分析了逻辑基本规律对于一个确定性认识的重要性。同时,我们也强调了逻辑基本规律起作用是有条件的。首先,

---

① 中国古代思维方式的另一显著特点是推类。参见张晓芒:《中国古代论辩艺术》,山西人民出版社2001年版,第106—116页;张晓芒:《中国古代的推类思想与中国古代宗族社会》,载《中国哲学史》,2003年第2期。

它们是在同一时间、同一关系下对具有确定性的同一对象而言的。这是因为,事物在确定的时间、空间内具有相对静止、相对稳定的性质,因此,作为对客观事物在确定的时间、空间下质的稳定性的一种反映,也就要求思维认识的相应的确定性。其次,逻辑基本规律只在思维领域内起作用,它只是逻辑思维的规律,不是支配外部客观世界的客观规律。如果不是同一个沟通语境,或同一个沟通语境中已经发生了条件的变化,则逻辑的基本规律就不起作用了。

例如,我们将一枚硬币向上抛,当其落地时,我们必须肯定其总会有一面朝上。这是思维过程中矛盾律和排中律所决定的。但是有人不认为是这样:"当这枚硬币落下来时,正好插在一堆烂泥里。"所以,既不"或者是这样",也不"或者不是这样"。

这就是诡辩了。因为它将一般情况下的事物状态混淆于特殊情况下的事物状态,从而丧失了一般提问中语境的确定性。

但是,这个诡辩仍然提醒我们,事物的状态不会是一成不变的。比如,当我们将这枚硬币抛向太空后,情况将怎么样?也许它将成为一颗人造"行星",饱含着矛盾律和排中律的困惑与心酸,浪迹天涯,到处寻觅有着落之地。

凡是真理都是具体的。"辩证法的基本原理是:没有抽象的真理,真理总是具体的。"[①]因此,既然从自然历史的发展过程来看,事物在不断发展变化,人们的认识也在发展变化,我们的思维就只能随着事物、认识的变化而变化,重新在变化了的场景中,依然正确地作出判定。为此,我们就具体性与确定性的关系,再复述一遍逻辑基本规律起作用的条件性。

就同一律来说,它并没有把外部事物看做是永远同一、永远不变的。因此,同一律只要求在同一时间、同一关系下对同一对象而言,思维应该保持自身的同一。如果不是同一思维过程,或者不是在"三同一"(同一时间、同一关系、同一对象)的条件下,同一律就不起作用了。因此,同一律并不是绝对的、无条件的,而是相对的、有条件的。例如,前述"少年不

[①] 《列宁选集》第 1 卷,人民出版社 1995 年版,第 523 页。

识愁滋味,爱上层楼,爱上层楼,为赋新词强说愁。而今识尽愁滋味,欲说还休,欲说还休,却道天凉好个秋"。到底知道不知道"愁"?随着时间的转移、事物的变化,判断可以不一样,所谓的"愁"也就不一样了。上片的"愁"指的是"闲愁",下片的"愁"指的是怀才不遇的"哀愁"。

又如,前述 70 多年来,"太阳系有九大行星"是铁定的事实。但随着 2006 年 8 月 24 日的国际天文学联合大会的表决,冥王星遭遇降级,全世界中小学的教科书都面临修改。这种新的确定性就是新的具体性,反映了人类对太阳系的认识比 40 年前关于冥王星的争论时已经又向前迈进了。

就矛盾律来说,它只要求在同一时间、同一关系下对同一对象不能作出两个自相矛盾的断定。如果不是同一思维过程,或者给不同的对象作出不同的判断,就不构成逻辑矛盾。因此,矛盾律也并不是绝对的、无条件的,而是相对的、有条件的。它所排除的也只是逻辑矛盾,而不是辩证矛盾。逻辑矛盾是思维的矛盾,而辩证矛盾是现实的矛盾。

例如,当一个人借了别人的钱不想还时,那就应该问一问自己,"借钱不还"能不能成为一条普遍原则。在德国古典哲学家康德看来,只要这么一问,就会发现"借钱不还"不应成为普遍的规律,因为"借钱不还"的意志不是善良的。康德把这种所谓的先天道德规律叫做理性的"绝对命令"。所谓"绝对",即是无条件的,不受任何经验、感性欲望、利害关系等条件的制约。但在康德看来,一个人如果不是从不计利害的先天道德规律出发,而是从"好借好还,再借不难"的出发点去还钱,那么这种意志也算不上善良。因为,"好借好还,再借不难"的出发点,仍然是建立在个人利害的基础上的,因而是有条件的。①

就排中律来说,首先,排中律的作用是排除两个相互否定的思想的中间可能性,从区别性的角度保证思维的明确性。但排中律是在当问题只有两种可能——非此即彼、两者必有一真而不能同假时才起作用。如果事物情况还存在有"是非"之外的情况,思维的断定就不能囿于排中律了,只能按照新的问题场景,具体情况具体对待。例如,孟子曾有一

---

① 参见冒从虎等:《欧洲哲学通史》(下),南开大学出版社 1985 年版,第 161—162 页。

段话：

> 矢人岂不仁于函人哉？矢人唯恐不伤人，函人唯恐伤人。巫匠亦然。故术不可不慎也。……人役而耻为役，犹弓人而耻为弓，矢人而耻为矢也。如耻之，莫如为仁。仁者如箭，射者正己而后发；发而不中，不怨胜己者，反求诸己而已矣。(《孟子·公孙丑上》)

意谓：造箭的工匠难道比制作铠甲的工匠更不仁德吗？造箭的工匠唯恐自己制作的箭不能杀伤人，而制作铠甲的工匠唯恐自己制作的铠甲不坚固。治病的巫医和做棺材的木匠也一样，一个给人治病、求福，希望人不死；一个则希望人快点死，好早些卖出自己做的棺材。所以选择职业不可不慎重呀！……给人当奴仆却又引以为耻，好像造弓的人却又以造弓为耻辱，造箭的人以造箭为耻辱一样。如果真正以此为耻辱，不如好好去行仁德。实行仁德好比射箭一样，射箭的人首先要端正好自己的姿势然后才能发箭，如果箭不能命中目标，也不能埋怨超过自己的人。应该回过头来从自己身上找找原因。

孟子在这里虽然论辩的是后天的职业对人性的影响和作用，认为无论是造箭的工匠还是制作铠甲的工匠，无论是给人治病、求福的巫医还是做棺材的木匠，其行为上的仁义与不仁义，都是后天环境造成的。但我们如撇开这些伦理的原则，单从孟子评价各种工匠的是非不能一概而论来看，孟子对是非判断的条件性有着清醒的认识。"矢人岂不仁于函人哉"明显地表明了这一点。

由于辩证思维作为思维活动的一种方式和方法，受特定的思想观念所支配，因此，在思维活动中就表现出不同于其他思维方式的思维原则和活动特征。

观念要素是思维方式的主要构成要素之一。哲学观点和方法论原则对形成一定的思维方式起着决定性的作用，人们在思维活动中，总是以一定的世界观和方法论为指导。事实上，任何思维方式都不是纯逻辑的，都包含着世界观、认识论、方法论的性质。思维方式不过是思维主体以一定的思想、原则、方法、方式思维着的认识活动，因此，它总要以一定的思想、世界观为前提和基础。

我们把支配整个世界乃至各种物质运动形式的运动和发展的辩证法作为辩证思维的观念基础,并认为,辩证思维就是以辩证法为观念基础而进行思维的一种思维方式。

辩证法是科学和哲学长期发展所发现的关于世界的普遍性与必然性的法则。无论是单一的、特殊的事物,还是普遍存在的事物,都受这一法则的支配。我们要进行辩证的思维,通过辩证思维方式把握客观事物,思维就应该先验地与客体的辩证性相适应。只有自觉以辩证法思想作为辩证思维的观念基础,才能够承认辩证思维的合理性,才能通过辩证思维把握不断变化的客体。

辩证法是辩证思维的观念基础。作为一种思想信念,它在实际思维过程中就转化为辩证思维的一个基本的思维原则——辩证性原则,并作为辩证思维的活动特点体现出来。

所谓辩证性原则,就是以一组传统理解的"辩证法"原理为依据而思考把握思维对象的原则。辩证性原则使人们的思维成为通常理解的"辩证思维"。

辩证性作为辩证思维的一个基本原则,在实际的思维活动和过程中,又可具体化为一些具体的思维原则。黑格尔曾经为了说清楚"具体"这个概念的含义,举了一种感性事物——"花"为例:"花虽说具有多样的性质,如香、味、形状、颜色等,但它都是一个整体。在这一朵花里,这些性质中任何一种都不可缺少,这朵花的每一个别部分,都具有整个花所有的特性。"①可以看出,黑格尔所认为的"具体"的观点,就是整体的观点、全面的观点、系统的观点。

(1)整体思维的原则。即在思维活动中,思维要从既差别又同一,既相互渗透又相互排斥的,推动事物运动、变化、发展的对立面之间的辩证关系出发思考思维对象的原则。这一思维原则要求在实际的思维活动中,思维要有整体性。

(2)全面认识的原则。即在思维活动中,把思维对象及其矛盾置于

---

① 黑格尔:《哲学史讲演录》第1卷,三联书店1956年版,第30页。

具体的时间、地点和条件中,置于特定的历史和现实的环境中加以考虑的原则。这一原则要求在思维活动中,思维要有全面性。

(3)系统思维的原则。即运用系统的观点来分析和综合事物的思维原则。把认识对象当做多方面联系、多功能构成的整体来分析判断,强调不同系统间的相似性和同构性,要求思维认识主体的认识视角一开始就是一个有系统的整体。

(4)普遍联系的原则。即在思维活动中,思维要把握思维对象之间的相互依存、相互作用、相互转化,乃至万事万物通过无限多样的关系而联系在一起的原理,并以此来考察思维对象的原则。这一原则要求在实际的思维活动中,思维要有整体性、全面性。

(5)变化发展的原则。即在思维活动中,要从思维对象的内部矛盾以及相互作用所导致的它在具体环境下运动,并转化为其他事物的动态过程中来思考对象的原则。这一原则要求在实际思维过程中,思维要有灵活性、预见性。

这些相互之间具有联系的原则,是思维辩证地思考和把握认识对象的观念前提和理论依据,也是思维辩证地思考和把握对象的方式和方法即辩证思维方法的依据,同时也是辩证思维在思维活动中,力图加以揭示的思维对象具体内容的基本方面。

三、孤亭一目尽天涯——整体思维的原则

整体思维原则是辩证思维的首要特征。整体思维原则的基本思想是:其一,以整体方式存在着的思维对象,其基本特点是具有整体性。其二,整体不等于部分的简单相加,因此认识了对象的各个部分不等于认识了对象的整体性质。其三,作为一个有机整体的系统,不仅其内部要素之间保持有机联系,而且系统本身也与外部环境保持有机联系,外部环境的变化会引起系统的变化,系统本身的变化也会对环境的变化发生作用。

例如,"盲人摸象"的故事为人们所熟知。故事中的几个盲人之所

以闹出笑话,是因为他们都双目失明,看不清大象的整体形象。但"盲人摸象"的故事却说明了一种有悖于整体思维的整体性原则的思维方法,即不是按照整体性原则的要求出发,而是把对象的局部当做整体,以为认识了对象的局部就认识了对象的整体,不可避免地产生局限性和错误。这种思维违背整体性原则的类似错误,在现实生活中并不少见。

应该说,中国古代对于整体思维原则的具体性早有认识。例如,先秦时代名家①代表人物惠施、邓析的一些辩题:

山渊平,天地比,齐秦袭,入乎耳,出乎口,妪有须,卵有毛,是说之难持也,而惠施、邓析能之。(《荀子·不苟》)

"山渊平"是说高山和深渊一样平,无高低之分。从常识和一般概念说,高山和深渊不一样平。但换个角度想,有的高山和有的深渊相比是一样平的,从无限大的宇宙说,高山和深渊的不平也可以忽略不计。这个论断站在常识的反面,启发人们的辩证思维,使人们懂得"山"与"渊"所表现的具体的高与低的观念,不是绝对的,而是相对的。

"天地比"是说天和地相接近,无上下之分。比,近。天和地本来有差别,如人们常说"如天地悬隔"、"天壤之别"。但换个角度观察,天和地也可以互比高低,不分彼此。如登高望远,在地平线或海平线上,天与地是相连在一起的。另外,从整体宇宙观的角度认识,天与地都从属于统一的宇宙,更无所谓高与低了。这条论断显然包含着自然科学的知识,也具有辩证思维的具体性。

"齐秦袭"是说齐和秦合在一起。袭,合。本来齐国在华夏东端(今山东北部),秦国在华夏西端(今陕西中部),两国相距很远。但换个角度,也可以说两国相接。如二者都是华夏大地的一部分。如以天地之大包容,也可以合为一国。这个论断所表明的是宇宙空间方位的观念,如

---

① 先秦时期以辩论名实问题而著称的一个学派。他们通过对名词、概念的研究,提出了许多貌似违反常识的命题,揭示了深刻的哲学和逻辑思想,对中国古代逻辑思想的建立、发展作出了贡献。

东和西,也具有具体的、相对的意义。

"人乎耳,出乎口"。有学者认为这个论断可能与以后辩者的"山出口"类同。一是认为:"山有耳目。凡呼于一山,众山皆应。是山闻人声而应之。"所以说"人乎耳,出乎口"。二是认为:山能吐纳云雾,所以"山有口"。这是在认识事物过程中拟人化的具体性。

"妪有须"。有胡须是成年男性的特征,名家却说老年妇女有胡须,虽反乎常情,却可能有这种返祖现象的具体特例,或把妇女口部较重的汗毛叫做胡须。

"卵有毛"。鸟类成体有毛,其卵无毛,这是人人皆知的事实。但从卵变成雏鸟过程的某一阶段,如雏鸟即将出壳时,也可以说是"卵有毛"。或者说,卵中有成毛的因素或可能性。现代遗传学也可以证明这一点。经过一定的解释,这个论断也可以说是包含着合理的内核和机智的哲理。

"山渊平"之类的辩题在当时确实是比较新颖独特的,并且论证也是反常怪异的,所以理所当然地被当时的正统学者指责为"奇词怪说"。但这些辩题的确能引人作更深、更远的思考,从而有助于全面揭示真理。

正因为如此,所以诸如此类的奇词怪说,邓析等都能"持之有故"、"言之有理",即都能举出根据,论证得头头是道。也许,中国古代一些思想家的科学主义思想就包含在这些论断中。如是,则也被当做诡辩与这些论断一并抹杀了。殊为可惜。

又如,孔子在列举并评论古代逸民伯夷①、叔齐②、虞仲、柳下惠③等人,有的不动摇意志,不做官辱身,有的则相反,有的逃避乱世,隐居不仕等之后说:

我则异于是,无可无不可。(《论语·微子》)

---

① 商末孤竹君的长子。孤竹君原封次子叔齐为继承人,孤竹君死后,叔齐要让位给伯夷,伯夷不接受。周武王灭商后,二人隐居首阳山,不食周粟而死。
② 伯夷之弟。
③ 春秋时鲁国大夫,以善于讲究贵族礼节"坐怀不乱"著称。

"无可"是说我没有什么考虑的;"无不可"是说我没有什么"不仕"的理由。总括全文来看,即我要为仕坚持行仁道,不考虑什么辱身不辱身,因为"天下有道,丘不与易也"。

"无可无不可"并不是一种不辨是非、模棱两可的思维方法和说话技巧,而是一种强调一切分析要从具体实际出发,根据不同情况作出不同处理的思维方法。如孔子离开宋国时,因追兵在后,米还没有淘洗干净就急急忙忙带上走了;当他离开鲁国时,却说"我们慢慢走吧"。对于不同的情况,孔子采取了不同的行为方式。孟子认为,"可以速而速,可以久而久,可以处而处,可以仕而仕,孔子也","孔子圣之时者也"。① 孟子所提"时",正是"无可无不可"的特点,即所谓"识时务者为俊杰","道衷时而已"②。

由于"无可无不可"强调了一切分析都要从具体实际出发,根据不同情况作出不同的处理,所以当弟子子路问孔子,听到别人说应该做的事自己马上就去做,可以吗?孔子说:"有父兄在,怎么能够马上就去做呢?"当弟子冉有问同样的话时,孔子则说:"马上去做。"弟子公西华感到有些疑惑,同样的问题怎么会有两种不同的回答,便问孔子这是什么道理。孔子说,冉有有些不求上进,所以需要激励他;子路有些气盛,所以需要给他降降温。这种视不同对象的不同指导,不求绝对判断的因人施教的事例,在《论语》中还有许多。如《颜渊》篇载,对于颜渊、仲弓、司马牛的问"仁",孔子根据具体人的具体情况,做了不同的回答;《子路》篇的子贡、子路、仲弓问"政",《为政》篇的不同的人问"孝"、问"君子"等,孔子的解答都是因人而异,并不苛求一个绝对的定义解答。这些均体现了"无可无不可"中具体情况具体分析与解答的言谈技巧。

又如,自诩辩才无与伦比、"天地其壮乎"的惠施,与其有关的"历物十意"和"辩者二十一事",历来被人们认为是诡辩:

> 惠施多方,其书五车,其道舛(chuǎn)驳,其言也不中。历物之

---

① 《孟子·万章下》。
② 焦循:《论语补疏》。

意曰:至大无外,谓之大一;至小无内,谓之小一。无厚不可积也,其大千里。天与地卑,山与泽平。日方中方睨;物方生方死。大同而与小同异,此之谓小同异;万物毕同毕异,此之谓大同异。南方无穷而有穷。今日适越而昔来。连环可解也。我知天下之中央,燕之北、越之南是也。泛爱万物,天地一体也。惠施以此为大观于天下,而晓辩者。天下之辩者相与乐之。(《庄子·天下》)

这些辩题在当时人看来,简直是不可思议的,是地地道道的诡辩。但在现在看来,尽管仍然不失其诡和巧,但其中也确实包含着合乎实际的、科学的内容。所以可以说,这些辩题虽然违反古人的常识,却以科学主义的精神,包含了科学的点滴真理,可以说是具体情况具体分析的真知睿智。

(1)"至大无外,谓之大一;至小无内,谓之小一"。意思是,最大的没有外边,指无限大;最小的没有内边,指无限小。这表明了宇宙空间在微观和宏观上的无限性。但从理性思维与直观思维的区别上看,根据当时的认识水平这无疑是诡辩。

(2)"无厚不可积也,其大千里"。"无厚"是中国古代辩者和后期墨家的几何学概念,相当于"面积"。几何学上的面积只有长和宽二维,不能在高度(厚度)上将其累积起来,即无论多少个平面叠合起来,其厚度还是等于零。可是从大处说,却可以百里、千里地不断延伸。这个辩题表明了物体在空间上的有无是相对的,察体积为无,观面积为有。

(3)"天与地卑,山与泽平"。从宇宙无限大的观点出发,说天地、山渊可以互比高低,其差别可以忽略不计,视为一样平。这个辩题虽然诡巧,但其中的道理还是显而易见的,即空间高度是相对的,有差别可以转化为无差别。唐代陆德明的《经典释文》即说:"以地比天,则地卑于天。若宇宙之高,则天地皆卑。"

(4)"日方中方睨;物方生方死"。太阳正中午,同时又西斜。事物刚产生,同时又死亡。这个辩题表达了时间的相对性和运动的矛盾本性:机械运动是间断性(点截性)和不间断性(连续性)矛盾双方的对立统一,含有物体运动既在这一点又不在这一点的思想。恩格斯在《反杜林论》中就曾说过:"每个运动,同时是既在这一点上,又不在这一点上。"

但是,惠施在这个辩题中过分强调了运动的连续性,这与古希腊的"飞矢不动"过分强调运动的间断性正好形成对立的两端,说这些辩题是诡辩,又实在不冤枉。辩证的认识应该有个度,一旦越出这个度,就是诡辩。如前述古希腊命题:"人不能两次踏入同一条河流",这是辩证的认识;而另一个古希腊命题"人不能一次踏入同一条河流",就同"日方中方睨,物方生方死"一样了。

列宁曾经指出:"辩证法曾不止一次地作过——在希腊哲学史上就有过这种情形——通向诡辩术的桥梁。"①这些古代智者都是在辩证思维方法上又随心所欲地往前多走了一步,从而滑入了形而上学思维方法的泥坑。

尽管如此,在启发人们思索运动的稳定性之外,又注意稳定的相对性;在思索概念的确定性之外,又注意概念的灵活性上,惠施的这个辩题虽然诡巧,却可以使人作更深层的思索。

(5)"大同而与小同异,此之谓小同异;万物毕同毕异,此之谓大同异"。万物都是"物",这是"万物毕同";万物都各有不同,这是"万物毕异"。惠施把这种极端的同异叫做"大同异"。除了这两种极端的同异之外,大类(大同,如牛马同为"四足类")和小类(小同,如黄牛、黑牛同为"牛类")的同异,惠施叫"小同异"。即从具体事物的族类关系分析,族类相近的事物同一性较多,是大同;其差异性相对较少,是小异。族类相远的事物同一性较少,是小同;其差异性相对较多,是大异。这种意义上的同和异,就叫做"小同异"。这是一般属种概念的同异。这种辩题在先秦时代专注人生道德而不思索自然哲理的儒家看来,也是诡辩。但惠施在这个辩题中所讲的道理,已成为今天的逻辑常识。

(6)"南方无穷而有穷"。这是"大一"、"小一"辩题的进一步展开。从一定的意义上说,南方既是无穷的,又是有穷的。这个辩题反映了宇宙空间有穷与无穷的辩证性质。就具体意义上讲,讨论的是南方有无尽

---

① 《列宁选集》第 2 卷,人民出版社 1972 年版,第 850 页。

头;就哲学意义上讲,空间方位上的有限性和无限性是对立统一的。因此,这个辩题在当时被视做诡辩,而现在却被视做是科学真理。

(7)"今日适越而昔来"。今日动身到越国去,可是昨天就来到了。这种说法虽然也很诡巧,但其中仍然包含着一定的自然科学的合理思想和概念的辩证转化的道理。古代天文学、数学名著《周髀算经》就有:"日运行处北极,北方曰中,南方夜半;日在南极,南方曰中,北方夜半;日在西极,西方曰中,东方夜半;日在东极,东方曰中,西方夜半。"这里包含着时差的猜想。在这个猜想的基础上,"今"和"昔"这两个对立的时间概念具有同一性,可以互相转化。可能有了这个前提,惠施的这个似是而非的辩题应该说是"诡"中有"智"了。

有意思的是,20世纪末期出现了一种"第三种文化",提倡用通俗的语言描述深奥的科学理论。有一首描述时空相对性的诗,其中即有"明日要去会情郎,昨夜飘飘已然至"。这与"今日适越而昔来"简直就是异曲同工。

(8)"连环可解也"。连环是一种互相套连的环,本来是不能用常规的方法解开的,但惠施说"连环可解",这表现出了惠施头脑的机智与曲解巧辩的才能。虽然惠施的具体解法究竟是什么现在不得而知,但既然其能"解",肯定有其具体的方法。而历代的人按自己的理解也创造了不同的解法。①

(9)"我知天下之中央,燕之北、越之南是也"。这是"有穷"、"无穷"辩题的推而广之。惠施一反当时中国人的常识,认为"天下之中央"是一个相对的、可变的概念。燕国的北面、越国的南面,都可以充当"天下之中央"。这是从更宽广的意义上讲空间方位的有穷性和无穷性。《经典释文》即说:"天下无穷,故所在为中。"

(10)"泛爱万物,天地一体也"。在先秦时代,孔子讲"泛爱"、"博爱",但他只是爱人当中的一部分。墨子讲"兼爱",是指平等地爱人。惠施讲广泛地爱好万物,把研究兴趣投向自然界,深入地思考宇宙哲理。惠施天地一体的观念,是把宇宙看做是一个整体,也就是"大一"。这就

---

① 将在第四章第二节详述。

如同《吕氏春秋·有始》所言:"天地万物,一人之身也。"从现代可持续发展的眼光来看,保护环境,爱护自然,是人类可持续发展的前提和条件。惠施的这个辩题,可以说是蕴涵了这种思想,是其"历物十意"的整体思维中具体性的集中体现。

应该说,"历物十意"是辩证思维方法的娴熟运用,其中贯穿了用整体论的观点来观察万物。从"天地一体"这个整体宇宙观出发,一切局部的高低、正斜、生死、同异、今昔、中旁等就都成为相对的、可变的、流动的。因此,反映它们的概念也是相对的、可变的,是互相联系互相转化的。亦即,这些辩题的实质内容在于看到了同一事物的正反两方面,从两面作分析,下论断。重在揭示为一般常识所忽视的另一面,并表明另一面的合理性。宇宙这一整体是永恒的、无穷的。而永恒存在于无数的、具体的非永恒之中,无穷即存在于无数的、具体的有穷之中。这就是惠施奇词怪说中所反映出来的整体和局部的辩证思维方法。

南宋叶适曾经说过:"战国群谈聚议,妄为无类之言。彼固自知其不可而姑为戏玩一也。"①在这些"无类之言"中,最为著名的恐怕就算是惠施与同时代的辩者所热烈辩论的21个论辩命题了:

> 卵有毛。鸡三足。郢(楚国的都城,在今湖北江陵北)有天下。犬可以为羊。马有卵。丁子(蛤蟆)有尾。火不热。山出口。轮不碾地。目不见。指不至,至不绝。龟长于蛇。矩不方,规不可以为圆。凿不围枘(ruǐ,凿是卵眼,枘是榫头。凿枘相应,比喻彼此相合。圆凿方枘,比喻格格不入)。飞鸟之影未尝动也。镞(zú,箭头)矢之疾而有不行不止之时。狗非犬。黄马骊(纯黑)牛三。白狗黑。孤驹未尝有母。一尺之棰(chuí,短木棍),日取其半,万世不竭。辩者以此与惠施相应,终身无穷。……饰人之心,易人之意,能胜人之口,不能服人之心,辩者之圄(局限)也。惠施日以其知(智)与人之辩,特以天下之辩者为怪(怪异之说),此其柢(根本)也。然惠施之口谈,自以为最贤,曰:"天地其壮乎!"(惠)施存雄(雄心)而

---

① 《习学记言序目》。

无术(道术)。(《庄子·天下》)

这些辩题,有的在邓析时即有,有的则是露骨的诡辩,有的则以奇谈怪论的形式曲折表达了点滴的真理。我们选择其中关于物体运动的部分辩题加以分析。

"轮不碾地"。按现代哲学家冯友兰所分析,轮之所碾者,地之一小部分而已。碾地的只是车轮与地相接触的那一小部分。地的一部分非地,轮的一部分非轮。所以,轮的共相没有碾地,地的共相也没有被轮所碾。这是用机械运动矛盾性质的一个侧面(连续性)来否认另一侧面(间断性)。

"飞鸟之影未尝动也"。这是认为,如果把一个运动的物体所经过的时间和空间分割成许多点,把空间的点与时间上的点一一配合起来,飞鸟的影子在某一时间还是停留在某一空间的点上,所以"未尝动也"。跟"轮不碾地"相反,这个辩题是用运动的间断性来抹杀运动的连续性。

"镞矢之疾而有不行不止之时"。是截取箭飞行过程中的一瞬间,断定在这一瞬间飞箭具有既停止(在这一点)又不停止(不在这一点)的矛盾二重性。就其"在这一点"上,它是"不行";就其"不在这一点"上,它是"不止"。如果说"轮不碾地"夸大了运动的连续性,"飞鸟之影未尝动也"夸大了运动的间断性,那么,"镞矢之疾而有不行不止之时"则对运动矛盾性质双方有了全面把握。

"一尺之棰(木棍),日取其半,万世不竭"。这是说物质可以无限分割。"一尺之棰",今天取一半,明天取一半的一半,后天再取一半的一半的一半……这样"日取其半",总有一半留下来,所以"万世不竭"。这种有限的物体是由无限小的单位组成的,因此可以无限分割的认识,实际上猜测到了物质是有限和无限的统一,有限中包含着无限。这在当时的确是一个违反常识的辩题,但由于其中可以引申出数学上的极限思想,并猜测到有穷中包含无穷的深邃思想,所以常为今天的人所称道。从今天的眼光看,这个辩题可以不把它当做诡辩,而可以看做是古人的机智和理论思辨。

有意思的是,古希腊爱利亚学派的芝诺也有一个"阿基里斯追不上乌龟"的论辩命题:希腊跑得最快的人阿基里斯追一只乌龟。当他追到乌龟刚才起跑的地点时,乌龟已经往前跑了一段路;当他追到这个点时,乌龟又往前跑了一段路……如此不断重复下去,阿基里斯永远追不上乌龟。这个辩题也是一个千古奇辩。

从思维认识的角度看,与惠施有关的"历物十意"和"辩者二十一事"所贯穿的是用整体性的观点来观察万物。从谈说论辩的思维方法上看,"历物十意"和"辩者二十一事"是从整体宇宙观出发,认为一切局部的事物情况,都是相对的、可变的、流动的。因此,反映这些局部事物情况的"名"(概念、称谓),也应该是相对的、可变的,是可以相互转化的。

因此,"历物十意"和"辩者二十一事"辩题的意义,在于看到了同一事物的正反两方面,从两面作分析,下判断。这是对传统的整体思维方式的发展。

尽管这些辩题在当时是违反常识的,不过从现在的眼光看,对常识也应该加以分析。常识中包含着非常宝贵的经验和合乎科学的部分。当然也有可能包含错误。如在哥白尼(1473—1543,波兰天文学家)之前,如果说地球围绕太阳转,就会被看做是违反常识。亚里士多德的"重的物体先坠地"在伽利略做实验之前,也是被看做不可更改的常识。黑格尔就曾说过,常识是一个时代的思维方式,"其中包含着这个时代的一切偏见"①。

当然,"历物十意"和"辩者二十一事"辩题也有其过分强调事物情况的某一方面的缺陷。或者只强调了运动的连续性,忽视了运动的间断性;或者只强调了运动的间断性,忽视了运动的连续性;或者只强调了时间、空间的变动性,忽视了时间、空间的确定性。

惠施的这些思维方法,展现了概念的灵活性,对立概念之间的差别是相对的、可变的;揭示了判断形式的矛盾性;以不同的同异观揭示了事物的确定性,事物的可变性、统一性、多样性。因此,他被后人称为是"先秦诸子中的一位巨匠","在先秦诸子中最有科学素质的人恐怕就要数

---

① 黑格尔:《哲学史讲演录》第 2 卷,第 33 页。

他"①;胡适也曾说惠施是"一个科学的哲学家"②。但是,如列宁所说:"辩证法曾不止一次地做过通向诡辩术的桥梁。"惠施的辩题也如此。由于他过分强调了事物的某一方面,使得他的辩题违反了常识,辩证的思维方法被诡辩淹没了。

又如,庄子有段情趣盎然的文字:

> 民湿寝则腰疾偏死,鳅然乎哉?木处则惴慄恂惧,猿猴然乎哉?三者孰知正处(真正舒适的住处)?民食刍豢(chú huàn,禽兽),麋鹿食荐(草),蝍蛆(jí jū,蜈蚣)甘(可口)带(蛇),鸱(猫头鹰)鸦(乌鸦)耆(同嗜)鼠。四者孰知正味(可口的味道)?猨,猵狙(biān jū,猕猴的一种)以为雌,麋与鹿交(交配),鳅与鱼游,毛嫱(qiáng,古代美女)、丽姬(春秋时期晋献公夫人),人之所美也,鱼见之深入,鸟见之高飞,麋鹿见之决骤(迅速奔跑)。四者孰知天下正色(真正漂亮的容貌)哉?(《庄子·齐物论》)

意谓:人睡在潮湿的地方就会腰痛或偏瘫,而泥鳅也会这样吗?人住在树上就会惊恐得发抖,而猿猴也会这样吗?人、泥鳅、猿猴三者的居住习惯不同,究竟谁真正了解舒适的处所呢?人吃牛羊猪狗,麋鹿吃蒿草,蜈蚣喜欢吃蛇,猫头鹰和乌鸦爱吃老鼠,这四者究竟谁才算懂得真正可口的美味呢?猵狙与猿猴相配为雌雄,麋和鹿交配,泥鳅和鱼相追尾。毛嫱、丽姬是世人公认的美人,然而鱼见到她们就潜入水底,鸟儿见到她们就飞向天空,麋鹿见到她们就赶快跑走,这四者究竟谁懂得天下真正的美色呢?

庄子这里无非想说明一点,万物各有其生存的具体条件和习俗,人们对它们的是非判断也各按自己的标准,故而体现在论辩中,每一方都是对己"是其所是,非其所非",对敌则为"以是其所非而非其所是"。庄

---

① 郭沫若:《十批判书》,科学出版社1956年版,第267页。
② 参见胡适:《中国哲学史大纲》(卷上),商务印书馆1987年版。

子对此深恶痛绝:"仁义之端,是非之途,樊然殽乱,吾恶能知其辩。"①他痛感当时社会之仁义的头绪、是非的途径,都是杂乱无章的,根本无法加以区别。故而"辩无胜"。

提出问题是为了解决问题,庄子提出了是非虚幻及无检验是非的确定性标准的观念,是为了达到超越是非的"莫若以明"的境界。他将此任务交于圣人,"圣人和之以是非而休乎天钧",通过"化声相待,若其不相待。和之以天倪,因之以曼衍,所以穷年也。何谓和之以天倪?曰:是不是,然不然,是若果是也,则是之异乎不是也,亦无辩;然若果然也,则然之异乎不然也,亦无辩。忘年忘意,振于无竟,故寓诸无竟"的根本途径,使是非均衡、齐一,忘掉生死,忘掉是非仁义,畅游于无穷的境域,神鹜八极,心游万仞,终身作逍遥游。

庄子就是这样,通过"天倪"终于解决了是非"樊然殽乱"的情况。

庄子还有一段论辩:

庄子行于山中,见大木,枝叶盛茂,伐木者止其旁而不取也。问其故,曰:"无所可用。"庄子曰:"此木以不材得终其天年。"

夫子(指庄子)出于山,舍于故人(老朋友)之家。故人喜,命竖子(童仆)杀雁而烹之。竖子谓曰:"其一能鸣,其一不能鸣,请奚杀?"主人曰:"杀不能鸣者。"

明日,弟子问于庄子曰:"昨日山中之木,以不材(不成材)得终其天年;今主人之雁,以不材(不会鸣叫)死。先生将何处(选择)?"

庄子笑曰:"周将处乎材与不材之间。材与不材之间,似之而非(似乎是合适的位置,其实不然)也,故未免乎累。若夫乘道德而浮游则不然。无誉无訾(zǐ,诋毁),一龙一蛇,与时俱化,而无肯专为(固守一端);一上一下,以和(和顺自然)为量(原则),浮游乎万物之祖(源);物物(主宰万物)而不物于物(不为万物所主宰),则胡可得而累邪?此神农、黄帝之法则也。若夫万物之情,人伦之传(习俗),则不然。合则离,成则毁,廉(锐利)则挫,尊(尊贵)则议(非

---

① 《庄子·齐物论》。

议),有为(作为)则亏(损害),贤则谋(被谋算),不肖则欺(被欺负),胡可得而必乎哉(怎么可能尽如人意)?悲夫!弟子志(要记住)之,其唯道德之乡乎!"(《庄子·山木》)

庄子喜欢以树来说明其相对主义理论。齐国有一棵栎社树,舒展的枝叶可以遮蔽几千头牛,树干用绳子量有百尺来粗,高出山头有几十尺,枝叶就在山巅上空摇曳,粗大的旁枝可以用来造船。因此,"观者如市",都感叹"如其美也"。但这样的大树,"运斤成风"的匠石却看也不看,认为那是一棵毫无用处的树,用它造船会沉没,用它做棺材会很快腐烂,用它打器具会很快毁掉,用它做门会流出污浆,用它做柱子会遭虫蛀。这棵大树,正因为它没有什么用处,所以才有这么长的寿命。匠石的一番话,触动了土神栎树的心,到夜里,他给匠石投了一个梦,说:"你要用什么和我相比呢?拿我跟有用的树比吗?比如山楂树、梨树、橘子树、柚子树及瓜果之类,果实熟了就被剥落,剥落便遭到扭折,大枝打断了,小枝也被拖了下来。这些都是因为它们有用而痛苦一生啊,所以不能享受寿命而中途夭折,这都是自己招来世俗打击的结果。世界上的事物没有不是这样的,何况我寻求无用的境地很久了,几乎未被砍伐,直到现在才得到无所不用,以无用为我的大用"。正是因为这是"散木",是"不材之木",因而能以无用为大用。

商丘这地方也长有一棵奇特的大树,可容一千辆马车齐集树下,共享荫凉。人见了,都惊异不已,以为这树有特殊的材质:它的细枝弯弯曲曲,不可做栋梁之材;那树干,轴心疏散,连做棺材也不行;那叶子,就更怪了,叶脉里像含蓄了大量酒精,只要用舌头舔一下,嘴和舌头都要烧烂,若闻一闻,酒气直透心肺,马上大醉如狂,且一醉就三天醒不来。这棵奇树因其"不材"而免斧斤之患,故能"终其天年",这不是"无用之用"吗?"不材之木"倒成了一大奇观,而那些有用之木,自己招来斧斤的祸患,因而不能穷尽天年,中途便夭折了。

庄子把对人生的思索凝聚于一棵棵大树上,用对比加以说明,看似在说树,其实是在说人。因此,西晋"好《老》、《庄》"的玄学家郭象注《庄子》时深得庄子曲旨:"无用乃济生之大用"。唐代道士成玄英的注疏也很精当:"欲明处涉人间,必须以无用为用也。"

如果从庄子相对主义认识论的角度看,庄子在上述的这个论辩中,以一大通"似之而非"的理论,反对对事物的是非有确定性的判定,踢开了大多先秦诸子所崇尚的尧、舜,托出了神农、黄帝乘道德而浮游的"法则"。这符合庄子一贯的相对主义的不可知论。但庄子的"将处乎材与不材之间",却"蒙"过了头。

按照第一章所述逻辑基本规律的内容和要求,我们用来分析庄子的"处于材与不材之间"的回答,可以看出,这种回答违反了排中律的逻辑要求。

本来,现实中,在"材与不材"之间,的确存在着第三种可能——一般。这与排中律"要么肯定,要么否定"的"不容中"并不矛盾。但是,其一,从庄子一贯追求"无用"、"不材之用"的认识态度看,显然在庄子那里"材与不材"之间并无第三种可能;其二,从庄子弟子在上述论辩中的质疑语境来看,"材与不材"之间也没有隐含第三种可能。因此,按照庄子的一贯思想主张和上述论辩的具体语境,在"材与不材"这一矛盾判断之间,庄子应该只能按照排中律的逻辑要求,肯定其中一种可能,否定另一种可能。但是,庄子"将处于材与不材之间"的回答,却显然是回避正面回答的一种模棱两可,违反了排中律的判断不能模棱两可的逻辑要求。庄子的"笑曰",不能掩盖他违反排中律所犯的逻辑错误,不管他接下去是如何讲了一通连"材与不材"也否定了的相对主义论述。不过,从论辩技巧的角度看,庄子不但是一个论理的高手,同时也是一个诡辩的高手。这一点,他比孟子与齐宣王论辩时,在孟子的逼问下,齐宣王实在无法作答,只好"王顾左右而言他"[①]要强多了。

如上,整体思维的原则表明,以整体方式存在着的客观事物并不是由各个要素简单地机械堆积而成的,而是有机地组织起来的一个整体,因此能表现出整体性的功能。整体性的功能往往比各个分散的要素功能大得多。另一方面,作为一个有机整体,它的变化发展规律不是某一组成要素的运动规律,而必须通过相互作用着的各个组成要素从整体上

---

① 参见《孟子·梁惠王下》。

才能显示出来。

因此,整体思维的原则要求人们思考和分析问题时,要有整体的观念,形成整体论的思考方式,即在思维活动中,把对象看做是一个具体的有机整体,从整体出发,从具体分析其内部各组成部分之间以及整体与外部环境之间的相互关系入手,去揭示它的整体性质。

四、权之轻重度短长——全面认识的原则

如前所述,全面认识的原则,是指在思维活动中,把思维对象及其矛盾置于具体的时间、地点和条件中,置于特定的历史和现实的环境中加以考虑的原则。这一原则要求在思维活动中,要有全面性。

全面认识原则是对整体思维原则的进一步展开,是在整体分析中继续贯彻整体思维原则的具体性。它要求把事物视做一个由要素构成的、具有一定结构和功能并与外界相互作用的系统,着重从要素与要素之间、整体与部分之间、整体与外部环境之间的相互联系、相互作用、相互制约的关系中综合地、精确地考察事物,以期全面把握事物,从而使思维以一种更自觉、更精确、更全面的方式考察思维对象内部和外部的各种联系。

全面认识的原则体现在思维方法上,就是要把分析与综合这两种认识方法紧密结合起来。整体分析的特点是强调综合,以综合为基础,但不是不要分析,而是把分析置于综合的指导下,在综合过程中把分析有机结合起来。即在分析时把思考对象始终作为一个有机整体对待,以彻底认识对象的整体性。同时把综合作为出发点和归宿,让分析和综合贯穿于认识过程的始终。在分析各个组成要素时,要把分析的结果作初步综合,把握它们各自内在联系的特点,并且在最后把这些分析结果加以综合时,还要进一步分析各组成部分之间的相互关系以及它们与整体的关系。这样,才有可能在整体性原则的指导下,在认识对象各个部分以及相互关系的基础上,通过进一步的分析和综合,全面把握对象整体性质。

例如，先秦时代名家代表人物邓析有个"两可之论"：

洧水甚大，郑之富人有溺者。人得其尸者。富人请赎之。其人求金甚多，以告邓析。邓析曰："安之。人必莫之买矣。"得尸者患之，以告邓析。邓析又答之曰："安之。此必无所更买矣。"（《吕氏春秋·离谓》）

这里，邓析用同一个判断"安之"（不着急）来回答利益相反双方的咨询。这种"两可"式的答辩，的确有点巧辩或诡辩的味道。邓析是中国古代第一位民间律师，古代典籍中说邓析喜欢"操两可之说"。所谓"两可"，按晋代鲁胜《墨辩注序》的解释，就是"是又不是，可又不可，是名两可"。

"两可之论"的基本特点在于从两个相反的角度考察同一个事物，使两个截然不同的结论均得以成立。但邓析的"两可之论"不是辩证法，而是混淆确定标准的诡辩。在处理郑人得尸的案例中，邓析虽然机智地捕捉住了双方各自的优劣之势，但他的相互对立的回答却使他无法摆脱诡辩的干系。他对死者家属说"安之"，是利用死者家属的优势（只有死者家属才有可能赎买尸体）去攻得尸者的劣势（如果死者家属不着急赎买尸体，得尸者就无处获得赎金）。他对得尸者说"安之"，是利用得尸者的优势（只此一家，别无分店）去攻死者家属的劣势（不到得尸者这里赎买，就没有别处可买）。回答咨询，需要机智的头脑，灵活的计策，这样才能左右逢源，既可使利益相反的双方各得其所，又使他们都愿意酬劳自己。"两可之论"的技巧使邓析的机智和辩才得到了施展，并取得了一定的经济效益。

"两可之论"的合理因素在于，邓析能够从相反的角度，认识到对立双方的着急与不着急都是相对的，有它形成的条件性，所以他能从着急中发现不着急，从不着急中发现着急。于是，他在肯定一方的不着急（安之）时，是以另一方的着急为条件的；在肯定另一方的不着急时，又是以这一方的着急为条件的。这样，他就把相对的着急与不着急从事物本身的静态是非判断中抽取出来，放到了一个动态的是非判断中，使得对立

双方的矛盾性质在事物的发展变化中具有一定的同一性。邓析从事物的两方面来分析问题，将事物本身看做是发展变化且相对的，因此从肯定中看出否定，肯定包含着否定；从否定中看出肯定，否定有助于肯定。认识方法似乎有一点辩证的态度，也就是反对绝对地肯定一切，也反对绝对地否定一切。

但是，问题的另一方面是，"两可之论"虽然认定了事物是相对的，因此思维判断在一定的条件下具有相对性，但这种相对性有没有一个确定性的一面，使得是非判断有一个客观的尺度？从上面我们所讲的这个"两可"故事中，并没有看到最终解决的方法。"两可之论"历来被说成是诡辩不是没有道理的。

应该说，如果"两可之论"在于引起对立双方对所"辩"问题的全面性的注意，那么，对立双方就不应该只认定"一可"，还要认定另"一可"。这样一来，对立的双方就有了一个共同的评价是非的尺度，双方就能够按照这个共同接受的尺度，协商解决问题的办法。但在"两可"故事中，"两可"只存在于邓析身上，而对立的双方，在"安之"的提示下，都把对方的"着急"转化为自己的"不着急"，对于每一方来说，就只剩下"一可"了。这样，最终的结果就不是谁的"可"更现实地符合客观情况，而是谁的忍耐心更大罢了。这就暴露出"两可之论"成为诡辩的一个致命原因：没有一个一定条件下的质的规定性。亦即，缺乏了一种确定性的标准。这个致命弱点在另一个"两可"故事中表现得更加明显：

> 空洛之遇（盟会），秦赵相与约。约曰：自今以来，秦之所欲为，赵助之；赵之所欲为，秦助之。居无几何，秦王兴兵伐魏，赵欲救之。秦王（秦昭王）不悦，使人让（责备）赵王（赵惠文王）曰："约曰：秦之所欲为，赵助之；赵之所欲为，秦助之。今秦欲伐魏，而赵欲救之，此非约也。"赵王以告平原君（赵胜，战国时期赵国贵族，赵惠文王之弟，号平原君，为赵相，有门客数千人），平原君以告公孙龙，公孙龙曰："亦可以发使而让秦王曰：'赵欲救之，而秦独不助赵，此非约也。'"（《吕氏春秋·淫辞》）

公孙龙虽然机智,但在这里也明显舍弃了辩证思维中必须具有的确定的条件性原则。在这个故事中,确定的条件性就是"所欲"的时间性。在"所欲"的问题上,秦国的"所欲"在前,赵国的"所欲"在后,所以当两者的"所欲"发生冲突时,在"助之"的问题上,应该以"所欲"在先者为准。撇开伦理是非,就时间顺序而言,无疑是应该以帮助秦国为先。只是因为"时间"这一约定的条件在条约中没有写明,所以让公孙龙钻了空子。但这又一次说明,当缺乏一种确定的条件性的规定时,"两可之论"就会导致诡辩。

有意思的是,与邓析等名家学派同时期的古希腊智者学派,也是以传授修辞学、辩论术和诉讼为业,其主要代表人物普罗塔哥拉与他的学生尤拉苏斯也有一个类似于"两可之论"的"半费之讼"论辩。

普罗塔哥拉招收尤拉苏斯学做律师,事先讲定的条件是:尤拉苏斯先交一半学费,剩下的一半在尤拉苏斯首次办诉讼取胜时交清。但尤拉苏斯学成后很长时间内不给人办诉讼,因此剩下的一半学费也不打算交清。普罗塔哥拉急了,便将尤拉苏斯告上法庭。他的如意算盘是:

如果我打赢了官司,那么按照法庭的判决,尤拉苏斯必须付给我另一半学费;如果我打输了官司,那么按照原来的契约,尤拉苏斯也必须付给我另一半学费。总之,不管这场官司打赢还是打输,反正得给钱。

由于老师不是根据同一个标准去评判被告之非,因此学生也不甘示弱:

如果我打输了官司,那么按照原来的契约,我不必付给你另一半学费;如果我打赢了官司,那么按照法庭的判决,我也不必付给你另一半学费。总之,不管这场官司打赢还是打输,反正不给钱。

"半费之讼"在思维形式上采用了形式正确的"二难推理":

如果 A 则 B;如果非 A 则 C;或者 A 或者非 A;所以或者 B 或者 C。

但在判断是非上,双方各自都没有同一的标准,更谈不上相互之间保持同一的标准,结果只能使"半费之讼"同"两可之论"一样,成为诡辩流传至今。

尽管邓析的"两可之论"由于没有提出全面认识问题时的确定的条件性,从而流于诡辩,但这种"两可之论"却也使人注意到,在论辩中,看待问题要全面,在注意问题的一端时,还要注意问题的另一端的合理性,从而使绝对的对立转换产生出完全不同于原来的绝对肯定或绝对否定的意见。不过,"两可之论"虽然在某种程度上借用了逻辑,但在整体上还是暴露出许多逻辑破绽,这就是"两可之论"难以摆脱的弊端所在。故而,"两可之论"的论证方法不是不可以运用,而是要看怎样运用,用来论证什么。如果运用得当,其中就含有辩证思维的味道;如果运用不当,或目的不是为了论证真理,就可能流于诡辩。

基于此,"两可之论"还是给了我们一些启示:

第一,论辩双方必须要以同一个标准来衡量是非。这是思维基本规律——同一律的逻辑要求。

第二,"两可之论"的意义在于发现矛盾、分析矛盾、谋求合理解决矛盾的途径。在有两个不同的是非标准时,我们不应该只抓住有利于自己的一面,否则就会流于诡辩。也就是要认真对待每一"可"。

第三,"两可之论"的意义还在于,在论辩立场相互对立时,引起论辩者对对方论辩立场的注意。这就是变换思维认识的角度,或者说是"从反面看"。中国古代文人墨客做文章的最高境界就是"既要表现自己,又要隐藏自己",这是一种诗的境界。故当人们读到《红楼梦》中薛宝钗咏柳絮的两句诗,"好风凭借力,送我上青天"时,都以此诗证明薛宝钗貌似温柔敦厚,实际上是野心勃勃。

"两可之论"有其现代转换的价值。即事物总是有对立面的,有时当我们变换思维认识的角度,或从相反的角度去认识同一个事物时,往往会得出满意的结论。故而这种方法常常被用在劝说上。

有则民间故事:有位老婆婆,大女儿嫁给了伞匠,二女儿嫁给了开染坊的。每逢晴天,老婆婆就想起了大女儿家的雨伞生意;每逢阴天,老婆婆又想起了二女儿家的染坊生意。因此,无论阳光和雨露,忧伤都时刻笼罩在老婆婆的心头。后来,有人劝老婆婆,晴天就想二女儿家的染坊生意,阴天就想大女儿家的雨伞生意。于是,以后无论阳光普照还是大雨滂沱,老婆婆总是笑脸常开了。

又有则笑话:一天晚上,李四愁得睡不着觉。妻子问他为什么。他说:"我欠街对面张三300块钱,明天就要还。可我明天没钱还啊!"他的妻子听了以后,不屑地说:"就这点小事还用愁得睡不着觉?"边说边打开窗户冲着街对面张三家大喊一声:"张三,你听好。我家李四明天还不了你的钱了!"说完就对李四说:"你踏踏实实睡觉好了,现在该张三睡不着觉了。"

欠债还不了钱,是债务人的忧愁。但这又何尝不是债权人的忧愁?因此,从这个意义上的劝说,虽然不可能改变事情本身,却能够改变对事情的看法,从而改变心境。这就是生活中"看待问题要全面"的方法论意义。

而在当代商战中,谈判就是如何全面地看待问题,从而相互妥协,各让一步的过程。共同接受的同一标准的确定,实际上就是相互妥协的结果。

"横看成岭侧成峰,远近高低各不同"。认真观察事物的正反两面,或许会在"山重水复疑无路"之时,蓦地豁然开朗,"柳暗花明又一村"呢!

这也就是通过全面地看待问题,从而"想得更深更远"。孔子就是一个很好的例子。

作为一代教育家的孔子,非常注重教学中的方法。其中,答问法和对话法是那个时代所产生的特有的教学方法,要求对于问题要进行分析、思考。这种方法类似于古希腊逍遥学派等的边散步边对话的教学方法。在孔子的对话教学方法中,"叩其两端"是这种教学方法的体现:

(子曰)吾有知乎哉?无知也。有鄙夫问于我,空空如也。我叩其两端而竭焉。(《论语·子罕》)

意谓:有一个乡下人问我,我对于他的问题本来一点也不知道,但我抓住了问题的正反两面加以彻底的询问,答案就有了。在这里,"两端"是指事物的两头,引申为事物的正反两面。"叩"本义是"敲",在这里指运用思维、分析、思考事物正反两方面,即揭示事物矛盾的对立两极。清代学者焦循曾对"两端"有这样的解释:"凡事皆有两端。如杨朱为我,无君也;……墨子兼爱,无父也。……一旌(jīng,表扬)善也,行之,则诈伪之风起；不行，又无以使民知劝。一伸枉也，行之，则刁诉之俗甚；不行，又无以使民知惩。一理财也，行之，则头会算敛之流出；不行，则度支或不足。一议兵也，行之，则无事无功之说进；不行，则国威将不振。凡若是皆两端也。"①这个解释揭示了任何事物都存在矛盾的两方面，符合事物发展的辩证法。

孔子的类似命题还有一条：

攻乎异端，斯害也已。（《论语·为政》）

清代学者戴震释云："端，头也。凡事有两头，谓之异端。"②

这两条命题，都是要求在言语谈说的过程中，通过分析、思考、理解每一事物的对立两端，以全面看待问题的辩证观点，为使矛盾不至于崩溃，寻求一种保持事物旧质的解决方法。孔子以"允执其中"③和"执其两端，用其中于民"④，提出了解决矛盾的方法。

"执两用中"是"叩其两端"的继续，它在全面看待问题的基础上，以承认矛盾的存在，承认矛盾自身有否定的因素并向其反面转化为前提，希望在矛盾两端之间，寻找连接点与中介尺度，以保持事物的平衡，维持事物的稳定。所以在认识事物和言谈中，"叩其两端"和"执两用中"要求对事物的矛盾双方绝对不能完全肯定或完全否定它们的永久必然性，而是肯定双方正确的东西，否定双方偏执的东西，并以此消除矛盾。对于这种全面看待问题，不偏执一隅的认识和言语谈说方法，后人作了很好的说明："有两端则异，执其两端，用其中于民，则有以摩之而不异。刚、柔，两端之异者也，刚柔相摩，则相观而善。……凡执一皆为贼道，不必杨朱也。执一而不能攻，贼道之害不可止。……攻之则不执一，而能易地皆然矣。"⑤

---

① ［清］焦循：《论语补疏》。
② ［清］戴震：《皇清经解续编》卷九〇。
③ 《论语·尧曰》。
④ 《中庸》第六章。
⑤ ［清］焦循：《论语补疏》。

这种"两端"式的认识和言谈方法,在《论语》中用的很多。如:

在对待人的态度上,不绝对地肯定或否定任何一个人,而是以"义"为连接,调整自己为人处世的态度:

> 君子之于天下也,无适(亲近、厚待)也,无莫(疏远)也,义之于比(bǐ,必,靠近)。(《论语·里仁》)

在做人的态度上,偏执一端与用中有不同的结果:

> 质(本质,指遵守周礼的思想感情)胜文(文采,指礼节仪式)则野(粗野,缺乏文采),文胜质则史(言辞华丽,虚伪,浮夸),文质彬彬(谐调配合,文质兼备),然后君子。(《论语·雍也》)

在思想感情上,不应使矛盾一味向一端发展:

> 乐而不淫,哀而不伤。(《论语·八佾》)

在伦理行为上,用正直回报怨恨,可避免矛盾的恶化:

> 以直报怨,以德报德。(《论语·宪问》)

总之,孔子的"两端"论法,是以承认差异、保持对立为前提,设法使对立双方互相补充,而对认识事物的质的稳定性作了范围、尺度的规定,以避免"过犹不及"①。所以孔子以"君子和而不同",要求不使两端崩溃,要使两端归诸中正,否则,便会"不得中行(行为合乎中庸)而与(相与,交往)之,必也狂(狂放)狷(拘谨)乎! 狂者进取,狷者有所不为"②。

当前,文化全球化的过程同时也是一个与多样性、多元化同步进行

---

① 《论语·先进》。
② 《论语·子路》。

的过程,这几乎是所有民族所必须面对的。挖掘自己民族的传统资源以适应这种变化,是非常自然的。"和而不同"的理念应是当前处理文化的统一性和多样性的关系时,最自然涌现在我们面前的中华传统文化资源。

《左传·昭公二十年》记载有齐侯与晏婴的一段对话。齐侯对晏婴说:"唯据与我和夫。"①对曰:"据亦同也,焉得为和?"公曰:"和与同异乎?"对曰:"异。和如羹焉,水火醯醢盐梅以烹鱼肉,燀之以薪。宰夫和之,齐之以味,济其不及,以泄其过。君子食之,以平其心。君臣亦然。……今据不然。君所谓可,据亦曰可。君所谓否,据亦曰否。若以水济水,谁能食之?若琴瑟之专一,谁能听之?同之不可也如是。"由是,"和"与"同"的意义完全不相同,"和"是有差别的"和谐"、"和睦"、"融合","同"则是无原则的盲从苟同。只有在有差别的"不同"基础上形成了"和",事物才可以得到发展,有差别的"和"即事物发展的"无之必不然"的必要条件;如果一味追求无差别的"同",不仅事物得不到发展,反而会使其衰败,无差别的"同"即事物衰败的"有之必然"的充分条件。"夫和实生物,同则不继。以他平他谓之和,故能丰长而物归之;若以同裨同,尽乃弃矣。故先王以土与金木水火杂,以成百物"②,当是积淀历史经验的居目要言。因此,当孔子说"君子和而不同,小人同而不和"时,和谐、和睦但又不盲从苟同的原则跃然纸上。

将这个原则用在当下的文化间的对话、沟通中,即是通过文化的交往和对话,在不同的文化资源之间寻找融合的交汇点,从"不同"趋向于"和",并以此推动不同文化之间的和谐发展。如印度佛教在传入中国千余年的历史中,曾深刻影响了中国的哲学、文学、艺术、建筑以及民间风俗习惯诸多方面,同时也在中国这块土地上发扬光大,成为中国传统文化的三大源流之一,"以儒治世,以佛治心,以道治身"③,撑起了不同情怀的蓝天。但佛教与儒、道对话、冲突、磨合的过程历经百难,以至于

---

① "据"指齐侯侍臣梁丘据。
② 《国语·郑语》。
③ 洛阳白马寺碑文。

"这餐饭整整吃了千年"①。这个"千年"过程就是一个从"不同"趋向于"和"的过程。

不同文化间的交流与相互学习正是"和"的作用。之所以需要"和而不同",实在是因为文化之间总会有"不同",因此才有了"和而不同"的文化交往原则。其使用有四种情况:

一是"在商谈(对话)中发现不同文化原来有相近或相似的观念,为不同文化传统都可以接受的普遍原则"。

二是"在文化交往中发现此种文化不具有另一种文化某些重要观念,但另外那种文化中的这些观念和此种文化并非不能相容,这样就可以在交往中接受这些新的观念,并经过改造而逐渐使之融化在此种文化之中,从而丰富此种文化的内容"。例如中国社会的等级秩序与西方社会的民主观念。

三是"在文化的交往中会发现,此种文化不具有彼种文化中的某些有意义的观念,而且这些有意义的观念和此种文化的某些观念不相容,从而在交往中不得不放弃此种文化中的某些旧观念,而接受外来的新观念,致使此种文化得到发展"。例如在西方民主思想输入中国之后,中国人不得不放弃过去传统中的"三纲"等旧观念。

四是"在两种或多种文化的交往中,经过反复的交谈会发现,双方或多方都未曾有过的,然而十分有意义的新观念"。例如"和平共处"、"文化多元共处"等观念,把这些观念引入不同文化体系中,无疑对各种文化都是有意义的。②

在2005年10月20日,联合国教科文组织第33届大会以压倒性多数通过了《保护文化内容和艺术表现形式多样性国际公约》,将文化多样性原则提高到国际社会应遵守的伦理道德的高度,并重申了这样的信念:文化间的对话是和平的最佳保证。而《公约》所反映的正是中华传统文化资源中的"和而不同"的理念。文化多样性已经同经济全球化、

---

① 黎锦熙:《佛教十宗概要》,京城印书局1935年版,第4页。
② 参见汤一介:《文化的多元共处——"和而不同"的价值资源》。

世界多极化一起构成了当今世界的三大潮流。①

全球化(同)要以鲜明的民族化(不同)为基础,才能在文化间的对话与沟通中,既具有一定的和谐性,同时又能保持各自稳定而不瓦解的"和"与"不同"两个基本要素。这要求处于独特民族文化规范中的人们既能够相互和谐、和睦,又能在扬弃的基础上,保持、张扬、综合、创新、承载各自历史的传统,从而在创造人类健康生存的必要条件——文化的统一性与多样性的过程中,"使人类的智慧在更广大的领域展开,并且不使它走向霸权"②。

话再转回来。与孔子的"两端之说"的认识方法,邓析的"两可之论",在承认事物存在有对立的矛盾双方,因此应当把事物当做一个矛盾整体来认识的方面有共同点。两者都要求看待事物要全面认识事物正反两面的性质,要从肯定中看到否定的因素,从否定中看到肯定的因素。但如前所述,由于"两可之论"缺乏一种条件性的约束,流于诡辩;而孔子的"两端之说"在解决矛盾的时候,采取的根本方法是"执两用中",这种方法,只是希望消除对立,希望在事物的两端之间寻求一个连接的中介点,从而调和矛盾,达到认识事物时的平衡,并以此指导人的社会行为要不偏不倚。可以说,孔子的这种思维方法,与经年累月的历史发展中所形成的中国人的中庸人格不无关系。

在全面认识的具体性问题上,我们还可以再举出两个关于"有用"和"无用"的古代论辩:

>惠子谓庄子曰:"魏王(魏惠王)贻(yí,赠送)我大瓠(hù,大葫芦)之种(种子),我树之(种植它)而实五石(果实很大,能装进五石粮食)。以盛水浆,其坚(硬度)不能自举也;剖之以为瓢,则瓠落(底大而平浅)无以所容(装不了什么)。非不呺然大也(xiāo,空虚巨大),吾为其无用而掊(pǒu,砸碎)之。"

---

① 参见朱研:《文化多样性促进世界和谐》,载《环球时报》,2005年11月9日,第2版。

② 杜维明、杨学功:《全球化条件下的文化对话》,载《哲学研究》,2003年第8期。

庄子曰:"夫子固拙于(不善于)用大矣。宋人有善为不龟手(手皮冻裂如龟纹)之药者,世世以洴澼(pīng pì,漂洗)絖(kuàng,丝絮)为事(职业)。客闻之,请买其方(药方)百金。(宋人)聚族(召集全家族)而谋(商议)曰:'我世世为洴澼絖,不过数金。今一朝而鬻(yù,卖)技百金,请与之。'客得之,以说(shuì,游说)吴王。越(越国)有难(来侵犯),吴王使之将(派献药方的人率兵迎击)。冬,与越人水战,大败越人,裂地而封之(划出一块土地封赐给献药方的人)。能不龟手,一(一样)也,或(有的)以封,或不免于洴澼絖,则所用之异也。今子有五石之瓠,何不虑(考虑)以为大樽(zūn,形似酒樽的葫芦腰舟)而浮乎江湖,而忧其瓠落无所容?则夫子犹有蓬之心(心如蓬草塞蔽,不开窍)也夫!"(《庄子·逍遥游》)

在这个论辩中,惠施认为"无用"的大葫芦,到了庄子"无用之用"的思维时空里,便可以化作一只腰舟,载着自己漂流在江湖的水波之上,自由自在!"有用"还是"无用",就看是怎么具体用它了。同样是一种防手冻裂的药,在不同的人那里,其"有用"、"无用"大相径庭。同样,在惠施那里无用的"五石之瓠",如果从另一种角度看,也可以变为"浮乎江湖"的"大樽"。其"有用"、"无用"大相径庭。"大瓠"如此,"大树"亦如此:

惠子谓庄子曰:"吾有大树,人之谓樗(chū,臭椿),其大本(主干)臃肿,而不中绳墨,其小枝卷曲,而不中规矩。立之途(路旁),匠者不顾。今子(庄子)之言,大而无用,众所同去(抛弃)也。"

庄子曰:"子独不见狸狌(野猫)乎?卑身而伏,以候遨者(出游的小动物)。东西跳梁,不避高下,中(踩上)于机辟(捕捉禽兽的工具),死于网(捕鸟用)罟(gǔ,捕鱼用)。今夫斄(lí)牛(牦牛),其大若垂天之云,此能为大矣,而不能执鼠。今子有大树,患其无用,何不树之于无何有(空荒)之乡,广漠之野,彷徨乎无为其侧,逍遥乎寝卧其下。不夭(砍伐,摧折)斤(斧的一种)斧,物无害者(其他东

西也不能伤害)。无所可用,安所困苦哉!"(《庄子·逍遥游》)

在这个论辩中,惠施的本意是在抨击庄子之言的"大而无用"。但庄子不这样看。他认为大的东西丧失了某一种用处,却产生了另一种用处。"无用"本身即是大用。树无砍伐之灾,精神思想无世俗的加害,不也是一种"大用"吗?

这种"有用"、"无用"标准的相对性,体现了全面认识事物的合理性,涉及了一种思想或学说的意义或价值的争论。惠施认为庄子的言论空玄高远,于现实无补;而庄子表述的则是一种超离现实,"独与天地精神往来"的"逍遥"精神境界。庄子通过几则饶有兴致的寓言故事,具体、形象地说明了自己看似高深莫测的观点,让人从寓言故事中明白了"无用之用"的道理,理解了这种迥然有别的人生追求。

从这两则"有用"与"无用"的论辩中,我们可以体会出衡量事物的尺度并非是一成不变的,如果换一个思维角度,也许能得出与原来完全不同的思维认识。

例如,据说古代一个王国有条奇怪的法律条文。按照这条法律条文,被处以极刑的犯人,在临刑前仍然有一次选择生命的机会。即在一个箱子里放上两个纸阄,其中一个写有"生",一个写有"死"。然后让临刑的犯人任意从箱子里摸出一个纸阄,并当众验证。如果犯人所摸出的是"生"阄,则立即释放;如果犯人所摸出的是"死"阄,则即刻被处死。

有一位大臣遭人诬陷,被判处死刑。但诬陷他的人仍然担心他在临刑前的生死选择中摸出"生"阄。于是便贿赂有关官吏,将箱子里的两个纸阄全部写上"死"。这个阴谋家以为这样一来,无论这位大臣摸出哪一个纸阄,都是必死无疑。

但这个阴谋被这位大臣的一个好友探知了,于是他想办法秘密面告这位大臣,要求他在临刑前的生死选择中,当场戳穿这个阴谋家的丑恶嘴脸。然而,这位大臣听后竟谨慎地嘱咐好友将消息封锁,认为这一下自己可以必生无疑了。

大臣没有按照好友的思路想问题,而是以反向思维的形式,从"不可能有'生'"的情况分析中,全面看待问题,直觉出"必死无疑"情况背后的另一种可能:"必生无疑"。因此,他按照情况的变化,改变思维形式,临刑时从容不迫随意摸出一个纸阄,并立即把它吞咽到肚子里。此时,如果要验证他究竟吞咽的是什么纸阄,就只能依据剩下的那一个纸阄了。

从是非与利害的关系讲,是非是认识论范畴,它所规定的真假是指认识主体对存在于意识之外的并且不以人的意识为转移的客观实在的规律性的反映;而利害是社会关系范畴,利益是指人们通过社会关系表现出来的不同需要。利害和是非属于两个不同的范畴,可以一致,也可以互相矛盾。从其矛盾的方面看,是"利,所得而喜也"与"害,所得而恶也"的对立①,故有"义,利;不义,害"②之区别。从其一致的方面看,对于利害的取舍,有时则应该用全面的眼光来审视,这也就是后期墨家所说的:"断指以存腕,利之中取大,害之中取小也。害之中取小,非取害也,取利也。……遇盗人(强盗)而断指以免身(免除死亡),利也。取遇盗人,害也。"③因此,《墨经》在对于利害的取舍选择时,要求一种权衡利害的辩证方法:"权者,两而勿偏。""于所体中而权轻重之谓权。权非为是也,亦非为非也。权,正也。"

"权"是权衡是非得失的思维活动,"两"是思维认识的全面性,"勿偏"则否定了思维认识的片面性。在这种"权"的思维活动中,事物的两极"只是由于它们的相互作用,由于差异性包含在同一性中,才具有真理性"④。

在全面认识的具体性问题上,我们还可以再举出几个现代例子。

例如,在中国,甲鱼与龟并不是一种动物,但在西班牙语中,凡是龟类动物均称为"TORTUGA"。因此,在西班牙,甲鱼就是龟,龟就是甲鱼。凡是"TORTUGA"均属保护动物,禁止食用。这是文化的影响。由于没有全面、具体了解这些文化的影响,最近,马德里的一家中餐馆就因出售从中国进口来的甲鱼,遭到西班牙警察的搜查和传讯,警方以"食用被保

---

① 《墨子·经上》。
② 《墨子·大取》。
③ 《墨子·大取》。
④ 《马克思恩格斯选集》第3卷,第539页。

护类动物"的罪名向法院提起了诉讼。①

又如,某人看中了一套房屋,遂与房地产公司签订了《房屋预定合同》,并按照约定向后者交付了定金5万元。在正式签订《商品房买卖合同》时,因房地产公司不能确定交房时间,某人要求解除《预定合同》,并退还定金。但房地产公司以某人违约在先,按定金罚则,不同意退还定金。某人将此公司上诉至法院。经法院审理,认为二者所签订的《房屋预定合同》,对房屋的坐落、价款及付款方式已作出约定,该合同系双方真实意思表示,对双方均有约束力。原告为此交纳的定金,系为订立《商品房买卖合同》提供了担保。但在《预定合同》中对房屋的交付时间没有明确约定,《商品房买卖合同》未能订立,不可归责于双方当事人,双方均不存在过错,该合同不适用于定金罚则。故依法判决解除双方所签订的《房屋预定合同》,被告返还原告定金5万元。②

又如,如今的伊拉克许多长期保持的传统不见了。过去,询问别人从事何种工作是有礼貌的表现,可以通过这种方式表达对朋友生活的关心,而且如果对方身处困境,自己还可以帮忙。但现在,问别人的工作却是不礼貌的,甚至可能是危险的。在今天的巴格达,为了不引起注意,一些人尽管买得起好车,却还是开着破车;富人收起了珠宝,找出了破衣裳;政府部分的官员、军人及警察则躲在面具后面。之所以如此,实在是街头的暴力活动让一切失去了逻辑。③

又如,自改革开放起始,各级党政领导干部出国考察、出境学习就是借鉴西方发达国家"先进经验"的一种途径,官员出国深造"蔚然成风"。然而,据《民主与法制时报》报道,公众对官员出国高成本的非议,国外培训机构对培训中国官员的热衷,以及培训成效评测的复杂性,使官员出国培训成为公众眼中一件"花钱不讨好"的事。老百姓的质疑点之一,就是"体制、国情不同,取回的'经'会'南橘北枳'吗?"④这也是一种

---

① 王方:《西班牙认为甲鱼就是龟》,载《环球时报》,2006年8月2日,第5版。
② 参见《法院:不适用定金罚则,退钱》,载《每日新报》,2006年7月15日,第21版。
③ 《巴格达:恐惧与伪装》,载《环球时报》,2006年7月12日,第9版。
④ 参见崔世海等:《聚焦官员出国深造热,"取经"会南橘北枳吗》,载《人民日报》,2006年7月31日。

全面思考问题的具体性体现。

又如,在2006年7月间如火如荼的以色列和黎巴嫩真主党的冲突中,美国因偏袒以色列而备受批评。在国际政治专家眼里,以色列是美国的代理人,是美国的工具,是美国中东战略的一枚棋子,美国为了战略利益和石油而支持以色列。但也有学者认为,美国对以色列的支持除了政治因素外,还有着深刻的宗教、文化、制度背景,也离不开犹太说客百年来的公关工作。① 这也是一种全面思考问题的具体性体现。

因此,全面认识的具体性,要求我们在认识事物时:

第一,思维要有全局观念,一切要着眼于全局和长远。如我国实行的可持续发展战略,正是为了把今天的发展与明天的发展联结起来,避免由于今天的发展而使明天的发展丧失必要的条件。

第二,思维要有总揽全局、驾驭全局的能力,把全局作为考虑和解决问题的出发点和落脚点。古人云:"不谋全局不足以谋一域,不谋长远不足以谋一时。"三国时的刘备在三顾茅庐之前,面对诸侯割据、群雄四起的局面,虽有兴复汉室的大志,却始终徘徊于袁绍和曹操两个集团之间,一筹莫展。诸葛亮虽身居隆中草屋,却能够纵观当时天下形势。待刘备三顾茅庐之后,诸葛亮帮助刘备提出了"三分天下"的战略构想:联合东吴共同抗击曹操,占据荆州和益州建立基地,同曹操、孙权形成鼎立之势。根据这一纵观全局的战略设想,形成了日后魏、蜀、吴三国鼎立的局面。

第三,思维要紧紧抓住全局中的重点环节和中心,明确战略重点。同时,思维在总揽全局、驾驭全局的过程中,还应当善于发现和解决制约全局发展的薄弱环节。组成全局的各个局部,在全局发展中所处的地位、所起的作用是不相同的。管理科学中有个"木桶理论",即一个木桶的容水量取决于那些最短的木片,如果要增加木桶的容水量,就必须将最短的木片加长,因为它是最薄弱的环节,是木桶容水效益的突出制约因素。"木桶理论"给全面认识原则的启示是在进行战略性思考时,思维要有整体性的观念,要注意把握全局与局部的辩证关系。在以全局为

---

① 参见王冲:《美国为什么无条件支持以色列》,载《中国青年报》,2006年8月11日。

出发点和落脚点的前提下,充分考虑局部的制约作用,既要统筹兼顾,又要抓重点和薄弱环节。

第四,思维要有预见性和创新性。全面性认识实际上是一种面向未来的战略思维,而所谓"战略"是"为了达到战争目的而对战斗的运用"①。其意即指超出一般战术层面而对一系列战术的科学综合。因此,必然要求思维要有超前的眼光和预见未来的能力,预见能力的高低是战略思维水平高低的重要标志。而要保证其正确度,思维就要从总体性上把握事物发展的趋势和规律。在实际的战略性思考中,思维的超前性和预见性是通过战略预测的一定程序和一些基本方法来实现的。如毛泽东关于中国革命所提出的一系列战略问题以及邓小平"一国两制"的战略构想都可称做是战略思维创新的典范。

第五,思维要保持开放性和动态性。一种战略的制定和执行,总是服从于一定的战略目标,以一定的战略利益为出发点。同时,又由于战略本身所具有的对抗性涵义,因此,在进行战略思维时,通常是要将思维对象放到一种竞争性的环境中进行考察。对象所处的外部环境是作出相应战略决策的主要依据,也是进行战略思考时必须详细考虑的重要部分。战略本身具有的对抗性和竞争性的环境决定了战略思维必须保持一种开放的形态,而环境的不断变化又决定了战略思维在保持相对稳定的同时必须及时调整更新,保持一种动态性。故而,思维必须通过把握思维对象当前所处的外部环境和客观条件以及可能出现的变化和趋势,来合理确定战略目标和战略利益,而不能闭门造车。同时,思维必须紧跟时代的潮流和步伐,要根据环境的变化适时调整战略,否则,战略思维上的滞后就不能适应制定合理战略决策的需要,从而导致战略决策的偏谬。这就要求在思维过程中,思维主体要联系动态地而不是孤立静止地分析形势和解决问题。在执行战略的过程中要灵活机动而不是僵化死板地处理全部与局部、现实与未来、短期与长期、有所为与有所不为的各种矛盾关系,充分发挥战略主体的主观能动性,动用一切战略资源,实现涉及自身长远利益和根本发展的目标。

---

① 克劳塞维茨:《战争论》第一卷,商务印书馆1982年版,第175页。

五、一枝一叶总关情——系统思维的原则

所谓系统思维原则,就是把事物视做一个由要素构成的、具有一定结构和功能并与外界相互作用的系统,着重从要素与要素之间、整体与部分之间、整体与外部环境之间的相互联系、相互作用、相互制约的关系中综合地、精确地考察事物,以期全面把握事物的一种思维原则。

20世纪40年代,现代系统科学的兴起和系统论思想的创立在思维领域引发了一场革命,形成了以从系统的观点出发来考察思维对象为特征的系统思维和系统分析法。

人类思维方式随着科学技术的发展而发展。系统思维方式正是适应现代科学技术的发展而逐渐形成的。恩格斯说:"每一时代的理论思维,从而我们时代的理论思维,都是一种历史的产物,在不同的时代具有非常不同的形式,并因而具有非常不同的内容。"[①]

现代科学技术发展的基本特征是科学技术的综合化。科学技术的综合化首先是科学理论的高度综合。现代自然科学经历了早期的分门别类的研究后,形成了理论的多样性,因而产生了理论综合化的要求。其次它是科学技术领域中各学科、门类之间的相互综合。随着科学技术的发展,研究对象的互相联系的本质得到进一步的显现,其中表现最为突出的是从20世纪40年代起,出现了研究各学科共同特征的横断学科系统论、信息论和控制论等,这些学科又统称为系统科学。科学技术的综合化导致了系统思维方式的形成,同时系统科学的发展也为系统思维方式的形成和发展奠定了科学基础。系统思维方式是现代科学技术领域重要的思维方式。这种思维方式自一出现起就被广泛运用于政治、经济、军事以及社会各个领域,并被逐渐固定下来,从而成为社会普遍的思维方式。

系统思维原则的具体性,表现在其思维的整体性、结构性和层次性

---

① 《马克思恩格斯选集》第3卷,第465页。

上。关于整体性我们已谈过。

1. 系统思维的结构性

系统思维原则的结构性,是指任何事物作为一个有机整体的系统,其内部各种要素必然形成一定的结构。如果各种要素是"一盘散沙",没有结构,就形不成系统的有机整体。系统的有机整体性就在于其内部具有结构性。结构乃是系统自身存在,具有整体性和功能性的基础。

$1+1=2$,这是数学中的相加定理,但在生活中的许多场合,"$1+1$"并不等于2,而是大于2或者小于2。如人们常说"一个和尚挑水吃,两个和尚抬水吃,三个和尚没水吃";"三个臭皮匠,顶上一个诸葛亮"等等。这些说的都是系统思维原则中的结构性原理,即整体功能可以大于或小于它的各部分之和。

例如,田忌是战国时期齐国的一员大将,他经常应国君齐威王之邀,与齐威王赛马。按比赛规则,双方各出上等马、中等马、下等马一匹。最后按胜负次数定输赢。

由于齐威王的每一等级的马都要比田忌的相应等级的马优良,所以每次比赛,田忌总是以连输三阵而败北。此事被田忌的好友、齐国的军师孙膑知道了,于是他给田忌出了个主意,让田忌以下等马、上等马、中等马的顺序排列,对阵齐威王的上等马、中等马、下等马。这就使得田忌在以后的比赛中,尽管还是用原来的马,却总是以一负两胜的结果,让齐威王屡屡败北了。

如果只在原有比赛的结构上思考问题,仍然是一个无解的问题。那就让我们先分析一下关于胜负的要求是什么?齐威王屡胜、田忌屡败的原因又是什么?按胜负次数定输赢,齐威王每一等级的马都优于田忌相应等级的马。亦即,对等马排阵的"质结构"决定了胜负的"量结构"。

既然胜负的"量结构"是由对阵的"质结构"决定的,那么改变原有对阵的"质结构",并使这种新的"质结构"与新的"量结构"建立起有利于己的联系,将会怎么样?新的合理的排列组合应能从中产生。

任何事物都是一个由要素构成的、具有一定结构和功能并与外界相互作用的系统;如果我们从事物的整体与部分、层次、结构、功能、环境之间的相互联系、相互作用、相互制约的辩证关系中,综合精确地考察事物,就可以全面具体并且灵活地把握、分析事物,从而揭示事物的整体性质。因此,事物结构上的灵活性必然要求思维主体对事物结构认识的灵活性。这个灵活性也就是具体性。

盲人摸象,其组合仍然不知象是什么;而田忌赛马,由于出阵的排列组合不同,其效果就大为改观了。改变事物结构从而改变对事物的认识,还有许多例证:

"朝三暮四":"狙公(养猴老翁)赋芧曰:'朝三而暮四。'众狙(猴)皆起而怒。俄而曰:'然则暮四而朝三。'众狙皆悦。"

据说,现代名人于右任书法很好,有人屡求不得。一次,此人见于府后墙处贴有一张于右任写的条子:"不可随处小便"。他便揭下来拿回家中,将其剪开,改变了一下字的顺序,使之成为一幅寓意深刻的条幅:"小处不可随便"。

这些例证说明,在认识、解决问题的过程中,我们要注意事物间的组合结构,尽可能选择于我们有利的结构形式,以取得事半功倍的成效。

具有不同整体功能的系统都具有自己的独特结构。在一个系统内,同样的要素由于排列组合的结构不同,系统的整体功能便大不相同。如在化学中,金刚石与石墨虽然组成要素都是碳原子,但由于碳原子的结合方式不同,二者的性质和功能也完全不同。有什么样的结构,便会有什么样的功能。系统的结构是保持系统的整体性并使其具有一定功能的内部依据。

结构性的认识要求人们在思维时不仅要有整体观念,还要有结构观念。如果说离开了整体观念就会片面地看问题,那么离开了结构观念就会表面地看问题:

> 集大成者也,金(钟一类的乐器)声而玉(指磬)振之也。金声也者,始条理(有条不紊的配合开始)也;玉振之也者,终条理也。始条理者,智(智慧、技巧)之事也;终条理者,圣(高尚的道德修养)之事也。智,譬则巧也;圣,譬则力也。犹射于百步之外也。其至,尔力也;其中,非尔力也。(《孟子·万章下》)

儒家重道德修养,孟子亦然。但孟子的认识又自有特点。他是既重道德又重知识,是知识与道德的统一论者。在上述类推中,其一,孟子先以演奏乐曲为喻证:一首乐曲的演奏自始至终都必须发挥每一个演奏者的技巧(智)与修养(圣),这样才能自始至终保持和谐一致。只有技巧而没有修养,或者只有修养而没有技巧,都不可能取得圆满的演奏效果。唯有二者的高度结合,才能使演奏尽善尽美。其二,孟子又以射箭为喻证:将"智"比喻为技巧,将"圣"比喻为力量。只有技巧而没有力量,不能"中的";只有力量而没有技巧,也不能"中的"。唯有二者的高度结合,才能使射箭者百发百中。

如何看待智慧、知识、技巧与道德修养的关系,即如何看待才能与道德的关系,是自古至今的一个大问题。在两者的关系上,偏重于任何一方,要么是造就一批无视社会道德规范的追逐名利者,要么是造就一批"平日袖手谈心性,临危一死报君王"的腐儒。而这都对社会的发展不利。正确的态度是要对事物的发展有一个辩证的认识。体现在思维判断和言语论辩中,就是一个如何认识发展中的事物的是非问题了。如《庄子·养生主》记载:

> 吾生也有涯(边际),而知也无涯,以有涯随无涯,殆(疲困)已!已而为知者,殆而已矣!为善无近名(名利),为恶无近刑,缘督(顺应自然中道)以为经(常法),可以保身,可从全生(性),可以养亲(天性、精神),可以尽年(寿命)。
>
> 庖丁为文惠君解牛,手之所触,肩之所依,足之所履,膝之所踦,砉然(huā,形容骨肉相离声)响然,奏刀(进刀)騞然(huō,形容刀砍物所发出的声音),莫不中音(合乎乐音),合于《桑林》(商汤时的乐曲名)之舞,乃中《经首》(传说尧时的乐曲名)之会(音节)。
>
> 文惠君曰:"嘻,善哉!技盖(何)至此乎?"
>
> 庖丁释(放下)刀对曰:"臣之所好者道也,进乎(超过)技矣。始臣之解牛之时,所见无非全牛者,三年之后未尝见全牛也。方今之时,臣以神遇而不以目视,官(器官)知止而神(精神)欲行。依乎天理(自然的纹理),批(击)大郤(xì,筋骨间的空隙),导(引刀而

入)大窾(kuǎn,骨节空处),因其固然(顺着本来的结构)。技经(技艺所过的地方)肯綮(qìng,筋骨结合的地方)之未尝,而况大軱(gū,骨头)乎!良庖(好厨师)岁更(更换)刀,割也;族(普通)庖月更刀,折(砍)也。今臣之刀十九年矣,所解数千牛矣,而刀刃若新发(磨)于硎(xíng,磨刀石)。彼节(骨节)者有间(空隙),而刀刃者无厚,以无厚入有间,恢恢乎(宽宽绰绰)其于游刃必有余地矣。是以十九年而刀刃若新发于硎。虽然,每至于族(筋骨盘结的地方),吾见其难为(不容易下刀),怵然为戒(小心谨慎),视为止(目不转睛),行为迟(动作缓慢),动刀甚微(很轻),謋然(huò,形容牛解体时发出的声音)为解,如土委地(丢在地上)。提刀而立,为之四顾,为之踌躇(自得)满志,善刀(好好收拾刀)而藏之。"

文惠君曰:"善哉!吾闻庖丁之言,得养生焉(领悟了养生之道)。"

这则寓言故事,其主旨是讲养"生之主",即养精神的意思。养生的道理重在顺应自然,忘却情感,不为外物所困扰;养生的关键在于"缘督以为经"。但在这个说理过程中,"庖丁解牛"只是庄子用来说理的论据,它是构成观点的材料,并非观点的本身。虽然如此,但我们仍然可以通过庖丁开始解牛时全以"目视",三年后就以"神遇",可以直接透视牛体,运起刀来"以无厚入有间,恢恢乎其于游刃必有余地"的养生境界,体会到这是一种"道"的境界,一种绝对自由的"逍遥"境界。这个境界也就是"依乎天理"、"因其固然"、"独与天地精神往来,而不傲倪于万物"的状态。

"庖丁解牛"的意喻在于,首先是其解牛中目标的选择问题,即骨节间的间隙是下刀时所应选择的具体目标,庖丁为此用了三年时间。其次是处在复杂的社会里,要保全自己,就得像庖丁解牛一样,找空隙下刀,避开一切矛盾,"以无厚入有间",不去接触实际。这样就能像保护刀刃一样,不至于使自己受到损害,才可以"保身"、"全生"。

从寓言说理的角度讲,"庖丁解牛"的意喻能够成立,在于从"手之所触,肩之所倚,足之所履,膝之所踦,砉然响然,奏刀騞然,莫不中音,合于《桑林》之舞,乃中《经首》之会"的乐音流泻中,我们可以品味出"缘督以为经,可以保身,可从全生,可以养亲,可以尽年",即品咂出如此才能保全身躯、保全天性、养护身体、颐养天年的顺从自然之中道的道理了。在"依乎天理"、"因其固然"的事理上,小小不言的"庖丁解牛",实在与"缘督以为经"的大道理有由此及彼的同一性。因此,当人们明白了庖丁解牛时,只用心神去和牛接触的境界,也就领会了"缘督以为经"的常法所在。因此,在"庖丁解牛"的寓言说理中,事理上的同一性决定了庄子所设论题与所举论据之间的联系性和可信度,而这种事理上的同一性所决定的论题、论据之间的联系性和可信度,是受逻辑基本规律中的同一律所规范的。试想一下,如果庖丁上来就说:"我们应该避开矛盾,逍遥地活在世上,此为养生之道啊",那么,会有几个人能够欣然接受呢?而如今人们接受了"庖丁解牛"的故事,也就接受了寓言说理的魅力了。

虽然"庖丁解牛"所揭示的道理,体现了一种消极的、滑头主义的处世哲学,它以人们绝不可能改变自然的约束,要求人们"适来夫子时也,适去夫子顺也,安时而处顺,哀乐不能入也"的处世态度,以"知其不可奈何而安之若命"的恬淡心境,超然物外,超越是非,安静恬足。但以认识事物的眼光看,"庖丁解牛"仍然有其积极的启发意义,即一切客观事物,都有它内在的规律性,我们如果能够按规律办事,就能够少碰钉子。而掌握客观事物的内在规律性,在于长期的具体实践。这样才能像庖丁解牛那样,顺应客观规律的道理,"恢恢乎其于游刃必有余"。在认识自然规律、遵从自然规律的问题上,任一具体的"游刃有余"都有它合乎同一事理的因果联系。如果我们明白了这一点,无论具体做什么事情,都应该尊重客观规律,依客观规律办事。如是,我们也就可以像庖丁解牛后一样,提刀环视四周,从容自得,踌躇满志了。

2. 系统思维的层次性

关于层次性是指,整个世界是一个有层次性的系统世界,是一个由简单到复杂、按秩序构成的无限层次的系统。例如,在微观系统中,有分子—原子—原子核—基本粒子—夸克等物质层次。在宇宙天体系统中,目前人类观测所及,就有总星系—超星系—星系团—星系—恒星—行星—卫星等层次。层次性既是物质世界的一个根本性质,也是系统的一个根本性质。它表明一切系统都是由不同的层次结构组成的。一个系统往往又是更大系统的组成要素,它本身还有更深层次的子系统。处于不同层次的系统都有一定的结构和功能,层次之间又相互联系、相互制约和相互作用,构成纵横交错的网络系统。

从物质世界的层次性出发,要求思维在考察对象特别是研究复杂问题时,不仅要有整体观念和结构观念,还要有层次观念。不能撇开系统所处的层次去考察,而要注意研究各个高低不同层次之间的纵向和横向联系,综合进行考察,也就是要全方位、立体性地分析研究问题。

例如,齐国大臣沈同私下里问孟子:"燕国可以讨伐吗?"孟子回答说:"可以。"当齐国果真出兵讨伐燕国时,有人问孟子道:"你曾劝说齐国讨伐燕国,有这回事吗?"孟子又回答说:"没有。"孟子前后回答心口不一,似乎陷入了自相矛盾。但孟子是这样解释的:

> 沈同问:"燕可伐与?"吾应之曰:"可。"彼然(认为对)而伐之也。彼如曰:"孰可以伐之?"则将应之曰:"为天吏(上天的使者,指得天意的王者),则可以伐之。"今有杀人者,或问之曰:"人(这个人)可杀与?"则将应之曰:"可。"彼如曰:"孰可以杀之?"则将应之曰:"为士师(司法官),则可以杀之。"今以燕(与燕国一样)伐燕,何为劝之哉(我为什么要劝他呢)?(《孟子·公孙丑下》)

孟子前后两次回答都"真",并不存在思维矛盾。当被问到"可以讨伐燕国吗"时,问者只是问燕国可不可以讨伐,并没有问应该由谁来讨伐。而孟子回答说"可以"时,也只是回答说"可以讨伐燕国",并没有回答说"应该由齐国来讨伐"。这里只有第一问:"燕国可不可以讨伐";没有出现第二问:"应该由谁来讨伐"。因此,当孟子被问道是否"曾劝齐国讨伐燕国"时,当然要理直气壮地回答说"没有"了。肯定"有道"伐"无道"与肯定"无道"之间互相攻伐,不属于同类。孟子在这里并没有犯逻辑错误,反而是齐国君臣对"伐"的理解是失当的"淫辞"了。在何处失当?对第一个问题的回答,并没有构成齐国可以讨伐燕国的充足理由,只是燕国可以被讨伐的理由之一。因此,齐国君臣的"淫辞"失当于理由不充分,违反了思维规律中充足理由律的规范。

不过,在这则论辩中,孟子的回答也有问题,他对沈同的提问只是模模糊糊回答了一个"可",以至于后来不得不对这个模糊回答再作辩解。因此,后人王充认为孟子的回答是语义模糊,应对不省,也属于"不知言"的毛病之列。

关于孟子要求对是非判断在层次性上应有具体的辩证态度的认识,在他与齐国辩者淳于髡(kūn)的论辩中得到了进一步的发挥:

> 淳于髡曰:"男女授受不亲,礼与?"孟子曰:"礼也。"(淳于髡)曰:"嫂溺则援之以手乎?"(孟子)曰:"嫂溺不援是豺狼也。男女授受不亲,礼也;嫂溺援之以手者,权也。"(淳于髡)曰:"今天下溺矣,夫子之不援,何也?"(孟子)曰:"天下溺,援之以道;嫂溺,援之以手。子欲手援天下乎?"(《孟子·离娄上》)

"男女授受不亲"是封建礼制的原则,看见嫂嫂掉入水中却不援之以手,虽然遵守了"男女授受不亲"的原则,却违背了"仁义"这个更高的原则。为了既遵守礼制的规定,又培养"人皆有之"的"仁义之心",孟子将"礼"的原则性与"权"的变通性辩证地统一了起来,不但"喝断"了对方对"礼"的歪曲理解,而且还以一句反问,空灵轻捷自然地引出了自己一贯的思想——只有用"王道"才能拯救天下。

古人云:"权者,反于经然后有善者也。"①此"经"指原则性;"权"指灵活性。"经"与"权"相反相成,没有原则性,就不会有灵活性;同样,没有灵活性,原则性也就变成了僵死的教条。从孟子在这个论辩中所提出的判断是非中要有"权"的辩证态度来看,显然孟子不但要求在"举相似"以辨别事物类同、类异的过程中,要以"同情"、"同理"的同一性来规范自己的思维过程,反对"不知类"的自相矛盾;而且还要求在变化了的场景中,思维认识也要随之而变,要用具体的、辩证的眼光来审视事物的

---

① 《春秋公羊传·桓公十一年》。

发展变化,用辩证的思维规范自己对发展中的事物的是非认识,以不断修正自己对事物情况的是非判定。孟子对于是非判断的辩证意识,是对以往传统辩证思维的继承和发扬。也正是在这一代代的思想家的推动下,中国古代的辩证思维方式才如此长流不息,生生不已。

六、本末始终无不察——联系的观点与认识

兵家孙子说:"兵法:一曰度,二曰量,三曰数,四曰称,五曰胜。地生度,度生量,量生数,数生称,称生胜。……形也。"①

物质世界的一切事物、现象及其在思维中的反映,都具有普遍的相互联系、相互依存、相互作用、相互制约的关系。普遍联系是物质世界的总体特征之一,任何具体事物离开同周围事物的普遍联系将无法存在,"当我们深思熟虑地考察自然界或人类历史或我们自己的精神活动的时候,首先呈现在我们面前的,是一幅由种种联系和相互作用无穷无尽地交织起来的画面"②。而正确的思维又要求,"要真正认识事物,就必须把握、研究它的一切方面、一切联系和'中介'。我们决不能完全做到这一点,但是,全面性的要求可以使我们防止错误和僵化"③。因此,联系的观点也是辩证思维的本质特征之一。

关于事物之间普遍联系的方式,既指一切事物内部各个部分、成分、因素、倾向之间的相互联系、相互依存、相互作用、相互制约的关系,又指一事物与周围其他事物间的相互联系、相互依存、相互作用、相互制约的关系。如何对这些关系进行分析?一般采用的是对事物的具体矛盾具体分析的矛盾分析法。

一般来讲,当人们从个体事物的相互作用中,从具体事物的整体联系中看待事物、把握事物时,就会发现在事物的种种规定性质背后隐藏着的辩证性质,发现作为事物普遍本性而支配着事物的矛盾本性。矛盾

---

① 《孙子兵法·军形篇》。
② 《马克思恩格斯选集》第3卷,人民出版社1995年版,第60页。
③ 《列宁选集》第4卷,人民出版社1972年版,第453页。

正确思维的基本要领

分析就是思维通过分析和综合,直接把握事物矛盾本性的辩证思维方法。

矛盾分析法在实际的思维和认识活动中又可以分为几种具体的形式:

1. 正反分析法

正反分析法是思维从正反两方面对事物或现象进行思考和分析的方法。它的一般特征在于:思维在对某一事物或问题进行思考时,在确认了思维对象的某种性质后,又从相反的方面指出与这种性质正相反的另一种性质。通过这种分析,可以发现和把握思维对象对立的二重性质。黑格尔首先指出了这种分析的特点:"对于任何对象……都能指出它的某种规定……但是,同样也必然能指出它的相反的规定。"①例如,我们可以指出空间或时间的有限性,但同时也可以指出空间或时间的无限性。前述惠施的一些辩题均体现了这一点。

正反分析法在日常生活中有着广泛的运用。如一个人突然发了财,这在多数人看来是福,但它同时也可能是祸,因为他可能会因此而遭抢劫伤身或者从此灯红酒绿般堕落下去。而现代社会中有关安乐死、克隆人的争论也可看做是正反分析法在社会生活领域里的运用。中西方古代具有朴素辩证法思想的思想家如老子、赫拉克利特等都善用正反分析的辩证思维方法来分析和看待社会问题。"祸福相依"、"否极泰来"无不说明了这一点。

在中国逻辑思想史上,老子是主张"不辩"的:"善者不辩,辩者不善。"②但他主张"大辩"。他所描述的"道",以其动静、变常、多样性和统一性的辩证统一,不但成为自然法则、社会法则,而且还以"无名,天地之始,有名,万物之母",有名出自无名,是对无名的反映,从而将"道"引入人的主观认识的思维领域,成为规范人们正确辨别、认识事物发展、变化的思维法则。这种思维法则,在《老子》一书中,主要以"正言若反"的

---

① 《黑格尔论矛盾》,第128页。
② 《老子·八十一章》。

思维形式体现出来:"是以圣人云:'受国之垢,是谓社稷主;受国不祥,是为天下王。'正言若反。"①意谓:有道的人说:"承担全国的屈辱,才配得上称做国家的君主;承担全国的祸难,才配做天下的君王。"正面的话好像反面的话一样。

"正言若反"的命题形式,是在正面的、肯定性的言辞中包含着反面的、否定性的因素。在《老子》一书中,这种对相反相成的言辞的概括的命题有70多条。按其判断形式中所包含的不同的连接词可以大致分为四类:②

(1)当判断的主词③和谓词④为矛盾或反对关系时,用类似于等值连接词的"若"表示主词与谓词的对立、同一、转化,显示了A至非A的流动性,在肯定性的言辞中包含了否定性的判断。如:

明道若昧(光明的道路好像很暗昧)。

进道若退(前进的道路好像是后退)。

夷道若纇(lèi,不平),平坦的道路好像很崎岖。

上德若谷(崇高的道德好像低下的山谷一样)。

广德若不足(宽广的道德好像不足的样子)。

建(健)德若偷(惰)(刚健的道德好像懈怠的样子)。

质真若渝(变污)(质朴纯真好像很浑浊)。

大白若辱(黑垢)(最洁白的好像有黑垢)。(四十一章)

大成若缺(最完满的东西好像有欠缺一样)。⑤

大盈若冲(最充实的东西好像是空虚一样)。

大直若屈(最正直的东西好像是有弯曲一样)。

大巧若拙(最灵巧的东西好像是很笨拙一样)。

大辩若讷(最好的辩者好像是笨嘴笨舌一样)。(四十五章)

---

① 《老子·七十八章》。

② 译文参考了吾师孙中原先生的《中国逻辑史》(先秦),中国人民大学出版社1987年版,第79页。

③ 也称主概念,是性质判断中反映被断定的思维对象的概念,位置在联项之前。语言形式中,相当于主语。

④ 也称宾概念,是性质判断中断定主词具有或不具有某种性质的概念。

⑤ 例证:苏轼的《贺欧阳修致仕启》:"大勇若怯"、"大智若愚"。

（2）当判断的主词与谓词为同一关系时,用否定的连接词,表明主词与其自身否定之间的对立、同一、转化,表达了 A 与自身否定的流动性,是概念自身包含着对自己的否定。如:

企者不立(跂)(踮起脚跟站不稳)。

跨者不行(跨步前进是走不远的)。

自见者不明(自逞己见的反而不能自明)。

自是者不彰(自以为是的反而不能彰显)。①

自伐者不功(自我夸耀的反而不见其功)。②

自矜者不长(一味矜持反而不能长久)。(二十四章)

大方无隅(最方正的反倒没有棱角)。

大器晚成(贵重的器物总是最后制成)。

大音希声(最大的声音听起来反倒稀薄)。

大象无形(最大的形象看起来反而无形)。(四十一章)

知者不言,言者不知(知道的人不说话,说话的人不知道)。(五十六章)

善为士(指将帅)者不武(善于做将帅的人并不逞勇武)。

善战者不怒(善于作战的不轻易被激怒)。③

---

① 例证:近代以来,西方文化在向外传播过程中,就具有这样的明显特征。美国学者乔纳森·萨克斯在2002年5月21日的一篇讲话中,曾针对当前世界文化交流中的这种并未绝迹的强权作风进行了一番评论:"这是一个很危险的思想……当你与我出现分歧时,我就是对,你就是错。如果我关心真理,我必须改变你的错误。如果我不能改变你,也许我能征服你。如果我不能征服你,那么我只好在真理的名义下杀死你。"转引自王晓德、张晓芒主编:《历史与现实——世界文化多元化研究》,绪论,天津人民出版社2007年版。

② 例证:当前美国以道德的"天赋使命"自居,却使自己的海外形象持续恶化,美国为修补形象着急。参见唐勇等:《美国海外形象持续恶化》,载《环球时报》,2006年6月15日,第16版;唐勇等:《美国为修补形象着急》,载《环球时报》,2006年6月19日,第1版。

③ 例证:《孙子兵法·谋攻篇》:"将不胜其忿而蚁附之,杀士三分之一而城不拔者,此攻之灾也。"胜。克制。士:士卒。《孙子兵法·火攻篇》:"主不可怒而兴师,将不可愠而致战。"2006年7月以色列与黎巴嫩真主党的战争,以色列之所以自中东五次战争以来第一次打了许久而没达目的,有学者就认为首要原因是"因怒兴师"。参见戴旭:《不对称战争为何难打赢》,载《环球时报》,2006年7月31日,第8版。2007年底,某学者因自己的一部著作遭到同行批评,怒而在自己的博客上发出帖子《做回畜生》,粗口的语言攻击遭到网友指责。参见《教授粗口抨击批评者遭网友指责》,载《京华日报》,2008年2月25日。

善胜敌者不与(争)(善于战胜敌人的不用对斗)。①

善用人者为之下(善于使用人的人对人谦下)。(六十八章)

信言不美,美言不信(真实的言辞不华美,华美的言辞不真实)。

善者不辩,辩者不善(行为良善的人不巧辩,巧辩的人不良善)。

知者不博,博者不知(真正了解的人不广博,广博的人不能深入了解)。(八十一章)

(3)用"必"、"而"等连接词表示相互矛盾或对立概念之间的对立、同一、转化。对立的双方表现为直接的同一。如:

甚爱必大费(过重地看重名利就必定要付出重大的耗费)。②

多藏必厚亡(丰厚的藏货必定会招致惨重的损失)。(四十四章)

轻诺必寡信(轻易许诺,信誉往往不足)。

多易必多难(把事情看得过于容易时所遇到的困难必定会更多)。(六十三章)

物或损之而益,或益之而损(万事万物,减少它有时反倒得到增加;增加它有时反倒会使之减少)。③(四十二章)

无为而无不为(不妄为就没有什么事情做不成)。④(四十八章)

(4)用"则"、"复"、"相……"、"不……故"等类似蕴涵词的连接词表示主词、谓词之间的对立、同一、转化。表明了矛盾的一方对矛盾的另一方的因果条件,或者是蕴涵关系。如:

曲则全(委屈反而能够得到保全)。

枉则直(屈枉反而能够得到伸展)。

洼则盈(低洼反而能够充盈)。

敝则新(敝旧反而能够新奇)。⑤

---

① 例证:《孙子兵法·谋攻篇》:"善战者,攻心为上,攻城为下。不战而屈人之兵,善之善者也。故上兵伐谋,其次伐交,其次伐兵。其下攻城。"上兵:上乘用兵。

② 例证:当前许多腐败分子的下场。

③ 例证:将欲夺之,必先予之。20世纪初,美孚油公司为了在上海推销自己的煤油,就曾采取免费赠送一斤煤油并附带一个带玻璃罩的新式煤油灯。正是这种新式煤油灯帮助打开了产品销路。

④ 例证:如今成为许多管理者的管理策略。

⑤ 例证:当前国外举办的一些老爷汽车比赛。

少则得(少取反而能够多得)。

多则惑(贪多反而产生迷惑)。① (四十八章)

兵强则灭(用兵逞强反而会遭到灭亡)。②

木强则折(树木长得粗壮反而要遭到砍伐)。③ (七十六章)

正复为奇(邪)(正直忽而转为邪恶)。

善复为妖(恶)(善良忽而转为邪恶)。(五十八章)

有无相生(有和无互相生成)。

难易相成(难和易互相完成)。

长短相形(长和短互相形成)。

高下相盈(高和下互相包含)。

音声相和(音和声互相和调)。

前后相随(前和后互相随顺)。(二章)

合抱之木,生于毫末(合抱的大木,是从细小的萌芽开始生长起来的)。

九层之台,起于垒土(九层的高台,是从一点一点的泥土累积建筑起来的)。

千里之行,始于足下(千里之远行,是一步一步走出来的)。(六十四章)

图难于其易,为大于其细(处理困难的问题要从容易处着手,实现远大理想要从细微的小处入手)。(六十三章)

不自见故明(不自我表现所以能够得到显明)。

不自是故彰(不自以为是所以能够得到彰显)。

不自伐故有功(不自我夸耀所以才有功劳)。

不自矜故长(不自我矜持所以能够长久)。(二十二章)

"正言若反"是对矛盾对立、统一、转化的认识和反映,体现了事物

---

① 例证:当前许多腐败分子的心态。

② 例证:历史上许多的帝国兴衰史。2006 年美军新战地手册也已经开始强调"道义力量",警告驻伊美军"动用的武力越多,效果就越差"。参见《环球时报》,2006 年 7 月 31 日,第 8 版。

③ 例证:前举庄子论述大树一例。

普遍联系的观点。这是因为老子看到了自然界和人类社会存在着许多的矛盾对立。

从自然界来讲:"飘风不终朝,骤雨不终日。孰为此者?天地。天地尚不能久,而况于人乎。"(二十三章)由此推到人类社会:"金玉满堂莫之能守,富贵而骄自遗其咎。"(九章)

因此,在思维领域的认识方法上,老子要求在认识事物中,要正确地从事物的正面规定性中,分析出与之相反的反面规定性;要同时认识具有相反规定性的"名"。这样就形成了认识的法式——"稽式"。"知此两者亦稽式"(六十五章)。所谓"稽式",就是思维认识的法式、样式。"常知稽式,是谓'玄德'。'玄德'深矣,远矣,与物反矣,然后乃至大顺"(六十五章)。

这种"知此两者"之"稽式"的认识方法的目的在于,既要认识事物的矛盾对立,又要遵从事物的矛盾对立,同时要在认识和遵从中找到事物矛盾对立的连接点,从而将矛盾的对立双方沟通起来,为理性思维在认识、寻求矛盾对立之间的统一、转化的思维过程中,找到一个由此及彼的桥梁。

为此,"正言若反"思维方法的根据在于:

第一,同一性。矛盾对立的现象并非是绝对的,矛盾双方之间还具有同一性,它们是相反相成的,每一方的存在都是以另一方的存在为条件的。"有无相生,难易相成,长短相形,高下相盈,音声相和,前后相随,恒也。"(二章)一个"恒"字,表明了老子对矛盾既对立又统一的肯定。"祸兮福之所倚,福兮祸之所伏"(五十八章),表明了福祸相即、相互包含的同一性。"重为轻根,静为躁君"(二十六章),表明了矛盾的一方为另一方的存在条件。

第二,相互转化。老子认识、描述矛盾的目的在于,通过认识矛盾的对立统一,进而认识到矛盾的相互转化,以达到自己的"贵柔用弱"与"无为而治"的治世主张。这体现了他的治理国家思想的政治伦理性。在这种认识矛盾的对立转化的思维过程中,老子以"反者道之动"表明了这种矛盾转化的必然性,并且这种转化是在事物的自我运动中完成的。"唯(恭敬的答应)之与阿(怠慢的答应),相去几何?美(美好)之与恶(丑恶),相去几何?"(二十章)然而,如果没有事物的自我运动,事物两极的各自规定性即使相差无几,也永远各归其位,不能转化为否定自身的他物。因此,自身存在的规定性中包含着否定自身的因素,以及它们共同存在于同一事物中,只是矛盾对立转化的前提,其转化过程还必须凭借事物的自我运动来完成。即老子所说的"合抱之木,生于毫末;九层之台,起于垒土;千里之行,始于足下"(六十四章);"图难于其易,为大于其细……天下难事必作于易,天下大事必作于细"(六十三章)。亦即黑格尔所说的:"事物在同一种情况下,既是它自身,又是它自己的空无,或说是它自己的否定物。……因为肯定物本身就有否定性。所以它可以超出自身,并引起自身的变化。"①

第三,转化的中介点或度。老子认为它是矛盾一方运动的极限。"大白若辱"、"至柔至刚"、"远曰反"中的"大"、"至"、"远"等表明这种运动的极限。在此极点之后,物极必反,循环往复,周行不殆,这是老子矛盾运动观的一大特色。

黑格尔曾经说过:"理性在他物中认识到此物,认识到此物中包含着此物的对方。"② 这种理性思维过程是受对立统一的辩证思维法则所规范的。老子在认识自然、社会普遍存在的矛盾对立、同一、转化的过程中,初步抽象出了这种纯理性的辩证法则思想,并以此规范了思维过程中对于事物矛盾对立、同一、发展、转化的认识。表现在思维判断中,老子就用"正言若反"的语言表达形式描述了这种矛盾双方的对立、统一、转化。

正是在这个意义上,"正言若反"不是悖论,而是一种充满辩证思维的语言表达技巧,它通过总结万物变化的普遍规律,揭示了一种做人的道理。

"正言若反"在人际沟通中的一个体现,就是角色换位。

前举"当前美国海外形象持续恶化,美国为修补形象着急"之例证,有学者就认为是美国的思维方式有问题,没有换位思维的习惯,因此产

---

① 《黑格尔论矛盾》,第116页。
② 黑格尔:《哲学史讲演录》第1卷,第300页。

生了这样巨大的反差:美国自我感觉良好,但别的国家对美国却抱怨连天。撒了银子损了士,世界为何不领情?看来,改变道德上的傲慢主义,改变道德上的师心自是,是美国改善国际形象的必修课。

"正言若反"在人际沟通中的另一个体现,就是改变心境的劝说。如本章第四节所举的"染坊、伞铺"例。

有现代学者将"正言若反"的思维方法总结为"相关律名学"或"二元相关律名学"①,认为这种"相关律名学"所注重的是那些有无、高下、前后、刚柔、进退、阴阳等对立概念的相反相成,是一种有别于古希腊亚里士多德的形式逻辑的另一种逻辑系统,是带有道统思想的"辩证法的名学"。

这种思维方法的积极意义在于,在规范人们对于矛盾对立、同一、转化的认识途径时,可以启发人们作整体性的思考,为中国人的整体思维方式奠定认识论的基础。即使在现代生活中,我们也可以经常使用一些"正言若反"的语言表达,如"塞翁失马,安知非福"?

又如臧克家的一首诗中所说的:"有的人死了,但是他还活着。有的人活着,但是他已经死了。"这种"死生"或"生死"并存的语言表达方式,以深刻的人生反思,准确无误地表明了不同的人生在人民心中的不同的反映。

又如,日本有句谚语:"要想快,绕大弯"。表示不能性急图快,如果主观要求符合了客观规律,即使不走捷径,也会很快达到预期目的。这与中国成语"欲速则不达"有异曲同工之妙,都属于"正言若反"式的语言表达方式。

当然,"正言若反"在规范人们对于矛盾对立、同一、转化的认识途径时,有积极意义,但是,这种思维方法和语言表达技巧还是带有很强的朴素性。在承认矛盾的对立转化中,老子夸大了矛盾对立同一的彼此相即,因而具有把矛盾对立说成是绝对同一的倾向。这就为以后庄子的相对主义思潮打开了方便之门。不过,从思维发展史的角度看,这些缺点

---

① 参见张东荪:《理性与良知——张东荪文选》,上海远东出版社1995年版,第365页。

仍然无损于"正言若反"思维方法和语言表达技巧对中国古代辩证思维发展的伟大贡献,老子的辩证思维方法和语言表达技巧仍然是一个值得万世称道的思想开端,具有其时代意义。①

需注意的是,正反分析的辩证思维并不仅仅是对某一问题或现象提出相反意见,更不是一种反复辩难之术。使正反分析成为辩证思维方法的关键,在于对事物进行正反分析后,还应该有第三个环节——把握两个相反意见的内在同一。这就使正反分析法在本质上成为对事物辩证本性进行分析的辩证思维方法。它可以使人们从相反的、对立的方面去分析、认识事物。善于运用它,就善于发现事物的矛盾二重性特征。但正反分析法又属于比较简单的矛盾分析法。它是思维从事物的外面,从不同的或者相反的关系中来分析和考察思维对象,满足于指出事物正反两方面的性质。而在分析推动事物运动、发展的动力和源泉的内在矛盾时,就必须运用矛盾分析法的另一种形式——对立面的分析。

2. 对立面分析

通常所说的矛盾分析法,主要指对立面分析。所谓对立面分析,是把构成事物统一体的矛盾对立面在思维中既分析开来分别加以认识,又把它们综合起来,以揭示统一体性质以及其运动、变化和发展趋势的辩证思维方法。

对立面分析的一般特征在于:思维在对某一事物或问题进行思考时,通过分析,抓住事物内部的对立面即内部的基本矛盾,通过分析和考察对立面之间既对立又统一的关系,揭示出事物的内容、性质以及变化发展规律和趋势等。

矛盾分析法是辩证思维方法的主要内容之一,对立面分析则是矛盾分析法的主要方面,这是由作为辩证思维方法观念基础的辩证法所决定的。在辩证法看来,世界上各种事物都充满着矛盾,都是由矛盾构成的。在自然界,实物与场是对立统一的,原子中原子核与电子是对立统一的,物理作用中电与磁、化学作用中的分解与组合、生命运动中的同化与异

---

① 将在本章第八节详述。

化等都是对立统一的。在社会领域,人类与社会,个人与社会是对立的统一;社会形态则是经济基础与上层建筑的对立统一。矛盾是客观的,也是普遍的。矛盾的客观存在决定了人们认识事物时必须进行矛盾分析,通过对矛盾的对立面之间既对立又统一的关系分析,达到认识事物和现象本质的目的。对立面分析方法实际是辩证思维方式的矛盾原则在思维和认识活动中的运用。而在运用中,应该注意分析和把握思维对象内部的主要矛盾以及矛盾的主要方面。同时,还要注意寻求对立面转化的条件和中介。

例如,《墨经》认为,"辩"的目的之一是"明同异之处"。但在对同、异理解的过程中,有两种同一性:一种是抽象的同一性,一种是具体的同一性。抽象的同一性表现为事物质的稳定性和思维认识的确定性,而具体的同一性则表现为自身包含的差异性。"真实的具体的同一性包含着差异和变化"[1]。《墨经》也认识到了这一点,因此它要求在对同、异的理解、认识、论辩中,不但要辨明同异在确定的条件下的稳定性,从而达到认识中的确定性;而且还要求认识、论辩清楚同异之间的相互渗透、相互转化,即具体事物的同中有异,异中有同。因此《墨经》中有:

同异交得仿有无。(《墨子·经上》)
同异交得:于富家良知,有无也;比度,多少也;蛇引旋圆,去就也;鸟折用桐,坚柔也;剑尤甲,死生也;处室子,子母,长少也;两绝胜,白黑也;中央,旁也;论行,行行、学实,是非也;难宿,成未也;兄弟,俱适也;身存志往,存亡也;霍,为姓故也;贾(gǔ)宜,贵贱也。(《墨子·经说上》)

意即:同(同一性)和异(差别性、矛盾性)的相互渗透就好比"有"和"无"的例子:出身富家的人未必就有良好的知识,有良好知识的人也可出身于贫家,因此,一个人可以有"富家"而无"良知",或有"良知"而无"富家";一个数量与其他不同的数量相比较,可以既"多"又"少";蛇与

---

[1] 《马克思恩格斯选集》第3卷,第538页。

蚯蚓的运动状态,可以既"去"又"就(来)";鸟用来构建巢穴的树枝,可以既"坚"又"柔";剑的作用在于杀死敌人,但最终目的还在于"生"(保存自己),所以剑也有"盔甲"作用;一个人既可为母亲,又可为女儿,所以既"长"又"少";某物颜色与其他颜色对比,可既"黑"又"白";某地中心,在更大的范围内,可能属于边缘;某人的言论和行为、行为和行为、学识和实践之间,可以既"是"又"非";某人可以既是"兄",又是"弟";一个事物在生长过程中,可以既"成"又"未成";一个人可以活着但志气已经消亡;姓霍的人可以既是"霍(作为姓)"又不是"霍(一种水鸟)";适当的物价,可以既"贵(对买者)"又"贱(对卖者)"。

"同异交得"的思想,注意到了对立事物或对立判断在一定条件下有相互转化的可能。这种条件性就是以一定的标准来作为对立双方转化的中介,以一定的标准来衡量同异、是非。《墨经》将此称为:"于所体中而权轻重之谓权。权非为是也,亦非为非也。权,正也。"所谓"权,正也",就是"权者两而勿偏"。

"权"是权衡是非得失的思维活动,"两"是思维认识的全面性,"勿偏"则否定了思维认识的片面性。在这种"权"的思维活动中,事物的两极"只是由于它们的相互作用,由于差异性包含在同一性中,才具有真理性"①。

例如,前述对于利害的取舍,不但要认识清楚它们之间具有矛盾的一面,是"利,所得而喜也"与"害,所得而恶也"的对立,故有"义,利;不义,害"之区别;而且还要认识到它们之间具有一致的一面,"断指以存腕,利之中取大,害之中取小也。害之中取小,非取害也,取利也。……遇盗人(强盗)而断指以免身(免除死亡),利也。其遇盗人,害也"②。

又如,邹衍学派提出了五行说,认为五行相生相克:金克木,木克土,土克水,水克火,火克金。但《墨经》却提出反命题:"五行毋常胜,说在多。"指出五行之间究竟谁胜过谁,要以谁的力量占优势而定:"火烁金,火多也;金靡(灭)炭,金多也。"将"权"之"正"放在了"优势"这一条件

---

① 《马克思恩格斯选集》第3卷,第539页。
② 《墨子·大取》。

性上了。

对于矛盾的相互联系与转化,由韩非始创的演连珠以新颖的形式进一步表达了这种联系与转化的过程与途径,如:

徭役多则民苦,
民苦则权势起,
权势起则复除重(免除徭役的人多了),
复除重则贵人富。
苦民以富贵人,起势以借人臣,非天下长利也。(结论)
故曰:
徭役少则民安,
民安则下无重权,
下无重权则权势灭,
权势灭则德在上矣。(结论)(《韩非子·备内》)

人有祸则心畏恐(心中不安),
心畏恐则行端直(行为端正),
行端直则思虑熟(考虑周全),
思虑熟则得事理(把握规律)。
行端直则无祸害,
无祸害则尽天年。
得事理则必成功。
尽天年则全而寿。
必成功则富与贵。
全寿富贵之谓福。
而福本于有祸。故曰:"祸兮福之所倚",以成其功也。
人有福则富贵至,
富贵至则衣食美,
衣食美则骄心生,
骄心生则行邪僻而动弃理(不走正道,动则背弃规律)。

> 行邪僻则身死夭,
> 动弃理而无成功。
> 夫内有死夭之难,
> 而外无成功之名者,大祸也。
> 而祸本生于有福。故曰:"福兮祸之所伏。"(《韩非子·解老》)
> ……
> 人有欲则计会(思虑)乱,
> 计会乱则有欲甚,
> 有欲甚则邪心胜,
> 邪心胜则事径绝,
> 事径绝则祸难生。(反推连珠)
> 由是观之,
> 祸难生于邪心,
> 邪心诱于可欲。(正推连珠)
> 可欲之类,进则教良民为奸,退则令善人有祸。
> 奸起则上侵弱君,
> 祸至则民人多伤。……
> 夫上侵弱君而下伤人民者,大罪也。(反推连珠)
> 故曰:祸莫大于可欲。……祸莫大于不知足。(《韩非子·解老》)

从上述连珠的内容上讲,韩非对祸福相互转化的论述,是对老子消极辩证法的改造。老子所说"祸兮福之所倚,福兮祸之所伏",看到了祸福相互转化的辩证法,但他把祸福的相互转化看做是无条件的。而韩非的上述演连珠实际上指出了祸和福的相互转化是有条件的,表明了辩证思维不是无原则的变通,变通是有其条件性的。这是韩非对老子消极辩证法进行改造时最有价值的部分。

七、大辂椎轮竟如何——发展的观点与认识

　　物质世界的一切事物、现象及其在思维中的反映,都是由简单到复杂、由低级到高级、由旧质到新质的有规律的运动和变化的过程。因此,同联系的观点一样,发展的观点也是物质世界的总体特征之一。恩格斯即说:"世界不是一成不变的事物的集合体,而是过程的集合体。"[1] 又由于,"辩证哲学推翻了一切关于最终的绝对真理和与之相适应的人类绝对状态的想法"[2],因此,思维同样要求认识这些特征。故而,发展的观点也是辩证思维的本质特征之一。

　　发展观点的具体性体现在事物的动态性上。动态性是指任何系统都有其产生、发展和灭亡的过程。同时,系统与周围的环境还进行着物质、能量、信息的交换活动。因此,系统的稳定是相对的,系统始终处于动态之中,不断地演化着,系统变化发展的动力是系统所处诸关系的矛盾运动。客观事物呈现出的系统动态性决定了人的系统思维方式的动态性原则。动态原则也是系统思维的基本原则之一,它要求在认识活动中,思维要从系统的内部、外部诸方面之间的相互作用,探索系统变化的方向和趋势。

　　坚持系统思维动态性原则,要求人们正确认识和对待系统的稳定结构,使系统演化不断从无序走向有序。系统是有序的,结构就是稳定的;反之,结构就不是稳定的。系统的有序和无序,稳定结构和非稳定结构,是系统存在和演化的两种基本状态。人们可以根据自己的需要创造条件打破系统的有序机构,使之处于向新的系统过渡的无序状态,也可以创造条件消除对系统的各种干扰,使其处于有序状态,保持系统的稳定。

　　中国古代的孟子对于如何认识发展中的事物,有着明确的辩证意

---

[1] 《马克思恩格斯选集》第4卷,第240页。
[2] 《马克思恩格斯选集》第4卷,第213页。

识。他认为"是非之心,人皆有之"①,"是非之心,智之端也"②,将能辨别是非看做是智慧的顶点。从他的论辩行为来看,"知类"、"明故"是懂得是非的"智莫大焉"的表现;而不知类、不明故则是不知是非,容易陷于自相矛盾的境地。但在孟子的是非观中,他对确定情景下的是非和事物发展过程中的是非,显然有着泾渭分明的辩证认识和明确区分。即是非不是绝对的是非,是非的确定性是由具体的条件所决定的。因此,确定的是非取决于确定的条件:

　　(孟子弟子)陈臻问曰:"前日于齐,王馈(赠送)兼金(上等金属'铜')一百而不受;于宋,馈七十镒(yì,一镒二十两)而受;于薛,馈五十镒而受。前日之不受是,则今日之受非也;今日之受是,则前日之不受非也。夫子必居一于此矣。"孟子曰:"皆是也。当在宋时,予将有远行。行者必以赆(jìn,盘缠),辞曰(宋君说):'馈赆。'予何为不受? 当在薛也,予有戒心(路上有危险,需做防备)。辞曰(薛君说):'闻戒。故为兵(买兵器)馈之。'予何为不受? 若于齐,则未有处(用途)也。无处而馈之,是货(金钱收买)之也。焉有君子而可以货取乎?"(《孟子·公孙丑下》)

　　面对弟子的两难诘问,孟子似乎要在"接受馈赠"与"不接受馈赠"的是非对立前陷于矛盾而不自拔。但他根据当时的不同情况,得出前日不接受馈赠与今日接受馈赠,都是正确的,"皆是也"。两者都必须要以当时的实际情况来决定,都必须符合礼仪。从这段论辩来看,孟子在查找断定是非的根据中,没有把是非绝对化,而是依据具体条件的不同来断定具体的是非。即是非的确定要以不同的时间、地点、情景等条件为转移,要对具体的情况作具体的分析。这种是非取舍的态度,无疑为是非矛盾的断定融注了辩证发展的认识。

　　发展观点的具体性还体现在历史分析的方法上,它不仅可以用来分

---

① 《孟子·告子上》。
② 《孟子·公孙丑上》。

析事物发展变化的历史过程,还可以用来考察和分析当前的事物、现象和问题。这就需要既要看到当前的某些事件和现象在目前造成的影响和后果,还要分析这些现象和事件对今后可能产生的效应和作用。

对于历史事件,《墨经》的"同异交得"式的全面审视是非的辩证思维方式同样起作用。

例如,儒家以古代的尧帝为至治之极,推崇备至。《论语·泰伯》即载孔子说:"大哉尧之为君也,巍巍乎!唯天为大,唯尧则之(以尧为效法的标准)。"而《墨经》则以全面审视是非的辩证思维方式,说:

> 察尧善治,自今察诸古也。自古察之今,则尧不能治也。

《墨经》虽然也明确肯定了古代的"尧善治",但这种肯定之"是"是有条件的,即把"尧善治"这一历史事实放在特定的古代,而且评价的前提是由今看古。如果改变这种条件性,即改变历史坐标,改变审视方向,站在古代角度来看今天,"尧善治"就不是一个绝对不变的"是",而变成了它的否定命题——"非"了。这是《墨经》将衡量是非标准的"权"之"正",放在了"历史坐标"这一具体的条件性上了,从而以辩证的思维方式批驳了儒家的厚古薄今。

又如,孔子主张"以礼让为国"①,"温良恭俭让"②。于是有的儒家弟子把这种认识推至极致,提出"一切事情都可以礼让"的观点。《墨经》则反驳说:

> "无不让也",不可。说在酤(买酒)。
> 让者酒,未让酤也,不可让也。若酤于城门与于臧也。

针对"无不让"的论点,《墨经》举出了一个相反的事实,认为邀请客人喝酒可以礼让:"请干杯!"但一旦酒喝完了,则不能让客人去城门处

---

① 《论语·里仁》。
② 《论语·学而》。

买酒,只能让家中的仆人减去买酒。这种反驳是举出反例来驳倒一个一般论点,即《墨经》的"彼举然者,以为此其然也。则举不然者而问之"的"止"式反驳方法。这种方法实际上就是对简单枚举法的结论提出反例以证伪。

又如,三国时期的诸葛亮,如果不是凭借直觉打破他自己一生谨慎的框架,在问题意识的前导下,以发展的观点,想到如何利用自己所占有而对方却不占有的信息资源,也不会一反常规防守的战术,唱出一台"空城计"来。

又如,"减灶计"与"增灶计"的故事:

战国时代,魏国攻打赵国,赵国向齐国求援。齐威王拜田忌为大将、孙膑为军师,发兵救助赵国。孙膑献计说:"魏国攻赵国,国内必空虚,我们不如直接攻打其国都,魏军得到这个消息,必定回师自救,我们再在半路伏击,魏军必败无疑。这样,赵国的危机就化解了。"于是田忌依计而行,果然在桂陵之地大败魏军。"围魏救赵"遂成为战争史上具体问题具体分析的一段佳话。

围魏救赵后十年,魏国又去攻打韩国。韩国也向齐国求援。齐威王又拜田忌为大将、孙膑为军师,发兵救助韩国。孙膑建议再使用当年"围魏救赵"的方法。魏军正打得起劲,忽报齐军又故伎重演,便大举回师,要报上次兵败桂陵的一箭之仇。孙膑得知魏军气势汹汹地扑了回来,便又献计说:"魏军气势正旺,我军可以佯退。佯退期间,第一天安灶10万个,第二天安灶5万个,以后依次递减。魏军追击途中,必定查灶,见这种情况,必定以为我军畏惧,军心涣散,逃跑人数越来越多。这样他们会骄横恣肆,兼程追赶。届时我军再定计摆之。"田忌又依计而行,魏军果然再次上当,兵败马陵。魏军大将庞涓也被迫自杀。这便是著名的"减灶计"。

在三国时代,诸葛亮临死之前,安排部下在撤退途中,要逐日增加安灶个数。一路追赶的曹军果真上当,以为蜀军对曹军的追赶早有准备,沿途设有埋伏,所以才会有一路撤退一路增兵的现象。"增灶计"致使曹军统帅司马懿不敢再继续追赶,留下一段"死诸葛吓退生仲达(司马懿)"的故事。

发展的具体性要求思维要认识发展过程中的"度"。黑格尔曾经讲了一个故事：有一位农人，当他看到他的毛驴驮着东西愉快地行走时，便不断地给毛驴增加负担。而当他再增加某一根稻草时，这头毛驴终于因担负不起这重量而倒下了。黑格尔认为这不是一个玩笑，应当看到其中所包含的深刻哲理：量的变化一旦突破度，就必定引起质的变化。就拿花钱来说，在某种范围内，多花少花并不重要，但一经超过某个度，花得太多或花得太少，要么变成奢侈，要么变成吝啬。①

发展的具体性还要求思维的灵活变异，这样才可以使我们不断按照事物发展的具体条件，变换思维视点与角度，重新自由地认识事物的性质、问题的实质，迅速完成对事物认识的"虚体"与"实体"之间的转化，从"概念的全面性、普遍的灵活性"中，"达到对立面同一的灵活性"②，从而加大思维的"转换跨度"，不至于犯"郑人买履"的"宁信度，无自信也"的错误。

八、进退中绳不失正——儒道情怀的具体价值取向及思维方法论意义

本书之所以提出这个话题，是因为在中国古代历史的发展中，儒家的"士不可以不弘毅"的人生态度与道家无为而治的"法自然"态度，曾因符合不同阶层、不同境遇的人的实际需要，并行、交融、发展，促进了儒家情怀和道家情怀的形成。这两种情怀都从经世致用的功用性出发，前者以积极入世的态度，试图为人们的思维寻求一个绝对参照系，为贵贱有序、长幼之别的历史存在定位；后者则以内向追求为主，寻找心灵恬静的精神家园，以期达到一种无恃、无待、无是非的境界。这两种情怀的不同旨趣，一直影响着中国古代士人的思维方式，为他们不同的"应然"生存状态提供了一种理念支撑。这体现在个人的认识、行为上，就是一种辩证思维的结果，成就了儒道两家不同的价值取向和人性关怀。而这对

---

① 参见冒从虎等：《欧洲哲学通史》（下），第250页。
② 列宁：《黑格尔〈小逻辑〉一书摘要》，载《哲学笔记》，第112页。

于具体调整当今社会人们的不同心态,仍有着鲜活的思维方法论意义与现代价值。

1. 对儒家情怀和道家情怀的认识

当今社会是一个快速发展的社会,也是一个竞争激烈的社会。虽然社会给人们提供了无数发展的机会,但面临激烈的竞争,不同的境遇给了人不同的心理感受。有的人勇立潮头,有的人却备感失落;一些人庆幸赶上了施展自己才华的时代,而另一些人则因边缘化而愁绪满怀。如何正确认识自己,如何正确认识社会,从而正确调整自己的工作状态与心理状态,成为许多人不能不经常思考的问题。于此,不由得使人联想到洛阳白马寺碑文上写的"以儒治世,以道治身,以佛治心",并联想到中国古代的儒家情怀和道家情怀所陶冶的中国古代士人的不同的理念、不同的思维方式、不同的人文性格与人文精神。

孔子在中国传统的农业文明的基础上,面对礼崩乐坏的现实,上承远古三代圣王,以积极进取的人生态度,大力地推行"克己复礼",虽"困于鲁卫,饿于陈蔡",但仍"为仁由己","知其不可为而为之"。这种将理想寄托于奋斗的人生价值观,经年累月,铸就了一套"修身、齐家、治国、平天下"的儒家情怀。

这种"修身、齐家、治国、平天下"的儒家情怀体现在社会系统中,就是一种"齐家"与"平天下"的关系。由于中国古代宗法社会的特点,使得"家"、"国"同构,"在邦必达,在家必达"[1],"天下之本在国,国之本在家"[2]。因此,必然就"齐家而后国治,国治而后天下平"[3]。这种儒家情怀体现在君臣关系上,就是尽忠爱国。故孔子说:"君子比德于玉"[4],"君使臣以礼,臣事君以忠"[5]。体现在人我关系上,就是"夫子之道,忠

---

[1] 《论语·颜渊》。
[2] 《孟子·离娄上》。
[3] 《大学》。
[4] 《礼记·聘义》。
[5] 《论语·八佾》。

恕而已矣"①;"己所不欲,勿施于人"②;"己欲立而立人,己欲达而达人"③。体现在群己关系上,就是遵从、维护"君君、臣臣、父父、子子"的社会等级关系,否则,"非礼无以辨君臣上下、长幼之位也;非礼无以别男女、父子、兄弟之亲,婚姻疏数之交也"④。这样,儒家从伦理开始,到个人的道德修养,提倡个人的道德境界,以其"莫见乎隐,莫显乎微,故君子慎其独也"⑤的慎独精神,成为中国人自我修养的方法;同时也以其充盈的自信,张扬着一种道德快乐主义。难怪孔子对颜回的"一箪食,一瓢饮,在陋巷,人不堪其忧,回也不改其乐"⑥要大加赞赏了。

这种儒家情怀,承继西周以来的德治主义的文化传统,注重血缘人伦,提高了"德"在社会政治生活以及普遍思维中的地位,以追求现世事功的积极态度,使之具有积极入世的以伦理为本位的基本精神和价值取向,并在历史发展中,使诸多士人将自身价值融于政治形态之上的忠君爱国的人生理想中。为了在"修身、齐家、治国、平天下"之理想与实践中弘展个人价值,诸多士人以为理想不惜杀身成仁的牺牲精神,弘展了自己的个人价值,成就了自己的悲壮人生。如义无反顾地"乘骐骥以驰骋兮,来吾导夫先路"⑦的屈原,自感无力挽救楚国,便以其一死成就了一种悲壮的人性之美。文天祥的"人生自古谁无死,留取丹心照汗青"⑧,自是慷慨悲歌。曾发"我不下地狱谁下地狱"之慨的谭嗣同,也以其绝笔诗"我自横刀向天笑,去留肝胆两昆仑"⑨,为其一生画了最后一圈悲壮的年轮。

儒家情怀,无疑在"天降大任于斯人也,必先苦其心志,劳其筋骨,空乏其身"的过程中,为仁人志士注入了人生的豪情壮志。

---

① 《论语·里仁》。
② 《论语·颜渊》。
③ 《论语·雍也》。
④ 《礼记·哀公问》。
⑤ 《礼记·中庸》。
⑥ 《论语·雍也》。
⑦ [战国]屈原:《离骚》。
⑧ [南宋]文天祥:《过伶仃洋》。
⑨ [清]谭嗣同:《狱中题壁》。

但是,同样作为士人的李白,在其积极入世时,却能够踌躇满志,直抒胸臆,"仰天大笑出门去,我辈岂是蓬蒿人"①,"天生我才必有用,千金散尽还复来"②。而当人生遭遇挫折时,虽然也有"大道如青天,我独不得出"的长歌当哭,但在"拔剑四顾心茫然",询问"行路难,行路难。多歧路,今安在"的过程中,仍然能够很快就以"长风破浪会有时,直挂云帆济沧海"③而神俊之气贯之了。柳宗元在被贬柳州后,曾以一首《囚山赋》,抒发了自己不能振翅奋飞的苦闷,但在被再贬永州后,虽更感"千山鸟飞绝,万径人踪灭"的孤独,但继而的"孤舟蓑笠翁,独钓寒江雪"④,却无疑是将心灵"停泊地"变成了心灵"桃花源"的写照。至于苏轼被贬之后,也能够泛舟至"不知东方之即白"……

那么,这大相径庭的结果,又如何解释古代士人一贯的人生价值与追求呢?这大概应从道家情怀中去寻找答案了。

其实,中国古代士人一直在寻求一种"天人合一"的境界,"与天地合其德,与日月合其明,与四时合其序,与鬼神合吉凶,先天而天弗违,后天而奉天时"⑤;"能尽人之性,则能尽物之性;能尽物之性,则可以赞天地之化育,则可以与天地参矣"⑥。道家在这方面似乎做得更好一些。

道家继承了文化传统中自然主义的思想线索,以"人法地,地法天,天法道,道法自然"⑦的处世原则,以"无为而治"的行为方式,以人性本静、嗜欲害之、存神养性、虚己反本的人性反思,解释了人的自然本性。

因此,面对"三后之姓,于今为庶"⑧的贵贱无序之颓势,老子没有像孔子那样仍在做着"知其不可为而为之"的挽救努力,而是从历史变化的现状中,切实感到了"将欲取天下而为之,吾见其不得已。天下神器,

---

① [唐]李白:《南陵别儿童入京》。
② [唐]李白:《将进酒》。
③ [唐]李白:《行路难》。
④ 柳宗元:《江雪》。
⑤ 《周易·乾卦·文言》。
⑥ 《中庸》。
⑦ 《老子·二十五章》。
⑧ 《左传·昭公二十五年》。

不可为也,为者败之,执者失之"①。这使得他能够对历史的变化作深刻的反思,"知成败祸富之事,悉在人谋"②。因此,老子贵柔:"柔弱胜刚强。"③主张谦下宽容:"以其不争,故天下莫能与之争。"④于是他借婴儿之喻,说明了心灵境界之本真状态是"念德之厚,比于赤子"⑤。并以"复归于婴儿"要求人们克服异化,回到人的本真状态。在老子那里,这种本真状态是对现实人生的一种超越,是向人的本真状态的"复归",是人的真正的自我实现。这种本真状态如同"大智若愚"一样,并非是回到真正的愚昧无知,而是超然于知识、欲望之上,实现理想的人生境界。这实际上就是一个人生心灵修养与应世的问题了。故而老子认为,只有"致虚极,守静笃,万物并作,吾以观其复"⑥,才能"见道",知"清净为天下正"⑦;才能"归根曰静,静曰复命,复命曰常,知常曰明"⑧。如是,才能没有任何限制,安详而自由,"无为而无不为"。老子的这种思想,实际上也体现了一种人生的终极关怀,只有认识到"自见者不明,自是者不彰,自伐者无功,自矜者不长",才能做到"不自见故明,不自是故彰,不自伐故有功,不自矜故长",并进而真正做到"人法地,地法天,天法道,道法自然"⑨,"与自然无违"。

接下来的庄子痛感当时人们为物欲所困,造成了人的社会异化,该正常的不能正常,不该正常的却成为正常,如残疾人支离疏,不但可以逃避兵役,生活还很惬意;⑩造成了人的自我异化,"世俗之人,皆喜人之同于己,而恶人之异于己也"⑪。如此"是非之途,樊然淆乱",真是"道术将为天下裂","人心险于山川"。因此,庄子对这种大量存在的"自彼则不

---

① 《老子·二十九章》。
② 章太炎:《诸子学略说》。
③ 《老子·三十六章》。
④ 《老子·六十六章》。
⑤ 《老子·五十五章》。
⑥ 《老子·十六章》。
⑦ 《老子·四十五章》。
⑧ 《老子·十六章》。
⑨ 《老子·二十五章》。
⑩ 《庄子·人间世》。
⑪ 《庄子·徐无鬼》。

见"痛心疾首,为了铺就一条"天地与我并生,而万物与我为一"①的人生境界之坦途,他极力渲染了不用心智、寐而无梦、齐生死、忘是非、"不以心捐道,不以人助天"的"真人"②;"大泽焚而不能热,河汉汪而不能寒,疾雷破山,飘风振海而不能惊","为而不恃,长而不宰"的"无己""至人"③;"以天为宗,以德为本,以道为门,兆于变化","淡然无极而众美从之"的"无名""圣人"④;"乘云气,御飞龙,而游乎四海之外"的"无功""神人"⑤;"居无思,行无虑,不藏是非善恶",纯真如婴儿,混沌如处子的"德人"⑥;"合乎大同,大同而无己"的"大人"⑦。故而庄子进一步发展了老子的清静无为思想,认为:"恬淡寂寞,虚无无为,此天地之平,而道德之质也……故心不忧乐,德之至也;一而不变,静之至也;无所于忤,虚之至也;不与物交,淡之至也。"⑧这种超越现实、超越是非、超越物欲、超越精神的思想境界,显然已将孔子所赞扬的"一箪食,一瓢饮,在陋巷,人不堪其忧,回也不改其乐"的道德快乐主义发展为精神快乐主义了。

2. 儒道情怀的时代精神

情怀作为一种心境,是理想的追求。按冯友兰先生的观点,儒道两家是同一轴杆上的两极,"儒家强调人的社会责任,但是道家强调人的内部的自然自发的东西"⑨。这种"孔子重'名教',老庄重'自然'"的分析,言简意赅地道出了儒道两家不同的价值取向和人性关怀。我们可以从中探索儒道情怀所蕴涵的时代精神。

首先是批判精神。即无论是在顺境中还是在逆境中,都可以积极地批判现实。在反思的过程中,"达则兼济天下,穷则独善其身",既可以

---

① 《庄子·齐物论》。
② 《庄子·大宗师》。
③ 《庄子·逍遥游》。
④ 《庄子·逍遥游》。
⑤ 《庄子·逍遥游》。
⑥ 《庄子·天地》。
⑦ 《庄子·在宥》。
⑧ 《庄子·刻意》。
⑨ 冯友兰:《中国哲学简史》,北京大学出版社1985年版。

积极的进取态度参与现实生活,又可以积极的务实态度独立而行。这实在是因为人的活动是一种有意识、有目的的自觉的活动,具有指向主体所选择的理想目标的意义。即使是庄子的理想人格具有显而易见的明哲保身的宿命论观点,但其所具有的社会批判精神、自我批判精神、超越精神,却也体现了人对自身生存意义、价值的思考,体现了对自身尊严和权利的重视。这无疑也是一种对人生的终极关怀。其齐"万物"、"是非"、"物我"的心灵深处的内心独白,正是一种人生的痛苦超越,也正是对老子"天大、地大、我亦大"的高扬。

因此,儒道情怀的批判精神作为一种反思的结果,决定着不同的活动方式与方法。儒家情怀是进,道家情怀是退;儒家情怀是张,道家情怀是弛。这两种不同向度的人生价值取向,以奇特的矛盾机制,成为更多古代士人不可或缺的两根精神支柱。

其次是求索精神。当儒家一门心思拯世济物,倡行仁义,以期"修身、齐家、治国、平天下"的时候,道家却打起了"绝圣弃智"、逍遥齐物的旗帜,走上了无为自然的道路。把一个不与世合作、逍遥无为、任性自然、无可无不可的道家情怀赫然落座在中国文化史上。可以说,道家的那种飘然若仙的人生画卷,从此也成为中国文人的又一种向往——追求一种人与自然统一和谐的本真之美、自然之美。这无疑也是一种审美境界。

这种思维方式的辩证法,把概念式的理解化为一种指导生活实践的理念。

因此,儒道情怀反映了不同心态:积极入世时,是"平生万里心,执戈王前驱"的豪迈;消极避世时,有"一蓑风雨任平生"的逍遥。

儒道情怀也反映了不同的人生状态,林语堂描述为"一个是工作状态,一个是游戏状态"。儒道情怀也反映了不同追求:"一箪食,一瓢饮,在陋巷,人不堪其忧,回也不改其乐"的道德快乐主义,及道家情怀的精神快乐主义,如陶渊明的"衣沾不足惜,但与愿无违"[①],"采菊东篱下,悠

---

① [东晋]陶渊明:《归园田居》其三。

然见南山"①；辛弃疾的"江左沉酣求名者,岂识浊醪妙理"②；柳永的"忍把浮名,换了浅斟低唱"。而这种追求一种超越现实、超越是非、超越物欲、超越精神的虚静恬淡、寂寞无为的思想境界,被清人纪晓岚的"素心"说一语道破："心如枯井,波澜不生,富贵亦不睹,饥寒亦不知,利害亦不计,此为上者也。"

这样,儒道情怀就都从经世致用的功用性出发,前者以积极入世的态度,试图为人们的思维导构出一个绝对参照系；后者则以内向追求为主,寻找心灵恬静的精神家园。它们以不同的理念,影响了许多古代士人的思维方式,体现在个人的认知、行为上,就是"进"可积极入世,立德、立功、立言；"退"可积极循世,适足、恬淡、无惑。从而作为一种整体性思维的结果,以积极进取的理念支撑着工作状态,以恬淡安然的理念支撑着休闲状态。

这里所以不用"游戏"概念,一是因为"游戏"可能有玩世不恭的消极心态,如庄子笔下的支离疏,自恃有残疾,当官府征兵时还满不在乎地在征兵场所晃悠；二是因为"游戏"可能有反社会、反世俗、反现实的抵触情绪,尽管可以傲然于世,独立而行,但也会像一些古希腊犬儒学派那样,将摈弃世俗快乐、鄙视感官享受视为一条生活的准则。③而有学者认为："一般意义上的休闲是指两个方面：一是解除体力上的疲劳,恢复生理的平衡；二是获得精神上的慰藉,成为心灵的驿站。"④这里取第二个方面。即所谓的保持心灵的宁静,不为内欲和外物所动,适应、调节、控制,自由、自足、自得。

3. 儒道情怀的思维方法论意义

事物的发展过程是矛盾的对立统一。但在确定的时空、条件下,事物又有其确定性的一面。在思维的认识过程中,如何认知事物的这种确定性与变易性的关系,以指导自己的行为实践,儒道情怀有其思维方法

---

① [东晋]陶渊明：《饮酒》其五。
② [南宋]辛弃疾：《贺新郎》。
③ 参见杨巨平：《古希腊罗马犬儒现象研究》,人民出版社2002年版,第125—131页。
④ 马惠娣：《人类文化思想史中的休闲》,载《自然辩证法研究》,2003年第1期。

论的意义,即如何思考和追求"本真"精神与"本善"精神。

儒家情怀的积极入世的思想,以"己欲立而立人,己欲达而达人。能近取譬,可谓仁之方也"①,反映出"为仁由己"的"思维方法"。"能近取譬"的思维过程实际上是一个将心比心、推己及人的类比推理过程。为此儒家强调人的主体性,"舜何?人也;予何?人也。有为者亦如是"②,"学不可以已"③,以"天降大任于斯人也,必先苦其心志,劳其筋骨,饿其体肤,空乏其身,行拂乱其所为,所以动心忍性,增益其所不能"④,"制天命而用之"的人生豪情壮志,提倡了一种"大丈夫"的气概:"居天下之广居(仁),立天下之正位(礼),行天下之大道(义),得志与民由之,不得志独行其道。富贵不能淫,贫贱不能移,威武不能屈。此之谓大丈夫。"⑤这样,从思维规范上为中国人树立了一个道德精神境界。

而道家情怀的"法自然"态度,要求在认识事物中,要正确地从事物的正面规定性中,分析出与之相反的反面规定性,这样才能在思维认识的过程中,"知此两者亦稽式"⑥。所谓的"稽式",在老子那里,就是"正言若反"的认识法式。

应该说,这种辩证思维的方法并不只道家才有,儒家孔子的"叩其两端"⑦的思维方法也要求在认识事物的过程中,要分析、思考事物正反两方面,以全面看待问题的辩证观点,为使矛盾不至于崩溃,而寻求一种保持事物旧质的解决方法。他以"允执其中"⑧和"执其两端,用其中于民"⑨,提出了解决矛盾的方法。

"叩其两端"和"执两用中"都要求对事物的矛盾双方绝对不能完全肯定或完全否定它们的永久必然性,而是肯定双方正确的东西,否定双

---

① 《论语·雍也》。
② 《孟子·滕文公上》。
③ 《荀子·劝学》。
④ 《孟子·告子下》。
⑤ 《孟子·滕文公下》。
⑥ 《老子·六十五章》。
⑦ 《论语·子罕》。
⑧ 《论语·尧曰》。
⑨ 《中庸·第六章》。

方偏执的东西,并以此消除矛盾。如前述,这种"两端"式的思维认识方法,在《论语》中运用得很多:

在对待人的态度上:"君子之于天下也,无适(亲近)也,无莫(疏远)也,义之于比(靠近)。"①

在做人的态度上:"质胜文则野,文胜质则史,文质彬彬,然后君子。"②

在思想感情上:"乐而不淫,哀而不伤。"③

在伦理行为上:"以直报怨,以德报德。"④等等。

"两端"论法同样是以承认差异、保持对立为前提,设法使对立双方互相补充,而对认识事物的质的稳定性作了范围、尺度的规定,以避免"过犹不及"⑤。所以孔子以"君子和而不同"⑥,要求不盲目符合,要敢作敢为,不要使两端崩溃,要使两端归诸中正。只不过在思维方式的辩证法上,道家情怀的思维方法注重追求"本真"精神,而儒家情怀的思维方法则注重追求"本善"精神。

思维方式的辩证法是对客观辩证法的反映。它通过概念、判断、推理的辩证运动,标注了人类思维发展的一般进程。儒道情怀的并行、交融,就体现了思维形式的辩证法。在历史的长河中,它有助于士人们为了探明人生的真谛与意义,在问题意识驱动下,将感性经验固有的经历中的感受、效验,进行逻辑的改造,继而在理性思维上,从把握经验外在的"实象"深入到内在的"理"上,以具有超前性和预测能力的不同认知模式,在确定性的奋斗与灵活性的变通之间,自觉地适时调整自己的人生轨迹,既可大张旗鼓地"正名实而化天下",又能大辩若讷地"安时而处顺",使积极进取的"工作状态"与恬淡安然的"休闲状态"各施张弛,并使儒道情怀从个人体验成为思想,成为文化,成为思维方法。

---

① 《论语·里仁》。
② 《论语·雍也》。
③ 《论语·八佾》。
④ 《论语·宪问》。
⑤ 《论语·先进》。
⑥ 《论语·子路》。

马克思曾经说过:"每个原理都有其实现的世纪。"①正是因为"任何一个文化理念的产生,都必然有一个背后的文化支撑,体现了一种集体性思考,并在历史的积淀中,以稳固的具有本文化特质的思维方式,形成了具有公理性质的价值判断"②,因此,儒道情怀的思维方法论意义在于,在现实生活中,不绝对地肯定一切,也不绝对地否定一切。因为事物的对立都是相对的,都有它形成的条件性,因此在思维判断中,必须要把相对的"对立"从事物本身的静态是非判断中抽取出来,放到一个动态的是非判断中,使得对立双方的矛盾性质在事物的发展变化中具有一定的同一性。这样就可能从肯定中看到否定的因素,肯定包含着否定;从否定中看到肯定的因素,否定有助于肯定。从而以此谋求合理解决矛盾的途径。

这种思维方法的积极意义还在于,在保持生命的韧劲中,还必须以此避免走向极端,流于滑头主义和夹缝人格。亦即,既要"反经行权",又要"反经合义":"经者,道之常也;权者,道之变也";"经是万世常行之道,权是不得已而用之"。③ 因此,"工作状态"不鄙视"休闲状态","休闲状态"是为了新的"工作状态";"工作状态"与"休闲状态"都应以积极的界定来得到肯定。

4. 儒道情怀思维方法论的现代价值

应该说,儒家情怀和道家情怀自有其产生的历史背景,通过这旨趣大相径庭的情怀,儒道两家各自抒发了自己对社会、对人生的不同感悟,也各自描述了自己的理想社会,并将之熔铸在自己的社会实践中。基于这一点,作为传统的儒家情怀和道家情怀都有其存在的必然性和合理性,因为,它们本来就是为了满足人的不同需要而创生出来的。即使在今天,它仍然有其存在的合理性,因为,"传统是保存的原则","在早期它并非瞬间兴起。它综合了个体成就的复杂性,这种综合的过程仍然延

---

① 《马克思恩格斯选集》第 1 卷,人民出版社 1972 年版,第 113 页。
② 张晓芒:《文化交往中的公理问题》,载《南开学报》,2005 年第 6 期。
③ 《朱子语类》卷三十七。

续至今,而且将保持到不可预见的未来"。①

而文化理念,是人们最一般的生活方式的观念表现。人类活动本应是自主、自由、自觉的,文化理念对于人们的生存活动的规范或制约作用也应表现为如何自主、自由、自觉。这就涉及如何选择的问题,以使最符合自己价值理想的可能性成为自己某个人生时期的主导趋势并争取其实现。

当今的市场经济社会为人的能动性的发挥打开了广阔的空间,人们的社会行为的可选择性空前增大了。但在社会转型期间,随着社会运行结构的变化,许多人的信仰淡化了,道德观念薄弱了,法的精神对许多人形同虚设,许多人只留下了唯一的利益驱动,从而使许多代价现象不可避免地产生,官场市场化,市场官场化,蝇营狗苟之事不绝于耳,许多人忘却了人生还有其价值、意义和终极关怀。但是,一个社会健康、有序的发展,是建立在人们有正确的信仰导向、利益驱动、道德约束、法律强制的基础之上的。这诸多不尽人意的代价现象的存在,客观存在的不平等竞争,势必会使许多人感到失落。

于是,许多人较强的参与意识与参与能力、参与机会不相协调,形成一种无为心态;积极的参与行为与参与质量相差甚远,形成一种失落心态;较强的参与冲动与较窄的参与渠道不相一致,形成一种旁观心态;较高的参与热情与所具备的理智不相适应,形成一种盲从心态。

此时,儒家情怀在鼓励人们积极向上、建功立业的同时,道家情怀也许会抚平一些人的不平衡感。因为,人也许无法选择、安排自己的一生道路,但人仍然可以转换思维方式,选择自己的价值取向与行为方式。如何抛弃浮躁名利,在竞争性的互动选择中多一些超脱豁达?不同的"生活的样法"可以成为人自我身心和谐的调节阀。因此,如何选择自己某个人生时期的价值理念,既决定于自己对社会的认识,也决定于对自己的认识、对一种思维方式的认识。儒道情怀的思维方法论提供了一种选择的智慧。

现代社会无疑是一个竞争激烈的社会,无处不在的竞争意识无疑要

---

① 蓝德曼:《哲学人类学》,工人出版社1988年版,第281、282页。

对人们的认知心理、行为选择产生强大的压力。如何排除各种各样的内在心理的和外在环境的障碍,作为如何选择的意志,是自由的。但这种自由并非是随意的,从对客观事物规律的认识来讲,"自由不是在于幻想中摆脱自然规律而独立,而在于认识这些规律,从而能够有计划地使自然规律为一定的目的服务……因此,意志自由只是借助于对事物的认识来作出决定的那种能力"[①];从对如何实现人生价值的角度讲,"行动的结果是对主观认识的检验和真实存在着的客观性的标准"[②]。因此,真正的选择意志自由只有在社会实践法则与自我规范下才是现实的,是将"精神的自由的本性和法的本质"统一起来[③],是合乎实践理性的自由。如果无视这一点,任何为所欲为的"冲动"或极端消极的"安慰",都会将合乎实践理性的"工作状态"与"休闲状态"的和谐变成绝对化的梦魇。

这既涉及当代人在社会转型期间,以什么样的"活法"为自己营造一种自由自觉的具有主体性和创造性的生存方式,并导引出自己的理想、信念、价值观念、人生意义的追求;也涉及选择过程中对于一种思维方式的心理认定问题。

即其一,生存方式问题是人"何以"生存和"怎样"生存的问题,它不仅取决于人的生存能力和生命信念、生存处境和生命意向、生命表现和生存体验的动态统一,而且以人生意义的追寻和领悟为价值旨归。这显然离不开人对其生存、生活的自我理解和批判。因此,当一个人可以大展宏图时,当然要"不用扬鞭自奋蹄",将积极的拼搏精神落实为人性之当然;当他自感被边缘化时,也不必灰心丧气,与其歧路亡羊式地彷徨,莫如解除精神羁绊,默默埋头实干,将"不以物喜,不以己悲"归结为人性之应然。这同样是一种精神体验,"是人与休闲环境融合的感觉,是人的社会性、生活意义、生命价值存在的享受",从而继续"构建意义的世界和守护精神的家园",使"心灵有所安顿,有所归依","从而形成一种对社会发展进程有矫正、平衡、弥补等功能的人文精神力量";从而在表

---

① 《马克思恩格斯选集》第 3 卷,第 153—154 页。
② 列宁:《哲学笔记》,第 235 页。
③ 黑格尔:《法哲学原理》,第 55 页。

现自己"智力、玩的能力、对美的欣赏能力、价值判断能力、心理承受能力、社会交往能力"的过程中,在"自我心境与天地自然的交流与融合"中,"体悟精神世界与客观世界的和谐统一"。①

亦即其二,人类精神生活最重要的前提就是思维过程中的预设,并以这种预设预演出其后的生活样法,即活动的目的和实现目的的手段。这种预先设想的活动应该是一种思想探索与实验,它能够对自己以往的活动进行批判性的考察,从而在理论上和实践中扬弃自己的活动。儒道情怀之所以仍然可以说是现代人生活样法的选择中最思辨的问题之一,就在于当现实生活中的各种实际问题被提出来需要思考如何解决的时候,儒道情怀的思维方法就以历史经验的效用性及意义,一定可信度的逻辑联系,具有一定的可操作性,能够使我们在心理上认定它们。从而在多种价值之间可以通约的前提下,以价值理性制约工具理性,选择最符合自己价值理想的可能生活方式;从而以自我扬弃的精神,为自己的新的生活方式注入新的意义。因此,在这种预演的过程中,无论怎样的选择,都不是思维的反常,而是思维方式的辩证法,是在处理价值观念、生活方式问题时所持有的多样性共存的宽容态度,体现了思维方式中"一"和"多"的关系。

如是,如果我们能够对儒道情怀进行新的解释,灌注进新的文化生命力,使之转化为当代的文化理念,无疑可以重新创造出适合于解决当前许多人生问题的文化理念来。因为,"文化传统存在着多种差异性和不一致性,不可能存在着一个统一的评价各种文化谁更好的标准,也不存在一种能够统一一切文化理念的文化理念"②。

总之,任何具有广阔可能性空间的文化理念,都包含着丰富的解决问题的方法,从而使之以较大的弹性以应对各种挑战,并使之具有历久弥新的生命力。因此,儒道情怀思维方法论的现代启示是,工作理念与休闲理念作为精神的态度,都是驾驭自己的思维能力。面对当今社会激

---

① 马惠娣:《人类文化思想史中的休闲》,载《自然辩证法研究》,2003年第1期。
② 陈晏清、赵前苗:《后形而上学转向与政治思维方式的变更》,载《天津社会科学》,2006年第1期。

烈的竞争态势,应以我们民族几千年来所擅长的辩证思维方式思考:"天行健,君子以自强不息"[1],因此,德业不可以有终极之时;"地势坤,君子以厚德载物"[2],因此,以返回刚大为其归宿。工作——追求生命的价值;休闲——寻找精神的家园。

---

[1] 《易·象传·乾》。
[2] 《易·象传·坤》。

第三章　批判性思维的基本要领

美国总统布什2006年曾在芝加哥的一次记者招待会上,就多边外交政策所造成的挑战说:"你们知道,外交的问题是,做一件事要花很长时间。如果你是单独行动,那就可以前进得更快。"问题是,在这"前进得更快"的步伐中,是不是遵循了国际法的轨道?

报载一少年能将《老子》五千言"倒背如流"。虽然老子的"正言若反"体现了辩证的思维方法,但对老子思想的理解肯定不是"倒着念"来理解的。因此,人们完全有理由对这种"倒背如流"提出疑问:它对于弘扬传统文化有没有意义?

波普尔曾经说过,科学开始于问题。其实,一切思索都开始于问题。在怀疑精神的基础上,怀疑的心理机制能够引起定向探究反射,有了这种反射,思考也就开始了。其所能带来的是在接受一种事物或认识时的不确定和再思考。这是对盲从的一种主体性觉醒。一个事物或认识只有被怀疑,才会被关注,被思考。一些怀疑通过思考走向肯定和认同,一些怀疑则因思考而深化,并通过批判而达到创新。因此,怀疑精神是科学精神的重要因素,是创新思维的前提。具有怀疑精神是防止思想僵化、停滞、狭隘、片面,使思维保持内在活力的主观动力。具有这种动力,批判性思维就开始了它的历程。

一、疑者,觉悟之机——思维须质疑

当今社会是一个信息爆炸的社会,面对铺天盖地的各种信息,我们是照单全收,还是有选择地接受?我们能否适时提出自己的疑问,变被动接受为主动选择?能否养成问"为什么这样"、"是不是这样"的习惯?怎样既批判性地认识问题,也批判性地认识自己?这些都是批判性思维所要回答的问题。

所谓"批判性思维"是由英文"critical thinking"直译而来,是20世纪80、90年代在北美和欧洲的"非形式逻辑与批判性思维运动"中被提出的,在西方又称"论证逻辑"、"非形式思维"等,有审视、质疑、分析和判定等含义。批判性思维致力于研究人们在日常生活中普遍使用的非形式化推理和论证的方法、规则和模式。它以对论证作多方面的、反思性的分析与考察,弥补了普通逻辑学从正面去识别、重建论证以及分析、评价论证的不足。它要求人们对获得的知识和信息不能盲从,不能简单否定,要经过认知主体大脑的独立的思考来进行分析、评价,有理由地作出判定。

其实,批判性思维仍然是以逻辑学的原理和运用为学理基础的,同时又与心理学、伦理学、哲学等学科广泛交叉融合,属一门广义的逻辑学和以思维问题为核心的交叉思维科学方法论。①

1. 批判性思维的兴起与发展

在人们的实际思维中,逻辑思维发挥着巨大的作用,但逻辑学作为抽象的、形式化的思维工具,与人们的日常生活和思维活动还是有距离。一是逻辑学的形式化系统在丰富性、灵活性及实用性方面无法逼近自然语言。二是逻辑学研究的核心问题是推理和论证的有效性,即在前提为真的条件下,确保结论也为真的推理模式。"但在人们的日常生活中,有效逻辑推理可能发生的条件和适用性有限,大多数情况下,人们并不关心论证和推理是否在逻辑上严格有效,只关心在直观上是否合理,即前提能否为结论提供足够的支持。所以,逻辑思维在人们的实际思维中,还不能够涵盖日常生活中大量运用的推理和论证模式。"②

---

① 对"批判性思维"的理解曾与南开大学哲学系田立刚先生进行过讨论。
② 朱京:《非形式逻辑的兴起与发展》,载《哲学动态》,2003年第10期。

图尔敏在他的《论证之用》一书中,批评了逻辑学研究的数学化、抽象化和远离现实生活的倾向,主张逻辑学应该关注人们在日常生活中的推理与论证实践;逻辑学研究的核心是对论证的合理评价。在他看来,一个论证不只是前提、假设与结论之间的形式化模式,应该更为广泛地理解为各种主张、断言、数据、理由、反例和确证等之间的灵活、丰富的相互作用与关系。这就为日后的批判性思维(非形式逻辑)的兴起清除了观念上的障碍。

澳大利亚哲学家哈姆林于1970年出版了《谬误》一书,考察了历史上及人们在思想交流中经常会出现的一些似是而非的推理和论证,认为我们在理论上缺乏对各种谬误的适当的理解和分类。这本书为批判性思维的兴起直接提供了理论上和技术上的推动。其后,西方出版了一批逻辑教科书,其视野不再局限于传统逻辑,而是强调逻辑要从现实生活中来,并面向现实生活。它表现在例证上,就不是刻意的、简单化的、无语言歧义的、结构良好的人工案例,而是更多从真实生活的各类文本(如电视、报刊、书籍和其他公共媒体)中挑选出来的案例。如今,批判性思维也走进了中国思维科学研究、教学的领域。

2. 批判性思维的性质

关于批判性思维"是什么",有不同的理解与解释,主要有如下几种:

(1)逻辑解释。强调理智的人文性和训练性特征,认为理智是人类的显著特征,处理问题的理智能力是可以通过训练培养、发展和提高的。批判性思维被认为是面对做什么或相信什么而作出合理性决定的一系列思考技能和策略。"合理性"是计算、分析、估测;"合理性决定"是通过理智的运用对做什么或相信什么所作出的决定;"批判性"是洞察力、辨别力、判断力,还有敏锐、精明的意思。因此,批判性思维既包括发现错误、查找弱点等否定性含义,同时又关注优点和长处等肯定性含义。关注焦点是如何作出明智决断。

由于在整体性的思维能力中,最基础的仍然是逻辑思维,因此,这种解释意在突出逻辑工具在思维训练中的作用,强化亚里士多德的"智力训练、交际会谈和增加哲学素养"①传统,以提高应用分析、综合或估价由观察、实验、反省、推理、交流中所获得的信息的能力,指导信念和行动的智力训练过程。

(2)修辞解释。认为合理性论证不仅是合理的,而且是正当的。一旦从理由的正当性开始考虑,合理性就不仅是一个逻辑性的概念,而且是一个社会性和文化性的概念。因此,论证的说服力和听众的接受力应成为关注的对象。

(3)辩证解释。认为合理的或正当的决定是在合乎道德原则的有效的商议与对话过程中作出的,论证不只是一方说服另一方的手段,更是对话双方进行沟通、发现共同目标和愿望、解决分歧和冲突的工具,"是人们就给定的一个主题,以理解和辨识不同的看法来帮助他们确定争议所在的一个交往过程"。

如果以第一种解释为基础,再融进第二种和第三种解释的内容,我们在理解批判性思维的过程中,就不会抛弃最基本的逻辑思维,而会在其基础上,通过思维训练,彰显思维是一个如何认识真理、有效沟通的整体的认识过程;彰显理智如何是一种运用经过训练的智力解决问题的能力;彰显推理论证的过程如何是运用智力解决问题或确定行动方针的过程。从这个意义上讲,一种综合定义就值得引起我们的注意:"批判性思维是以批判精神为基础的,对思维的对象所包含的判断和论证进行解释、分析、评估、推理、说明和自我规范的综合认知能力。"②

3. 批判性思维的研究内容

这仍然要先从批判性思维如何界定说起。虽然目前还没有一个无争议的界定,但是有一些共同的立场:

(1)关注运用于现实公共生活的、真实的、基于自然语言的论证,这些论证往往具有天然的含混性、歧义性和不完备性。

---

① 苗力田主编:《亚里士多德全集》第1卷,中国人民大学出版社1990年版,第355页。
② 雷笑瑜:《论批判性思维的界定与培养方法》,南开大学哲学系2006年硕士论文。

(2)将论证看做是一种辩证过程、交互式文本,而不是判断语句之间静态的形式化关系。

(3)对是否仅靠演绎逻辑和归纳逻辑就能充分刻画所有的(甚至是主要的)合乎逻辑的论证模式,应持怀疑态度。

(4)既认为评价与分析论证存在一定的规范、标准,而这些规范和标准是逻辑的,不是修辞的;又认为演绎有效性、归纳强度等普通逻辑的基本概念不足以刻画论证的丰富性和多样性。

(5)力求发展一种超越演绎与归纳的更加全面、完整的关于推理的理论。

(6)认为对非形式化谬误的研究应该是逻辑学研究的一个重要部分,一个关于论证本质的基本理论应该能够为理解各种非形式化的谬误提供合理的框架。

(7)对逻辑的学习,不应该只是把普通逻辑作为分析、评价和建构论证的主要载体,逻辑学训练应该有助于培养人的批判性思维以及分析与解决问题的能力,能够对人们的社会生活产生更显著、更直接的影响。

(8)认为从非形式化方面对逻辑推理与论证进行理论探讨,能够对哲学的其他分支,如认识论、伦理学以及语言哲学等,产生积极的影响。①

从这些立场来看,批判性思维的主要研究对象是普通人在现实生活中所使用的真实的论证。它是通过"论证"这个人们用于交流、传播、表达思想的重要载体,来说服并影响他人的观点和立场,并以此进行理性探讨、深化认识。它一方面要致力于发现、分析和发展人们在日常生活中运用与分析论证的标准、程序和模式;另一方面,要从逻辑的根据、背景的根据、常识的根据、伦理的根据出发,寻求、解释、说明一个有效、合理的论证是如何从理由导向结论的。

4. 学习、了解批判性思维的作用、意义和目的

批判性思维可以改善逻辑思维形式化的单调局面,是逻辑思维具体

---

① 朱京:《非形式逻辑的兴起与发展》,载《哲学研究》,2003年第10期。其他观点还可参阅武宏志、刘春杰主编:《批判性思维》,陕西人民出版社2005年版,第11—12页。

应用的深化。其作用和意义体现在：

(1)培养怀疑的素质与意识。

怀疑精神是科学精神的重要因素,是创新思维的前提。

"疑"是什么？其一,是迷惑、犹豫不定。"或之者,疑之也。故无咎。"①强调有时这样,有时那样,故应该审时度势,免于咎害。其二,是疑问、是非不决。"夫礼者,所以章疑别微。"②其三,是是非难辨。"疑似之迹,不可不察。"③

怀疑精神所能带来的是在接受一种事物或认识时的不确定和再思考。这是对盲从的一种主体性觉醒。一种事物或认识只有被怀疑,才会被关注、被思考。一些怀疑通过思考走向肯定和认同,一些怀疑则因思考而深化,并通过批判而达到创新。孔子就认为,君子有九件事要思考、反省,其中之一即"疑思问"④。荀子也认为,人们认识上的通病,是被事物的某一方面所蒙蔽,而不明白全面的道理："凡人之患,蔽于一曲,而暗于大理。"⑤为了纠正这个通病,荀子主张"解蔽"。"解蔽"的过程就是一个解决"心枝则无知,倾则不精,贰则疑惑"的过程。明代学者陈献章则将随时质疑当做认知的一个方法论原则："学贵有疑。小疑则小进,大疑则大进。疑者,觉悟之机也。一番觉悟,一番长进。"

宋代朱熹更以"精思归约"系统阐述了解"疑"的途径和意义。他认为"有疑"是解决问题的起点,可以使人深入研究,有所长进。所以,"精思归约"的过程是一个质疑的过程："读书无疑者,须教有疑;有疑者,却要无疑,到这里方是长进。"无疑至有疑,是治学过程中要提出和发现问题;有疑至无疑,是在学习和研究中解决问题。所以要求"学者……读书须是仔细,逐句逐字要见着落。若用工粗卤,不务精思,只道无可疑处。非无可疑,理会未到。不知有疑尔"。至于如何从"有疑"到"无疑",则要在求学过程中抓住要害："学者工夫,但患不得其要。若是寻究得这个

---

① 《易·乾·文言》。
② 《礼记·坊记》。
③ 《吕氏春秋·疑似》。
④ 《论语·季氏》。
⑤ 《荀子·解蔽》。

道理,自然头头有个着落,贯通浃(透,遍及)洽(广博,周遍),各有条理"。如此才会释疑解惑,有所长进:"此语或中或否,皆出臆度,要之未可遽(匆忙)论,且涵泳(深入体会)玩索(体味思索),久之当自有见"。①如不同的文字"最可观",因为两者中"必有一真"。如何认识"必有一真"? 这是解决是非疑惑的大问题,"盖天下只有一理,此是则彼非,此非则彼是,不容两立。故古之圣贤……日用之间,应事接物,直是判断得直截分明,而推以及人,吐心吐胆,亦只如此,更无回互(回环交错,指壅塞)"②。朱熹的这种认识,不但解决了如何由精思到归约的过程,而且"此是则彼非,此非则彼是,不容两立"的说法,也是继韩非以来,对认知必须遵守矛盾律原则的又一个注脚。

古代西方对于怀疑精神的高扬也是源远流长。古希腊智者学派在讨论和辩论方法上多采用对立和批判的态度,但其学术思想和表达方式往往重破不重立。而苏格拉底的方法论,首先就是一种怀疑的方法,并以此确定了"知道自己无知"的重要命题,只有感觉到自己的"一贫如洗",才可能从贸然的意见中解放出来,才能在讨论问题的过程中,通过各种意见的对立和冲突,从中不断揭露矛盾、克服矛盾,最后达到真理。因此,这个命题所包含的思想,就是认识从质疑开始,以批判结束。连被火烧死前仍然高呼"火并不能把我征服"的布鲁诺也认为,哲学研究的第一步应当是怀疑。③

怀疑还是破除成见和思想障碍的手段。培根"四假相"的普遍意义就在于,认识的复杂性、曲折性、主观性、片面性。④

怀疑是人类认识发展过程中的一个环节,没有怀疑,就不能发现新的真理。笛卡尔在其《哲学原理》的第一章"人类知识原理"中,开篇就说:"要想追求真理,我们必须在一生中尽可能地把所有的事物都怀疑一次。"⑤

---

① 《朱子语类》卷八、卷五。
② 《朱子语类》卷十、《朱文公文集·答刘季章》。
③ 参见冒从虎等:《欧洲哲学通史》(上),第 88 页、第 100—101 页、第 300 页。
④ 参见冒从虎等:《欧洲哲学通史》(上),第 321 页。
⑤ 笛卡尔:《哲学原理》,商务印书馆 1958 年版,第 1 页。

怀疑精神需要的是主体的自觉意识、科学勇气和心灵自由。黑格尔就认为,怀疑往往产生于这样的心灵,它不满足于简单地接受一种所谓权威公认的理论、技术或体制,它还需要对它们真正的理解和确认,"天真的心灵所抱的态度是简单的,它十分信赖地坚持大众所接受的真理"①。也只有保持必要怀疑的人,才会使思想更敏感,观察更敏捷。

(2)培养问题意识。

毋庸置疑,合理的怀疑、否定是认识发展的一个环节。一切思索都开始于问题。在怀疑精神的基础上,怀疑的心理机制能够引起定向探究反射,有了这种反射,思考也就开始了。爱因斯坦就曾说过:"正确地提出一个问题,比解决一个问题更重要。"②提出问题,就是解决问题的一半,而只有怀疑才会提出问题,引起思考。但是怀疑不是盲目的,它需要知识和智力的支持。因此,一个高质量的提问需要丰富的知识积累和深刻的思考和想象。因此,在培养批判性思维能力的过程中,一定的知识,尤其是逻辑学知识是必不可少的。问题意识也只有在一定的知识积累基础上才能激发怀疑,提出真正的问题。

(3)培养批判的精神。

其实,质疑的过程就是一个批判的过程,批判是怀疑精神、问题意识的继续和超越。它建立在批判的态度和观念基础上,"随时准备对所面对的各种观念和主张进行评估,以便确定什么样的信念最适合我们已经形成的准则;不断发展对周围世界进行理解的阐释,积极地探索对所提供的阐释可能提出质疑的信息;对信息进行分析综合以便更有效地作出决定和选择"。古希腊普罗塔戈拉所提出的"人是万物的尺度,是存在者存在的尺度,也是不存在者不存在的尺度"③,就是以人本主义对传统神学的批判,神意不再是衡量事物的尺度。在欧洲文艺复兴时期,怀疑精神成为人本主义的一个重要内容。由强调知识的相对性,破除人们对绝对真理尤其是神学的迷信;由强调知识的变化性,促使人们去探索新

---

① 黑格尔:《法哲学原理》,第3页。
② 《爱因斯坦文集》第3卷,第323页。
③ 北京大学哲学系外国哲学教研室编:《西方哲学原著选读》上卷,商务印书馆1981年版,第54页。

的知识。① 康德把自己的哲学定名为"批判哲学"是有其历史原因的。

其实,"批判"并不是一个贬义词,只是一个"评论是非"的中性词:"而说今天有个人在那里批判罪恶,固不可,说道全无主之者,又不可"②;"评论先代是非,批判未了公案"③。虽然批判本身并不意味着正确和真理性,但批判意味着可能是从不正确走向正确的一个契机或新的开始。因为,在科学认识的道路上,有时一个积极的否定远比一个消极的肯定更有助于我们真实地认识问题的本质和规律性。在问题意识和知识积累基础上的积极否定态度,就是批判精神。

(4)培养平等交流的精神。

批判精神是一种平等交流的精神。因为批判的功能是科学讨论,批判就是研究,就是讨论,是思想的交锋,是思想的互补和互动,是通过交换达到思想的完整和提升。"它既是自己观点的输出,也是他人观点的输入。"④因此,批判的过程是一个重新认识的过程,它所尊重和维护的只是真理的正确性和论证的有效性;它所唾弃的也只是妄自菲薄的盲从、迷信权威。

(5)培养理性分析、探索的精神。

批判精神还体现为一种理性的探索精神。批判过程就是一个甄别的过程,是把最初的疑问上升为理性的判断。18世纪,牛顿力学已成为统治一个时代的普遍的思维方式,但没有对其的突破,也就不会有以后的自然科学的进一步发展。⑤

如果说怀疑精神需要的是主体的自觉意识、科学勇气和心灵自由,那么批判精神需要的是更深厚的知识背景和智力的支持,以及严谨的态度。一个知识背景薄弱的人可能会产生真正的怀疑,但绝不会产生真正的批判。批判就是有理有据地把正确和错误、合理与不合理区别开来,把真实的矛盾和问题凸现出来,并指出问题的要害和症结所在,打破社

---

① 参见冒从虎等:《欧洲哲学通史》(上),第277页。
② 《朱子语类·太极天地》。
③ 少林寺西堂法和塔铭。
④ 何云峰:《论批判性思维》,载《社会科学辑刊》,2000年第6期。
⑤ 参见冒从虎等:《欧洲哲学通史》(下),第2—3页。

会对问题的习惯性的认识和依赖,从而引起对问题的集体性关注;使社会重新认识似乎是理所当然的事物,从新的高度重新评价它们的合理性与价值,从而作出新的选择。因此,批判不是目的,只是一个过程、一种手段,它的主要任务就是对错误的、不合理的、不完善的事物加以批评和分析,使人们不再习以为常地接受错误的观念,而是在过程的探索中体会"发现"、"创新"的喜悦。故而,批判性思维所培养的是理性分析的习惯。

(6)培养宽容的精神。

应该说,怀疑是一种消极的自由,批判是一种积极的自由。之所以说是积极的自由,在于批判性的思想更需要宽容。没有宽容就没有真正的批判。而宽容是建立一种平等的对话关系,意味着共同的探讨,意味着发言机会的均等和公平。

但宽容不是无原则的认同,而是对不同意见存在的认可。从思想交锋上讲,宽容意味着交换和讨论;从社会功能上讲,宽容是保障稳定的安全机制。

而真正的批判必须承认自己也是一种有限理性,存在难以避免的缺陷和局限。批判必须接受可能的被批判。批判需要自信,但绝非自负。

(7)培养创新精神。

批判的过程是一个评价的过程,它要求思维主体在对思维对象的本质、属性和规律认识的基础上,把自身需要的内在尺度运用于客体,对主、客体之间的价值关系进行评判,进而品论是非高下。如"嵘品古今诗为评,言其优劣"①。它的目的在于发现问题,并通过理性的批判性思考,通过缜密的思维、严谨的分析、深刻的判断、丰富的想象,以科学的态度以及广博的知识,深入到事物内部去寻求问题产生的原因和机理,并力图找到改进的可能性和可行的方法。同时,批判还要为自己找到令人信服的根据和理念。而这一切都是为了在批判旧模式、旧理论、旧方法的同时,提供新模式、新理论、新方法,并最终创造性地解决问题。

---

① 《南史·钟嵘传》。

(8)提高批判性思维的能力。

应该说,批判性思维是一种对论证是否合理、有效的评价态度。但它仍然是一种思维活动,仍然具有工具性。虽然它本身同样不能直接给人们提供各种具体的科学知识,但通过上述各种精神的培养,它可以为人们进行非形式的思考、表达和论证思想,探求新的知识,提供必要的思维手段和方法。

同时,这种工具性也强调技巧和技能的训练,必须在实践中提高运用批判性思维的能力,也就是在面对"做什么"和"相信什么"时,且有作出合理决定的独立思考和判断能力。罗素说的好:"我们无法对自己所追求的目标,或对自己所采纳的伦理原则作出科学的证明。只有从一开始就承认某些伦理前提,才能够着手论证。……无论其伦理前提是什么,基于这个基础都可能产生出种种论证,以表明我们为什么应当采取这样或那样的行动步骤。需要注意的重点是,如果没有一个含有'应当'的前提,就不可能推导出一个告诉自己应当做些什么的结论。"[①]从中我们可以得出一个新的结论:批判性思维所关注的就是如何理解、分析、重构,特别是评估实际思维中含有"应当"前提的各种推理和论证的能力。这些能力包括对问题的质疑能力、分析能力、解释能力、说明能力、自我调节与规范能力等。它们可以通过一系列与理解、分析、评估论证相关的技术和策略,以及有步骤的训练程序,使我们对所接收的各种信息作出系统的估价,并基于这一评价形成自己的新的认识。因此,批判性思维的各种能力又可归结为一点,即"评价能力",并以此形成批判性思维的基本要领——评价性。

这种评价性在经验性、描述性、规范性的思维过程中,启示人们"应该"怎样合理地进行思维、交流、传播与辩论。它以"是不是"、"行不行"、"可不可"的两问态度,对予以质疑的任一论证的论证效果、论证方式、论证意图、论证目的等进行评价和说明。如果回答是肯定的,就对所评价的论证起到了支持作用;如果回答是否定的,就对所评价的论证起到了反驳作用。因此,所谓评价,就是要对予以质疑的任一论证的论证

---

① 罗素:《西方的智慧》,文化艺术出版社1997年版,第682页。

效果、论证方式、论证意图、论证目的等是否正确合理具有判定性。而这也就是一个"品头论足"的议论是非的过程。因此,"评价"以疑问句的形式出现是有其理据的。

我们的每一个思考、认识,都希望能够回答一个问题,澄清一个疑问,理清一种想法,表明我们是如何认识、理解这个世界的。而在认识世界的道路上,只有以对自己负责的态度,才能提出质疑,才敢于批评。"果真如此吗?"通过这种对回答问题和澄清疑问的要求,使任何"提问"和"回答"都具有建设性,聪明与才智才能调动起来,才能去创造。由于批判性思维贴近现实生活,注重实用性,使之在今天的思维科学的研究、教学和学习中扮演着一个重要的角色。因此,对于它的学习和训练,有助于提高批判性地分析、评价与建构论证的技能,识别形形色色的逻辑谬误和诡辩,培养建设性地进行理性交流与探讨的习惯。

一般对于批判性思维的理解与分析,大部分是以怎样思索问题、怎样寻求理由、如何评价假设、如何判定预设、如何衡量标准、如何分析论证错误等进行的,而这些问题又总是以概念、判断、推理的形式出现的。因此,本章将这些评价归纳为概念的问题、判断的问题、推理的问题进行分析。

由于如今每年都要进行一些社会综合能力考试中,其题型基本上是以削弱型、支持型、前提假设型、结论型、解释型、评价型出现的。但无论哪种题型,每一个逻辑试题都可以看成是一个论证,都有论题、论据、论证方式。问题也是围绕这些来设问的。而每一个选项都可视为是围绕这个论证展开评价的。因此,它们包含大量批判性思维应用方面的内容。所以,本章将主要采用社会考试中的各种题型与现实生活中各种问题相联系的方法,分析批判性思维的基本要领。

二、寸玉之间有瑕璃——怎样评价概念是否正确

概念是思维的最小单位,在沟通交际中,概念使用是否准确或概念理解是否清晰,关系到一个交际过程能否顺利进行。如当前一些商家为

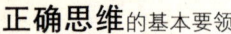

了推销商品,经常以"买一送一"的广告招徕顾客,我们如果没有准确、清晰地提出批判性的疑问:"两个'一'是不是同一个概念",就可能花钱买气生。因此,评价在辨析概念过程中的作用与意义就是,所使用概念是否存在问题?如何解决这些问题?

我们曾在第一章第三节对"高雅艺术"概念的使用提出疑问。正是由于这个概念的使用缺乏一种明确的内涵界定,因此,只从外延对其大致划一个范围,仍然不能明确它就是相对于"通俗艺术"而言的,其模糊性反而会给人带来恶感。

在社会逻辑考试中,许多试题的"问题"就是由概念使用是否准确引起的。

例如,有一种观点认为,到 2010 年,与发达国家相比,发展中国家将有更多的人死于艾滋病。其根据是:据统计,艾滋病毒感染者人数在发达国家趋于稳定或略有下降,而在发展中国家却持续快速发展。到 2010 年,估计全球的艾滋病毒感染者将达到 6000 万到 1.3 亿人,其中的 70% 将集中在发展中国家。

这一观点缺乏充分的说服力。因为,同样权威的统计数字表明,发达国家的艾滋病感染者从感染到发病的平均时间要大大短于发展中国家,而从发病到死亡的平均时间只有发展中国家的 1/2。

以下哪项最为恰当地概括了上述反驳中所使用的方法?

　　A. 对论敌的立论动机提出了某种合理的质疑。
　　B. 指出论敌把两个相近的概念当做同一概念来使用。
　　C. 对论敌的论据的真实性和引用数据提出质疑。
　　D. 提出一个反例来反驳论敌的一般性结论。

论证中,反驳者适时提出批判性问题:"所使用概念是不是同一个概念?"进而指出"感染者人数"与"发病者人数"是两个本质属性完全不同的概念,批判性地评价了论证者混淆了相近的两个概念。因此,正确选项是 B。

又如,某人想找一份工资较高的工作。一天他看到一幅招聘广告:"本公司现有员工 19 名,现诚聘 1 名技术工人。本公司人均月薪 3200 元以上。"于是他前去应聘并被录取了。但他第一个月拿到的正常月薪只有500元。他说该公司的招聘广告说谎。但该广告确实没有说谎。

增加以下哪一项最能解释上述事实?

A. 这个公司本月效益不太好。

B. 他的工作小有瑕疵。

C. 他与公司经理关系不太好。

D. 该公司的平均工资是这样计算出来的:经理月薪25000元,经理秘书月薪15000元,两名中层主管月薪10000元,其他员工月薪500元。

E. 这个公司是一个高技术公司。

期望与现实所以出现矛盾,是因为在客观的描述中,求职者只就一种意义思考问题,因而忽略了一个细节,即"正常月薪"与"人均月薪"本来就不是一个概念。当他以自己的思维方式理解问题时,只是无选择地汲取各种数字性信息,没有适时评价这些信息是否与自己的期望一致。因此,选项D解释了题干所设定的事实。至于对其他选项的评价,选项A、B、C与"正常月薪"相抵触;选项E与题干所问不相干。

又如,根据男婴出生率,甲和乙展开了辩论:

甲:人口统计发现一条规律:在新生婴儿中男婴的出生率总是摆动在22/43这个数值,而不是1/2。

乙:不对。许多资料表明,多数国家和地区,例如俄罗斯、日本、美国、德国以及我国台湾地区都是男人比女人多。可见,认为男婴出生率总在22/43上下波动是不成立的。

分析甲乙的对话,下列哪一个选项能说明甲或乙的逻辑错误。

A. 甲所说的统计规律并不存在。

B. 甲的统计调查不符合科学。

C. 乙的资料不可信。

D. 乙混淆了概念。

E. 乙犯了自相矛盾的错误。

对此争论,我们可以对论证的前提概念提出批判性的评价:"男婴出生率高"是否意味着男人一定比女人多?他们的生长过程是否受存活率、相对寿命等因素的影响?有此质疑,乙的反驳就混淆了概念。所以,正确选项为D。而选项A、B、C没有证据断定;乙的反驳也没有任何矛盾,故 E 也不成立。

又如,第一章第三节所讲的"每种轿车女性买主占各种轿车买主总数的百分比与某种轿车买主中女性所占百分比是不同的"问题。当我们感觉到题干似乎有矛盾时,实际上就已经要求我们必须要对题干的客观描述批判性地进行评价,在对各选项进行分析的过程中,只有选项 A 有助于解释题干中似乎存在的"矛盾",即两个排名的依据不同,因此它们不是同一个概念。而选项 B、C、E 都无助于解释这种似乎"矛盾"的现象,选项 E 则背离了题干含义。

又如,甲公司和乙公司都是经营微型计算机的公司。为了在微型计算机市场方面与几家国际大公司较量,甲公司和乙公司在加强管理、降低成本、提高质量和改善服务几方面实行了有效的措施,2006 年的微机销售量比 2005 年分别增加了 15 万台和 12 万台,令国际大公司也不敢小看它们。

根据以上事实,最能得出下面哪项结论?

A. 2006 年甲公司与乙公司的销售量超过了国外公司在中国的微机销售量。

B. 在 2006 年甲公司和乙公司的降价销售的策略扩大了市场份额。

C. 在 2006 年甲公司的销售量的增长率超过了乙公司的增长率。

D. 在价格、质量相似的条件下,中国的许多消费者更喜欢买进口电脑。

E. 在 2006 年甲公司的市场份额增长量超过了乙公司的市场份额增长量。

在对各选项进行分析评价时,选项 A:没有数字表明,不一定;选项 B:题干没有讲降价销售,不能得出;选项 C:题干没有可比的数字,无法计算出增长率来,不能得出;选项 D:与题干无关;选项 E:15 万台和 12 万台表明了这一点,为正确选项。本题最应注意的问题是:不能将"增长率"与"增长量"混淆,从而错选 C。

又如,在过去的 20 年中,美国黑人议员的数量增加了将近 100%,而白人议员的数量则略有下降。这说明,在美国的权力机构中,黑人很快就可以和白人拥有相等的政治权利了。

以下哪项是真的,最有力地削弱了上述论证?

A. 20 年来,美国议员的总额保持基本不变。

B. 20 年前,白人议员的数量是黑人议员数量的近 8 倍。

C. 20 年来,黑人参加政治竞选,仍然受到各种特殊的限制。

D. 20 年来,黑人和白人的中等收入的家庭都增加了大约 80%。

E. 20 年来,黑人中的议员竞选者增加了将近 200%,而白人中议员竞选者的数量则基本保持不变。

百分比给人的影响可能很深刻,但如果没有其后面的绝对数字,它就最可能成为一种思维的陷阱。因此,本题所评价的不是如何发现价值冲突,而是怎样正确理解具体的数字,从而正确理解概念。而这正是选项 B 所承担的。

又如,为了防止利益的冲突,某国国会禁止高级政府官员离开政府后的三年内接受说客的职务。然而一位官员断言,这个限制是不幸的,因为它将阻止高级官员三年的谋生之道。

这位政府官员的结论逻辑地依靠以下哪条假设?

A. 法律不应限制前政府官员的行为。

B. 说客主要由曾在政府担任高级官员的人来担任。

C. 政府的低级官员离开政府后不经常担任说客。

D. 高级官员离开政府后只能以做说客谋生。

E. 现在高级官员离开政府后只允许做三年说客。

所谓"假设",是从理由向结论运动的一个"桥梁",它是以必要条件的面目出现的。即没有这个"桥梁",理由一定不能推出结论。故而对假设的评价过程就是:如果没有某个选项,论证能不能成立? 不成立,选;成立,不选。

选项 D 满足了这个条件。即,如果高级官员离开政府后不是只能以做说客谋生,则就不存在什么"将阻止高级官员三年的谋生之道"了。这也就是正确评价、理解"离开政府后的三年内"以及"高级官员三年的谋生之道"的意义。

选项 A 只是反对这个规定;选项 B 并没有讲是三年内,还是三年后;选项 C 讲的不是政府的高级官员;选项 E 所讲的是三年后了。

正确评价概念的作用与目的在于,借助于对概念的准确理解,我们可以明确某一事物的内涵和外延,从而把它与其他事物区别开来。而在这种评价过程中,既有逻辑的根据,也有背景的根据和常识的根据。

例如,我们在"开篇的话"中所举"三光"之例。有人认为这个商标会使中国人产生惨痛的背景理解。对此明显"带有民族歧视性的标志",国家商标局依照《商标法》第十条第六项"带有民族歧视性的标志不得作为商标使用"、第八项"有害于社会主义道德风尚或者其他不良影响的标志不得作为商标使用"之规定,依法撤消了。①

但有人认为这是"错斩崔宁",因为这个商标其实来源于日本的著名汉方成药"三光丸"。其"三光"取自中国古代汉语中的"日月星"。并责怪不能因古汉语水平不行,因为有抗战时期日本侵略者的"三光"罪行就迁怒于"太阳、星星、月亮"。② 这种"批判"是从评价"误以为某词只有一种意义"上展开的。

但我们可以对这个"批判"进行"再批判"。的确,《三字经》有"三才者,天地人;三光者,日月星"。《庄子·说剑》也有:"上法圆天,以顺三光;下法方地,以顺四时;中和民意,以安四乡。"上述日本在华企业在申注"三光"商标时可能是这个意义。但是,既然"三光"由于当年日本侵略者的"三光"罪行,目前已经不可能只有一种含义了,经"三光"所引起的联想也会有所不同。

联想是由一事物想到另一事物的心理过程,有由此及彼的特点,是对事物或概念进行选择或重组的过程;有跳跃性的特点,只要事物或概念之间具有某种联系,就可以进行联想;有可以整理出一个逻辑顺序的特点,只要有逻辑相关,其思维过程就具有逻辑必然性。按联想最基本的类型"接近联想",当中国人看到日本在华企业的"三光"商标时,无论是从时间上还是空间上,首先会想到的是当年日本侵略者的"三光"罪行,而不管他是否有较高的古汉语水平。

---

① 参见蒋慧玲等:《日企业注册"三光"商标已被商标局依法撤销》,载《现代金融报》,2006年8月22日。

② 参见张从兴:《中国工商局"错斩崔宁"》,联合早报网,2006年8月27日。

因此，我们对上述"批判"的"再批判"就是，概念使用是不是清晰，会不会造成歧义性的理解，其"批判"的假设前提是不是合理有效的？

又据网络载，NEC 手机词库出现了"中国狗"，对这个概念的评价仍然有背景文化的根据，我们期待当事方能正确处理。

每一个词语都有它使用的语言环境，结合语境评价概念使用是否准确，可以使我们从混乱不堪的意义或含糊的定义中，找到质疑的根据。对于当前的一些广告词语，我们尤其应该如此。

三、每疑丹青过其实——怎样评价判断是否恰当

几年前，《每日新报》曾在一篇报道中描述了尼泊尔王宫血案的惨烈：

> 迪彭德拉王储走进台球厅后，用自动步枪冲着天花板西面墙扫射了一通，然后对准站在台球桌东头正与别人说话的比兰得拉国王一通扫射。然后退出台球厅，换了一支枪后又冲进台球厅，再次冲着国王、王后、王子扫射。紧接着又冲进隔壁房间，对着里面的人扫射，四位公主和其他的客人纷纷倒地。之后他又退出台球厅，向王宫内的东花园跑去。不一会儿，王储又第三次冲进台球厅，冲着里面的目标扫射，一名卫兵亲眼看见一个身穿红色沙丽的女性倒在弹雨中。紧接着王储又沿着台球厅和内花园之间的通道，紧追着王后不放，随后就传来一阵枪声……

在读这篇报道时，我们完全可按常识的根据进行评价：在王储开枪的过程中，为什么所有的人都站在那里不动？这个惨烈场景的描述值得怀疑。

在描述性的过程中，一般都会有某种假设或预设，但这些假设或预设有可能在事实判断或价值判断上造成认知内容或认知态度的不同，因而产生"问题"。

例如,几年前在美国发生了轰动一时的"辛普森杀妻案"。当时,警方查获的辛普森杀妻的证据虽然很多,但法庭辩论的结果,却发现众多证据不仅证据链之间逻辑上不严密,而且办案人在侦查过程中违法。最终大陪审团宣布辛普森杀妻罪名不成立。消息公布以后,美国的媒体对公众做民意调查,第一个问题是:你是否认为辛普森是有罪的?大部分美国人回答"yes"。第二个问题是:你是否认为辛普森受到了公正的审判?大部分美国人的回答依然是"yes"。在回答第一个问题的时候,美国人凭自己的生活经验和道德自觉,相信是辛普森杀了人,这是实质正义理念在起作用;但在一个法治社会,辛普森究竟是不是一个罪犯,不能由自己的意愿说了算,要根据法律依据合法的证据,所以美国人在回答第二个问题的时候,转而应用了程序正义理念。①

又如,对于"人权"的理解,对于"恐怖主义"的理解,当今世界无论是事实上还是价值上,还没有一致的看法。如果对此不加评价,我们就可能会用"别人的眼睛"看世界。

应该说,不同文化间的对话、沟通与理解,有一个沟通过程中的心理问题、学理问题、伦理问题。② 如果对此予以关注,媒介就应发挥其不可替代的重要作用。思维活动是一个以思维方式为中介,思维主体与思维对象相互作用的过程。在这个思维过程中,思维方式只是思维主体对思维对象进行思维加工的工具和手段,作为思维主体对思维对象发生作用的中介,帮助思维主体达到思维认识的目的。但思维方式是历史形成的,是历史文化的主观性和客观性的辩证统一。

首先,思维方式是思维主体总结和概括出来的思考问题的规则、程序、步骤和手段等,它们必须通过思维主体的实际运用才能得到实现。所以,思维方式是属于主体而非客体的精神行为。可以说,不同的思维方式是不同文化氛围内的人们通过思维实践"共许"的东西,是他们一切言行的共同的思维"接口"。

---

① 参见许纪霖:《刘涌案改判之争的两种正义》,载《中国新闻周刊》,2003年9月5日。

② 参见张晓芒:《文化交往中的心理、学理、伦理问题》,载《山西大学学报》,2004年第5期。

其次，诚如前述，任何一个文化理念的产生，都必然有一个背后的文化支撑，体现了一种"集体性思考"，并在历史的积淀中，以稳固的具有本文化特质的思维方式，形成一种"文化三段论"。作为其公理基础的是本文化的历史形成的价值判断。因此，任何思维方式都是在一定历史实践基础上形成和发展的，其基础和源泉具有历史客观性，这种客观性体现在不同文化体的人们如何认识客观事物之间的相互关系和规律上，是不同文化体的人们依据客观规律和关系所形成的思维规则、程序、步骤、手段和工具，仍然是"集体性思考"的结果。①

正是由于不同的思维方式的发展受到客观历史条件的制约，具有一定历史时代的特征，所以对其的选择和评价也有其客观性，即任何思维方式的运用有其一定的适用范围和领域。如果超出了这个范围和领域，思维方式就会失去其深入事物内部的能力，失去其作为连接思维主体和思维对象的中介作用。甚至，如果把某种具有本文化特征的价值判断张扬为"终极公理"，则会导致文化短视与狭隘的自负，影响正常的信息沟通、文化沟通。

也正是由于不同思维方式受到社会实践规模和水平的制约，并随着社会实践活动方式的发展而发展，所以恩格斯才说："每一时代的理论思维，从而我们时代的理论思维，都是一种历史的产物，在不同的时代具有非常不同的形式，并因而具有非常不同的内容。因此，关于思维的科学，和其他任何科学一样，是一种历史的科学，关于人的思维的历史发展的科学。"②

基于此，在关注文化间对话、沟通与理解的心理沟通、学理沟通、伦理沟通、公理沟通的过程中，怎样认识不同思维方式的差别，从而营造对话双方都能理解和接受的可以达成沟通的话语，媒介起着不可替代的作用，故而有着义不容辞的责任。这是因为：

首先，如第一章第四节所述，受不同文化心态的影响，媒介对各种信息的选择与评价，往往在很大程度上受其文化机制的认定，以自己的文

---

① 参见张晓芒：《文化交往中的公理问题》，载《南开学报》，2005年第3期。
② 《马克思恩格斯选集》第3卷，第465页。

化眼光来作判断。当其在传播的平台上"失色"、"失声",就会丧失自己作独立判断的能力。为此,我们已经举出了"国际社会"、"集体买春"的例子。

其次,在当前信息化社会,如果人们对媒介传播的信息还有所信任的话,那是因为在潜意识中"相信"媒介所传播的信息具有相对客观性。即所谓的"消息有好有坏,我们要实话实说"。如果违背这一点,连公共媒介都成为实现自己利益的手段,其所带来的危害,并不仅限于被攻击的对象,一旦其"非客观性"被公众识破,这把"双刃剑"将砍向自身。但如今,由于意识形态的不同,强势文化更容易在自己的政治、经济、文化发展受到阻力时,利用媒介的"煽情",以高度情绪化及意识形态的解读,对其他文化的某一点死缠烂打,甚至于"妖魔化"。近年来,美国媒体对中国的正面报道有所增加,但"妖魔化中国"的也不少。特别是由于美国经济不景气,公众有寻求"替罪羊"的想法。加上美国普通民众对中国了解不多,对中国的态度常常处于"钟摆状态",听任政客的炒作与媒体的渲染。① 同样,随着中国经济实力的不断增强,欧洲媒体对中国的关注程度也在不断提高,虽然其正面报道有所增加,但负面报道仍占主导,"基于其批评性特点和长期存在的意识形态因素,其涉华报道给人的感觉就是,不太客观,不太实际全面,更多的是着重于揭露和批评中国的现存问题。实事求是地讲,一个从未到过中国的普通百姓是很难从欧洲媒体报道中了解中国的实际情况的"②。

究其原因,盖为西方媒体多年来所形成的戴着"有色眼镜"看中国的僵化格式,只能以自己的视角来看中国,故而其所看重的不是中国发展的步伐,而是在发展变化中所存在和派生出的问题。这种以偏概全的"报忧不报喜",只会以自己的文化编码影响并误导民众对中国的了解。因此,就连西方人也认为,"西方需要了解中国"③。

---

① 参见刘爱成:《美国大选扯上中国》,载《环球时报》,2004 年 2 月 16 日,第 16 版。

② 参见姚立、施晓慧:《欧洲媒体涉华报道多起来了》,载《环球时报》,2004 年 1 月 30 日,第 7 版。

③ 参见劳伦特·盖茨:《西方需要了解中国》,载《环球时报》,2004 年 2 月 4 日,第 13 版。

最近几年来,在中国不断发现当年侵华日军遗弃的大批毒气弹,世界为之震惊,但日本的媒体却装聋作哑,以"冷漠的方式"应对这一威胁中国人民生命的轰动事件,反而大肆鼓噪"中国威胁论"。① 这种对不光彩的历史"少说为妙"的心态,反映了日本一些人对邻国缺乏诚意。人们完全有理由评价,这样的邻居值得信赖吗? 最终受伤害的恐怕仍然是日本民族及其文化。

　　第一章第四节也已讲述,文化的意义是一个对话,如果意义不被片面地理解,它就是一种平等的交换。因此,保持"平常心",保持开放社会的开放心态,理性对待自己的文化情结,以"完善的拷贝",诠释各自的文化,以期充分利用不同文化资源的支撑,促进不同文化间的相识相知,使之"合规律地"兼容文化的多样性,是媒介在搭建文化间对话、沟通及交流、理解桥梁过程中应尽的责任。亦即,文化的沟通交流,既有如何交流的态度与取向问题,又有如何理解与评价的问题。只有基于对于什么是文化的根本精神及其评价的回答,以及对于文化差异与成因的分析,我们才可以对不同文化的理解与评价更具根本性,才可以用"自己的眼睛"看世界,才能在作出自己的独立判断过程中,正确理解与评价各种事物,给"咱们自己人"一个具有确定性的"完善拷贝"。

　　一般来讲,任何一个论证的假设或预设都是以判断的形式出现的②,因此,对于潜含有疑问假设或预设的客观性描述,我们也只能对其进行批判性的评价。

　　例如,一家超市常常发现有顾客偷拿商品不付款,从而影响该超市的赢利。于是,该超市管理层痛下决心,在该超市安装监控设备,并且增加导购员人数,由此来提高该超市的利润率。

　　下面哪一项对于评价该超市管理层的决定最为重要?

---

　　① 参见张莉霞等:《日本为何这么冷漠——毒气弹祸害中国,日媒体视而不见》,载《环球时报》,2004年6月23日,第1版。

　　② 即使是概念,其定义仍然是判断的形式。甚至就连一个无语言的态度表达,也可以有其潜在的判断。如笔者当年在太原师专第一次上当代文学课时,当老师就一个当代文学问题举出各家观点,然后又说"我自己认为"时,引来一些同学的笑声。这些笑声其实就隐含有一个判断:"你一个师专老师,有什么自己的观点。"为此,我们遭到了老师的斥责。

A. 该超市商品的进价与卖价之比。

B. 该超市每天卖出的商品的数量和价格。

C. 每天到该超市购物的顾客人数和消费水平。

D. 该超市因顾客偷拿商品所造成的损失,与其决定的花费之比。

评价该超市措施最为重要的一点,就是计划实施起来合算不合算。如果成本小于收益,措施能够保证"提高利润率",则合算、可行;如果成本大于收益,措施不能保证"提高利润率",就不合算,也不可行。选项 D 正确评价了该超市的意图与方法,即这个措施可行不可行。

又如,一家实木地板销售商在其合同文本中郑重承诺:"本店所销售的地板绝对是木头做的;负责免费安装,但安装所需材料费除外;免费保修一年,但非本公司过错所造成的损失除外。如有欺诈,本公司愿负法律责任,并付 1000 倍以上赔偿金。本公司保留对此合同条款的一切解释权。"

下面哪一个选项是对该公司及其合同的正确评价?

A. 该公司很诚实,因为它承诺:若发现欺诈,愿付 1000 倍以上赔偿金。

B. 该公司的合同实际上对它的行为没有任何约束力。

C. 该公司所卖地板肯定都是货真价实的实木地板。

D. 从顾客角度看。该公司的合同条款是可以接受的。

正因为有所谓的"本公司保留对此合同条款的一切解释权"的"霸王条款",其潜在的台词是"一切由我说了算"。因此,"该公司的合同实际上对它的行为没有任何约束力"。选项 B 正确评价了这一点。

又如,没有人爱每一个人;牛郎爱织女;织女爱每一个爱牛郎的人。

如果上述为真,则下列哪项不可能为真?

(1)每一个人都爱牛郎。 (2)每一个人都爱一些人。

(3)织女不爱牛郎。

A. 仅(1)。 B. 仅(2)。 C. 仅(3)。 D. 仅(1)和(2)。

如果(1)真,"每一个都爱牛郎",则根据题干"织女爱每一个爱牛郎的人",织女就会爱所有的人。但这与题干的"没有人爱每一个人"相矛盾。排除。

再看(2),题干只是说"没有人爱每一个人"(所有的人),并没有说"没有人爱一些人"(有些人)。所以(2)可能真。

再看(3),题干只是说"牛郎爱织女",由于"爱"是一种非对称关系,所以织女可能爱牛郎,也可能不爱牛郎。因此,"织女不爱牛郎"可能真,也可能假。由于在对(3)的评价中破除了为什么还有"七夕相会"的心理认定,只就"爱"的非对称关系作逻辑分析,故正确选项只能是A。

四、长虑顾后终可继——怎样评价论证是否有效

如第一章所述,任何论证都是由论题、论据、论证方式组成的。而一个有效的论证也必定是由真实的论据经由有效的论证方式导向论题的。因此,对一个论证进行评价时,我们可以提出一整套相互关联的批判性问题:

(1)论题成立不成立?
(2)论据真实不真实?前提假设成立不成立?
(3)理由充分不充分?
(4)前提与结论之间有没有联系或有没有差异?
(5)论证是否符合逻辑的要求与伦理的要求?
(6)推理可行不可行或有没有意义?
(7)存在不存在别的因素影响推理?

例如,我们在"开篇的话"中所举的"稳当"之例。如评价某君的判定标准是"辩证",恐怕"辩证"得过了头;如评价其是"创新",毋宁说其是投机商。今后谁还敢和他"玩游戏"?恐怕都得与其"Game over"。

又如,"开篇的话"中所举的"逻辑教授"之例。在他的一系列推论中,前提与结论之间是否存在着必然的因果联系?不一定。而那位自以为得其真谛的"OK"邻居,就算前提与结论之间存在着必然的因果联系,否定前提是否就必然否定结论?也不一定。

如果 p,那么 q。这是一个充分条件假言判断形式。其前后件的因果联系在人际沟通中必须要真实而有意义。如前述,"如 $2+2=4$,老天

爷就下雨"。2+2的确等于4,老天爷也的确下雨。但正向评价:凭什么2+2=4,老天爷就得下雨? 反向评价:"天行有常,不为尧存,不为桀亡"。老天爷才不管你2+2等于几,它该下雨时就下雨。

又按充分条件假言推理的有效式,肯定前件必然肯定后件;但否定前件不能必然否定后件。否则,如果发烧那就一定生病了;没有发烧,所以一定没有生病? 如是,大多数医院关门算了。

这种梦境般的人生故事,在现实生活中不断上演。

例如,我们在"开篇的话"中所举的孟子对杨朱、墨子的破口大骂。但作为前提的"杨朱为我"与"墨子兼爱",与作为结论的"无君"、"无父",有没有必然的因果联系或有没有差异? 恐怕这种"稻草人"式的联系是以孟子的内心尺度认定的。

又如,有许多大学将硕士研究生的学习年限由三年改为两年。其意图显然是尽快出人才。但这个决策的前提假设是什么? 似乎是只要刻苦并充分利用两年的学习时间,硕士研究生是有精力完成学业的。但是,能不能如愿达到是一个问题。

第一学年,即使努力,连必要的专业课程都学不完,能否为写作硕士论文打下必要的理论基础? 恐怕许多人连要"写什么"都心中无数。"肚里没娃娃,如何生得出来?"①加之,如今许多硕士研究生是跨了本科专业,还需要补充本科专业的一些课程,这就更让他们每天穷于应付各种课程了。第二学年一开始,激烈的竞争态势,就已经迫使大多数硕士研究生必须开始考虑找工作了。连"写什么"还没琢磨好,时间、精力就已经开始转移。如今,一些硕士毕业论文一看就是"早产儿",不是没有原因的。

由此评价这个决策的前提假设,有点"饱汉不知饿汉饥"。

又如,2006年12月,一些西方媒体在新加坡港务局中标巴基斯坦瓜达尔港的运营资格后,大肆演绎,喧嚣"中国争夺瓜达尔港失败,泛亚能源走廊构思遭遇阻力"。但实际上,中国只是援建了瓜达尔港,中国企业

---

① [明]浮白主人辑《笑林》:一士屡科不利,其妻素患难产,谓夫曰:"中这一节,与生产一般艰难。"士曰:"你却是有在肚里,我却无在肚里。"

并没有参与瓜达尔港的运营权竞标。西方一些媒体借此炒作中国"战略意图"的论据丝毫不存在,因此,其炒作论题也当然不成立了。而当2007年3月,瓜达尔港竣工时,巴基斯坦媒体对此作了全方位的报道,西方媒体的报道却很少,并且仅限于消息和通讯,鲜见几个月前的大胆"猜测"和深入"分析"。① 当新加坡港务局成为瓜达尔港运营商后,再炒作中国的"战略意图",那就要闹笑话了。

这种梦境般的人生故事,在各种社会思维能力考试中则体现为思维的陷阱。

自从《行政诉讼法》颁布以来,"民告官"的案件成为社会关注的热点。人们普遍担心的是"官官相护"会成为审理此类案件的障碍。但据某省的年度调查显示,凡正式立案审理的"民告官"案件,65%都是以原告胜诉结案。这说明,某省的法院在审理"民告官"的案件中,并没有出现社会舆论所担心的"官官相护"。

以下哪项如果为真,最能削弱上述论证?

A. 在"民告官"案件中,原告如不掌握能胜诉的确凿证据,一般不会起诉。

B. 有关部门收到的关于司法审理有失公正的投诉,某省要多于周边省份。

C. 所谓"民告官"的案件,在法院受理的案件中,只占很小的比例。

D. 在"民告官"的案件审理中,司法公正不能简单地理解为原告胜诉。

选项A以原告的胜诉率应该高于65%的断定,直接反驳了论题。而选项B的评价显然理由不充足。

又如,谷物在期货交易中,如果预测谷物产量不足,谷物期货价格就会上升;如果预测谷物丰收,谷物期货价格就会下降。今早,气象学家预测从明天开始谷物产区里会有非常需要的降雨。所以,既然充分的潮湿对目前谷物的存活非常重要,因而今天的谷物期货价格会大幅下降。

---

① 参见孟祥麟:《我援建港口让西方没话说》,载《环球时报》,2007年3月22日,第2版。

以下哪项如果为真,将最严重地削弱了以上观点。

A. 在关键的授粉阶段没有接受足够潮湿的谷物不会取得丰收。

B. 本季度谷物期货价格的波动比上季度剧烈。

C. 气象学家预测的明天的降雨估计,很可能会延伸到谷物产区之外。

D. 农业专家今天宣布,一种已经毁坏一些谷物作物的病菌在生长季节结束前会更广泛地传播。

题干的判定形式可以概括为一个必要条件假言命题:"只有潮湿,才会产量足"($p \longleftarrow q$);并且把"潮湿"当作"产量足"的单独条件。而按必要条件的逻辑性质,有之不必然,无之必不然,表明了必要条件指许多条件结合起来才能引起某种结果(只有 p 才 q);没有这个条件,就一定没有结果。因此,必要条件不是单独的。即:

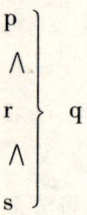

由图可知,要想使 q 成立,需要 p、r、s 都同时成立。所以,仅有 p 时不一定有 q(因为也许没有 r 或 s);没有 q 时也一定就没有 p(因为没有 r 或 s 时,也就没有 q)。

选项 D 就指出了单靠"潮湿"这个单独条件,未必就"产量足",这就严重削弱了题干的观点,以弱化论据的方法,评价了题干的推理论证不可行或无意义。

又如,教学生有效地使用计算机是很重要的,因此,学校应给学生开设计算机程序设计课。

以下哪项如果为真,最能削弱上面的观点?

A. 只有有效使用计算机的人才擅长程序设计。

B. 只有精通程序设计的人才能有效地使用计算机。

C. 一些有效使用计算机的人并不会编计算机程序。

D. 绝大多数能编程序的人能有效地使用计算机。

题干的论证方式是必要条件假言推理:

只有会程序才能有效使用计算机。($p \longleftarrow q$)

最能削弱这个论证的,莫过于用这个论证方式的负命题指出原来的论证关系并不成立,从而评价了原论证方式的前提与结论之间没有联系。即选项 C:

¬($p \longleftarrow q$)——¬$p \wedge q$(不会程序但能有效使用)

又如,"常在河边走,哪能不湿鞋"。搞财会工作的,都免不了有或多或少的经济问题,特别是在当前经济大潮下,更是如此。

以下哪项如果是真的,能最有力地削弱上述断定?

A. 以上断定,宣扬的是一种"人不为己,天诛地灭"的世界观。

B. 随着法制的健全,以及打击经济犯罪的深入,经济犯罪已受到严厉的追究与打击。

C. 由于进行了两个文明建设,广大财务人员的思想觉悟与敬业精神有了明显的提高。

D. 某公司会计经营财务工作30年,分文不差,一丝不苟,并揭发出上司的贪污受贿行为,多次受到表彰嘉奖。

题干的论证方式是充分条件假言推理:

如果"在河边走"那么就得"湿鞋"。($p \longrightarrow q$)

最能削弱这个论证的,莫过于用这个论证方式的负命题指出原来的论证关系并不成立,从而评价了原论证方式的前提与结论之间没有联系。即选项 D:

¬($p \longrightarrow q$)——$p \wedge$ ¬q(在河边走了,但没有湿鞋)

上述两题就是以最能反驳的截断关系法,从推理形式上评价了题干的因果关系不成立。

又如,目前的大学生普遍缺乏中国传统文化的学习和积累。据教育部有关部门及部分高等院校最近做的一次调查表明,大学生中喜欢京剧艺术的只占到被调查人数的14%。

下列陈述中,哪一个最能削弱上述观点。

A. 大学生缺少对京剧艺术欣赏方面的指导,不懂得怎样去欣赏。

B. 喜欢京剧艺术与学习中国传统文化不是一回事,不要以偏概全。

C. 14%的比例正说明培养大学生对传统文化的学习大有潜力可挖。

D. 有一些大学生既喜欢京剧,又对中国传统文化的其他方面有兴趣。

E. 调查的比例太小,恐怕不能反映当代大学生的真实情况。

题干中的观点是"大学生普遍缺乏中国传统文化的学习和积累",根据是否喜欢京剧的调查。选项 B 指出了"京剧艺术"与"中国传统文化"的区别,不能以不喜欢京剧之"偏",就概括出大学生对中国传统文化的态度之"全"。因此,正确地评价了题干的论证。

又如,有人论述说,中国不适宜发展私人汽车。因为中国人口众多,城市人口密度大,交通设施落后,城市道路容量有限,现有的汽车流量已经使城市交通不堪重负。如果再发展私人汽车,势必造成难以解决的社会问题。

以下哪项,如果是真的,最有力地削弱了上述论证?

A. 随着经济大发展,无论从个人的经济能力还是从国家的经济实力看,中国都具备了发展私人汽车工业的条件。

B. 日本东京的人口总量与密度都不亚于中国任何一个城市,它也曾经存在过交通设施滞后的问题,但东京现在是世界上拥有私人汽车最多的城市之一,并没有出现难以解决的社会问题。

C. 有关专家论证,在发展车和发展路的关系上,应该是以车的发展来促进路的发展。促进城市道路建设的动力之一,应该是发展汽车工业,包括私人汽车工业。

D. 衣食住行是人的物质生活的四大要素,当中国的普通老百姓已经拥有了相应的经济能力之后,没有任何理由不让他们也享有私人汽车的便利。

E. 国外的跨国企业纷纷看好中国的私人汽车工业,这方面的外商投资有着光明的前景。

题干是一个枚举归纳,最有力地削弱它的可靠性的论证是提出反例。选项 B 就以所提出的反例,正确评价了题干的论证是错误的轻率概括的简单枚举。

又如，参加跆拳道运动的人通常比不参加跆拳道运动的人身体更健康，因此，跆拳道运动有助于增进健康。

以下哪一项如果为真，最能构成对上述结论的质疑？

A. 每年都有少数人在跆拳道运动中因意外事故而受伤。

B. 跆拳道运动能够训练人的反应能力，增强人的敏捷度。

C. 只有身体健康的人才参加跆拳道运动。

D. 男子比女子更喜爱跆拳道运动。

题干论证了一种因果关系：因为参加跆拳道运动，所以身体健康。但这个因果关系成立不成立？选项 C 提出了一个相反的因果关系：因为身体健康，才参加跆拳道运动。这样就正确评价了题干的错误在于颠倒了因果关系。

又如，人的日常思维和行动，哪怕是极其微小的，都包含着有意识的主动行为，包含着某种创造性，而计算机的一切行为都是由预先编制的程序控制的，因此计算机不可能拥有人所具有的主动性和创造性。

补充下面哪一项，将最强有力地支持题干中的推理？

A. 计算机能够像人一样具有学习功能。

B. 计算机程序不能模拟人的主动性和创造性。

C. 在未来社会，人控制计算机还是计算机控制人，是很难说的一件事。

D. 人能够编出模拟人的主动性和创造性的计算机程序。

为什么"计算机不可能拥有人所具有的主动性和创造性"，这需要肯定人与计算机之间有某种差异。选项 B 指出了这一点。而选项 D 反驳了题干，不是正确评价。

又如，在一次试验中，一位博士生和一个机器人各自独立地通过电脑回答一组问题，一群科学家再去鉴别电脑屏幕上的哪些回答是由博士生作出的，哪些回答是由机器人作出的，而鉴别结果的差错率竟然高达 78%。有一些人认为，试验中所提出的那组问题肯定是不充分的，因为它们不能使一群科学家分辨出那位博士生和那个机器人。

这些人的怀疑基于下面哪一项未陈述的前提？

A. 有的机器人能够与国际象棋高手博弈。

B. 那位博士生是一位围棋高手。

C. 那个机器人是IBM公司的最新一代产品。

D. 在那位博士生和那个机器人之间本来存在相当大的差别。

为什么会有不充分？应该是有某种差别存在。选项D指出了这一点，因此才是不充分的。其他选项都没有对此进行评价。

必须要注意的是，在对问题进行评价的过程中，一定的逻辑知识是评价的逻辑根据。如果没有这个逻辑根据，任何评价也就失去了评价的最基本的基石。

例如，我们在第一章第三节末所列的概念练习题2。在对选项进行分析、评价的过程中，定义规则是评价的逻辑根据，故而我们可以按照定义的规则进行比较。选项A的定义过窄；选项C的定义使用了否定词；选项D的定义是比喻。只有选项B解释了当今社会最为合适的"底线伦理"的内涵，符合定义要求。

五、愚人千虑有一得——怎样评价"问题"

本节实际上是前三节的延伸。即质疑与评价在主动思考过程中，如何寻找问题，问题是否存在？如何寻找理由，理由是否充分？如何寻找结论，结论是否成立？

例如，有学者论述，当今世界的任何政府都不可能满足弱势群体的购房愿望。这个结论的前提能否为结论提供足够的支持？这个结论又隐含有什么样的论证意图？如果一个社会中诸多已被列入"中产阶级"的人们，面对那诸多"花园"，都感到囊中羞涩时①，这样的论述恐怕仍然有问题。

又如，"开篇的话"中所举的直播俄罗斯别斯兰人质事件过程中的短信竞猜。在这样的全世界为之震惊、悲痛的时刻（确定的公众语境），竞猜方式（希冀的论证意图）合适不合适？

---

① 参见定军：《社科院报告称中等收入者买房负担进入警戒线》，新浪网，2007年3月22日。

又如，2006年12月，网络上曾有一个关于龙的争论，源起于上海一位学者建议取消龙的中国国家形象品牌，重新建构和向世界展示新的国家形象品牌。据说这一研究已被列入上海哲学社会科学研究规划课题立项。①

这个"问题"太大了。以"龙的传人"为自豪的中国人，忽然间就因为"龙"的英文是"Dragon"，在西方被认为是一种充满霸气和攻击性的怪物，"容易引起外国人对中国产生不好的联想"，就必须改变自己认同了几千年的身份。改成熊猫好啦，憨态可掬，谁也不惹谁。

正如前述，"传统是保存的原则"，"在早期它并非瞬间兴起。它综合了个体成就的复杂性，这种综合的过程仍然延续至今，而且将保持到不可预见的未来"。②但就因一个词语的翻译问题，就要改变一个民族几千年的文化认同，且不说在心理上是不是缺乏自信的表现，从正确思维的评价性上讲，理由充分不充分？以一个课题，就要推翻一个民族几千年的文化积淀，方法可行不可行？在全球化应该保护文化多样性的今天，仍然要以几个人的"爱国情怀"，改变一个庞大群体世代延续的民族情怀，结论成立不成立？这些都是值得评价的"问题"。

且喜第二天又见文章，这位学者称从未就此事接受过媒体采访，所谓龙不再作为中国形象标志的报道纯属无稽之谈，并强调："中国龙的形象一定要坚持。"③这又是一个问题：即这个"问题"本来就是如前述的新的确定意义下的"空穴来风"。

但不久上海又一学者力挺"弃龙论"，并为此提出五条理由。④ 其中最主要的是：其一，龙是帝王属性，龙的基本构词中，多与封建专制的帝王相联系，如说"龙颜"，绝对不是你我的脸面；"龙种"当然也与你我无关。但有关龙的词语很多，查看之后觉得这个论据有点以偏概全。其

---

① 杨章怀：《上外教授建议重新构建中国国家形象品牌》，新浪网，2007年12月4日。
② 蓝德曼：《哲学人类学》，工人出版社1988年版，第281、282页。
③ 《上外教授称从未表示龙不应作为中国形象标志》，新浪网，2006年12月5日。
④ 谭人玮：《上外教授力挺弃龙论，称龙是封建专制符号》，新浪网，2006年12月14日。

二,龙的一个重要属性是残暴。据有学者考证,龙的雏形就是鳄鱼。①龙可能曾经是鳄鱼,但按中国思维方式的意象性特点,意义转移之后的龙,肯定没有哪条是鳄鱼。否则,全世界那么多舞龙者也不会有兴致了。其三,对龙的崇拜必然导致对帝王的膜拜,是对凶残的忍让乃至认同,这已是中华民族集体性格中的一大人格缺陷。且不说这里的"必然"逻辑因果联系是否成立,但就"龙凤呈祥"、"龙腾虎跃"、"龙马精神"等成语,好像也与此结论相悖。据报道,这位学者在看到许多反对意见后,在自己的博客上写道:"因为龙凶猛、残暴,因为龙象征皇权、专制,所以我不喜欢龙。这是我的喜好,你喜欢不喜欢,跟我没关系。我不喜欢也没妨碍你把它作为图腾。说服我才是你的本事。"这就使论辩情绪化了,并且转移了论题,讨论的是应不应该以龙为中国的形象,而不是谁喜欢不喜欢的问题。

虽然我们大概不会别别扭扭地将龙变成熊猫了,不过,是否应该重新考虑"龙"的外文翻译,给外国人一个有关"中国龙"的清晰明确的判断,可能倒也是一个值得注意的"真问题"。

对于"问题",我们还可以以第一章第二节举的 2007 年国家公务员《行政职业能力测验》第 51 题为例。

对于这道题,首先寻找的问题是什么?一定是"一共下了多少盘棋"、"总分一共是多少分"。这个问题不解决,解题就失去了依据。而解决这个问题的关键则在于对"单循环制"概念的理解:每人下 9 盘,10 人共下 90 盘;由于中国象棋是两人下,所以一共下了 45 盘,总分 90 分。

第二个问题,解题思路如何寻找?《行政职业能力测试》的答题时间,要求必须快捷,这就需要我们自己先设定一个假设前提,其根据又是什么?

第三个问题,结论成立不成立?这就又需要我们再回过头来评价前提假设成立不成立。这个问题的合理解决,才能让我们踏踏实实地进入下道题。②

---

① 参见何新:《"龙"的古音、字形考及神龙真相》,载《汉字文化》,2006 年第 1 期。
② 关于对本题的创新思维方法分析,在第四章第五节续谈。

人类的认识活动,总是在历史实践与现实需求的基础上,由已知领域向未知领域探索。表现这种探索的思维活动便是"问题"。又由于"问题"是人们认识活动中已知同未知的连接点,因此它总是处在一切探索活动的最前方,由它所引起的探索改变着以往的游戏规则,不断拓展着人类对于客观事物的认识。故而知识探索相对于知识发掘更为重要——变动的环境要求不断揭示理念与方法的能力。最有效的探索实践是能够揭示事物未来发展方向的探索实践,它有利于思考的创新。即使是在感性认识阶段也是如此。因此,在批判性地质疑、评价过程中,首先是要感觉到有问题,提出"为什么"。这就是问题意识。

以研究科学哲学而闻名的波普尔在一次演讲时,曾突然提请大家注意地说:"请观察!"人们听了莫名其妙:"你要我们观察什么?"于是他立即作出阐述:任何人都要根据一定的问题进行观察,没有问题就无法观察。正是问题激发我们去认识事物,寻找新的知识生长点,开始新的探索实践。

其次,问题意识能够磨炼思维的敏感性。思维的敏感性是人类思维对某些因素易于感受的功能,而问题意识与思维的敏感性具有互动的关系。问题意识越强烈,敏感性越强烈;敏感性越强烈,问题意识也越容易产生。在牛顿注意到苹果落地之前,苹果已经千百万次地从树上掉下来,但没有人认为这是"问题"。但牛顿却从这见怪不怪的现象中敏锐地察觉到了"问题",提出了前无古人的"为什么",并由此开始了他对万有引力的探索。

当然,问题意识的产生,思维敏感性的提高,与人的知识储存有很大的关系。知识积累越丰富,越容易经过比较产生问题意识,问题意识越强烈,也越容易激发探索新的知识。

对于思维主体来讲,知识分散在不同的每个人中,具有分散性的特点。即哈耶克所说:"我们必须使用的背景知识从来不是以集中或整合的形式存在,而是以不完全的、经常是相互矛盾的知识片段,分散地为不同的人所占有。"同时,知识在时间上还具有效用递减性的特点。时代的变迁,新旧知识的更替,会使知识随着时间的推移而降低其使用价值。在科学技术快速发展的今天,时间为知识带来的效用递减更为明显。

因此，怎样有效地获取更多的知识，从中以批判性的思维产生新的问题意识，提出新的"为什么"，探索新的创新理念，也是提高思维敏锐性的一个必然途径。

按照知识传递的难易程度，知识又可以划分为显性知识和隐性知识。① 显性知识能够进行编码，易于共享和传递；隐性知识来源于经验和技能，是隐含的，未经编码的，不易复制模仿，因此它的整合有一定的难度，有赖于知识的显性化。管理学大师德鲁克即认为："隐性知识，如某种技能，是不可用语言解释的，它只能被演示证明它是存在的，学习这种技能的唯一方法是领悟和练习。"② 因此，问题意识的产生，新理念的提出，也需要将显性知识与隐性知识融会贯通。这种知识的融会贯通，既可以不断使隐性知识显性化，使个人的隐性知识为大家所共享，也可以从大家共享的显性知识中不断受到启发，将不连续的显性知识碎片粘合成一个新的整体，或把大家共享的显性知识内化，不断拓展、延伸和重构自己的隐性知识系统。从而使显性知识与隐性知识汇成一个上升的知识流螺旋，从而在它们的相互作用中，不断积累个人的隐性知识，不断将其转化为显性知识，从而在批判性思维的推动下促进新思想的不断创生。③ 由是，在有效获取更多的知识以及融会贯通隐性知识和显性知识的基础上，不断推陈出新，产生问题意识，就能够培养磨炼更强的思维敏感性，从而或者通过对现有知识的逐步调整和增量改进，以渐进型的变化，提出新理念；或者通过不断对现有知识进行重新组合，以突破型的变化，提出新理念；④ 或者通过不同思维主体相互交换其所拥有的资源获得新知识，将不同思维主体的分散的有限资源融会贯通，从而以最大化组织资源形式，激发新理念。⑤

再次，以探索、解决问题的心理渴求，不断提高批判性思维的能力。

---

① 参见野中郁次郎：《知识创新型企业》，载《哈佛商业评论精选特辑：知识管理》，中国人民大学出版社 2000 年版。

② Drucker, *Post-Capitalist Society*, New York: Harper Business, 1993.

③ 参见林润辉：《网络组织与企业高成长》，第 252—253 页。

④ 参见张方华、陈劲：《知识创新：企业知识管理的核心》，载《科学学与科学技术管理》，2002 年第 10 期。

⑤ 参见林润辉：《网络组织与企业高成长》，第 308 页。

人的意志具有自由选择的能力,面对"问题"也如此。我们可以选择解决"问题",也可以选择只是感觉到有一个"问题"而已。但批判性思维的问题意识决定了它是主动的,它在肯定"问题"的基础上,驱使人们去探索、认识"问题",并且按照事实世界与价值世界的有机联系去有目的地解决问题。这种希望从模糊到清晰的愿望,就是锻炼批判性能力的基础动力。它能够形成一种不可遏止的批判性的心理动力,以问题意识为前导,突破已有的经验,实现从应然(希望,应该怎样,是经验的积淀,惯性思维的结果)向实然(实际的判断)的突破。即使"应该怎样"和"实际怎样"可能会有差别,但只要有解决问题的批判性的心理渴求,在批判性的心理动力驱动下,这种差别也不会造成对批判心理因素的打击,反而会坚定"打破砂锅问到底"的批判信念。

例如,当易中天的《品三国》成为炙手可热的书时,有学者网上炮轰其"歪品"三国,认为他把严肃的事情变得娱乐化、庸俗化甚至粗俗化。并认为:"有了单田芳,我们就不需要别的人再来说什么《三国》了。而真正喜欢三国的,还是应该读原著,《三国演义》和《三国志》都不是什么难读的书。"①

我们且不谈应该怎样对待历史,或者是不同表现形式的"工具性"应该怎样和文学的人文性、历史的真实性相辅相成,只评价现实社会中,日益快捷的生活步伐是否给人们挤出了阅读长篇小说或史书的闲情逸致?如今,不是专搞文学的人,有谁还能够什么都不干地用十几天时间读《三国演义》?不是专搞历史的人,有谁还会为了准确知道"三国"而去读《三国志》?为了还原历史的真实,"二十四史"还真够我们读一阵子。且不说,读到后面还会忘了前面,瞎读半天。因此,此学者的论证意图虽可继续讨论,如何在向大众讲授史学时,仍然做到有"史"有"学",讲授文化时,仍然做到有"文"有"化",的确是个"观乎人文以化成天下"的"真问题",但其方法似不可行。

又如,教育公平是社会公平的一个体现,但某市以"尊重关心民营企

---

① 参见袁炯贤:《教授博客抨击易中天,网友争辩历史可否娱乐》,新浪网,2006年8月1日。

业家"为理由,出台一个规定:只要纳税 300 万元以上,其子女中考就可以加 20 分。① 这个理由考虑的是教育公平问题还是促进本地区经济发展问题?从问题的结果看,理由体现了什么样的价值假设?凭这个价值假设是否有助于人们真正理解"加分"的社会公共政策?会不会带来不必要的价值冲突?有没有负效应?

加分政策作为社会公共政策,肯定有其产生的历史必然性和合理性。如对少数民族考生、烈士子女考生的加分,对一些后天表现优秀的学生如特长生等的加分,是促进社会公平与和谐的重要举措。但如果其设计不严密或缺乏运作过程中的透明度,很可能会成为一些人以权谋私的工具。如今过多过滥的加分政策显然已严重损害了中、高考制度的公平和公正。而当一项社会公共政策产生了过多的丑闻和争议,恐怕就不仅仅是评价的问题,而是存废之争了。2006 年 8 月,就有人大代表向全国人大常委会递交了《关于对高考加分政策进行清理规范的建议》函,建议"全国人大常委会组织力量对加分问题进行调研,会同相关部门对高考、中考加分政策进行清理规范"。② 因此,中、高考加分怎样可行,如何操作,至少我们能够通过规范程序(包括征求民意、举行听证会等)、强化监督、公开透明、严惩违规等途径予以评价,从而在还不可能全面取消的情况下,以统一加分政策(包括对象统一、范围统一、分值统一、操作统一),真正保障加分政策的公平与公正。因此,上述加分的理由并不能充分说服人。

又如,百善孝为先。而孝道的典范莫过于古代的"二十四孝"。面对如今的一些孝道缺失,浙江某地耗资百万建了"二十四孝"石雕。但有人认为,据农村养老调查显示,半数以上子女不孝,而一些老人一旦将古人的孝与自己子女的孝一比,反而是越看越有气。③ 看来,由于"二十四孝"石雕的论证前提假设以及论证的因果关系过于简单,所以其论证意图与论证方法还是有疑问的。

---

① 参见《南方周末》,2006 年 8 月 3 日。
② 参见叶铁桥:《人大代表建议清理规范高考加分政策》,新浪网,2006 年 8 月 1 日。
③ 参见《每日新报》,2006 年 8 月 14 日,第 17 版。

又如,作为科技文明的产物,互联网已成为人类活动范围与方式的一种拓展和延伸,发展为社会文明的重要组成部分,在网上漫游已成为许多人的生活方式。但是,互联网相对宽松的虚拟环境、彼此身份的模糊性,让很多网迷在网上冲浪时随心所欲地尽情宣泄,无视了现实生活中的许多伦理"框框"。网上脏话连篇、"恶搞"成风,就是这种"无端无涯"的表现。名为《闪闪的红星之潘冬子参赛记》和《铁道游击队之青歌赛总动员》的两部网络短片曾在网上广为流传。这是继数月前有人炒作所谓"雷锋初恋的女友"之后,有人以"恶搞"的方式对"红色经典"的又一次下手。① 而网上曾风行的一种名为"人品计算器"的娱乐测试软件,其对雷锋的人品测试结果仅为 2 分,"超女"的人品测试竟高达 100 分。至于岳飞与孙悟空,其人品敌不过秦桧与白骨精。②

网上"恶搞"的人可以举出诸如"互联网是虚拟世界的代称"、"是情绪宣泄的场所"、"新式信息的传播模式"、"解构严肃的新闻并给人以真正的娱乐"、"草根文化"等理由,这些理由实际上就是其论证过程中的"描述性假设",体现了极为不同的价值观。对此,我们既可以针对这些理由进行评价:虚拟与现实究竟有多远?虚拟与现实之间有没有道德与价值的交汇点?互联网的宗旨是不是只提供一个游戏人生并可以无度宣泄情绪的场所?私人空间一旦进入网络,是不是必须承担一定程度的公众责任?网上"恶搞"有没有道德底线?受众的感情能不能接受?也可以针对这些理由所导向的结论进行评价:离谱的恶搞是不是一种合理的新式信息传播模式?幽默与伤害受众感情之间有没有交集?它能不能解构严肃的新闻并给人以真正的娱乐?会不会形成是非混淆的价值观和审美观?什么样的价值体系对社会更有意义?"恶搞"的理由会不会导向其他结论?在考虑结论时考虑过人类的局限没有?在太多的说教与没有任何约束的两极思维中,这种判定事物的推理进程是不是一个理想的论证过程?

康德的墓碑上镌刻着他的名言:"世界上有两件东西能够深深地震

---

① 参见魏运亨、褚晓亮:《网上"恶搞"不能没有道德底线》,新华网,2006 年 5 月 5 日。
② 参见《"人品计算器"怎能如此恶搞》,载《每日新报》,2006 年 8 月 2 日,第 17 版。

撼人们的心灵,一件是人们心中崇高的道德准则,另一件是头顶上的星空。"我们虽然不是圣人,但凡人也不能把世界上种种复杂的问题简单化为两极的思维,在用"脑"批判性地评价中,更重要的是寻找事物内部的因果链条。为此,作为社会文明的重要组成部分,互联网也必须承担起维护和发展社会文明的义务;社会对网络文化的宽松包容,绝不是放任自流;网上"恶搞"必须有个边,这个边就是法律的规定和基本的道德规范。这也是我们评价的伦理根据。

又如,关于指标问题,近年已成为某些执法机构或人员谋取利益的一种工作手段。虽然一些指标的制定并非毫无依据,它要以过去的数据、完成情况以及对当下形势的估计作为依据,但治安案件的有无,有很大的客观性,绝不是预先规定多少就会发生多少,也不是想要完成多少就可以完成多少的。将办案指标与福利挂钩,更会诱发"理性经济人"趋利避害的天性,逼着他们为指标而造假。据2004年2月8日《武汉晨报》报道:由于公安局规定,完不成办案指标的干警,将不能获得全额工资和办案奖金,为达到指标,荆州市一名警察竟然与他人合谋,导演了一起"抢劫案"。为此,该警察一审被判处有期徒刑两年,缓刑三年。

因此,执法机构定指标的根据或假设合理不合理,如何替代,就成为评价破案指标问题的首要问题。2006年7月,北京市公安局就以"数据常量"取代了"指标制"。①"定量管理"不搞统一行动,根据自己不同时期的状况,采取有针对性的打击措施。由此,解决了不同地区、不同业务、不同时间段的治安状况、工作成效难以统一衡量的难题。从技术上讲,这是一个从定性到定量的突破;从思维路径上讲,则是一个对以往"指标制"假设的批判性评价结果。

又如,"限期破案"、"重案必破"的问题。2006年6月2日,公安部召开"集中整治爆炸物品、枪支弹药、管制刀具专项行动"全国电视电话会议,发布《关于收缴非法爆炸物品、枪支弹药和管制刀具的通告》,以扭转一些地区危险物品管控不严、案件事故频发的局面。这对广大人民来说当然是好事。但在这个专项行动中,公安部要求在全国建立涉枪涉

---

① 《北京公安废除指标制,罚款抓小偷不再有数量任务》,新浪网,2006年7月31日。

爆案件侦破责任制，每一起案件均将限期侦破，重大案件还将限期追逃。① 这种要求在逻辑假设上有没有问题？理由充足不充足？衡量的标准是社会舆论的还是逻辑有效的？

汉代思想家王充曾说："传书言：'邹衍②无罪，见拘于燕（燕国）。当夏五月，仰天而叹，天为陨霜。'此与杞梁之妻哭而崩城，无以异也。言其无罪而拘，当夏仰天而叹，实也；言天为之雨霜，虚也。"③"邹衍叹天而雨霜"，此与元杂剧《窦娥冤》中的"六月雪飞白"的悲怨如出一个思维模子，都是古代蒙受冤屈的人，对司法不公现象的一种"非理性"的诅咒。这种"非理性"的诅咒表明，一个冤假错案所带来的影响要比一千个正确判决给社会带来的影响都要大。

由此联想到当前中国的法制建设取得了前所未有的发展，但是，仍然有一些冤假错案见诸媒体，如2005年轰动一时的佘祥林一案。而在对一些案件的审判中，有关舆论及专家论证与司法机关判决意见相左的争论，也不时争得沸沸扬扬，如2003年对沈阳黑社会头领刘涌的一审被判死刑、二审为死缓的改判在社会上引起了巨大的反响。造成前者的原因，恐怕与"重案必破"、"限期破案"的压力有很大关系，它所涉及的问题就是如何正确对待实质正义与程序正义的关系，以保证司法独立。造成后者的原因，同样也涉及如何正确理解实质正义与程序正义的关系，以保证司法独立。

所谓司法独立，是指司法权由司法机关独立行使，不受其他机关和个人的干涉。其核心是审判独立。对于司法独立，人们一般是在"不受行政机关、社会团体和个人干涉"的意义下理解的。这是从其外部因素来理解的，表明了司法机构和权限的独立。如从其内部理解，"司法独立"概念的内涵还应包括"逻辑方法论的自治性"，它所表明的是，在审判独立的过程中，有其一套与众不同的运作方式和思维方法，具有推理

---

① 参见王姝：《公安部要求涉枪案件限期侦破》，新浪网，2006年6月3日。
② 邹衍（约公元前305年—公元前240年），战国末期齐国人，阴阳家的代表人物。曾提出"五德终始"说，主张历史是水、火、木、金、土五德转移循环发展，把"阴阳"变成了和"天人感应"说结合的神秘概念。邹衍的冤狱之事见《后汉书·刘瑜传》注引《淮南子》。
③ ［汉］王充：《论衡·感虚》。

模式与诉讼程序上的独特性。"机构与权限上的分立构成了司法独立的物质基础,而司法推理模式与诉讼程序显示的则是司法活动的独立个性,这对于司法独立的真正实现同样具有实质性意义。"①

所谓"逻辑方法论的自治性",是指逻辑的基础性、工具性、全人类性的性质即使在司法审判中也不应受任何非逻辑因素影响,逻辑的求真、求善精神②在司法独立中是以全新的角度得以体现的。因为,即使在司法审判中,仍然存在着逻辑真和伦理真的问题。

所谓逻辑的真,是指符合客观实际的"真",从本体论意义上讲,它表现的是一种事实的真,即当客观存在的事物通过人的感官进入人的大脑中时,无论人能正确认识与否,它总是不以人的意志为转移,客观存在着的;从逻辑学意义上讲,它表现的是一种思维的真,即当人的大脑接收到客观事物存在的信息时,能够正确地将其反映出来。它们的总体表现就是一种求真的态度与精神。

所谓伦理的真,是指符合政治伦理的"真",从社会历史发展的角度来看,它表现的是一种道德的真,即遵从上古以来选善弃恶的思维选择观念;③从社会现世治理的角度来看,它表现的是一种法的"真",即现世应该怎样对欲规范事物作出兼顾社会心理的理性定位,以及为什么这样规定。它们的总体表现就是一种求治的振世精神和人文关怀。法律在追求实质正义的过程中,如何保证程序正义,就不但要有伦理的真,同时还要有逻辑的真。否则,"虚妄显于真,实诚乱于伪,世人不悟,是非不定,紫朱④杂厕,瓦玉集糅,以情言之,岂吾心所能忍哉?"⑤

对此,我们还可以用笛卡尔理性主义认识论和方法论的原则来诠释或评价,即追求知识的四条原则:决不把任何没有明确认识其为真的东西当做真的加以接受;要用逐步分析的方法有系统地解决问题;思考时要由简而繁;把一切情形尽量完全地列举出来,尽量普遍地加以审视,确

---

① 秦策:《法律推理与司法独立》,载《法制日报》,2000 年 11 月 26 日,第 3 版。
② 参见张晓芒:《诡辩——思维的陷阱》,企业管理出版社 2006 年版,前言。
③ 参见张晓芒:《先秦辩学法则史论》,中国人民大学出版社 1996 年版,第 87—90 页。
④ 紫是暗红色,为间色;朱是大红色,为正色。此处喻为是非。
⑤ [汉]王充:《论衡·对作》。

信毫无遗漏。①

因此,"逻辑方法论的自治性"反映在司法独立中,就涉及了对"口供"这一"证据之王"的价值判断问题,对人的权利的价值判断问题,司法如何文明表现的问题,社会如何进步的问题。即法律的精神是什么的问题。"礼"之"庆赏以劝善","法"之"刑罚以惩恶"。②当从"法律和它们的渊源,和立法者的目的以及和作为法律建设的基础的事物的秩序……从所有这些观点去考察法律"③时,"因为'法律'是'精神'的客观性,乃是'精神'真正的意志……当人类主观的意志服从法律的时候,'自由'和'必然'间的矛盾便消失了"④。这种精神要求在独立的司法审判中,必须要以严谨的法律逻辑思维,构设严密的逻辑因果链条。把一切证据放在理性的尺度上进行检验、校正,根据法律推理"平等而无偏见地实施公开的规则",展现逻辑学的工具性质,展现"任何科学都是应用逻辑"⑤。以对司法独立中达到逻辑要求的尊重,以对司法原理和司法实践运用中的逻辑学原理的特点和规律的尊重,保证形式正义所体现的程序正义。

而"重案必破"、"限期破案"恰好违背了司法独立中"逻辑方法论自治性"的原则。因为,在这种外部压力下,势必强化对犯罪嫌疑人口供的依赖程度,而现实存在的司法机关一些人的权力放纵,又使他们为了获取犯罪嫌疑人的口供,往往漠视刑事诉讼法的有关规定,不惜采取各种非法手段,大搞诱供、骗供、逼供。当前许多见诸媒体的冤假错案,就是这样造成的。"中国近代哲学的系统的创始人"张东荪在其《理性与民主》中所认为的,社会的发展,不仅在于机器,更在于人类智力,而其实两者的合并为一即为"理性","这个理性就是我们的左券,不劳外求",在今天由"有罪推定"发展到"无罪推定"的过程中,仍然有其"理性评价"

---

① 笛卡尔:《方法谈》,载《十六——十八世纪西欧各国哲学》,商务印书馆1975年版,第144页。
② [汉]贾谊:《新书·治安策》。
③ 孟德斯鸠:《论法的精神》(上册),商务印书馆1961年版,第7页。
④ 黑格尔:《历史哲学》,三联书店1956年版,第79页。
⑤ 列宁:《黑格尔〈逻辑学〉一书摘要》,人民出版社1972年版,第136页。

的现实意义。

　　法律是显露的道德,道德是隐藏的法律,"礼禁未然之前,法施已然之后。法之所为用者易见,而礼之所为禁者难知"①。所以人们对于任何一个重大案件的审理都会给予道德的关注。而道德作为一种人类社会生活中的原则规范,在反映和调整人们现实生活中的利益关系时,它依靠人们的内心信念、传统习俗和社会舆论来维系,并以善恶标准进行评价,熔铸了一定的心理意识,毋庸置疑地有其感情色彩。如"杀人偿命"、"欠债还钱"的历史文化传统,就使得中国人的正义观念更多地偏向实质正义。但人们和舆论的关注可以有感情色彩,司法审判却只能以无以辩驳的证据说话。因为司法公正既包括实质正义,也包括程序正义,其中尤以程序正义为重点。"逻辑方法论的自治性"就是程序正义最重要的保证。

　　如我们前举的美国的辛普森杀妻案。同样的例子我们还可以举出加拿大审理赖昌星遣返案。1999年受到中国司法部门指控和通缉的中国"远华"走私案重要嫌犯赖昌星逃到加拿大,此后,一直想尽办法试图赖在加拿大,其最重要的手段就是提出难民申请。而加拿大的难民上诉程序又非常复杂,要经过听证会、复审、上诉等一系列司法环节。如今,赖昌星已经在加拿大"赖"了好几年了,据称除了他的辩护律师高兴外,加拿大政府和人民已经烦透了赖昌星。加拿大移民部一位律师就指出"目前执行法律(遣返赖昌星)最符合公众利益",因为这一官司拖延了7年多,已经严重影响了人们"对加拿大移民体制的信心"。② 但只要正常的司法程序未走完之前,"赖星"就还能继续"赖"下去。

　　举这些事例无非是想说明,在对此进行评价的过程中,实质正义和程序正义是目的论正义原则的一物两面。实质正义要求建立扬善除恶的社会公共正义秩序,程序正义则保障了个人权利。实质正义如果失去程序正义的制约,可能会被滥用司法权力者操控,不利于扬善除恶的社

---

① 《史记·太史公自序》。
② 参见杨士龙:《赖昌星遣返案庭审结束,裁决结果明后天公布》,新浪网,2006年6月1日。

会公共秩序的建立;程序正义如果缺乏对实质正义的追求,同样不能实质性地保障建立扬善除恶的社会公共正义秩序。因此,为了保证以程序正义达至实质正义,寻求正当合理性证明的"逻辑方法论自治性"是须臾不可阙如的。法律推理就是寻求正当合理性证明的过程,它不但要提供判决的理由,更要说明这些理由与结论之间的合乎逻辑的联系。

因此,"逻辑方法论自治性"要求体现理由与结论之间的必然性;即使是归纳推理,也要尽可能地提高归纳强度。在法律实质推理中,也要根据法律规范的内容、立法的目的和基本价值取向,尽可能地做到合理与合法的辩证统一。如是,才能保全独特的法律推理模式,使之成为现代法治条件下司法运行的一个重要特征,从而以严谨的逻辑性体现"程序正义"的要求,以严格的程序性保障当事人的各项诉讼权利,以价值的中立性抵御各种非法律因素的侵扰,以推理过程的充分公示保证司法活动的可监督性;从而体现"逻辑方法论自治性"是司法独立的内在保障,以程序正义来保障实质正义的实现,增强司法的合理性与普遍适用性,实现完善的、逻辑有效的法治。

当然,在此过程中,利用现代科学技术的发展,不断提高科学侦破的手段,以增强证据因果链条的逻辑性,是"逻辑方法论自治性"的物理手段。这种手段正是"逻辑方法论自治性"所"逼迫"出来的。尤其在重大案件如命案中,一切判决都必须靠事实、靠证据说话。它所引出的"慎杀"、"少杀"问题,不但是一个刑法改革的问题,还是一个随着社会文明程度的发展,如何以人类的"积极理性"取代"消极理性",以进一步弘扬人类理性的问题。因为,在黑格尔看来,消极理性只是认识到"正"、"反"两面互相排斥、互相矛盾的阶段,而在积极理性中"正"、"反"两面才能得到统一。只有达到积极理性阶段,才能全面、具体、深刻地评价并把握事物。

另外,在现阶段,既然有"必破"、"限期"的要求,就必然有奖惩制度。"逻辑方法论自治性"也应体现在这些奖惩制度上。对于重大案件的破案、审理人员的奖励条件,不应把符合实质正义作为单独的条件,还应补充进"破案、审理过程符合程序正义"的条件。这是因为,破案、审理的成功,只是立功受奖的必要条件(只有破案、审理成功,才能立功受奖),而必要条件推理的逻辑性质,决定了必要条件不是单独的。对于那些没有"限期破案"的,只要其破案、审理过程符合程序正义,也不应受罚。这是因为,充分条件推理的逻辑性质决定了"不能限期破案"的充分条件不是唯一的,除工作不力外,可能还有侦破手段的技术问题等。这仍然是对从理由导向结论的评价。

要言之,自从亚里士多德提出"人是有理性的动物"的命题以来,在西方,理性与法治就密不可分。在当代中国社会,我们当然不能完全依赖于"礼起于何也?曰:人生而有欲,欲而不得,则不能无求;求而无度量分界,则不能不争。争则乱,乱则穷,先王恶其乱也,故制礼义以分之,以养人之欲,给人之求,使欲必不穷乎物,物必不屈于欲。两者相持而长,是礼之所起也"①的"止邪于未形"的教化。因此,健全的法治是必须的、必要的,符合法治社会发展的时代诉求。但在推动法治社会发展的同时,关注、理解司法独立与"逻辑方法论自治性"的辩证关系也应当是建设合理法治社会的应有之意。关注、理解司法独立与"逻辑方法论自治性"的辩证关系的确是一个现实而紧迫的批判性的时代评价课题。

六、疑似之间求无惑——怎样评价类比

之所以单独提出这个评价问题,是因为援类而推的方法,是中国古代社会特有的建立在"类"概念基础之上并广泛使用的、极具中国传统文化特色的一种思维论辩方法。这种思维方法以"譬"定名:"以其所知谕其所不知而使人知之"②,按照两种不同事物、现象在"类"属性或"类"事理上具有的某种同一性或相似性,以"假物取譬"、引喻察类的过程,通过论说者由"所然"进到"未然"的认知形式,描述、说明、论证或反驳了一个思想的是非曲直,体现了中国人传统的文化认知心理。

例如,当我们今天在说某一个成语时,并不是在讲一个典故,而是通过这个成语所隐含的一个深刻的道理,说明某个问题。这就是所谓的寓

---

① 《荀子·礼论》。
② 《说苑·善说》引惠施语。

言说理。如喻证由于存在偏见,同样的事情可以作出完全不同判断的"亡财疑邻";喻证如掌握了真理,就要勇于牺牲的"和氏之璧";喻证大的坏事是从小的坏事发展而来,对处于萌芽状态的坏事,千万不可掉以轻心的"纣为象箸";喻证舍近求远,是解决不了实际问题的"远水不救近火";喻证贪图小利,牺牲邻邦,其结果必然是因小失大、自取灭亡的"唇亡齿寒";喻证任何一种事物,破坏容易建设难的"树难去易";喻证谎言重复多次,往往会被人误认为是真理的"三人成虎";讽刺那些并无真才实学却又专事招摇撞骗的"滥竽充数";喻证不能主次颠倒,也不能只重形式不重内容的"买椟还珠";讽刺那些迷信教条,不从实际出发的"郑人买履";喻证不能墨守成规,思想僵化的"守株待兔"等等,不一而足。而在思维科学中,最为彪炳史册的是喻证人们在论证一个道理或说明一个事物时,要前后一致,不能自相矛盾的"矛盾之说"。可以说,"譬"式类比的方法是中国人在沟通交际中使用极为普遍的思维方法,它是一种说理的方法,要求可信性和可接受性的实现。

例如,一般人都会这样认为,既然人工智能这门新兴学科是以模拟人的思维为目标,那么,就应该深入研究人思维的生理机制与心理机制。其实,这种看法很可能误导这门新兴学科。如果说,飞机发明的最初灵感是来自鸟的飞行原理的话,那么,现代飞机从发明、设计、制造到不断改进,没有哪一项是基于对鸟的研究之上的。

上述议论,最可能把人工智能的研究,比做以下哪项?
A. 对鸟的飞行原理的研究。
B. 对鸟的飞行的模拟。
C. 对人思维的生理机制与心理机制的研究。
D. 飞机的设计制造。
E. 飞机的不断改进。

题干所作的类比分析是,飞机的发明、设计、制造和改进,并非基于对鸟的研究的。因此,人工智能的研究也不应基于对人思维的生理机制与心理机制的研究。这种分析,显然是把对人思维的生理机制与心理机制的研究,比做对鸟的研究;把人工智能的研究,比做飞机的发明、设计、制造和改进。

选项 D 和 E 都和题干的类比相关,但选项 D 比选项 E 作为题干中人工智能研究的类比对象更为恰当。所以,正确的选项是 D。

但正如古人所说:"使人大迷惑者,必物之相似也。玉人之所患,患石之似玉者;相剑者之所患,患剑之似吴干者;贤主之所患,患人之博闻辩言而似通者。亡国之主似智,亡国之臣似忠。相似之物,此愚者之所大惑,而圣人之所加虑也,故墨子见歧道而哭之。"[①]体现在现实的类比沟通中,总有些类比让人疑惑。

例如,在美国与西班牙作战期间,美国海军曾经广为散发海报,招募兵员。当时最有名的一个广告是这样的:美国海军的死亡率比纽约市民的死亡率还要低。海军官员曾就这个广告具体解释说:"据统计,现在纽约市民的死亡率是 16‰,而尽管是战时,美国海军士兵的死亡率也不过是 9‰。"

这个推论贴切、可信吗?它所隐含的结论"参加海军的危险性要小于后方的城市生活",是基于普通市民和海军在战时的死亡率。但这个比较显然有意遗漏了一些非常重要的信息:服役的海军士兵正处于生存能力的最佳状态,造成他们死亡的重要原因是直接死于战争;而处于后方的纽约市民中既有生存能力较强的青壮年,也有生存能力较弱的婴儿和老人。因此,广告中的类比利用了人们对于比率的直接感受心理,误导了大众。类比既不贴切,也不具有说服力。

虽然类比是人际沟通中常用的一种思维方法,但其是否可信与贴切,不但要受到正确逻辑方法的制约,而且还受到一定的心理因素、伦理因素、文化因素、语境因素等非逻辑因素的制约。因此,对任何一个类比的评价就如下:

(1)类比的两类事物之间有没有相同性或相似性?
(2)类比的两类事物之间有没有相异性?
(3)类比的前提与结论之间有没有相关性?
(4)对这些相似的事物我们还需了解些什么?有没有遗漏的信息?
(5)我们所要了解的结论或所要说明的结论是什么?

---

① 《吕氏春秋·疑似》。

(6)类比是否具有一种实质合理性?
(7)有没有其他因素影响类比?

实际上,对任何一个沟通中的类比,我们都可以就以上的问题提出一个或几个质疑,我们只是为了突出强调某一个方面,才有以下的分述。

1. 有无相似性

类比的客观基础是对认识对象之间相似性的发现,并由此及彼地转移相似点或相似关系。因此,相似性及由此产生的可比性是类比的生命所在。

例如,有个人家中挂着一副与室内装潢颜色极不协调的窗帘。其理由是"我的同学家就挂着这样一副窗帘,他父亲是高干"。在这个类比中,类比者的欣赏眼光与类比对象的欣赏眼光之间,究竟有哪些"相似性"可比,在这种"可比"的选择中,有没有不同之处(如窗帘与室内装潢的协调等),类比者并没有提出,他所选择的只是在某种心态上"希望"能与类比对象在某一点上具有相似性。因此他不顾问题情景与基础情景在何种程度上具有"相似"的关联性,只是以仰慕某种权威的心态,照猫画虎式地模仿,而最重要的"相似"之处的关联性如何,却根本没有得到任何说明。因此,这是一种"崇拜权威"式的类比谬误。

虽然相似性是类比的生命,但有了相似点却并不意味着两个事物之间就必然可以类比。类比的过程是一个整合多重信息源以重新建构的过程,在这个过程中,由于类比的逻辑根据只是"相似",如果一味在心理上注意两类事物的"相似",就有可能遗漏了它们之间相异的属性,而这些相异性也许就是它们之间不能进行类比的根据,如不管不顾这些相异的属性,只是一味地随机搜索、选择,则可能使一些类比非常勉强,或者是情绪化的"强比"。

又如,有人认为,网婚是一种"存在即合理"的娱乐,它就像一所婚恋学校,在这个模拟现实社会的虚拟空间里,人们可以通过扮演不同的角色,或者模拟、体验婚姻生活,有滋有味地居家过日子,直至生儿育女;或者光明正大地放纵自我,宣泄对所崇拜偶像的感情。

评价这个类比,我们可以提出几个问题:第一,现实存在的是否就一定合理？第二，感情是娱乐的吗？第三，"网婚"与学校是否可比？

首先，现实存在的不一定合理。腐败是现实存在，它合理吗？黑格尔曾指出，说现实的东西是合理的，并不意味着现存的一切事物都是现实的，因而都是合理的。"在日常生活中，任何幻想、错误、罪恶以及一切坏东西，一切腐败幻灭的存在，尽管人们都随便把它们叫做现实，但是，甚至在平常的感觉中，也会觉得一个偶然的存在不配享受现实的美名。因为所谓偶然的存在，只是一个没有什么价值的、可能的存在，亦即可有可无的东西。"①在他看来，只有符合历史发展规律的才是真正"现实的东西"："现实性在它的开展中表明它自己是必然性。"②因此，按照黑格尔的观点，说现实的东西都是合理的，并不意味着现实的东西就绝对地符合理性，都是好东西。随着法制建设和德治建设的进一步深化，虽然类似腐败等"甚至坏的和不真的东西之所以存在，也还是因为它们的某些方面多少符合于它们的概念"，但我们相信，"那彻底的坏东西或与概念相矛盾的东西，因此即是自己走向毁灭的东西"。③

其次，婚姻以感情为基础。在向理想的婚姻迈进的过程中，最重要的前提是真诚的沟通与交流。而"网婚"处在虚拟与现实之间，以"娱乐"的方式之一面世，因此，一开始便预设了它的虚假性。"网婚"既浪费感情，也容易让人丧失理智（尤其是少男少女）。虚幻的"柏拉图式的恋情"一旦"假亦真时真亦假"，这种"成人童话"对精神和生理上的短暂刺激就会变成心灵上的创伤。再有，虚拟的"网婚"也有悖于社会伦理，如一对夫妻可以分别网婚；同性可以网婚；老年人与少年人可以网婚；母子、父女可以网婚。这不是浪费感情是什么？这不是在游戏人生是什么？问题还在于，这种虚拟的游戏能维持多久？能否保证不出格？在网上实习，真实吗？能否回到现实中来？一旦回到现实中来，又将怎样对待现实的婚姻？

再次，学校是学知识、学做人的地方，在这里需要真诚的态度，需要

---

① 黑格尔：《小逻辑》，第 44 页。
② 黑格尔：《法哲学原理》，第 280 页。
③ 黑格尔：《小逻辑》，第 399 页。

付出艰辛的努力;而虚拟的"网婚"由于它的令人怀疑的"合理性",由于它预设的虚假性,由于它的游戏人生,决定了现实的学校与这种画饼充饥式的远离现实的"网婚"之间,存在着不胜枚举的不同处,因此,两者之间不具有可类比的因素。

因此,"网婚"类比,既不符合"举相似"的逻辑要求,也不符合伦理要求。

其实,在是否具有可比性上,古人早已提出了以类为推的正面要求以及不能无类而推的反面要求。

正面要求是:"故凡同类者,举相似也。"①

例如,宋国大夫戴盈问孟子说:抽取十分之一的低税率,废除关卡市场的征税,今年还做不到;只能先减少些,等明年再实行,怎么样?孟子立即用归谬类比进行了反驳:"今有人日(每天)攘(rǎng 偷)其邻之鸡者。或告之曰:'是(指偷鸡)非君子之道。'(攘鸡者)曰:'请损(减少)之,月攘一鸡,以待来年,然后已。'如知其非义,斯速已矣(立即停止),何待来年?"②

偷鸡与重税这两件事,在"非义"上具有"举相似"的共同属性,无论是每天偷一只还是每个月偷一只,这种"量"上的差别并不能改变其"不义"的"质";同样,重税也不会因为"量"上的减少就改变其"不义"的"质"。因此,通过突出——映射——再表征——重构,对于它们只能采取同一种否定的态度——停止(已);而不能对其中一个采取否定的态度,对其中的另一个采取貌似否定实质肯定的态度(损之)。

其反面要求是:"异类不比,说在量";"木与夜孰长,智与粟孰多?"③

"异类不比,说在量",指出在度量、比较的属性上,要注意可比性。这些均表明了事物相比较或相推论,必须在同"质"的范围内进行,是对以类为推时的,对"质"的"相似性"、"可比性"的逻辑要求。

例如,一个事物的"量"总是确定"质"的"量",不同"质"的"量"不

---

① 《孟子·告子上》。
② 《孟子·滕文公下》。
③ 《墨子·经下》、《墨子·经说下》。

能进行比较或推论。这就好比木材与黑夜都有长短属性,在能够度量这一点上它们是相似的。但从"质"上讲,前者是空间上的度量,而后者则是时间上的度量,在度量的"质"上,两者之间并没有相似点,也无法确定它们孰长孰短。同样,智慧属于精神范畴,为无形物;谷子属于实体范畴,为有形物,两者虽然在"多与少"上具有相似性,但由于属性的"质"不同,因此也无法在"量"上比较孰少孰多。应该说,"异类不比"是从反面加强了"举相似"的可信度。

2. 有无相异性

例如,《吕氏春秋·不屈》篇中还有这么一则论辩:白圭刚与惠施相见,惠施就用如何使国家强大来开导他,白圭无话回答。惠施出去以后,白圭对别人说:"新媳妇刚到婆家,应该安稳持重,微视慢行。但有个新媳妇刚到婆家,见童仆拿的火把烧得太旺,就说:'火把太旺。'进了门,见门里有坎陷,就又说:'填上它。不然要伤人的脚。'这对她的夫家有利,只是太过分了些。如今惠施刚刚见到我,他对我的劝导也太过分了些。"后来惠施知道了这些话以后,就又说:"不对。《诗经》上说:'恺悌君子,民之父母。'恺是大的意思,悌是长的意思。君子的品德,高尚盛大的,就可以成为百姓的父母。父母教育孩子,哪里要等好久呢?为什么要把我比做新媳妇呢?《诗经》上难道说过'恺悌新媳妇吗?'"

在这个论辩中,在"新媳妇"与惠施的言行以及"老子"与惠施自己言行的相似性外,我们可以罗列出更多的相异处。如"新媳妇"一过门之后,便有了居家过日子的责任;而在古代封建社会"君君、臣臣、父父、子子"的等级秩序下,"老子"与"儿子"事实上存在着不平等。无视这些相异性,一味寻求相似性,就算类比成立,但也只能使谁也不愉快。难怪评者认为白圭与惠施的论辩,是用污秽责难污秽,用邪僻责难邪僻,这就使责难的人与被责难的人相同了。因此,在评价这个类比论辩中,除了涉及评价类比时要考察比较的两类事物之间是否还具有相异性之外,还涉及一种类比中的伦理原则,即在运用类比推理论辩时,其做"比"的事例,不但要符合类比方法所必须遵循的逻辑要求,同时也要符合伦理的要求,这个伦理的要求就是平等原则。

又如，有人认为试婚没有什么大惊小怪的，我们在买鞋前就要试穿一下。

"试婚"类比也显然认为，我们买鞋之前，一定要试穿一下，这样自然会增加买到满意鞋子的可能性。同样，将此"映射"到"试婚"上，"试婚"的行为显然也可以增加找到满意配偶的可能性。在容许"检验"上，它们似乎具有相似性，从而可以类比。

但是，在找到这个相似性之后，我们还要问一句，在"试鞋"与"试婚"之间，是否还有更多的相异性？这种相异性是否就是伦理道德所不允许的？比如，美满的婚姻是需要通过缓慢的磨合，才能达致和谐可人；而如果鞋子一开始就不合适，很难设想日后会变得合适。再有，影响婚姻生活质量的因素有很多，而鞋子是否合适，却只是影响对其满意程度的屈指可数的几个因素之一。更为重要的是，"试鞋"只是一种简单的商业交易行为，而"试婚"却是一种复杂的社会行为，这种社会行为是否符合现存的社会道德，无疑更是要求说明的。而"试婚"类比恰恰忽视了这些不同方面的相异性，尤其是忽视了伦理道德方面的相异性，因此其类比的说服力是令人怀疑的。

类似的类比还有"闪婚"：当你喜欢橱窗里的一件心爱的衣服，却嫌它太贵而离去，当你做梦都梦到这件衣服，匆匆再去那家商店时，却被告知昨天就卖完了，你会多么遗憾。"闪婚"的道理一样，人生最遗憾的莫过于与爱擦肩而过。

比喻得生动。但"喜欢一件衣服而赶快买下"与"爱一个人而赶快结婚"，能够等同吗？快餐式的"闪婚"会不会让人撑着？

虽然黑格尔曾说过："类比可说是理性的本能。"但他同时又认为："但须知类比可能很肤浅，也可能很深澈。"对于那些忽视事物的相异性，只依据表面现象就作出推论的"很坏的类比"，黑格尔认为是徒有空疏的类比的外在形式，实际上却只是一种无聊的把戏而已。① "网婚"、"试婚"、"闪婚"之类的类比，实在是黑格尔所说的"无聊的把戏"。

又如，布什自上台之日起就一心一意想把日本培养成"远东的英

---

① 参见黑格尔：《小逻辑》，第372、373页。

国",所谓的"阿米蒂奇报告"其主旨就是"强化美日安全关系,以美英特殊关系为榜样"。有美国学者甚至还提出让日本成为"远东英国"的"五步走"战略。① 有此"器重",日本顺势推行"世界中的日美同盟"路线,一味追随美国,奉行远交近攻的政策。这也就是为什么当时的小泉大言不惭:"日美关系越是密切,日本就越能与中国、韩国建立良好关系",并且在教科书和靖国神社等问题上全然不顾伤害亚洲人民的感情,变得愈发"强硬"的原因之一。可惜的是,美日关系与美英关系只是"形似",在"精神"上相去甚远。在英国看来,只有与欧洲保持密切关系才可以提升它在美国欧洲战略中的分量。反观日本,按此思路有可能在亚洲走向孤立,空做一场生拉硬扯的"远东英国梦"。这种类比就连"无聊的把戏"也算不上了。

3. 有无相关性

事物发生、发展的因果联系是复杂的,有时看似相似的因果关系却毫不相关。

例如,第一章第五节所举的"选小偷"例证。这位老师的思路恐怕是既然模范、代表可以选举产生,"小偷"也可以选举产生了。这是一种"诉诸公众"的荒谬类比,是对"选举"概念的不当运用。选举,是公民按照法定方式和程序,选出一定的公民担任某种代表或公职人员的行为。它体现了一种对所选代表的赞扬或信任,是对所选代表以往经历或能力的肯定。但"丢东西"却只是一次独立的事件,就算某个人以往有过"偷东西"的经历,但他以往的经历与这一次"丢东西"之间却没有必然的联系。"诉诸公众"的"共识"显然不能取代确凿的证据。当然,选模范、代表等必然要诉诸公众,但将此"映射"在"选小偷"上时,就将本不必然存在的因果联系类比于经验中的因果联系,从而将毫不相关的两件事情扯在了一起。据《今日说法》中的一个案例,某地的一个法官就曾言之凿凿地以"大家的共识"为据,将一个无罪的人定了罪。这显然也是"选小

---

① 参见阮宗泽:《日本当不了"远东的英国"》,载《环球时报》,2006年3月2日,第11版。

偷"的思路。

4. 有无遗漏的信息

我们曾经通过质疑、评价,检索出了前述"美国海军的海报"在类比的过程中,有意遗漏了一些重要的信息。同样,我们还可以通过"有无遗漏信息"的评价,揭示出某件言语行为中被忽视掉的信息。

例如,某同学在一次"我还是我"的讲演中,当众把一张崭新的人民币使劲地揉搓了几下后又铺展开,然后说:"我就像这张纸币,虽然历尽生活揉搓,但我还是我。"

类比演讲得不可谓不好,但在这个类比之后,纸币还是纸币,但他却不是他了。因为,在这个类比中,除了有一些"相似性"外,更重要的是还有一些被遗漏掉的信息——《中华人民共和国人民币管理条例》中的有关规定。而这些信息,恰好就是这个类比不能成立的"相异性"。

又如,古代有个技艺高超的剃头匠。一次他给一位将军剃头。为了卖弄他的手艺,他把剃头刀上拴了一串铃铛,然后将剃头刀高高抛起,随着一阵铃铛声响,剃头匠敏捷地接住下落的剃头刀,顺势剃上一刀。在整个剃头的过程中,将军被吓得两股战战。好不容易等到剃完了最后一刀,气急败坏的将军不由分说地把剃头匠捆在树上,操起弓箭便射向剃头匠。只见每枝箭都贴着剃头匠的头皮射在树干上。自然,剃头匠也是被吓得冷汗淋漓。这一点倒是相似。

表现技艺有各种形式,虽然越是惊险就越是刺激,但剃头匠在表现他的技艺时,却忽视了一个重要的前提条件:不能拿别人的性命开玩笑,要考虑到别人的感受。同样技艺高超的将军,以其人之道还治其人之身,用归谬式的类比,揭示出剃头匠在卖弄技艺过程中所遗漏掉的信息。

5. 有无弱化

虽然类比是人们经常采用的一种说明、论证的方法,但在运用类比的过程中,如果一味注意所类比事物之间的相似点,而有意无意遗漏了所类比事物之间的反例,或是已知属性与类比属性之间缺乏较强的相关性时,类比就会出现弱化。

另一方面，类比事物之间的相似，可以从不同的角度考察，A 与 B 相似可以是以某一属性为标准，但 B 与 C 相似则又可以以另一个属性为标准。如此类比，第一个类比事物与最后一个类比事物相似的标准就不可捉摸，也许会相差十万八千里了。加之，类比是从同类到异类再到远类的思维运动，在这个思维运动的过程中，事物之间的联系将逐渐疏远，逐渐淡化。因此，从量上分析，相似度的逐渐递减，一旦超越了某个客观界限，就可能出现质的变化，相似就会变成了不相似。因此，类比的链条越长，最后的相似度就越低，类比就越会出现弱化，其结论就越不可信，越不贴切。从语言上分析，"相似"不同于"相同"。"相同"的含义指彼此一样，没有区别，有其"同"的确定性；而"相似"却没有这种确定性。因此，"相同"具有传递性，而"相似"却没有传递性。这种由于类比链条长而出现了弱化类比，叫做"相似谬误"。

最典型的"相似谬误"要算是"狗似人"了：

> 狗似玃（似猕猴而形体较大），玃似猕猴，猕猴似人……夫得言不可以不察。……人之与狗则远矣，此愚者之所以大过也。（《吕氏春秋·察传》）

> 专以类比，以此像彼。谓犬似玃，玃似狙（一种猴子），狙似人，则犬似人矣。谓白似缃（xiāng，浅黄色），缃似黄，黄似朱，朱似紫，紫似绀（gàn，稍微带红的黑色），绀似黑，则白成黑矣。……夫得言不可以不察。……人之与狗则远矣，此愚者之所以大过也。（《刘子新论·审名》）

"相似谬误"是在心理上认定相似性的"质"不会有所改变，从而无视了相似性在"质"的比较标准可能不一，无视了相似性在"量"上的可能递减，一味"照猫画虎"，结果"画虎不成反类犬"了。从古人的批评中，可以体会出他们对"相似"的不可传递性是有所认识的，故而有了对"小方（方圆之方），大方之类也；小马，大马之类也……小智（小聪明），大智（大智慧）之类也"的嘲笑；有了王充的"比不应事，未可谓喻；文不称实,未可谓是"的忠告。

又如,在西方文化中,"13"是个不详的数字,原因在于耶稣等13人在一起后的第二天,耶稣被害;再加上其他人在碰到"13"这个数字时所遇到的一些不幸,于是人们在积累了 n 个事例后,便拿来做类比,推断第 n+1 个碰到"13"数字的人也会遭遇不幸。无独有偶,在中国也有这样的事例。如有的人从一些属羊的人曾遭遇不幸,也由此拿来做类比,推断第 n+1 个属羊的人,也会遭遇不幸。相同的例子还有至今没有灭绝的"十二生肖相胜"说。这些可疑度极大的"n+1"类比耽误了很多人的美满姻缘。

这种"n+1"类比的事例在现实的生活中,还更多地体现为"别人可以这样,我为什么不能?"如在"禁止通行"的牌子下,赫然出现一条弯弯曲曲的小路;在"禁止钓鱼"的牌子下,泰然自若地坐着一位钓鱼的人。甚至有些贪官这样说:"别人能贪,我为什么要做清官?"

"n+1"类比仅仅是依据以往的 n 个事例曾经出现过某种情况,从而断定在第 n+1 个事例中也会出现这种情况。其表现有两种:

一种是顺推:以往的 n 个事例是这样,现在的第 n+1 个事例也可能是这样。前述对"13"的恐惧、"属羊的人命不好"、"十二生肖相胜"说等,就属于顺推。

一种是逆推:以往的 n 个事例是这样,现在的第 n+1 个事例则可能不是这样。最典型的例子是赌博谬误,它是根据一种期望的情况在以往的事件发生时,没有如所期望的那样出现,从而推断在下一次事件发生时,所期望情况出现的概率将可能增加。例如,赌博的人都知道一枚硬币正面向上的概率是 1/2,但在连续出现几次正面向下的情况后,他便加大赌注,希望在下一轮掷硬币时,一定是正面向上,从而大捞一把。

顺推的"n+1"类比就是一种弱类比,它的结论首先取决于以往的经验,而在得出结论的过程中,人们总是在有意避开以往经验中的反例,却又特意留心以往经验中的相同点。这种留心筛选的过程,从逻辑上讲,是无视在以往 n 个经验事例中,前提与结论之间并没有必然的因果联系,因此,在第 n+1 个事例出现时,其前提与结论之间也不会必然存在某种相似的因果联系。从选择的心理上讲,则是在"极好"的选择中,以一种趋利避害的心理选择,有意无视了以往 n 个事例中的反例,以"宁可信其有"的心态表现出"别人可以,我为什么不能?"但是,我们在评价这类类比时,要非常清醒地认识到,文化上与心理上所决定的相关性并不具有普遍性与必然性,我们要时刻注意这类类比中是否存在着反例,以及已知属性与类比属性之间是否具有较强的客观因果联系的相关性。

如果说顺推的"13"、"十二生肖相胜"等"n+1"类比是出于文化上与心理上的原因,总是在寻找相似点的话,那么,逆推的赌博谬误则纯粹是出于趋利避害的心理需求,总在寻找相异点,希望下一次能够否极泰来。

"大数定律"或"平均定律"的原理告诉我们,一种情况随机发生的频率有其稳定性。在大量重复进行同一试验时,这种情况发生的频率总是接近某个常数。这个常数就被称为该情况随机发生的概率。当试验次数足够多时,随机情况发生的频率可以与它们的概率无限接近。例如,在掷硬币的游戏中,每次出现正面或反面虽是偶然的,但在大量重复时,出现正面的次数与总次数之比,必然接近于确定的数——1/2。这是历史上最早发现的"大数定律"之一。尽管有此发现,但"大数定律"并没有告诉我们,在第 n+1 个投掷硬币中将会出现什么样的情况,它只是告诉我们一个长远的概率。而赌博的"n+1"类比没有注意到,每次掷硬币出现正面向上的情况只是一个独立事件,以往 n 次掷硬币对第 n+1 次掷硬币都毫无影响。每次掷硬币正面向上的概率永远是 1/2。即便以往 10 万次地掷硬币时,都是正面向下,下次掷硬币时,其正面向上的概率仍然是 1/2。当然,从回归效应来讲,如果某一情况的出现远离了平均数,那么下次这种情况的出现将与平均取向更为接近。但是,从赌博谬误所反映的心态上讲,赌徒显然将每一次掷硬币的独立事件与"否极泰来"这一个过程相互混淆了,它们之间毫无相关性。从这个意义上讲,赌博谬误连弱类比也攀不上。

6. 类比是否具有一种实质合理性

类比思维的过程,不但有一个思维过程的形式合理性问题,同时还有一个思维结果的伦理合理性问题。两者的统一就是实质合理性问题。

它涉及如何认识意志自由的问题。

应该说,类比选择的过程是一个思维发散的过程。在这个过程中,人们可以支配自己的意志,按照自己的意志选择什么或不选择什么。从这个意义上说,选择类比对象的意志是自由的。但意志的自由,并不等于说意志是随意的。意志自由必须是合乎理性的自由,它既要合乎事物之间的普遍联系,又要合乎人们的心理接受程度。而这两者,都离不开理性对于意志自由的支配与调节。

例如,当我们听到"外科手术大夫像屠夫"时,总觉得有些别扭,而当我们反过来说"屠夫像外科手术大夫"时,也一定认为有些不大对头。这种类比就是在整合多重信息源以重新建构的过程中,只在心理上注意了两类事物的相似,不顾它们之间相异的属性,随机搜索、选择的谬误。

又如,我国第一部民法草案于 2002 年 12 月 23 日首次提交审议,引起全社会的关注。因为,我们可以一辈子不与刑法打交道,但我们生活的每一天都离不开民法。于是有人这样解释民法:生理现象就是民法,病理现象才是刑法。不大好懂。于是他继续解释:比如一个人小便,就是民法,因为这是正常的生理现象。如果小便便不出来了,病了,就该刑法来处理了。

生动倒是挺生动,但类比还是有些不雅。

又如,为了论证娱乐场所的"安全套行动",有人这样类比:"就像开车系安全带,并不是鼓励肇事。同样,(在娱乐场所)推广使用安全套,并不是鼓励卖淫嫖娼。"①

但是,在(娱乐场所的)"安全套行动"与汽车驾驶员的"安全带行为"之间,至少在合法不合法上有本质的不同。这个类比不是一个成功的贴切类比。要想成功论证娱乐场所的"安全套行动"有意义,还是找别的论证方式为好。

7. 有无其他因素影响类比

一个类比是否可信、贴切,不但要受到正确逻辑方法的制约,而且还

---

① 参见《每日新报》,2002 年 12 月 1 日,第 17 版。

受到一定的心理因素、伦理因素、文化因素、语境因素等非逻辑因素的制约。

(1)伦理因素的影响。

伦理,作为处理人们相互关系所应遵循的道理和准则,从来都是与一个民族、一个社会的现实生活、传统观念紧密地联系在一起的。而一定时期的历史文化也影响着同时期的思维方式,中国古代伦理思想所强调的以人为本的人本主义精神,就在一定程度上影响着具有中国古代特色的类比思维方式。如中国古代伦理思想所强调的"己欲立而立人,己欲达而达人","己所不欲,勿施于人","兼相爱,交相利"等的思想,就在"将心比心"、"推己及人"的意义上,影响了"举相似"的类比思维方式,使思维者在"以其所知谕其所不知而使人知之"的过程中,也要注重自身的道德修养,锻造自身的精神境界,使类比论辩更加具有人文性,更加具有可信度。

但是,如果将伦理判断与事实判断混为一谈,就有可能将类比的相似性减弱。

例如,前述"月攘一鸡"的类比论辩中,孟子以"非义"之"量"上的差别并不能改变其"不义"的"质"为喻,通过突出——映射——再表征——重构的类比推论,讥讽了宋国大夫戴盈"先减少重税,来年再免除"的虚伪。这种伦理上的"举相似",加强了"以类为推"的可信度。

又如,有儒者问墨子说:"君子有争斗吗?"墨子说:"君子没有争斗。"这个儒者反问道:"狗和猪都有争斗,怎么君子会没有争斗呢?"墨子对此诘问叹息道:"可悲呀! 说话则称崇尚商汤王与周文王,行为却与猪狗相类比。可悲呀!"

在对白圭与惠施的类比论辩的评价中,我们也分析了类比时所应遵守的伦理原则,表明在类比论辩中,伦理的因素也有制约一个类比是否贴切、合理的问题。

(2)心理因素的影响。

虽然类比思维在人们认识新事物、解决新问题或者以简单的道理说明抽象事理的过程中,发挥着重要的思维工具作用,但类比思维的客观基础是事物之间的某种"相似",而类比思维的镜像选择与映射,是心理认定后,思维反射或折射所形成的与原物相似的图景,这就使得,如同自然界不存在真正的反射率为1的镜体一样,无论思维的入射角和反射角如何相近,它总不可能将所有的"相似"反射出来。如果思维的入射角选择受先入为主的心理认定影响,那么,想象与联想所具有的不确定性,就很可能使思维反射出来的镜像变形。

因此,在类比的搜索、映射过程中,如何发现相似性以寻找基础范围,并由此及彼地转移相似点或相似关系,既受到思维主体的心理如何认定、如何接受的制约,也受到他人的心理如何认定、如何接受的制约。尤其因为,在人际沟通中,类比是人们经常采用的一种说明、论证的方法,他人的心理如何认定、如何接受,更决定了一个类比过程是否贴切、合理。如果无视类比思维中的心理因素的影响,很可能就会使一个类比思维的过程,丧失了它的实质合理性。

例如,18世纪的英国,曾流行着一种关于上帝存在的设计论证明:设计论者根据人工作品进行类比推理,认为,我们既然能够从房屋的存在推断出一个房屋设计者的存在,那么,我们也就能够从宇宙的存在合理地推断出它的设计者、创造者——上帝的存在。18世纪法国的自然神论哲学家卢梭也采用类比法,从人体的各个部分被人的意志所支配出发,推断出必然有一个最高的意志,使宇宙动起来。他认为这是"第一号教条或第一号信条"①,这个"最高的意志"显然同牛顿的"第一推动力"一样。

对于这种类比,18世纪英国经验主义哲学家休谟就认为是不恰当的,并从哲学认识论的角度对它进行了批判,认为这种类比违背了因果律:因果推断的基础是对象之间的恒常会合,我们看见一座房屋就推断出它的建造者的存在,这个推论的根据是我们在经验中常常看到房屋和建造者这两个对象的恒常会合。可是从宇宙的存在推及上帝的存在,这是从单一的结果推出单一的原因。因此,作为因果推断,这是不能成立的。因此,结论是:"由于人类理解力的缺陷,神的性情对于我们来说完

---

① 卢梭:《爱弥儿》(下卷),商务印书馆1978年版,第389页。

全是不可了解、不可知的。"①

18世纪法国的自然神论哲学家梅叶也对这种当时甚为流行的设计论进行了批判,指出:设计论者从自然界的有条理和完善推论出一个超自然的设计者的必然存在,实在是荒谬的。因为这种推论完全混淆了人工产物和自然产物的区别。我们可以从人工产品的存在推论出它的制造者的存在,但对于自然的产物却不能做这样的推论。因为物质不是被创造的,万物都是由物质粒子按其固有的运动规律形成的。②

从哲学认识论角度分析,任何一种"神",都是宗教和神话中所指的主宰物质世界的、超自然的、具有人格和意识的存在,这种存在是以人格化的方式在人们头脑中的"思维的、虚幻的产物"。而这正是它与房屋等"人工的、实在的产物"的最大的不同之处。因此,从对类比进行质疑和评价的角度分析休谟和梅叶的批判,可以看出,梅叶的批判更为直截了当,他干脆利落地指出了人工产物和思维产物的区别,而这种区别正是设计论者在进行类比选择时从心理上忽视掉的"相异"处。

(3)文化的影响。

作为一种历史现象,文化有历史的继承性,同时也具有地域性、民族性。每一文化特质都以其特殊的意义、历史或社会背景,以及在整个文化系统中的功能,使某一社会群体在生活方式、社会行为模式,尤其在价值观上所表现出来的感情特质与精神品质,熔铸着这一社会群体相异于其他群体的文化特色,并影响着这一群体的思维方式。不讲"十二生肖相胜"的西方文化,在决定有情人的姻缘上才不管双方是"属猴的"还是"属鸡的";同样,有些中国人认为数字"13"不祥,也是近年来的事。因此,我们在运用类比时,有时也要注意可能影响类比的可信、贴切的文化因素。

例如,据前些年报载,有人申请注册"鲁迅酒"的商标。此事经媒体披露后,引发一场争论。

有人认为,用名人做商标并不鲜见。国外就有"拿破仑酒"、"林肯

---

① 休谟:《自然宗教对话录》,商务印书馆1962年版,第14页。
② 梅叶:《遗书》(第3卷),商务印书馆1960年版,第108页。

轿车"、"丘吉尔香烟"等,国内也有"李宁运动服"、"张小泉剪刀"、"武则天酒"、"孔府家酒"等,而这些人都是名人。如此类比,用同样是名人的鲁迅注册"酒"的商标没有什么不可以。

但更多的人认为,鲁迅不是私有财产,不是一种纯粹的经济符号,而是中华"民族魂",是整个民族的精神财富。如果把鲁迅的名字用在公益事业上,如为学校、图书馆等命名,可以激励下一代,弘扬民族精神。但是把鲁迅作为一种酒的品牌名字,则是对鲁迅先生的极大不敬,让人受不了(在这一点上,"鲁迅酒"与"孔府家酒"还不是一个意义相同的概念)。名人商标作为一种特殊商标,必须考虑到它的社会影响和民众的心理承受力。

这种争论实际上所涉及的是,在类比中,文化观念对类比的贴切度究竟有多大影响。一个商品的名字,虽然只是一个符号,但其中却蕴含了丰富的文化内涵。如果不管不顾一定的社会文化背景,也许会被人们认为"太不拿名字当回事了"。到头来,也许会给社会心理造成不应有的伤害。据称,国家商标局也以"会引起社会不良影响"而拒绝为"鲁迅酒"注册商标,而不管市场上所卖的那许多"拿破仑酒"。如今,《商标法》第十条第八项更以"有害于社会主义道德风尚或者其他不良影响的标志不得作为商标使用",为这种争论做了具体的规定。

又如,近年来,对于能否实施"安乐死"、"脑死亡",国际上也有着很大的争论。有人赞同,有人反对。有的人则认为,为了避免"安乐死"可能会给医疗事故甚至谋杀造成机会,使一些本来可以挽救的生命丧失最后的机会,可以对其加以限制,这就如同为了避免事故,需要给汽车限速一样。

但是,给汽车限速是一个纯粹的技术问题,而给"安乐死"、"脑死亡"限定什么条件下可以实施的标准,却不仅仅是一个技术问题,更重要的还是一个社会伦理文化的问题,即如何解决同以往文化观念的冲突。所以,这个"给'安乐死'限定实施的标准如同给汽车限速一样"的类比,由于没有考虑社会文化因素上的影响,不能算是一个贴切、可信的类比。

基于此,我们在质疑、评价这类类比时,要非常清醒地认识到,文化因素也决定着某个类比中的相关性是否具有普遍性,一个贴切、合理的类比,应该在社会文化心理上也是可以接受的。亦即,类比思维的过程,不但有一个思维过程的形式合理性问题,同时也有一个思维结果的价值合理性问题。

(4)语境的影响。

文化与逻辑的关系,有时还可以通过语言的使用环境来体现。

例如,据报载,深圳机场最早就叫"深圳机场"。后来为了和国际接轨,改名为"黄田机场"。后来又要改名为"宝安机场"。之所以又要改名,据说是因为"黄田"在闽南话中与"黄泉"同音。在"888"、"发发发"热闹了好一阵以后,有谁还愿意"命赴黄泉"呢?

有意思的是,中国古代圣贤墨子的里籍山东滕州,也曾想借一代平民思想家墨子打造品牌,受"孔府家酒"、"孔府宴酒"的启发,也生产了一种"墨子酒"。但墨子之"墨"的读音,与当地方言中的"没"字读音相同。而"没子"却与传统文化心理相悖,故而使这种酒的销量受到影响。

这些类比的思路,恐怕就没有考虑到类比过程中语言运用的问题。语言是思维的物质外壳,思维是语言的思想内容。因此,在人际沟通中,所表达的思想必须借助于自然语言才能得以实现,类比论辩也是如此。如何运用语言,同样也是影响着类比是否贴切的一个因素。这涉及了类比运用过程中的语境问题。

语境指人们在交际过程中表达思想感情的语言环境。它包括说话者、听话者、说话的时间、说话的地点以及交际者已共同具有的知识等因素。语境可以分为狭义的和广义的两种。狭义的语境通常指当下运用语言的前言后语,广义的语境则还包括表达思想时的社会环境。类比中的歧义句就是依赖于语境的句子,离开了语境,就不能确定其所指,就不能明白其表达的思想。如对一些歇后语的理解,就必须联系说话时的场景,才能理解歇后语的所指。所以,对于一些运用类比的歧义句,如何使其逻辑上可信、贴切,还应该联系语境加以解决。

语境总是具体的,从而使语境具有消化自然语言不确定性的功能,将一些含混的自然语言,变为具有确定含义的语言。对广义语境的研究,有助于了解说话者的"弦外之音"、"言外之意"。

但是,有时借用语言的歧义性所采用的方法,却不能类比于同样的

场合。如有一则故事新编——"曹操的尴尬":

> 曹操和刘备青梅煮酒论英雄。席间,曹操一句"今天下英雄唯使君与操耳",吓得韬光养晦的刘备把筷子都掉落在地上。曹操问何以掉落筷子,刘备回答说:"被刚才天上打的响雷吓了一跳。"说完,刘备弯身拾筷子时,突然放了一个屁,十分尴尬。正窘迫时,只听身后赵云坦然说道:"诸位莫要见怪。天上打雷,屁从云中来。"赵云话音刚落,一旁的关羽跨前一步说:"诸位莫见怪,屁从雨中来。"关羽刚刚说完,张飞又朗声嚷道:"方才一响屁,屁是飞来的。"大家一阵哈哈大笑。解了刘备的尴尬。
>
> 此事对曹操很有感触。送走刘备后,他对部下说:"刘备的属下,一见主公有个闪失,都争先恐后地抢着承担和弥补。真可谓忠心耿耿。此事要轮到你们,能够办到吗?"曹操的部下都深感委屈,纷纷说:"不就是个屁事?有什么难的?"
>
> 过了几天,曹操又请刘备喝酒。席间,曹操故意放了一个屁,想看看自己的部下如何。"屁是猪放的。"大将许褚抢先一步。"屁是颠出来了。"大将典韦也当仁不让。"不对!屁是晃出来的。"徐晃则唯恐落后。"不对!都不对!"望着早已脸色发紫的曹操,谋士郭图仍然不知好歹地振臂高呼:"屁是吐出来的!"曹操拂袖而去。

在这则故事新编中,刘备的部下赵云、关羽、张飞巧妙地利用了"打雷"这一现象,又诙谐地利用了语言的歧义性,其不慌不忙的回答似乎是在"怪罪"天,其实是在"检讨"自己,从而以雅而不俗的语言技巧解了刘备的尴尬。赵云的淳朴、关羽的儒雅,张飞的豪放,跃然纸上。

但是,在曹操所制造的类似场景中,刘备部下所采用的方法能否转移过来,却是需要评价的。首先,在这"类似"的场景中,并无相似于"打雷"的现象可资利用,缺乏了"相似"背景材料。其次,曹操众部下所采用的谐音法,似乎在指向自己,但其谐音又可理解为是在描述一个有失礼貌的事件过程,而这个过程的原发点又都很无奈地指向了曹操本人。难怪曹操要拂袖而去了。因此,曹操部下照猫画虎式的"重构"解围场景所以不成功,就在于他们的"类比"愿望忽视了类比的相关性,错误利用了语言的歧义性,其"重构"之场景被新的语境给糟蹋了,从而以毫无诙谐可言且又不甘示弱的新场景,为曹操的尴尬雪上加霜了。

恩格斯曾说过:"只有它(指辩证法)才能为自然界所发生的发展过程,为自然界中的普遍联系,为从一个研究领域到另一个研究领域的过渡提供类比,并从而提供说明方法。"[1]这段论述并非是说辩证法就是类比推理,而是提出类比推理必须以辩证法为指导的问题,不如此,就会产生"庸俗类比"、"机械类比"的谬误,使一个说理的过程丧失了它的实质合理性与价值合理性。

基于此,我们在质疑、评价一个类比是否可信、贴切时,要看它是否符合类比的逻辑要求和非逻辑要求。为了提高类比结论的可靠程度,我们应该:

第一,尽量增加推理中相类比的属性。确认的相同、相似属性越多,推出属性相同、相似的可能性就越大,结论的可信、可靠程度也就越大。

第二,尽量提高类比属性与推出属性的相关程度。二者联系的相关程度越高,则结论的可信、可靠程度也就越大。

第三,检索有无遗漏的信息。有时遗漏的信息恰恰是类比不能成立的根据。

第四,不能弱化类比过程中的相似性。

第五,注意类比过程中的一些非逻辑因素的影响,不但要注意类比思维的形式合理性问题,同时还要注意类比思维的实质合理性问题、价值合理性问题。

总之,如果两个相似种类的其他共有方面存在的话,比较对象之间的某一共有方面才能更多地增加相似性。

---

[1] 恩格斯:《自然辩证法》,人民出版社1958年版,第28页。

第四章 创新思维的基本要领

大千世界,林林总总,蕴藏着无数的奥秘。人类文明之所以发展到今天,正是在不断探索这些奥秘、解决问题的过程中,一步一个脚印走过来的。但是,直至今天,仍然有数不清的奥秘、问题需要我们去探索、去解决。即使你懒得去寻找这些问题,问题也常常会在生活中不期而至,困惑着我们。我们在生活、工作中,经常会碰到类似的场景:当一个问题百思不得其解时,突然一个新想法、新思路涌现在脑海里,内心顿时豁然开朗。这就是创新思维在发挥作用了。

应该说,在创新世界里,"发现"永远比"存在"更重要;在创新思维活动中,做个"疯子"也远比做个"呆子"强。但坑蒙拐骗算不算"创新"?创新思维活动应该怎么个"疯"法?有无一个"度"?这涉及了创新意志自由中潜在的伦理确定性问题。

一、柳暗花明又一村——思维要柔软

"创新思维"是指思维的一种智力品质,它是在客观需要的驱动和伦理规范的要求下,在已有经验和感性、理性认识以及新获取的信息的基础上,统摄各种智力因素与非智力因素,利用大脑的有意识的悟性思维能力,在解决问题的过程中,通过思维的敏捷转换和灵活选择,突破和重新建构已有的知识、经验和新获取的信息,以具有超前性和预测能力的新的认知模式把握事物发展的内在本质及规律,并进一步提出具有独特见解的具有主动性和独特性的复杂的思维过程。①

其动力为:客观需要;思维主体的好奇心。

其基础为:已经储存的知识和经验;新获得的信息。

其方式为:综合运用各种思维成果、思维方法。

其结果为:提出新观点、新理论、新形象、新办法、新思路。

其要求为:必须符合伦理规范。

我们在第一章曾经阐述,任何人的思维过程都是一个整体,其中包括了创新思维。这是因为,在现实生活中,逻辑已经成为"熟知的东西",它以"共许"的"道"和"理",以确定性的认识,反映客观事物在一定时间和一定空间内的质的稳定性。它以思维的确定性、有限的线性、规范性、严密性,很容易形成一种认识活动中的常规思维定势。它以单向思维或垂直思维为主要特征,思维方向是线性的,性质是刚性的,不能随意改变。但是,人们在认识世界、改造世界的过程中,仅凭这种思维方式显然是不够的,现实的生活世界要求人们常常要突破这种"熟知"的常规思维定势,使刚性的思维具有新的柔软性,以思维方法的灵活多样,经过"反经合于权"②,寻求"反经合义,妙尽机权"③的创新。于是,现实的生活世界催生出来的创新思维,也就有了其基本的特征:

(1)独创性。指思维主体在认识事物、解决问题时,不局限于原有的经验和知识,能突破常规思维定势的束缚,实现认识或实践的新飞跃。独创性是创新思维的基本特征和主要标志,思维成果的新颖程度是思维独创性的最重要指标。

例如,在1984年洛杉矶奥运会(第23届)之前,由于奥运会采取的是由主办国家或城市出资的方式,往往都亏损严重。洛杉矶奥运会的操办者尤伯罗特一改这种模式,运用横向思维的方法,通过出卖广告和奥运会转播权,引来大批资金,从而使洛杉矶奥运会不但没有亏损,反而赢利1.5亿美元。"奥运经济"的观念成为一种新的观念。

---

① 张晓芒:《创新思维训练》,企业管理出版社2005年版,前言第1页。
② 《史记·太史公自序》。
③ [唐]温大雅:《大唐创业起居注》(二)。

(2)灵活性。指思维主体的思维活动不受常规思维定势的束缚,不恪守稳定的有序性,其思维方式、方法、程序、途径等都没有固定的框架,允许思维的自由跳跃,它往往借助于直觉和灵感,以突发式、飞跃式的形式寻求问题的答案。

我们平日的学习,很大程度上是被动地学习、接受、积累知识与经验,这些知识与经验对于人们解决实际问题固然十分重要,但它们也容易以一种预先准备的心理状态,形成一种"话题预设"。这种"话题预设"有时会使我们在无形中形成一种心理障碍,总是以一种习惯的思路审视、分析、认知事物,从而限制了人们创新能力发展的潜力和空间。而打开这个阻碍解决问题的"思维嵌塞",就需要思维的灵活性。如下图所示,有九个圆点:

问:能否用四条直线一笔将这九个圆点连接起来?

九点问题是一道著名的思维训练题,它形象地表明了常规思维定势的框架。

人们在认识、知觉图形的过程中,都有一种"组织性"、"完形性"的习惯倾向,从而形成一种"格式塔心理"①。这种心理往往对事物的认识产生一种完形的"格式塔"形象认定,从而在接受知觉思维素材时,以所感受到的有关该事物的整体形象为出发点。

亦即:如果有四个点,就将其联想为四边形。

---

① "格式塔"是德文"Gestalt"的意译,意为完整结构。从选择心理上讲,在竞争性的互动选择中,每个人都希望自己受益最大。但从格式塔心理学角度来看,结构不是其组成部分的简单相加,其组成部分的性质是由内部系统性整体结构决定的。这也就是"格式塔"的意义所在。

如果有三个点,脑海里就浮现出一个三角形。

　　而看到本题的九个点时,就很容易将其认定为是一个正方形了。这种不知不觉中形成的"完形"知觉倾向,以常规思维定势的习惯趋势,非常自然地认定平面内的九个点在空间上有一个"边界"。因此也只能在这九个点所组成的正方形"边界"内解决问题,以常规的正向思维形式,得出"无解"的结论。

　　如果打开这个"思维嵌塞",突破这种由"完形"心理所构设的"边界"思维框架,向"从来不想"的地方试探一下,将视线延长至这个"边界"以外的空间中,想象所画的直线能否再长点?只要直线随着拓宽的思路,在拓宽的视野里突破这九个点的虚拟"边界",就会发现平面内的这九个点在空间上本来就没有什么"边界"。正解也就出来了。

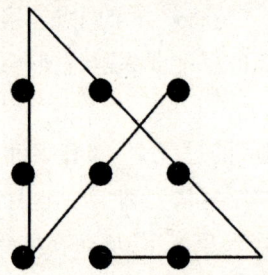

　　(3)综合性。指对已有思维成果的综合运用,同时也指对多种思维方式、方法的综合运用。其中特别突出的是对直觉和灵感方法的运用。

　　例如,残缺棋盘问题:有一个64格的国际象棋棋盘和32个多米诺骨牌。如果切除棋盘左下角和右上角各一格,使棋盘剩下62格,能否用31个骨牌覆盖这个残缺棋盘?

　　通常使用的方法是尝试各种覆盖方法。由于有成千上万种覆盖可能,所以既费时间又不断增加挫折感。此时,我们可以以适当的知觉线索帮助解决这一问题。

几次失败后,我们可以发现,剩下未能被覆盖的两个小格通常具有相同的颜色,正好与被切除的两个小格的颜色相对。注意到这一事实,我们就可以考虑到,31个骨牌只能覆盖住31个白格与31个黑格。但在残缺棋盘中,白格有32个,黑格只有30个。不存在完全覆盖的可能性。

这样,建立在注意力基础上的顿悟,就可以形成一个全新的问题表征,即从单纯地思考棋盘方格的数量,转换到同时综合考虑方格的颜色和数量。

(4)批判性。指在创造性地认识、解决问题的过程中,思维认识对既有知识、经验和常规思维定势的质疑。

在认识、解决问题的过程中,人们都有一种创新性解决问题的欲望与渴求,正是有了这种欲望和渴求,人们才会有意识地追求并完成"否定——建构——再否定——再建构"①的创新思维活动,从而以一种批判性的心理状态,避免固守经验,以健康的心态全面看待权威,以发展的眼光客观地正确对待既有的知识、经验;从而也就以灵活的头脑开启新的思路,自觉地产生出创新性的思维成果来。因此,创新思维中的批判性取向,需要呵佛骂祖的勇气与精神。

如上,要想生发出创新性的思维成果,思维就必须在刚性中有柔软,而所谓的柔软,就是思维的灵活性。这也正是创新思维的基本要领。我

---

① 赵润琴:《创新思维及其逻辑因素与非逻辑因素》,南开大学哲学系2005年硕士论文。

们结合创新思维的各种基本思维方式,分别探讨这个基本要领的具体体现。

二、桃花胜景何处寻——如何灵活地思维发散

发散思维又被称做辐射思维或求异思维。它是通过对已知信息进行多方向、多角度、多渠道的思考,从而悟出新问题、探索新知识或发现多种解答或得出多种结果的思维方式。

发散思维的本质特点是它的求异性。它不满足既定的解释,力求围绕问题寻求新的变化。为此,求异性就是灵活性的最大体现。

(1)灵活性决定了发散思维的灵敏、迅速、流畅、开阔。

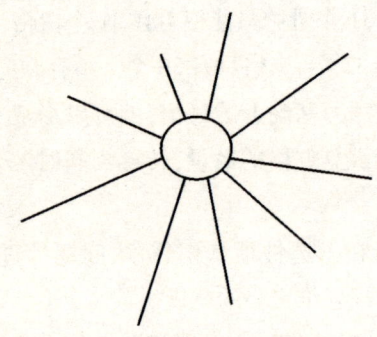

例如,"央视"《开心辞典》栏目曾有一道题。给下列数列填空:

$$0 \quad 6 \quad 24 \quad 60 \quad (\ ) \quad 210$$

在解这道题时,如果一个思路不能得出正解,就必须再开辟另一个思路。因此思路转换必须灵敏、迅速、流畅、开阔。此时,要注意摆脱常规思维定势所造成的习惯思维的束缚,想方设法使既有的知识、经验进入新的问题情景中,以使思维自由地统观全局,设法发现问题与情况的相互联系,问题的形式与目的的内在联系,尽可能多地发散出自由奔放的灵感数目。因此,本题的解题思路是寻找规律基础上的科学归纳,其数列的规律是:

$$1^3-1;\ 2^3-2;\ 3^3-3;\ 4^3-4;\ 5^3-5;\ 6^3-6$$

$$0 \quad 6 \quad 24 \quad 60 \quad 120 \quad 210$$

这种方向上的求异性,首先就是指多向发散,这是思维灵活性、柔软性的具体体现。

例如,当圆珠笔刚发明时,每写到1万字时就漏油。于是许多技术人员在圆珠的材质问题上下了很多工夫,但漏油问题仍然得不到满意的解决。此时有个技术人员便不再思考圆珠的质量,而是转而考虑笔杆的长度,让圆笔珠就装能写1万字的油,到时它想漏都没东西可漏了。这就在保持原命题的实质基础上,灵活地转换了思维的方向。

又如,当肯德基集团还是一个小公司时,曾经有一段时间由于公司各职能部门官僚主义严重,面临着严重的经济危机。为了消除这种官僚主义,总公司向各地快餐店发出一项指令:把所有经理的椅子靠背锯掉。这个创意促使各地经理们走出了办公室,开始了"走动管理",使公司从此走向辉煌的发展时期。

这个指令的实质是解决工作懈怠的问题,但如果只是靠发几个文件,则是老生常谈,效果可能不大。所以,灵活转化发散思路的"锯掉椅子背"的指令,既可以警示管理人员们"走动"起来,同时还可以让管理人员们自己体会领导层的良苦用心。

又如,有两家相邻的小饭店,经营方式一样,厨师水平一样,服务态度也一样。其中一家立了一条服务标准,在不要发票时折扣也大,但还是冷冷清清。另一家立的服务标准是:客人点菜后,等候时间不超过10分钟,所以生意火暴。

在快节奏的社会里,没有人计较折扣一块两块,顾客要求的是除了吃好外,时间不能等长了。规定时间限制的一家,思维发散的灵活度就比加大折扣的一家要强。

(2)灵活性决定了发散元没有固定范围的局限。

既然发散思维本质上是求异性,那么,这种"异"就没有什么范围的局限。只要有合乎情理的解释,任何思路、方法,都在发散思维的视线之内。

例如,连环本是一种互相套连的环,原本是不能用常规的方法解开的,但第二章所述的惠施却有一个著名的辩题:"连环可解"。这表现出了惠施头脑的机智与曲解巧辩的才能。虽然惠施的具体解法究竟是什么现在不得而知,但历代的人按自己的理解,创造出了情趣各异的解法。

一种解法是以解体为"解"。据《战国策》记载,有个人送给齐威王王后一个玉连环,请她解开。齐威王王后仔细看了看玉连环,不假思索地操起一把锤子,一下就把这个玉连环砸断了,并说:"连环解开了。"

一种解法是以指出不可为为"解"。据《吕氏春秋·君守》篇记载:"鲁鄙人遗(赠送)宋元王闭(连环)。元王号令于国,有巧者皆来解闭。人莫之能解。兒说(战国时期的辩士)之弟子请往解之。乃能解其一,不能解其二,且曰:'非可解而我不能解也,固(本来)不可解也。'问之于鲁鄙人,鄙人曰:'然,固不可解也,我为之而知其不可解也。今不为而知其不可解也,是巧于我。'故兒说之弟子者,以不解解之也。"

一种解法是以活动自如的不解为"解"。唐代道士成玄英在注疏《庄子·天下》时说:"夫环之相贯,贯于空处,不贯于环也,是以两环贯空,不相涉入,各自通转,故可解者也。"

一种解法是现代思想家胡适的"可计算"的"解"。胡适说:"对于计算这连环的圆周和半径的数学家来说,每一环都可看做是与它环分离的。它们之间彼此扣接,完全没有给他(的计算)带来任何困难。"

不管以上几种解法是否符合惠施的原意,从突破常识的创造性这一点来说,也不能完全说它们都是诡辩。这些解法各异的方法,均是发散思维的结果。不管这些灵活的"各异"与既定的理解多么不同,只要有合乎情理的解释,任何思路、方法也都在发散思维的新的理解之中。

又如,南京有个彩民在情人节时考虑,与其花钱买玫瑰,还不如买几张彩票,精心叠成纸玫瑰,作为情人节的礼物。这样既可以让恋人开心,还可以兼顾中奖。也许是"天意",这位彩民在获取"芳心"的同时,还中了大奖。这个彩民就是在发散性地思考问题时,综合发散出"玫瑰"既可以是真玫瑰,也可以是纸叠的玫瑰。问题在于以什么方式来获取"芳心"。

(3)灵活性决定了发散思维不局限于既定的理解。

既然发散思维本质上是它的求异性,这种"异"就同既定的理解有所不同。

例如,15世纪,哥伦布发现了新大陆。但一些西班牙贵族对此嗤之以鼻。据说在一次聚会上,有贵族认为:"其实发现新大陆是世界上最简单不过的事情,任何人都可以做到"。于是,哥伦布拿出一个鸡蛋让其"竖"起来。结果没有贵族能"竖"起来。此时,哥伦布将这个鸡蛋一头磕了一下,鸡蛋"竖"起来了。最简单的事情,为什么有的人能做到,有的人做不到呢?这就要看他是否能沿着常规思维以外的方向思考解决问题的方法,将既有的知识重新组合,并由此找到新的答案。

又如,有一家企业招聘管理人员。面试时,给每一位应聘者发了一根1尺长的米尺,要求他们测量出一座20层楼的高度。有的应聘者利用几何知识繁琐地计算,有的是一层楼一层楼地度量累加,而有一位应聘者则是来到大楼管理处询问,并得到了正确的答案。最后,他被录取了。

用一根米尺是不可能准确地度量出这座大楼的高度的。测试应聘者的应变能力是"米尺面试"的目的所在。这种应变能力有时就表现为灵活的发散能力,即灵活地发散出新的理解。

又如,有一家外企招聘员工面试时出了一道题:要求应聘者把一盒蛋糕切成8份,分给8个人,但蛋糕盒子里还必须留有1份。有些应聘者绞尽脑汁也分不成,而有些应聘者却感到这个问题很简单,把切成的8份蛋糕先拿出7份分给7个人,剩下的1份连蛋糕盒子一起分给第8个人。

后一种人就是在分蛋糕时灵活发散出蛋糕盒子的用处可以是多样的,从而在注意力适时转移中,对问题场景有了新的理解。

灵活地转化发散经常被用在商家的促销方法上:"以新奇的方法引起人们的注意"。

例如,有两个开发商,分别在城东和城西开发出一片房地产。城东的开发商拿出一大笔资金在各媒体大做广告宣传;而城西的开发商也拿出同样的资金,给了公交公司,让他们把跑西线的车由每天的10班增加到50班。一个月后,城西小区的销售量是城东小区的10倍。一年后,城西房地产开始清盘,而城东的房地产开始降价。此为发散一:发散元要多。

再后来,城西的公交车每天增加到200班,并且应城西小区居民的要求,城西成为这个城市唯一没有实行无人售票的路线。因为坐这条路线上的车,可以得到一张公园门票大小的彩色车票,正面是城西小区的广告,背面是一首唐诗。并且这种车票每月一换。此为发散二:新颖、独特。

又如,荷兰卡瑞斯马汽车商曾经设计了一个广告:准备免费赠送80辆崭新轿车。主办者将从电话号码本上随机抽取80个用户地址,再按地址上门送车。但要求这些用户必须在自己家的窗户上张贴汽车广告。如果这些被选中的用户没有按规则张贴广告,就会失去获奖的机会。这个广告宣布后,人们都争先恐后地在自己家窗户上张贴出了从报纸上剪下来的全页汽车广告。在那些天,不管走到荷兰的哪个城市或街道,都可以看到铺天盖地的这家汽车厂商的广告。这个广告创意,促销的性质没有改变,但手法改变了,它使1500万荷兰人在这个广告面前毫无逃遁。

上述例证都是保持问题的实质,但转换了思维方式或思维的方向。

国家公务员《行政职业能力测试》中有一种"数字推理"的题型。在解这种题的过程中,灵活地转化发散方向更是必需的。

所谓数字推理,就是先给出一个数列,中间空出一项,要求从选项中找出一个来填空。由于这个数列一般是数列差按某种规律排列,因此所填之空也必须要符合这个数列差的排列规律。数字推理考的就是思维的柔软性。因为,任何一个数列的排列规律都是可以通过科学归纳法归纳出来的,但归纳的方向是不同的。就看能不能随时应变,发散出需要的解题思路来。不过,由于时间的限制,即使发散也不是无限制的发散,还是有基本的发散方向的。数字推理一般所涉及的基本数列大致有如下一些:

①等差数列;

②等比数列;

③幂数列;

④双重数列(奇数列与偶数列);

⑤前两项与第三项形成关系的数列;

⑥分数和小数数列;

⑦排列规律又呈现排列规律。

所以,数字推理的解题思路(发散方向),一般可归纳为如下几种:

思路一:相临两数关系。

思路二:每数是怎样来的。有时需要考虑序位数。

思路三:相临三数或四数关系。

思路四:数列差规律中找规律。

思路五:奇数列和偶数列(双填空时首先考虑奇数列和偶数列)。

做题中,当一种思路无规律可循时,要灵活地及时转换为另一种思路。

以2006年、2007年国家公务员《行政职业能力测试》中的数字推理为例。

2006年31题:

102,96,108,84,132,(　　)

A. 36　　B. 64　　C. 70　　D. 72

思路一:相临两数关系为:$-6, +12, -24, +48, (-96)$。

奇数列为负数;每数相差4倍。灵感:看尾数。$132-96=36$。答案为A。

2006年32题:

1,32,81,64,25,(　　)

A. 5　　B. 6　　C. 10　　D. 12

思路二:每数是怎样来的:$1^6, 2^5, 3^4, 4^3, 5^2, (6^1)$。答案为B。

2006年33题:

$-2, -8, 0, 64,$ (　　)

A. -64　　B. 128　　C. 156　　D. 250

思路二:每数是怎样来的:

$1^3 \times (-2), 2^3 \times (-1), 3^3 \times (0), 4^3 \times (1), 5^3 \times (2)$。答案为D。

2006年34题:

2,3,13,175,(　　)

A. 30625　　B. 30651　　C. 30759　　D. 30952

思路三:相临三数关系。

第三数:第二数的平方加第一数与第一数的积:$3^2 + 2 \times 2 = 13$

第四数:第三数的平方加第一数与第二数的积:$13^2 + 2 \times 3 = 175$

第五数:第四数的平方加第一数与第三数的积:$175^2 + 2 \times 13 = 30651$

灵感:看尾数:X5 + X6 = X1。答案为 B。

2006 年第 35 题:

3,7,16,107,(   )

A. 1707   B. 1704   C. 1086   D. 1072

思路三:相临三数关系。

第一数与第二数的积减 5 为第三数:$3 \times 7 - 5 = 16$

第二数与第三数的积减 5 为第四数:$7 \times 16 - 5 = 107$

第三数与第四数的积减 5 为第五数:$16 \times 107 - 5 = 1707$

灵感:看尾数:X2 - 5 = X7。答案为 A。

2007 年第 41 题:

2,12,36,80,(   )

A. 100   B. 125   C. 150   D. 175

思路二、思路四:数列差怎样来的;数列差规律中找规律。

①每一项除以项数:2,6,12,20,(30)(需要考虑序位数)

②后项减去前项:4,6,8,(10)

$30 \times 5 = 150$。答案为 C。

2007 年第 42 题:

1,3,4,1,9,(   )

A. 5   B. 11   C. 14   D. 64

思路三:相临三数关系:后项减前项再平方等于第三项。

$(9 - 1)^2 = 64$。答案为 D。

2007 年第 43 题:

0,9,26,65,124,(   )

A. 165   B. 193   C. 217   D. 239

思路五:奇数列和偶数列;

思路二:每数是怎样来的(需要考虑序位数)。

奇数列:项数立方减1;

偶数列:项数立方加1。

$6^3 + 1 = X7$(灵感,只考虑个位数)。答案为 C。

2007年第44题:

0,4,16,40,80,(   )

A. 160   B. 128   C. 136   D. 140

直觉:数列与4有关。

思路一:先列与4有关的数列(均除以4):0,1,4,10,20,(35)

思路四:数列差规律中找规律。

后项减前项:1,3,6,10,(15)

就这个数列继续找规律。

后项减前项:2,3,4,(5)

$35 \times 4 = 140$。答案为 D。

2007年第45题:

0,2,10,30,(   )

A. 68   B. 74   C. 60   D. 70

思路二:每数是怎样来的(考虑序位数)。

每一项为:$(N-1)^3 + (N-1)$

$(5-1)^3 + (5-1) = 64 + 4 = 68$。答案为 A。

有的数字推理没有数列差规律可循,又应该如何发散?

如有一道题:

6,13;20,1;(   ),19

前两组数字的差分别为:7,19,构不成数列差规律。此时,就应放弃前述几种思路,从数列差规律灵活地转换到考虑数字的性质上。

由于第一组数字差为1至10之间最大的素数,第二组数字差为11至20之间最大的素数,按此推导,第三组数字差就应该是21至30之间最大的素数。为29,则应填空为48。

国家公务员《行政职业能力测试》中有一种"判断推理"的题型,其

正确思维的基本要领

中曾经包括了"事件排序"题型,2006年后取消,但一些省市的《行政职业能力测试》中还保留。"事件排序"要求按事件发生的因果关系、前后关系,选择最合乎逻辑的事件顺序。其做题根据,一是靠生活经验,二是靠一定的知识。关于解题方法,也有一个如何灵活发散解题方向的问题。一般来讲,同样也可归纳为如下几个发散方向。

思路一:确定首项(第一顺序项)。看选项中有无唯一的。

思路二:确定末项(第五顺序项)。看选项中有无唯一的。

思路三:确定中间项必然连接的三项。

大部分的排序题,按一种思路可以确定两个选项,再结合其他思路可进行排除。

我们以国家公务员2005年《行政职业能力测试》为例。

2005年第71题:

(1)考古发掘　　(2)绘制壁画　　(3)建造陵墓

(4)拼接图案　　(5)盗墓取宝

A. 3—5—1—2—4　　B. 3—2—5—1—4

C. 2—3—4—5—1　　D. 2—3—5—1—4

思路一:建造陵墓肯定是首项,故只考虑选项A、B。

思路三:时间前后不能颠倒,所以不能5—2,排除A,选项为B。

2005年第72题:

(1)救治无效,家属告状　　(2)身患重病,借款购药

(3)企业胜诉,报社致歉　　(4)药品鉴定,真伪不同

(5)记者撰文,药厂蒙冤

A. 2—4—1—5—3　　B. 5—2—4—1—3

C. 2—1—5—4—3　　D. 5—4—2—1—3

思路一、二:(2)(3)肯定是首、末项。选项为A、C。

思路三:因果关系不能颠倒,所以不能4—1,排除A,选项为C。

2005年第73题:

(1)绿叶葱葱,森林茂密　　(2)厂房林立,马达轰鸣

(3)钻机飞转,原油滚滚　　(4)燃气发电,远程送电

(5)阳光明媚,百花齐放

A. 3—4—5—1—2　　B. 5—4—1—2—3

C. 1—2—3—4—5　　D. 5—1—3—4—2

思路三：中间三项无论时间上、因果上,都应是3—4—2。选项为D。

2005年第74题：

(1)融入异族自谋生路　　(2)一支残部向西突围

(3)跨过界河向北征战　　(4)战火熄灭回国通商

(5)青年男子被征入伍

A. 3—5—2—1—4　　B. 3—2—1—4—5

C. 5—2—3—4—1　　D. 5—3—2—1—4

思路一、二：(5)(4)肯定为首、末项。选项为D。

2005年第75题：

(1)嫌疑人聚焦在印刷厂一名职工身上

(2)死者所穿衣服完好无损

(3)工作服前襟上有一块补丁

(4)检测碎布片中有油墨成分

(5)现场拾到一块衣服碎片

A. 2—5—1—4—3　　B. 2—5—4—3—1

C. 5—2—4—1—3　　D. 5—2—3—4—1

思路一：(5)肯定是首项。选项为C、D。

思路三：因果顺序不能颠倒，所以不能3—4，排除D,选项为C。

2007年第76题：

(1)大量有机物积聚　　(2)形成石油

(3)复杂的化学变化　　(4)剧烈地质变化

(5)古浮游生物残骸沉淀海底

A. 1—5—3—4—2　　B. 5—4—1—2—3

C. 3—1—2—5—4　　D. 5—1—4—3—2

思路二：(2)肯定为末项。选项为A、D。

思路三：因果关系不能颠倒，所以不能1—5，排除A,选项为D。

2007年第77题：

(1)诸葛亮显示出卓越的军事才华　　(2)三顾茅庐

(3)刘备拜诸葛亮为军师　　(4)赤壁之战大败曹军
(5)提出三分天下战略

A. 1—4—5—2—3　　B. 5—4—3—2—1
C. 2—5—3—4—1　　D. 1—2—3—4—5

思路一:(2)肯定为首项。选项唯一,为C。

2007年第78题:

(1)商品经济出现　　(2)资本主义生产方式产生
(3)生产力发展　　(4)资本原始积累
(5)社会分工扩大

A. 1—5—3—4—2　　B. 3—4—2—5—1
C. 3—5—1—4—2　　D. 1—2—3—5—4

思路一:(3)肯定为首项。选项为B、C。

思路三:时间顺序不能颠倒,所以不能2—1,排除B,选项为C。

2007年第79题:

(1)生命单体　　(2)原始水生物
(3)生物大分子　　(4)简单有机物
(5)地球生物圈

A. 4—1—2—3—5　　B. 3—2—4—5—1
C. 4—3—1—2—5　　D. 3—4—2—1—5

思路一:(4)肯定为首项。选项为A、C。

思路三:发展顺序不能颠倒,所以不能1—3,排除A,选项为C。

2007年第80题:

(1)工人失业增多　　(2)自由竞争
(3)劳动生产率提高　　(4)贫富差距加大
(5)采用先进生产技术

A. 5—3—2—4—1　　B. 2—5—3—1—4
C. 5—2—3—4—1　　D. 1—2—5—3—4

思路一:(2)肯定是首项。选项唯一,为B。

美国有个叫伯纳姆的人曾经要求,对任何问题都要向自己提出三个基本问题:第一,能否取消?第二,能否合并?第三,能否用更简单的东西来取代？伯纳姆"三问法"就是要求突破常规思维,以各种思维模式的综合效应,灵活地寻求解决问题的最佳方案。发散思维之所以可能提供独特的、有价值的解决问题的方法,正是因为在思维发散的过程中,各个发散方向所考虑的因果关系不同,所以它能够随机应变,举一反三,触类旁通;能够针对同一个问题,沿着不同的方向去思考;能够不墨守成规,不拘泥于传统;能够使人的思路不受已有知识和经验的束缚,摆脱旧有的联系,克服心理定势,跳出"常识"的框架,以前所未有的新视角去观察、分析事物,探求不同的、特异的解决问题的方法,作出新的创见。它并不要求答案是常规的、唯一的。它要求发散方向灵活地辐射到尽可能多的领域。因此,在一个思维发散的过程中,发散方向越多,发散程度越高,发散质量也就越好,其解决问题的方案也就越具有流畅性、变通性和独创性,即具有灵活性。

那么,如何培养发散思维,使自己的思维"软化",从而具有灵活性？首先是拓宽思维的广度,在更宽广的范围内把握事物之间的联系。其次是扩大观察范围,给思维带来更多的刺激,为思维注意力的适时转移、分配做好准备,并以此消除思维定势的影响。第三是破除思维障碍,想得再多点、再宽点,突破"格式塔"的完形心理。第四是培养群体协作精神,其目的是为了集思广益,激励群体的集体智力,开发更多的思路。第五是避免一味地求同,真正体现发散思维的灵活之"求异"的题中应有之义。

需要注意的是,在公务员《行政职业能力测试》的数字推理、数学运算题型的解题过程中思路需要灵活发散,但在公务员《申论》考试中,论述思路却有一种确定性的要求——规范性。

首先是角色认定:"我是一个国家公务员"。我所论述的一切,一是要体现政治行为,要协调政府各部门共同做好工作,使百姓生活安定,社会各项工作稳定发展;二是要切实解决问题,而不是就材料所列问题怨天尤人地责问、批评、发牢骚。因此,在论述中,要根据《申论》试卷所给定的材料,以确定的角色有针对性地抓住主要问题,提出切实可行的措施。

其次,从《申论》的考试目的即录用合格的国家公务员来看,答题的规范性是很强的。因此，作文不需要进行文学创作，不追求文字的华丽或立意的刻意新颖、独特；也用不着按一般文章套路洋洋洒洒地写空话、套话。而必须从标题、结构、语言、文字等方面表现出规范性来，着眼于把问题说清楚。只要观点明确、论证有力，即使语言朴实，也能得高分。否则会适得其反。

如天津市有一年《申论》材料为电力供应紧张问题，试题第三部分要求自拟题目论述如何解决。有些考生的自拟题目，就偏离了这种具有确定性要求的规范性，如"这到底是为什么"，"啊……"，"怎么办"。其实，按判卷老师的体会，这样的论述标题给人的第一感觉并不好，会认为，恐怕连你自己也不清楚该怎么办；或者认为你有点"少年不识愁滋味，为赋新词强说愁"。因此，与其挖空心思地琢磨如何吸引判卷老师的眼球，莫如老老实实，简单明了，让判卷老师一开始就知道你准备说什么。

三、归全反真察所由——如何灵活地思维收敛

收敛思维又被称做求同思维或集中思维。它指从已知信息中产生逻辑结论，寻觅正确答案的一种有方向、有范围、有层次的思维方式。

其一，收敛思维的灵活性是以某个问题为中心，从不同的角度将思路指向这个问题，以寻求解决问题的最佳方案，体现了集中导向的特点。如前述的"10分钟的效果"。火爆的一家未必没有发散出"打折扣"，但在收敛的过程中，他们更能体会出在小饭店吃饭的人，对于时间的要求可能更强烈，所以"只能10分钟"的经营策略就要比"打折扣"更胜一筹。

其二，收敛思维的灵活性还在对发散结果的系统对比中得以体现，它深刻理解了不同的概念、理念，通盘考虑了事物的不同情况与可能，在完整掌握知识系统的基础上，以集中导向的正确解决问题的方案为搜索根据。它是一题多解或构造法中最佳解法的思维方式，体现了系统比较的特点。

美国加利福尼亚工科大学的福利兹教授曾设计了一种开发创新能力的方法——形态分析法，就体现了这种思维灵活发散与系统比较的特点。它是针对某一问题，把所有可能的解决问题的方法以排列组合的方式组成。然后一一进行分析。

例如，要做一个容器时，就将"容量"（大、中、小）、"形状"（椭圆形、圆柱形、长方形、不对称形）、"材料"（金属、玻璃、塑料、纸质）这三个主要的因素构成一个立方体的形态，然后进行不同的组合。①

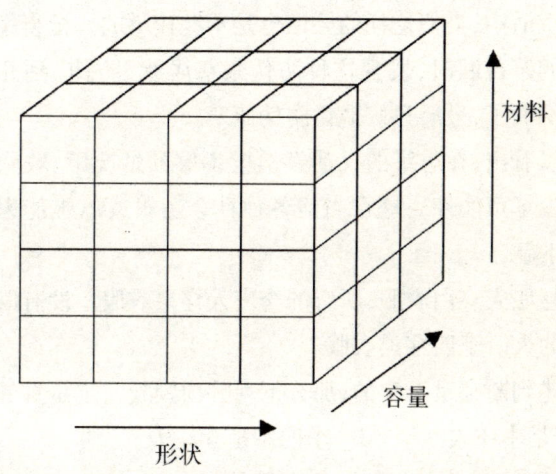

仅仅只是如图所示的立方体，就已具备了48种组合，即在这个立方体中，潜存着48种解决问题的不同方案，其中就有可能包含着创新发现的线索。如对各种潜存的不同方案逐一进行比较分析，有可能从中筛选出最佳的组合来。

这也就是说，在一个创新思维过程中，单靠发散思维，虽然能够想出各种解决问题的方法，但究竟哪一种最好，需要运用收敛思维对所有的方法作出论证，经过反复沉淀、验证，集中导向，作出最佳的选择。所以，在创新思维过程中，发散与收敛往往是结合使用。借助发散，思路可以广泛辐射，自由联想，提出多种解决问题的方案；借助收敛，思维可以对发散结果进行筛选、整合，就像透镜聚焦一样，将光线聚于一点上。而这

---

① 参见（日）多湖辉：《头の体操》，日本光文社1966年版，第26页。

一点就是最佳的解决问题的方案。否则,即使一个人的发散思维很强,但如果他的收敛思维不强的话,就有可能使他的思维发散元虽灵活多变,但给人的印象却是漫无边际。

如有个古代笑话:有个人拿着一根长竹竿过城门,竹竿长度超过城门的高度和宽度。尽管此人横比划、竖比划,但由于缺乏收敛思维,没有围绕"怎样过城门最方便"这一轴心来考虑,最后只好拿着竹竿从城门上边翻了过去。

在现实生活中,类似这样的笑话也是不胜枚举的。记得第一次喝带有防伪瓶塞的茅台酒时,发现这种防伪瓶塞居然"防伪"到几个人都不知怎么往外倒酒了,最后只好撬烂防伪瓶塞。

由此可以看出,在思维的灵活发散度不够的情况下,收敛思维的比较取优就减少了可能性。这在当前各种社会逻辑或思维能力考试中也有体现。如下题:

所有的赵庄人穿白衣服;所有的李庄人穿黑衣服。没有既穿白衣服又穿黑衣服的人。李四穿黑衣服。

如果上述判断都是真实的,那么下列哪项判断一定是真的?

A. 李四是李庄人。　　B. 李四不是李庄人。
C. 李四是赵庄人。　　D. 李四不是赵庄人。

由于所有的李庄人穿黑衣服,李四也是穿黑衣服。按思维的惯性,很容易判定李四是李庄人:李庄人穿黑衣服;李四穿黑衣服;所以,李四是李庄人。

但这就落入思维陷阱了。并非李四穿黑衣服就一定是李庄人。而且这个三段论推理也违反三段论的规则:中项至少周延一次。

要跳出这个思维陷阱,唯有换一种推导:

赵庄人穿白衣服;李四穿黑衣服;所以?

又出现了四概念,违反了三段论一般规则:在一个三段论中只能有三个概念。

应该怎么办?

由于题干中有"没有既穿白衣服又穿黑衣服的人",按伯纳姆三问法中的"能不能放弃",那就放弃"赵庄人穿白衣服",使之成为"不是穿

黑衣服的人",于是就有:

赵庄人不是穿黑衣服的人;李四是穿黑衣服的人;所以,李四不是赵庄人。

但是,这种方法是否经济?假如社会逻辑考试中有关三段论的试题题干提出了多个前提,还要采用纯粹三段论推导吗?

如2005年MPA考试样题第16题:

卡车只在晚上8点以后才上路行驶;酒后开车的司机都不开车灯;面包车晚上8点以后都不上路行驶;晚上8点以后行驶的车都开着车灯;有的军车晚上8点以后上路行驶。

如果以上命题都是真的,则以下哪种情况是不可能出现的?

A. 面包车司机酒后开车。　　B. 面包车在行驶中开着车灯。
C. 司机酒后开车撞上了卡车。　　D. 军车司机酒后开车。
E. 军车在行驶中没开车灯。

学会放弃,意味着还要及时灵活转换,这样思维才能迈出自由的步伐。而这种"及时转换"体现在社会综合能力考试的逻辑试题中,还意味着逻辑知识点的综合运用。社会综合能力考试的逻辑试题并不是考逻辑知识的,而是要求考生快速阅读文字材料,准确把握其观点与论证结构,正确把握逻辑关系,敏捷理清逻辑结构,运用逻辑思维能力迅速找到正确答案。其命题趋势是知识点综合性将进一步加强,这就要求考生掌握并熟悉各知识点,并通过做题将逻辑知识转化为逻辑解题能力。因此,这种解题方式的灵活转换,就是要消除某一题就是运用某一逻辑知识点来解题的"希望心理",使注意力从心理认定中跳出来,重新认识题干所规定的条件,事物之间的关系也就会变得简单了。

按伯纳姆三问法中的"能不能再简单一点",我们想到了三段论形式是建立在概念之间的外延关系基础上的,我们能否变抽象思维推导为直观的外延图示?因为概念之间的关系,是可以用欧拉图①来表示的。其步骤是:

---

① 欧拉图是瑞士数学家、逻辑学家欧拉(1707—1783年)提出的运用圆圈图形来表示概念外延的各种关系的图解,是帮助人们理解概念之间各种关系的一种直观工具。

首先，按题干所述画关系图。

其次，按选项比较对照关系图，从中找出正确的选项来。

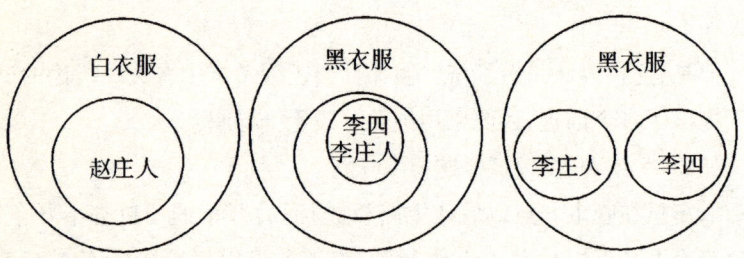

对照图示，李四是否李庄人不一定，但李四绝对不是赵庄人。

读者不妨用这种方法试着解一下上述 2005 年 MPA 考试样题第 16 题。

又有题：

所有持有当代商城购物优惠卡的顾客，同时也持有双安商城的购物优惠卡。去年国庆，当代商城和双安商城同时给持有本商城购物优惠卡的顾客的半数，赠送了价值 100 万元的购物奖券。结果，同时持有两个商城购物优惠卡的顾客，都收到了这样的商城奖券。

如果上述断定为真，那么以下哪项断定也一定为真？

(1) 所有持有双安商城购物优惠卡的顾客，也同时持有当代商城的购物优惠卡。

(2) 去年国庆，没有一个持有上述商城购物优惠卡的顾客分别收到两个商城的购物奖券。

(3) 持有双安商城购物优惠卡的顾客中，至多有一半收到当代商城的购物奖券。

A. 仅(1)　　B. 仅(2)　　C. 仅(3)　　D. 仅(1)和(2)。

按全称肯定性质判断的逻辑性质，将题干命题"所有持有当代购物优惠卡的顾客都持有双安购物优惠卡"倒过来说，是"有些持有双安购物优惠卡的顾客持有当代购物优惠卡"，所以(1)不一定真。如果持有当代购物优惠卡的顾客数量和持有双安购物优惠卡的顾客数量一样多，则(2)是真的；但很可能持有双安购物优惠卡的顾客并未持有当代购物优惠卡，(2)就不真了。所以(2)不一定是真的。(3)一定是真的，"至多有一半"是说,不可能有人拿到双份的购物优惠卡。即所有持有双安购物优惠卡的顾客也都持有当代的购物优惠卡。所以(3)一定真,正确选项是C。

但这种解题方法是否经济?我们能否转换方法,仍然考虑用外延图示?

即,题干的第一句话是一个全称肯定判断,可用图1、图2表示:

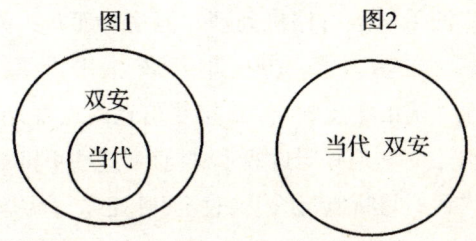

在图1中,1/2 当代 < 1/2 双安;

在图2中,1/2 当代 = 1/2 双安。

对照图示,断定(1)只符合图2,不符合图1;断定(2)在两个图示中都有可能,也都没有可能;断定(3)符合两个图示。正确选项仍然是C。

收敛思维的灵活性,使我们走了终南捷径。

四、反身而观有洞天——如何灵活地反向思维

反向思维又被称做逆向思维。它是从习惯思路的反方向去分析解答问题的思维方法。

中国有句成语:"反经行权"。经:指常道、常法;权:指权宜或变通的方法。这句成语的意思是说,不按照常规办事,而是采取机动灵活的方法处理问题。

中国还有句成语:"反经合义"。经:指常道;义:指道义、事理。这句成语的意思是说,虽然违背常道,却又合乎事理。

这两句成语就反映了在反向思维的过程中,不是一般地对必须作常规思考的事物作分析判断,而是灵活地打破逻辑思维的流向,完全把常规的、固定的思维逆转,从事物构成成分相对立的反面或事物的相反功

能进行思考,以寻求解决问题的方案。因此,"从反面考虑",就是反向思维的基本特点。

在生活中,我们经常会有这样的体会:当对一个问题的解决用各种常规的方法都无济于事时,我们往往会情不自禁地产生一个念头:"倒过来试试,看行不行?"结果得到了预期的效果。

例如,以往的治理街头的"城市牛皮癣",往往是联合通讯部门对制造"城市牛皮癣"的手机进行停机处理。但是对那些入外地网的手机,这种思维方法就无能为力了。2003年天津、杭州、太原等地的有关部门,一改以往不让"城市牛皮癣"手机接受信息的思维,出台了"语音提示"系统,24小时不间断地呼叫这些手机,直至这些手机被呼死。

从"不让接"到不间断地"让接",直至"呼死你",就是从反面发现解决办法的合理性。这种合理性就是反向思维的结果。但如今,这些手机又利用"转移"功能,反而要将"语音提示"系统呼死。道高一尺,魔高一丈。看来,在制度建设不完善的情况下,治理这些"牛皮癣手机",技术上还需要继续创新。

又如,日本手表业同瑞士手表业竞争了几十年,一直在提高质量、降低成本上下工夫,但一直没有战胜瑞士手表业。后来日本手表业从相反的思路入手,在相对于瑞士手表的高质量、高价格上,开发适用性强的低质量、低价格的花样品种,终于在全球手表业中占据一席之地。在这种竞争中,反向思维开拓了思路。

科学史上有许多发明创造也是反向思维的结果。

19世纪科学家法拉第在试验电产生磁的过程中,突然想到:"既然电能产生磁,那么磁能不能产生电呢?"在这个创新发想的驱动下,他进行了艰苦的实验,经过不懈的努力,终于通过磁石在线圈筒内的不断运动,产生出了电。

中国古代也有许多运用反向思维获得成功的故事。司马光砸缸,就是常规思路"让人离开水"而做不到时,一反常规思维,考虑"让水离开人"。诸葛亮的"草船借箭",也是当常规思维"自己给自己造箭"做不到时,考虑如何"让敌人为自己造箭"。

这些例子告诉我们的是,当对一个问题的解决陷入困境时,不妨放弃从常规思路的思考,尝试着从反面思考一下,看能不能找到一个解决问题的突破口。这种正面走不通就从反面找出路的灵活的思维方法,往往会使我们在走投无路的情况下,想出通常情况下想不出来的新办法、新思想,使原来停滞不前的思路开通,使问题得以顺利解决。

当然,反向思维必须要有"反经合义"的合理性。这是因为,在反向思维的过程中,我们可以站在常规思维的反面,灵活地启发辩证思维,使思维的认识有辩证性、全面性。在看待问题时,既注意问题正方向的合理性,同时还注意问题反方向的合理性,从而引人作更深、更远的思考,使绝对的对立转换,产生出完全不同于原来的绝对肯定或绝对否定的意见,有助于全面揭示真理。

例如,劳动对于任何一个社会都应该是有益的。但是,对于劳动价值的评价却是不同的。清代关中地区有一个"半半山庄主人",他在农闲时安排伙计们去"无事找事"地干活:正月里去农田里拾砖头、瓦片,二三月拉土,十冬腊月也拉土、铡草,六月里无事可干则让伙计们去"钓老鼠"。所钓老鼠也不是什么有皮毛价值的黄鼠狼一类,只不过是一些无什么价值的普通老鼠而已。在这位"半半山庄主人"眼里,伙计们只要"动着"就好。与此相反,日本丰田汽车公司所发明的"看板管理方式",却是千方百计地要让一些"动的人"停下来。因为,这些"忙碌的剩余人员"只是为了害怕被认为是无所事事,只好装出忙碌的样子,无事找事。这些"动的人"的存在,恰恰会降低效率。①

又如,美国石油大亨保罗·盖蒂经常苦于公司的效率低下,但对浪费和闲人一时没什么好的解决方法。他向管理专家讨教,管理专家只说了一句话:"那是你自己的油田。"保罗·盖蒂立刻醒悟了,立即召来各工头,向他们宣布:"从此油井交给各位负责经营,收益的25%由各位全权分配。"从此以后,经营效率提高了。

企业经营并无什么奥秘,只要每位员工肯努力耕种"自己的田",则丰收可期。反向思维,把自己的田变成大家的田,就可以让人人都在"耕

---

① 参见王南湜:《从领域合一到领域分离》,山西教育出版社1998年版,第169—170页。

种自己的田"。经营效率自然会提高。

基于此,反向思维的灵活性给我们的启示是:

(1)思维主体在解决问题的过程中,应该善于发现矛盾、分析矛盾、谋求合理解决矛盾的途径。

例如,20世纪60年代,随着工业的发展,私人小汽车拥有量急剧增加,汽车保险业也急剧膨胀,但这并没有给保险公司带来利润,反而因急剧增加的交通事故导致赔偿费大量上升。为了提高汽车的安全性能,降低事故对司机和乘客的伤害,德国的安联保险公司研发出了汽车保险带。

(2)事物总是有其对立面,我们要养成灵活变换思维认识角度的习惯,从相反的角度去认识同一个事物,或者说是"从反面看"。

例如,2003年国家公务员《行政职业能力测验》(A卷)第4题:

( ),36,19,10,5,2

A.77   B.69   C.54   D.48

一般的数字推理是由小到大地正向推导。但对于本题,从"左看",由大到小的数列差,不好琢磨规律。那就从"右看",从最后一个开始:

思路一:相邻两数关系。

$1+2^1;1+2^2;1+2^3;1+2^4;1+2^5$。

思路二:每数是怎样来的。

依次是:$2^1+0,2^2+1,2^3+2,2^4+3,2^5+4,2^6+5……$

或依次是:$2,2\times2+1,5\times2+0,10\times2-1,19\times2-2,36\times2-3$(灵感:$X2-3=X9$,选项中个位数为9的一定是唯一的)。正确选项是B。

这就是"反经行权"的作用。

(3)突破经验性的单向思维习惯的局限。

一般来讲,对于事物之间的因果联系,思维有种习惯性的联想。也就是当人们看到两个对象的恒常联系之后,就会很自然地形成一种所谓的"必然联系"的观念,久而久之,就在人们的思考中形成了一种习惯。例如,闪电之后必定打雷。

在现实生活中,这种习惯性联想是有意义的,它积淀为人们的经验,从而使得"习惯就是人生的最大指导。只有这条原则可以使我们的经验有益于我们,并且使我们期待将来有类似过去的一串事情发生"①。休谟就曾说过:"因果之被人发现不是凭借于理性,而是凭借于经验。"②

但是,如果思维接受了这种"习惯的结果",也会形成思维障碍,难以打破这种正向思维的习惯,对事物之间的联系方式,要么绝对地肯定,要么绝对地否定。而反向思维恰恰就是要打破这种正向思维的流程,对任何事物的联系方式既不绝对地肯定,也不绝对地否定,而是根据需要,"反经行权",建立起新的因果联系,使之"反经合义"。

第二章第四节所举的张三为还不了钱而忧愁,妻子的劝导方法,也说明了生活中"从反面看"的方法论意义。

在社会逻辑考试中,模态推理是必考的结论型题型。如果是简单模态判断的推理,我们尽管用模态方阵图解决好了。③

例如,2003年MPA逻辑试题第3题:

不可能所有的香港人都会讲普通话。

以下哪项判断的含义与上述判断最为接近?

A. 可能所有的香港人都会讲普通话。

B. 可能所有的香港人都不会讲普通话。

C. 必然所有的香港人都不会讲普通话。

D. 必然有的香港人不会讲普通话。

E. 必然有的香港人会讲普通话。

按题干形式为:¬(SAP)(不可能所有的香港人都会讲普通话)

以模态方阵图直接推导:□(SOP)(必然有的香港人不会讲普通话)

对照选项,正确选项为D。

如果是复杂的模态判断推理,则就让人挠头了。因为它需要按负模态判断否定词的否定范围,对否定号后面的模态词及所有的量词、联结词、动词都一一加以否定。

---

① 休谟:《人类理智研究》,商务印书馆1957年版,第43页。
② 休谟:《人类理智研究》,第28页。
③ 这部分的有关知识与方法,见张晓芒:《逻辑思维训练》,企业管理出版社2006年版,第175—189页。

例如，2003年MBA逻辑试题第49题：

不必然任何经济发展都导致生态恶化，但不可能有不阻碍经济发展的生态恶化。

以下哪项最为准确地表达了题干的含义？

A. 任何经济发展都不必然导致生态恶化，但任何生态恶化都必然阻碍经济发展。

B. 有的经济发展可能导致生态恶化，而任何生态恶化都可能阻碍经济发展。

C. 有的经济发展可能不导致生态恶化，但任何生态恶化都可能阻碍经济发展。

D. 有的经济发展可能不导致生态恶化，但任何生态恶化都必然阻碍经济发展。

E. 任何经济发展都可能不导致生态恶化，但有的生态恶化必然阻碍经济发展。

如果仍然使用自上而下的正向推导，我们只能先按负模态判断否定词的否定范围，先行将题干进行推导：

题干为：

不必然任何经济发展都**会**导致生态恶化，但**不可能有不阻碍**经济发展的生态恶化。

按负模态判断中否定词的作用范围：

可能有的经济发展不(会)导致生态恶化，但**必然任何**生态恶化都**阻碍**经济发展。

然后再对照选项寻找正确答案。正确选项为D。

显然，在时间极为宝贵的考试中，这种解法是费力不讨好。

既然我们已经了解了模态否定词的否定范围是对各个模态词、量词、联结词、动词都一一加以否定，那我们就"反经合义"，自下而上地反向检验，看看哪个选项中应该否定的没有否定，那就排除它，剩下的就是正确选项。

按自下而上检验排除的反向思路：

选项A、E前半句没有否定"任何"，排除。

选项 B、C、D 前半句有一处不一样,经查看,选项 B 没有否定"会导致",排除。

选项 C、D 前半句一样,不再查看;后半句有一处不一样,经查看,选项 C 没有否定"可能",排除。

剩下的选项 D 自然就是唯一正确的选项了。

自下而上的反向思维其结论的正确度是一样的。但这种灵活改变思维方向的解法,却省去我们的许多时间(包括重新对被否定之后的不同语言信息重新组合的时间),而且其效率也是大大提高了。读者可以按此方法再试着做一下 2005 年 MBA 逻辑试题第 39 题:

一方面确定法律面前人人平等,同时又允许有人触犯法律而不受制裁,这是不可能的。

以下哪项最符合题干的断定?

A. 或者允许有人凌驾于法律之上,或者任何人触犯法律要受到制裁,这是必然的。

B. 任何人触犯法律要受到制裁,这是必然的。

C. 有人凌驾于法律之上,触犯法律而不受制裁,这是可能的。

D. 如果不允许有人触犯法律而可以不受制裁,那么法律面前人人平等是可能的。

提示:需要糅合进有关选言判断的负判断的逻辑知识点。

正确选项是 A。

这里需要指出的是,反向思维与我们前述的辩证思维还是有所区别的。

辩证思维是人们在思维过程中,对客观事物辩证发展过程的反映形式,它的特点是从认识对象的内在矛盾的运动变化中,从各个方面的相互联系中进行考察,从整体上、本质上完整地认识对象。而反向思维是从常规思路的反方向去理解问题的实质。

例如,海尔集团素以企业文化见长,在实施网络战略时,它将"市场唯一不变的法则就是永远在变"、"适应变化,永远创新"、"每一个员工都是创新的源头"等文化理念融入战略中,使海尔集团在网络战略思想下,调动了组织内各层次结点(直至员工)的积极性,通过不断创新,实现了企业的市场环境适应能力的提高和企业的持续发展。①

"市场唯一不变的法则就是永远在变"的文化理念,就是辩证思维的结果。

而反向思维在于发现、弥补正向思维的不足。如对于项目论证来说,一般都采用正向论证的可行性研究。如今有人就建议在正向论证后,还应该进行反向论证的不可行性研究。这样,就可以突出正向论证过程中所忽略的问题,使可行性研究更加合理、有效。

反向思维在人际沟通中最突出的表现就是"反话正说"或"正话反说"。

两个人谈恋爱,当女的对男的说"你是个好人,但是……"时,这个男的就明白"没戏了"。而当女的对男的说"讨厌"、"你真坏"时,这些话比那些"甜哥哥"的话中听多了。

这种对"反话正说"或"正话反说"的正确理解,运用的就是反向思维。

虽然辩证思维与反向思维是两种不同的思维方法,但都具有合理性。它们可以使我们突破单向思维的局限,站在常规思维的反面,启发人们的辩证思维,使思维的认识有了辩证性,有了全面性。亦即前述的在看待问题时,既要注意问题正方向的合理性,同时还要注意问题反方向的合理性,从而引人作更深、更远的思考,使绝对的对立转换,产生出完全不同于原来的绝对肯定或绝对否定的意见,从而全面揭示真理。而这正是反向思维过程中灵活性产生的基础。

也就是,既要懂得为什么"横看成岭侧成峰,远近高低各不同",也要明白为什么"山重水复疑无路,柳暗花明又一村"。

五、等闲识得春风面——如何灵活地直觉感受

直觉思维是一种跳跃式的思维方法。它是根据对事物的生动的知

---

① 参见林润辉:《网络组织与企业高成长》,第359页。

觉印象,跳过循序渐进的思维过程,直接把握事物的本质与规律,因此也是一种浓缩或省略的思维方法。说白了,就是"跟着感觉走"。

我们在日常生活中,常常会有这样的感觉,即对某一个问题的认识和解决,往往是从凭借"感觉"开始的。这种潜意识的思维就是直觉。只是这种来源于直觉的思维感受能力与普通的感觉还是有区别的。普通的感觉只能认识事物的表面现象,而直觉思维却能够洞察到事物的本质和规律性,即有思维的洞察力、敏锐的眼光。

例如,18世纪英国科学家卡文迪什有一段时间专门对氢气进行研究。一次,他把氢气和空气混合在一起,并用电火花点燃它们。突然,装满混合气体的容器发生了猛烈爆炸。卡文迪什对这种现象感到十分奇怪。后经多次试验,情况均如此,而且爆炸后的容器表层都会出现小液滴。经过化验,证明这些小液滴都是纯净的水。水滴是从哪里来的?凭借直觉,卡文迪什作出了"水滴肯定与氢气有关系"的判断。于是,他把水滴与氢气之间的内在联系作为自己的研究方向。又经过反复的实验和研究,他终于揭开了水的化学成分的秘密:水是由两份氢气和一份氧气化合而成的,其分子式是H_2O。

又如,20世纪初,人们发现了一种叫做葡萄球菌的病菌。这种病菌每年都要夺走许多人的生命。英国医生弗莱明决心要找到一种杀死葡萄球菌的方法。一天,当他又开始进行实验分析时,一个现象吸引了他的注意力。在一个葡萄球菌培养器皿中,有一种绿色霉菌在繁殖生长,在它们周围所培养的葡萄球菌全部消失了。弗莱明又把这种绿色霉菌放在其他培养器皿中,也发生了同样的现象。经过证实,这种新的霉菌来自空气中的微生物。直觉告诉弗莱明,"这种绿色霉菌对葡萄球菌一定具有克敌作用"。他又把注意力集中到对绿色霉菌的培养、观察和研究上。经过不懈的努力,终于提取了这种霉菌的过滤液体。经试验,它对葡萄球菌具有极强的杀伤作用。1929年,弗莱明向社会公布了他的这项研究成果,"青霉素"从此诞生。

在现实生活中,许多问题的分析、研究、解决,有时并不是经过严密的逻辑思维的论证程序,而是在一瞬间依靠直觉进行判断选择的。它可以帮助创新者面对纷繁复杂的事物线索,敏锐地洞察到某一现象对解决问题具有更重要的意义,并在这种预见下,集中精力进行分析研究。而这个过程如果没有灵活性则就枉然了。在商业事务的判断上,有关事例有很多。

例如,曾有人来到大城市,因"大小便"的问题不好解决而急得满头大汗。大多数人解决完就算了,该干什么干什么。但有人却从中直觉出了商机。于是,"厕所地图"、"厕所导引"出现了。

又如,如今城市中的打工者很多,天南海北,方言纷杂。有人就从中直觉出"从打工者身上挣钱","方言翻译"也应运而生。

有意思的是,外国企业在中国做生意时,如何给自己的产品起个中西合璧的名字,也是一个经常碰到的难题。像可口可乐、奔驰等就是洋名汉化的成功典范。但也有一些在一种语言中的"美味",到了另一种语言中却变成了"毒药"。当美国的 Viagra 进入中国市场时,早有聪明的中国人抢注了"威尔刚"、"伟哥","Viagra"被迫改名为"万艾可",听起来像"万爱客"。这叫什么名字? 有伤风化。据报载,有一家德国广告公司就从中看出了商机,专为德国产品提供中文名字。据说收入还不菲。① 而在世界经济一体化过程中,如何让更多的中国产品名称叫外国人愉快接受,也是诸多中国企业必须思考的问题。否则,以自己的思维方式思考,可能就会在文化不同、风俗习惯不同、语言习惯不同的异域他乡,成为"老外"式的"牛头不对马嘴"。

虽然直觉思维产生时,有时往往难以用语言描述其过程,但这种"跟着感觉走",作为超越逻辑思维所进行的直接思维选择,它能够灵活地发挥思维主体的主观预见能力,提高思维的效率,是对以往经验的灵活发挥,是对已有经验的灵活连接,是对已有知识的灵活运用。这样便产生直觉思维的第一个特点:突发性、直接性,即所谓的"一瞬间"的"豁然贯通"。

例如,在社会综合能力考试的逻辑试题中,尽管我们还是主要依赖于逻辑知识来解题,但对于一些题,至少我们可以在解题之前,借助于直觉思维,洞若观火地直接领悟出解题方向。

---

① 参见《在华做生意,起名有讲究》,载《环球时报》,2006年7月28日,第6版。

如第一章第二节、第三章第五节所分析的2007年国家公务员《行政职业能力测验》第51题。

当我们寻找到首要的"问题"后,如何寻找解题思路?第一名的得分最多可能是17分。最少可能是多少呢?一下还说不清,需要用"高斯数"来一一划定验证。但《行政职业能力测试》的答题时间,又要求我们必须快捷,这就需要自己先设定一个假设前提。因此,第一个直觉应该产生了。其根据就是在时间的要求中,一定也要体现这种考试的意图。于是,我们不再考虑第一名最少可能得多少分,先从17分开始。步骤已前述,最后得出结论:第五名只能得11分。且这个结论与题干及条件协调,并无矛盾,所以它就是正确答案。

此时,如还要批判性地评价这个结论的前提假设成立不成立,整个做题过程中所遵循的协调原则又可以给我们第二个直觉:第五名只要少1分,要么在现在这个假设前提下,增加第四名得分使之与前三名不协调;要么按其他选项,重新假设整个第四名到第十名的总分少,这样势必第一名到第三名的总分要多,这就又会使第一名的成绩超出17分,又与题干所言的实际情况不协调了。因此,第五名不可能再少1分了。第一个直觉的假设前提应该是唯一的。

又如,2003年国家公务员《行政职业能力测验》(A卷)第10题:

赛马场的跑马道600米长,现有甲、乙、丙3匹马,甲马1分钟跑2圈,乙马1分钟跑3圈,丙马1分钟跑4圈。如果这3匹马并排在起跑线上,同时往一个方向跑,问经过几分钟,这3匹马自出发后第一次并排在起跑线上?

　　A. 1/2分钟　　B. 1分钟　　C. 6分钟　　D. 12分钟

不为那些数字所缠绕,直接抓住问题本质:每分钟都并排在起跑线上。不再计算。正确选项是B。

又如,2003年国家公务员《行政职业能力测验》(A卷)第11题:

一种挥发性药水,原来有一整瓶,第二天挥发后变为原来的1/2瓶;第三天变为第二天的2/3瓶,第四天变为第三天的3/4瓶。

问:第几天时药水还剩下1/30瓶?

　　A. 5天　　B. 12天　　C. 30天　　D. 100天

注意力转移,转移到第三天是原来的多少:1/2 × 2/3 = 2/6 = 1/3

第四天是原来的多少:1/3 × 3/4 = 3/12 = 1/4

科学归纳类推:第 n 天时还剩下 1/n 瓶。

应该说,当我们计算完第三天时,补充第二天的数字后,就应该得到启发,直接抓住问题本质:第 n 天时还剩下 1/n 瓶。不再计算。正确选项是 C。

另外,"真假话"题型、"匹配"题型,是社会综合能力考试逻辑试题中的几种常见题型。

"真假话"题型一般是以"二真一假"、"二假一真"、"三真一假"、"三假一真"、"二真二假"的形式出现。但无论何种形式,在做了一两道练习题后,就应该直觉出,任何形式的"真假话"题型,肯定都有一对"真假话"是能够先行确定的。依靠这个"直觉",我们可以不考虑思维的内容,而是灵活地从思维形式上(利用逻辑方阵图,或利用各种复合判断及其负判断,或利用矛盾律),首先"真假一瞬间"地找这两句话。

"匹配"题型的特点一般是题干提供几类因素,每类因素又有几种不同情况,同时题干还给出属于不同类因素之间不同情况的条件判断,要求推出确定的结论。许多考生特别害怕匹配类型的试题,其实,无论是二项匹配还是多项匹配,一定也有一对"匹配"是能够最先确定的。依靠这个直觉,我们首先也是要灵活地寻找关键突破口,即"先点一对鸳鸯",然后找相关项填空。①

第一章第二节我们曾经就确定性与充足理由律的关系,指出从弱原则在社会综合能力考试逻辑试题中的作用;指出当选项中除有一个选项是"可能"的可能模态判断外,其他都是"是"、"不是"的实然判断或"一定是"、"一定不是"的必然模态判断时,可以突破心理认定上"极不情愿"的障碍,按从弱原则,大大方方地选择"可能"选项好了。这种选择也是建立在"可能"断定应该是最稳妥的选择这一直觉基础上的。

当然,直觉思维的这种突发性和倾向性不是盲目和侥幸的,它的产

---

① 相关训练题参见张晓芒:《创新思维训练》,企业管理出版社,2006 年修订版,第 19—46 页。

生受一个人研究意向和信念的制约,受一个人对既有的知识、经验进行分析、归纳程度的制约,所以它的产生是高度集中的理智性的结晶,也就是所谓理性的"敏感程度"的结晶。这是直觉思维产生的逻辑前提。现代思维科学的研究即认为,科学和艺术的认识与直觉有关,它是长期思考以后的突然迸发。

直觉思维的第二个特点是跳跃性。它是灵活地直接跳过逻辑思维的某些论证环节,直接得出结论,呈现出认识上的突变和飞跃。

例如,日本有句谚语:"天刮风,木桶店就要赚钱"。这个思维过程实际上是一个关系联想过程:天刮风——风沙增加——害眼病的人将增多——盲人将增加——弹三弦卖艺的人将增多——将需要大量的猫毛来制作琴弦——猫将会减少——老鼠将会增多——木桶将会大量地被老鼠咬坏——将需要更多木桶来补充——木桶店就要赚钱。将其浓缩,省略掉中间所有的因果关系链条,就是"刮风——赚钱"的直觉了。但这种认识上突变和飞跃的直觉,仍然是建立在生活实践经验基础上的,只不过是在灵活性的感悟下有所迸发而已。

直觉思维的第三个特点是或然性。这是因为,直觉是在"一瞬间"产生的,它的结论只具有一定程度的猜测性,并不十分可靠。因此,我们也不能以灵活性掩盖了或然性,直觉思维的结果还必须要经过严密的科学实验或逻辑论证。这是直觉思维的逻辑后承。

例如,1895年德国物理学家伦琴凭直觉发现X射线的过程。最初他也只能得出"可能是一种新的射线"的结论,最终证实这种射线的仍然是科学试验。

又如,有一个排序:

A、B、C、D、E

D、C、E、B、A

B、E、A、C、D

？？？？？

直觉告诉我们下行与上行一定有某种因果逻辑联系。是否存在,还必须要经过逻辑分析的验证。

现代西方哲学史上曾有一种学说或流派叫做直觉主义,是非理性主义的一个变种,其主要代表人物是法国的柏格森,他认为经验与理性只能在机械科学的范围内起作用,对于作为世界本质的生命冲动,只能依靠直觉即依靠不可言传的内心体验来把握。直觉主义还是现代西方伦理学中的一种学说,主要代表人物是英国的马蒂诺、乔治·穆尔,他们认为善和恶只有借助特殊的直觉才能认识,直觉是人的一种先天的能力,可以不经过经验或理性,直接辨别善恶。这些认识均把直觉和理智对立了起来,也是有疑问的,因为,直觉虽然是现实存在,但再具有灵活性的直觉感悟也不是万能的。

在现实生活中,直觉思维的作用和意义很大。其一,作为发现的一种思维方法,它能够超越逻辑思维论证,直接进行思维选择。法国天文学家、物理学家彭加勒就曾说:"所谓发明者,实甄别而已。简言之,选择而已。"[1]其二,它能够发挥思维主体的主观预见能力。德国物理学家玻恩也曾说:"实验物理的全部伟大发现都是来源于一些人的直觉。"[2]其三,它可以提高思维的效率。爱因斯坦就认为:"物理学家的最高使命是要得到那些普遍的基本定律……要通向这些定律并没有逻辑的道路,只有通过那种以对经验的共鸣的理解为依据的直觉,才能得到这些定律。"[3]

但是,尽管直觉思维在创新活动中有这样的作用与意义,直觉思维还是有局限性的。有时它对事物联系的直觉感悟可能是虚假的。如直觉某种股票要涨,直觉某组彩票号码可能会中奖。因此,消除直觉中的滤色镜是应该时刻引起注意的。

有时,直觉思维可能局限在狭窄的观察范围内,因此,直觉思维在深度和广度上还有不同的层次和质量的高低。所以,增加、丰富知识和经验的储存量,提高个人在探索问题时的感受能力,对于提高直觉思维的质量是至关重要的。而这也是增加直觉思维灵活性的必要条件。只有具有理性自觉的直觉,才比感性的直觉更灵活、更可靠。

---

[1] 彭加勒:《科学与方法》,商务印书馆1983年版,第282页。
[2] 玻恩:《我这一代物理学》,商务印书馆1964年版,第183页。
[3] 《爱因斯坦文集》第一卷,第102页。

六、心有灵犀一点通——如何灵活地爆发灵感

灵感思维也称做顿悟。它是人们借助直觉启示所猝然迸发的一种领悟或理解的思维方法。顿,有立刻、忽然的意思;悟,有了解、认识、领会、觉醒的意思。顿悟,佛教指顿然破除妄念,觉悟真理。现泛指忽然领悟。

在生活中,我们常有这样的体会:当对一个问题的思考进入死胡同,虽然绞尽脑汁,但仍然一无所获时,不得不暂时放弃这个研究。忽然又在某一时刻,在毫无准备的情况下,一个想法、一个念头在头脑中突然闪过,闭塞许久的思路顿时贯通,缠绕多日而未能解决的问题迎刃而解了。这种突然迸发的想法就是灵感。

潜意识理论认为,人的意识除了具有明显的、自觉的意识之外,还有一种潜在的、非自觉的意识。这种潜在的、非自觉的意识储存着人们感知过的多种信息。灵感往往是在显意识的思维活动受阻中断之后,在强烈的解决问题的欲望驱使下,调动了潜意识的功能,在潜意识中孕育成熟后,突然和显意识贯通,涌现在显意识中,使问题得以顺利解决。据说解析几何中的"笛卡尔坐标",就是17世纪法国著名数学家和哲学家笛卡尔凭借灵感发现的。这也说明,灵感的产生是显意识和潜意识相互贯通、相互作用的结果。

灵感不是纯逻辑地产生的,而是在锲而不舍的创新过程中,达到高潮阶段所表现出来的一种最富有创新性的复杂心理过程;是在所要解决的问题始终缠绕在脑海中,一个偶然的机会,突然神经触动而猝然迸发。所以灵感思维的灵活性造就了它的第一个特点:非线性。

例如,加拿大一家拥有多条长途巴士线路的大巴公司,别出心裁地将各大车站的厕所粉饰一新,保持高度清洁。并且公司副总裁带领公司其他职员轮流在各车站厕所进餐,以向人们证明自己线路上的厕所洁净。经过这番刻意的宣传,这家公司的业务果然大有进展,乘客人数明显增加,而其中妇女乘客增加幅度最大。

又如，曾有一支极地探险队在预定时间内没能及时撤离，只好在那里度过漫漫长夜。当一些队员刚出现烦躁情绪的时候，随队医生突然疯了。大家急急忙忙地赶紧稳定医生的情绪。而医生的情绪也随着有无人安慰而时好时坏。情急之下，队长命令所有的人都必须轮流陪医生说话、聊天。于是当一人担负陪侍任务时，其他人则在编排自己陪侍时所要讲的故事。漫漫长夜终于过去，当救援队伍到来时，医生也好了。终于松了一口气的队长对其不无埋怨："当大家最需要你的时候，你怎么先疯了？"医生回答说："如果我不疯，谁还给我一直讲故事？"

灵感思维的第二个特点是突发性、随机性。它究竟何时、何地、受什么事物的启发而产生，是不可预测的。但只要它一打开思维的闸门，原来沉淀在脑海里的经验、记忆、各种信息就会通过新的组合，使新的解决问题的方法不期而至。即所谓的"急中生智"。它既是对以往经验的灵活发挥，也是对已有经验的灵活连接（类比），同时还是对已有知识的灵活运用。

例如，有个古代故事：有个人犯有死罪，被国王判处死刑。这个人请求国王宽恕。国王说："你犯了死罪，罪不能赦。但念你曾经有过功劳，我还是同意你选择一种死法。"于是这个人高高兴兴地说："那就让我老死吧。"

按选言推理的逻辑要求，在一个选言推理中，作为前提的选言判断，选言支必须穷尽。这是为了保证可提供的选择应该是包括一切可能的选择。但是，当一个选言判断所提供的选择可能超出现实需要的可供选择的范围时，它就从"必须穷尽"的正确道路上走向了极端，成为一个不真实的错误前提了。这样也会因选言判断的不符合现实需要，被人有意或无意地错误理解。在选择"死法"中，国王的本意是让这个人现在就死，但由于所提供的前提是一个模糊的语句，可以被理解为是一个穷尽一切死法的选言判断，当然包括将来死（老死）的选言支。由于本应对"死法"进行限制而没有限制，发现并利用这一点的人当然高兴了。

又如，曾有一个美国游客，在日本东京奥达克百货公司买了一个皮包。过了几天，公司发现这本是一个有瑕疵的皮包，并不打算卖却误卖了。于是公司连夜打了35个紧急电话，终于越洋找到了这位美国游客。

后来有家美国报纸登载了这件事,奥达克百货公司赶紧把这份美国报纸给了日本几家报纸,日本的几家报纸都争相转发,使奥达克百货公司的声誉大大提高。后来,美国公关协会把这件事推荐为世界性公关范例,并印在有关教材上。

灵感思维的第三个特点是反经验性。由于其非线性、突发性、随机性的特点,它的产生过程,有时可以无视逻辑,突破常规眼界,或者是反经验的。这种反经验,是长期思索的结果,是偶然性和必然性的高度统一,是灵活性的具体体现。

例如,俄国化学家门捷列夫在一个早晨偶然提出了化学元素之间的联系,并制作了元素周期表。但他却说:"这个问题我大约考虑了20年。"

灵感思维的第四个特点是瞬时性。其产生与消失,只在倏忽之间。所以,保持良好的精神状态对于捕捉灵感是十分重要的。捕捉灵感可灵活采取如下一些方法:

(1)借势法。趁思维兴奋之际,多元发散,也许其中的某一发散元会启发灵感。如前述用一根米尺度量大楼的高度,既然不可能,就应该悟出"放弃米尺",随机应变,发散出不要"米尺"将怎么办。

(2)问题搁置法。当解决问题的思路进入困境时,不要勉强,不妨有意识地将问题暂时搁置一边,让潜意识去活动,等待某种外界信息的刺激,促使潜意识与显意识的沟通,从而触发灵感。"文武之道,一张一弛",长期紧张用脑思索之后,有意识地使思维离开原题,让大脑皮层的兴奋与抑制关系得到调剂,也许能有效发挥潜思维的作用,促使灵感的顿发。故而古人对产生灵感有"三上"之说:"马上,厕上,枕上"。

(3)异想天开法。即摆脱习惯思维,自由发散,以诱发灵感的产生。如前述"米尺"问题,应聘者到大楼管理处询问,在某些应聘者看来,恐怕有点不对路。

(4)热线跟踪记录法。由于灵感的产生具有瞬时性,故而消失也快。因此,一旦产生"热线",有了新思想,就应该随时记下来,否则稍纵即逝。正如苏轼所言:"作诗火急追亡逋,情景一失永难摹。"据说,古希腊的阿基米德在敌人的刀剑逼到自己的面前时,仍然坚持写他刚刚顿悟出来的数学公式。

(5)西托①梦境法。似睡非睡的"假寐"状态是大脑最为放松的时候,此时的任何"胡思乱想",也会诱发灵感。一旦有了一个什么新想法,不要怕半夜三更颠三倒四地爬起躺下,随时记录是必需的,免得第二天忘记,不过这一晚就别想睡好觉了。

应该说,灵活采用这些方法,都是灵感思维灵活性的一种体现。

灵感与我们前述直觉有什么"同"和"异"?

其"同"是:在表现形式上有相同之处,都有突发性的特点。

其"异"是:灵感是长期思考的问题得不到解决而突然获得解决的一种心理状态。它既可以是在问题原型的启发下产生,也可以无问题原型的启发,而是在注意力转移的情况下产生。同时,它的产生未必能够直接把握事物的本质和规律,它也缺乏直觉的那种预见性。

例如,受问题原型的启发。托尔斯泰写完《安娜·卡列尼娜》的初稿后,为构思一个醒目的、能够揭示主题的开头而绞尽脑汁,但一直没有满意的语言。一天,他偶然听到儿子朗读普希金的诗句:"该来的都来了,没来的各有各的原因。"这使托尔斯泰豁然开朗,灵感顿时涌现,写出了"幸福的家庭都是相同的,不幸的家庭各有各的不幸"。这个开头,可以说是耐人寻味的千古名言。

又如,没有问题原型的启发。据说19世纪德国化学家凯库勒在打盹时梦见一条蛇跳舞,引发了他对苯分子结构的灵感。

而直觉则是在早已获得的知识、经验基础上,凭借思维者的"感觉",对积淀在自己头脑中的信息进行尝试性的组合,直观地把握事物本质和规律性的心理状态。它需要在问题原型的启发下才能产生,具有一定的预见性。即它是对新情况作出反应的能力,不依赖于过去但依赖于理解现实情况发生原因的能力,以及运用洞察力和理智作出最有效的反

---

① 美国堪萨斯州曼灵格基金会"西托"状态研究中心的格林博士认为,一个人身心进入似睡似醒状态时,脑电图显示出一系列长长的频率为4至8周的电波,科学家称这种状态为"西托",把这种电波称为"西托波"。

应的能力。①

例如,一天早晨,美国人魏斯亭豪看到报纸上登载有一篇消息:"某矿山在风镐上采用压缩空气成功"。他立刻想到把压缩空气用在汽车的刹车上将如何?经过试验,他发明了汽车上的气闸。

要言之,灵感和直觉是长期积累、钻研的结果,并非是虚无缥缈的,也不是"思之不得,鬼神教之"的。事实上,直觉和灵感是每个人都可能具有的思维活动,差别只在于每个人产生它的次数的多和少,功能的强和弱,而不在于有和无。经过思维训练,产生灵感的能力是会增强的。

例如,前述的排序问题:将下列第四行的字母顺序排列出来。

A、B、C、D、E
D、C、E、B、A
B、E、A、C、D
?、?、?、?、?

直觉告诉我们下行与上行一定有某种联系;灵感激发我们将字母序列变换成数字序列;完全归纳推理与科学归纳推理的结合使我们得出正确的结论,并使这种结论的归纳强度等于1。② 即 $P(h/e) = P(e/h) = 1$。即:

A、B、C、D、E(1、2、3、4、5)
D、C、E、B、A(4、3、5、2、1)
B、E、A、C、D(4、3、5、2、1)
C、A、D、E、B(4、3、5、2、1)

即下一行是上一行的"4、3、5、2、1"排列。

即使在社会综合能力考试的逻辑试题中,灵感也是可以有作为的。对于一些题,我们仍然可以在解题之前,借助于灵感思维,灵活地领悟出新的解题方法。例如,有这样一道题:

---

① 参见汤姆斯等:《法人直觉:创建21世纪的机敏企业》,辽宁教育出版社1998年版,第44页。
② 指归纳推理的前提对于结论的确证程度。归纳强度的大小可以通过概率值来反映:$P(h/e)$。e表示前提,h表示结论。$P(h/e)$读做:"在已知前提e条件下结论h的条件概率(或逻辑概率、归纳概率)。"归纳推理的归纳概率为:$0 < P(h/e) \leq 1$。

只要天上有太阳并且气温在零度以下,街上总有很多人穿着皮夹克。只要天下着雨并且气温在零度以上,街上总有人穿着雨衣。有时,天上有太阳但同时下着雨。

如果上述断定为真,则以下哪项一定为真?

　　A. 有时街上会有人在皮夹克外面套着雨衣。

　　B. 如果街上有很多人穿着皮夹克但天没下雨,则天上一定有太阳。

　　C. 如果气温在零度以下并且街上没有多少人穿着皮夹克,则天一定下着雨。

　　D. 如果气温在零度以上但街上没人穿雨衣,则天一定没下雨。

直觉:两个条件的合取为充分条件得出一个结论,就应该考虑是反三段论:

$p \wedge q \longrightarrow r$

$\neg r \wedge p \longrightarrow \neg q$

$\neg r \wedge q \longrightarrow \neg p$

借助于灵感:那就只在选项中找否定后件的(没穿皮夹克或没穿雨衣)。

只有选项 D 符合,为正确选项。

在做这道题时,应注意排除干扰:有时,天上有太阳但同时下着雨。

灵感思维在国家公务员《行政职业能力测验》中体现得最明显,"数学运算"题型中的一些题,基本上就是需要依靠灵感思维来灵活解题的。

例如,2003 年 A 卷第 6 题:

一件商品如果以八折出售,可以获得相当于进价 20% 的毛利,那么如果以原价出售,可以获得相当于进价百分之几的毛利?

　　A. 20%　　B. 30%　　C. 40%　　D. 50%

能否再简单一点,找个好计算的?哪怕是个航空母舰也只卖 10 块钱。于是:进价 = $8 \div 12/10 = 8 \times 10/12 = 20/3 = 6.66$ 元。卖 10 元,获利 3.33 元。正确选项为 D。

2002 年 B 卷第 13 题:

商店折价出售一种商品,以八折出售的价格比原价少 15 元。问该商品的原价是多少元？

A. 65 元　　B. 70 元　　C. 75 元　　D. 80 元

能否注意力转移，不考虑八折，只考虑省掉的二折？于是：二折为 15 元，一折为 7.5 元。原价为 75 元。正确选项为 C。

2004 年 A 卷第 36 题：

$0.0495 \times 2500 + 49.5 \times 2.4 + 51 \times 4.95$ 的值是：

A. 4.95　　B. 49.5　　C. 495　　D. 4950

直觉：算式中的 0.0495、49.5、4.95 之间有某种联系，同时与答案中的 4、9、5 三个数字之间也有某种联系。

灵感：能否作为公约数提取出来？

2004 年 A 卷第 37 题：

$2002 \times 20032003 - 2003 \times 20022002$ 的值是：

A. -60　　B. 0　　C. 60　　D. 80

灵感：能否变换数字，变换顺序？

2002 年 A 卷第 11 题：

$(1.1)^2 + (1.2)^2 + (1.3)^2 + (1.4)^2$ 的值是多少？

A. 5.04　　B. 5.49　　C. 6.06　　D. 6.30

灵感：能否只考虑最后一位小数？[①]

七、大珠小珠落玉盘——如何自由地驰骋想象

想象思维是在头脑中改造记忆表象而创造新的形象的思维过程，也是对过去已经形成的那些事物的联系方式灵活进行新的综合的过程。因此，它是一种对事物形象或概念的选择或重组，具有极大自由度的思维方法。

想象可以分为三种：

其一是再造性想象。再造性想象属于感性想象，它是根据回忆过去

---

① 相关练习题还可参见张晓芒：《创新思维训练》，企业管理出版社，2006 年修订版，第 47—51 页。

感知过的事物的形象(即表象),通过语词陈述或非语词描述(图样、图解、符号等),在头脑中所形成的事物的映象。这种映象可能曾经存在或虽现在还存在,但思维者可能在实际生活中并没有看见过它们。如没有游览过某一风景名胜的人,同样可以按别人的介绍,想象并领略此风景名胜的锦绣。但是,再造性想象必须要有事物的原型,没有原型,是不可能根据回忆过去感知过的事物的形象,在头脑中形成事物的映象的。如"雾里看花",即使朦朦胧胧看不清楚,也可以根据轮廓大致想象出它是什么花。而这种花的形象在自己头脑中是存在的。

其二是创造性想象。创造性想象属于理性想象,它是不依赖于现成的描述,而是依据一定的目的、任务,在头脑中独立地创造新的形象的思维过程。

例如,17世纪的牛顿,看见苹果掉在地上,开始联想到行星围绕太阳运转,月亮围绕地球运转……想象站在高山上用不同的水平速度抛出物体,速度越大,落地点就越远;当速度足够大时,物体将像月亮一样围绕地球运转。

从苹果落地的现象中,牛顿得到启示,再加上自由的想象,他开始萌发对引力的研究,最终发现并用数学的方法证明了宇宙间的万有引力定律。

想象的内容总是来源于客观现实。它的作用在于使人们的思维进程具有极大的自由度,在思维的任意驰骋中,使人们突破个人知识和经验的框框,从有限的可能世界进入到无限的可能世界,继而把握事物的普遍性。在这里,创造性想象的发展,对于创新活动的发展是尤其重要的,只有创造性想象渗透在创新主体的思维中,才会有完整的创新活动。而这也正是灵活性在想象思维中的体现。

在文学创作中,创造性想象发挥着极大的作用。

例如,明代于谦的《石灰吟》:

千锤百炼出深山,烈火焚烧若等闲。
粉身碎骨全不怕,要留清白在人间。

作者把自己想象成极为普通的石灰,但又以石灰的经历不凡(千锤百炼、烈火焚烧、粉身碎骨)、气宇不凡(若等闲、全不怕)、目的不凡(要留清白在人间),表明了自己"清风两袖朝天去,免得闾阎①话短长"的志向、精神、品格。②

又如,五代南唐后主李煜的《虞美人》:

春花秋月何时了,往事知多少。小楼昨夜又东风,故国不堪回首月明中。 雕栏玉砌应犹在,只是朱颜改。问君能有几多愁,恰似一江春水向东留。

"雕栏玉砌应犹在,只是朱颜改"是再造性想象,"问君能有几多愁,恰似一江春水向东留"是创造性想象,把"愁思"想象为浩浩长流的江水。这比起李白的"举杯消愁愁更愁,抽刀断水水更流"来,无限的感伤更为真诚,意蕴更为深远。难怪王国维评价李煜"真所谓血书者也"③。

在这里,我还想提一下"幻想"。幻想是想象的一种特殊形式,是与思维主体的主观愿望相结合并指向未来的想象。其特点与思维主体的个人需要、愿望密切相关,是对未来的一种向往、憧憬。

由于幻想可以超脱现实来满足人们的某种愿望,所以幻想总带有一定的期望值。但是,幻想只有在符合现实生活的发展规律,切合实际需要的基础上,才有可能引导人们去追求,去实现。这样的幻想就是"理想"。如"无电阻电线"的研究,就是基于幻想之上的理想研究。但如果幻想脱离现实生活过远,不符合事物的发展规律,就是不可能实现的无益的"空想",就是"白日做梦"了。

因此,再好的想象也必须符合实际,符合科学规律。如果违反了实际情况或是违反了科学规律,再好的想象也是空想,甚至是骗术。例如,历史上的"永动机",由于违反了热力学第一定律(能量守恒定律),只能

---

① 闾阎:平民百姓居住的地方,借指人民大众。
② 参见《明史纪事本末》卷三十五。
③ 王国维:《人间词话》。

是空想了。至于十几年前的"水变燃料",那是江湖骗子干的事。

应该说,所有的人都存在着幻想,这是因为人总不满足现实生存状态。在充满竞争的社会生存状态中,大家总在为未来描绘着一种"话题预设"。这种"话题预设"所潜存的希望和期盼,饱含着人对自己的人生关怀,也使那许多躁动的幻梦具有十足的理性,表明自己曾经有过和现在还具有生命的活力和冲动。因此,人有幻想不是一件坏事情,问题只是在于我们怎样对待幻想。

想象思维的灵活性,也体现在它的特点上:

(1)具有主观能动性、自觉性、目的指向性。

想象是感官在接受事物影响后,在大脑中形成知觉模型,并在此基础上进一步灵活改变知觉形象,形成新的知觉模型的一种能力。因此,在想象的过程中,必然会具有一种主观能动性、自觉性、目的指向性。对于想象思维的这一特点,我们可以用马克思的一段话来说明:"蜘蛛的活动与织工的活动相似,蜜蜂建筑蜂房的本领使人间的许多建筑师感到惭愧。但是,最蹩脚的建筑师从一开始就比最灵巧的蜜蜂高明的地方,是他在用蜂蜡建筑蜂房以前,就已经在自己的头脑中把它建成了。劳动过程结束时得到的结果,在这个过程开始时就已经在劳动者的表象中存在着,即已经观念地存在着。"①

(2)具有新颖独特性、综合创造性。

柏拉图认为,想象是对理念摹仿的事物的摹仿,是不真实的。② 但我们认为,想象作为一种"摹仿",必须具有一定的主观能动性、自觉性、目的指向性的心理基础及认识能力,这样在想象的过程中,思维才能够把经过改造的各个成分、因素灵活纳入到新的因果联系中,建立起新的完整形象。正如康德所说的:"想象力是一个创造性的认识功能,它有本领能从真正的自然界所提供的素材里创造出一个想象的自然界。"

例如,前述德国化学家凯库勒在打盹时梦见一条蛇跳舞,引发了他对苯分子结构的灵感,想象苯环结构同梦中的环形蛇一样,又经过研究,

---

① 《马克思恩格斯全集》第23卷,人民出版社1979年版,第203页。
② 参见柏拉图:《理想国》,载《古希腊罗马哲学》,商务印书馆1962年版,第201页。

揭开了苯分子中的6个碳原子和6个氢原子是如何取得平衡的结构之谜,解决了困扰许多化学家多时的有机化学中的一个难题。

又如,德国气象学家魏格纳在地图上发现,大西洋两岸、非洲西部的海岸线与南美洲东部的海岸线正好彼此吻合,于是魏格纳想象它们原来是连在一起的,只是后来由于天体的引力和地球自转所产生的离心力,使它们逐渐漂移分开,并由此提出了"大陆漂移说"。

(3) 具有极大的自由度和超现实性。

既然想象的过程是把经过改造的各个成分、因素灵活纳入到新的因果联系中,建立起新的完整形象的过程,那么,在这个过程中,建立起什么样的新形象是根据需要来灵活发挥的。虽然这些灵活发挥还必须为一些必然性如符合现实生活的发展规律、切合实际需要等因素所制约,但只要符合这些因素,想象就是灵活自由的。

例如,伽里略想象,如果一辆小车在没有摩擦力的绝对光滑的平面上运动将会怎样,从而通过摩擦力想象实验发现了惯性定律。爱因斯坦对此评价说:"假想路是绝对平滑的,而车轮也毫无摩擦。那么就没有什么东西阻止小车,而它就会永远运动下去。这个结论是从一个理想实验得来的。"①

又如,奥地利数学家想象用"思维的剪刀",从二维空间中剪下两个没有厚度的平面三角形,再想象把它们叠到一起,从而发现并证明了"两个三角形,如果两边和夹角相等,那么这两个三角形全等"的几何定理。

又如,前述"笛卡尔坐标",正是笛卡尔把悬在空中来回移动的蜘蛛想象为一个能够移动的点,把墙、天花板以及它们的相接处想象为面和线,才自此创立了一门新的几何学分支——解析几何。

又如,第二章所述古代名家代表人物惠施及辩者们的两个论辩命题:

"历物十意"中的"无厚不可积也,其大千里"。"无厚"是中国古代辩者和后期墨家的几何学概念,相当于"面积"。几何学上的面积只有

---

① 爱因斯坦、英费尔德:《物理学的进化》,上海科学技术出版社1962年版,第4—5页。

长和宽二维,不能在高度(厚度)上将其累积起来。也即无论多少个平面叠合起来,其厚度还是等于零。可是从大处说,却可以百里、千里地不断延伸。这个辩题表明了事物空间的概念是相对的,互相转化的。察体积为无,观面积为有。

"辩者二十一事"中的"一尺之棰,日取其半,万世不竭"。这个辩题涉及了"有穷"、"无穷"的类的问题,认为在"有穷中包含着无穷的因素"。这在当时的确是一个违反常识的诡辩,但由其中可以引申出数学上的极限思想,并猜测到有穷中包含有无穷的深邃思想。①

用今天的眼光看,可以不把这两个辩题当作诡辩,而看做是古人的机智和理论思辨。应该说,这种机智与思辨是借助于想象思考出来的,它可以启发人们作更深层的思索。

(4)具有奇特的夸张性。

由于想象思维具有极大的自由度和超现实性,因此,运用想象,可以"神骛八极,心游万仞",遨游于各式各样的、空洞的、抽象的可能性之中。这个特点最鲜明地体现在文学创作中,并使之具有奇特的夸张性,经世不衰。

例如,两千多年前的庄子,就极富想象力地创造了许多新的事物。如:

> 北冥(同溟,大海)有鱼,其名为鲲(传说中的大鱼),鲲之大,不知其几千里也。化而为鸟,其名为鹏(传说中的神鸟)。鹏之背,不知其几千里也。怒(奋翅)而飞,其翼若垂天之云。(《庄子·逍遥游》)

> 任公子为大钩巨缁(黑绳子),五十犗(xià,阉割过的牛)以为饵,蹲乎于会稽(山名,在浙江省),投竿东海。旦旦(每天)而钓,期年不得鱼。已而大鱼食之,牵巨钩陷没而下,骛扬(奔驰)而奋鬐(鱼鳍)。白波若山,海水震荡,声侔(同)鬼神,惮赫(震惊)千里。

---

① 参见张晓芒:《中国古代论辩艺术》,第157、166页。

任公子得若鱼,离(剖开)而腊之,自制河(浙江)以东,苍梧(山名,广西苍梧县)以北,莫不厌(饱食)若鱼。(《庄子·外物》)

这些想象,场面宏大,奇谲峭丽,气韵生动,豪放峻发。如果没有非凡的想象,是无法如此汪洋恣肆、大气磅礴的。可以说,庄子在此处的笔底波澜,全是想象所掀起来的。读者自可以在这人神幻化的奇思异想中,随着庄子无端无涯的想象,纵驰天下,并从中领略庄子雄浑开阔的意境。想象在文学作品中的魅力,于此可见一斑。我们不妨凭借想象重读一遍梁启超的《少年中国说》中之一段:

红日初生,其道大光;河出伏流,一泻汪洋。潜龙腾渊,鳞爪飞扬;乳虎啸谷,百兽震惶;鹰隼试翼,风尘吸张。奇花初胎,矞矞皇皇;干将发硎,有作其芒。天戴其苍,地履其黄,纵有千古,横有八荒,前途似海,来日方长。美哉我少年中国,与天不老;壮哉我少年中国,与国无疆。①

(5)具有"决裂"的功能。

想象可以突破原有的物象,创造性地想象出一个不同于原有物象的新物象。

例如,2004年国家公务员《行政职业能力测验》(A卷)第42题:

一个边长为8的正立方体,由若干个边长为1的正立方体组成,现在要将大立方体表面涂漆,请问一共有多少个小立方体被涂上了颜色?

A. 296   B. 324   C. 328   D. 384

按正常解题:

(1)$(8\times 8)\times 2$(上下两面)$+(6\times 8)\times 2$(左右两面)

$+(6\times 6)\times 2$(前后两面)$=$

(2)$(6\times 6)\times 6$(一面涂颜色的)$+6\times 12$(两面涂颜色的)

$+1\times 8$(三面涂颜色的)$=$

---

① 摘自梁启超:《饮冰室合集》。

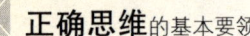

仅此思维仍是在原有物象中思考问题。任何人都可以做到。只要细心，不会有错。但这样的思路经济不经济？能否以伯纳姆三问法问一问自己，能否放弃？

如果思维能发挥想象的决裂功能，彻底抛弃当前存在的实的立方体物象，"看到"眼睛所看不到的小立方体，这种新的逻辑关系就找到了：将这个涂上颜色的立方体想象为一个空壳子。既然是空壳子，那么整个立方体数减去里面的小立方体数就可以了。

接下来就该灵感登场了：能否继续采用经济的方法？《行政职业能力测验》的命题宗旨会为这种思维的灵活性创造条件。那就只考虑个位数：

$8^3 - 6^3 = XX2 - XX6 = XX6$。选项中只有 A 是唯一的。

空壳子对于立方体来说，是一个当前并不存在也不可能存在的物象。因此，空壳子属于理性想象的创造性想象，它不依赖于现成的描述，而是依据一定的目的、任务，在头脑中独立地创造新的形象的思维过程。这个新的物象只能是灵活突破当前存在的立方体物象后的产物。

又有题：有一个人第一天骑车从甲地到乙地，第二天骑车从乙地返回甲地。

问：甲、乙两地之间有无一个地点是此人两天同一个时间经过的？

又有题：甲、乙两辆汽车分别从甲、乙两地相向开行。中间相遇后，各自用对方的速度掉头返回。当乙车返回到乙地时，甲车则在返回甲地后又驶到乙地。

问：甲车的速度是乙车速度的多少倍？

对于这样的题，我们能否与题干所设置的场景决裂，重新想象新的场景？留待读者自己想象。

由于想象具有上述的特点，所以，想象的可能世界与现实世界往往大相径庭。但也正因为如此，人们的想象力会随着年龄的增长，受到现实世界的限制。

有一个故事：有位老师在给一所重点高中的高二同学上数学课时，出了一道题。他在黑板上用粉笔点了一个点，问同学们，这是什么？同学们异口同声地回答说：这是一个点，一个小数点。听到这种回答，老师很沮丧:"没错,都答对了。这确实可以说是一个小数点。但它可不可以是别的东西?"同学们没有回答。这位老师接着说:"我在一所幼儿园里,也给小朋友们出了这道题。他们的回答令我十分惊讶,也十分高兴。有的说,这是星星的角;有的说,这是苹果的柄;有的说,这是钟表的钟点,等等。我为什么惊讶?我惊讶他们可以说出那么多答案。我为什么高兴?我高兴他们的思维那么活跃,那么具有想象力。而你们上了十几年学,虽然学到了很多知识,但失去了生来就有的丰富的想象力了。"

欧洲文艺复兴时期最卓越的自然哲学家布鲁诺认为,想象是感觉的一种形式,是感觉上升至理性,再上升至理智的一个中间过程。① 人的聪明才智是不断培养而成的,人的创新思维能力也是一个整体。如果我们的思维认识得到了理智而丢掉了想象力,就"筌者所以在鱼,得鱼而忘筌;蹄者所以在兔,得兔而忘蹄;言者所以在意,得意而忘言"②了。这将是一件十分可惜的事情。因此,保留并继续培养我们的想象力,对于提高我们的思维创新能力也是一件不可阙如的事情。这是因为:第一,凭借想象,可以使我们对不能亲自观察的事物形成想象形象,扩大知识面,灵活摆脱传统思维的束缚,提出新的发想,促进创新。第二,想象还具有帮助论证的意义和作用。如第一章所提到的伽利略的自由落体想象实验,就是通过想象,发现了亚里士多德论断的矛盾,从而推翻了亚里士多德的论断,并重新得出一个新的结论:"重的物体和轻的物体下落速度应该一样快"。

亚里士多德曾指出:想象是发明创造的源泉之一。爱因斯坦也曾说:"想象力比知识更重要,因为知识是有限的,而想象力却概括着世界上的一切,推动着进步,并且是知识进化的源泉。严格地说,想象力是科学研究的实在因素。"③而音乐家西贝柳斯更认为"想象是生命的绿洲","对我们人类来说,无论是谁,都应该最大限度地利用上帝所赋予的想象力。想象是我们的至高无上的朋友"。④ 基于此,永远保持孩子般的"天

---

① 参见冒从虎等:《欧洲哲学通史》(上),第310页。
② 《庄子·外物》。
③ 《爱因斯坦文集》第1卷,第284页。
④ 转引自余式厚:《智库》,上海文化出版社1999年版,第317页。

真"的想象力,是灵活地汲取创新能力的永久动力。

八、山光水色总相依——创新思维与逻辑思维的关系

随着知识经济时代的到来,社会需要更多的创新人才,创新教育也越来越受到教育界的关注。但在创新教育中,有一种忽略逻辑思维作用的倾向。正如第一章所述,人的思维能力与素质作为一个整体,在认识世界、发现世界、改造世界的过程中,是多种思维能力的综合效应,它也必定以人类最基本的思维方式——逻辑思维为基础。因此,在思维素质、能力的培养中,唯有更加重视逻辑思维的基础教育,才能在创新活动中,真正把握"人以一种全面的方式,也就是说,作为一个完整的人,把自己的全面本质据为己有"①。

1. 创新思维中的逻辑基础作用

创新思维作为一种智力品质,在其创新性地认识世界、发现世界、改造世界的过程中,必然有自觉的逻辑意识与逻辑思维发挥着基础性作用。

第一,虽然创新思维要求思维的灵活性,但在创新活动中,无论思维如何创新性地发散,都受如何解决问题的"问题意识"驱动,其指向问题的意识与目的性必须是明确的。而这恰是逻辑思维的确定性的要求所决定的。因为,任何"问题意识"都是逻辑思考的结果,不管它是潜在的,还是明显的。

第二,从创新活动过程的思维时间上看,无论思维怎样灵活地以非线性的、发散的思考方式发散出新的观点与想法,这种"发现"成立不成立,可行不可行,最终还必须由线性的、有序的收敛思维来进行理性的"最优收敛",以使思维的广度和深度,在缔造灵性空间、活化思维、提高认知水平和创新思维能力的层面上,过滤各个创新思想,并通过创新漏

---

① 马克思:《1844年经济学—哲学手稿》,人民出版社1979年版。

斗,形成创新思想流。这个过程就是逻辑验证的过程。第一章第一节所述美国3M公司的创新机制,其项目筛选程序与自我淘汰机制就是创新思维与逻辑思维相协调统一的结果。

第三,从创新活动过程的思维空间上看,无论探索创新发现的过程是一个怎样灵活的无限过程或概率过程,它也只是增加了选择、突破和重新建构的机会,提高了创新发现的实现概率。但这种发现的产生与实现过程,总是有它的合乎逻辑的东西,总可以若明若暗地勾勒出一条产生过程的逻辑轨迹。如在进行发散思维时,其发散的方向总有其逻辑依据,而不是毫无根据的胡乱发散。所谓创新发现的无限空间,当是指有逻辑根据的无限空间。如本章第二节所述的国家公务员《行政职业能力测试》中的数字推理与事件排序题型,其解题过程中的几个基本思路,就说明了这一点。如果没有既有的知识、经验被用来进行逻辑的改造,任何创新发想都是"肚子里没娃娃,如何生得出来"。同时,即使创新思维以其突发性、无序性、跳跃式的方式顿悟出一个"发现",在其问题的提出与产生过程中所留下的许多因果关系链的空白点,也有待于逻辑思维的验证进行填补。

第四,从思维方式的类型上看,无论创新思维怎样以灵活的变异性、多向性寻找尽可能多的思路,它也是为逻辑思维的线性指向提出更多的设想,提供更多的选择对象。在这种选择中,每一条不定向的思维指向,在逻辑思维参与下也就同时成为一条定向的思维指向。如没有这种规范性、定向性的有序指向来追求结论的创新有效性,创新思维的不定向的无序指向也就失去了任何意义,希望进入一种全新认知境界的理想也就变成了无源之水。在"条条道路通罗马"的认知过程中,如何选择"最佳路线",体现了在松散的可能世界的视阈内,潜存着严密的现实世界的逻辑要求。即多值的选择认知,最终必须要落实到肯定与否定的二值选择的基点上。这样才可能使任何一个创新发现既是新颖独特的,同时也是逻辑有效的。

一般认为,从与大脑半球的关系上看,创新思维主要是大脑右半球的功能,与人的第二信号系统的联系较为松散,有时甚至不相联系(如直觉)。它对事物的认识和理解,既有可能发生在显意识中,也有可能发生在潜意识中,从而在"神骛八极,心游万仞"中"豁然开朗",领悟或发现与常识有违的想法。

虽然有人认为,潜意识和自觉意识的根本区别在于,心理过程受不受自我控制。受自我控制便会有一个明确的注意中心,一个明确的运作方向、运作方法,以及一个明确的运作目的。否则便无。但潜意识之所以形成,仍然是经验在起着触发作用。它的直接结果,就是以敏锐观察的能力,触发对物理、事理的认知、顿悟,产生一种"直接的知觉",即直觉。

"经验"作为一个合成词,其本意包含着两个重要的义项,一是表明一种观念来自实际的经历;二是表明这种观念在经历中有它的效验。这是因为,在实践中积累起来的经验知识,其思维特征是实象,"它们虽未揭示和理解事物的本质和规律,却已经包含着事物的本质规律,已经触及事物的本质和规律"[①]。由于经验对客体的把握仅仅局限在外在的"象"上,尚未深入到内在的"理",从而使之具有两重性:一方面,经验是真实的,它来自实际的经历,又在一些情况下显示它的效验;另一方面,经验又是有局限的,它未必能把握事物的真正的因果性和必然性。这也就是为什么有人认为,由经验触发的直觉、顿悟是最没有逻辑思维参与的思维形式。

但是,以丰富的生活经验和实践经历为基础的任何直觉、顿悟,一定有大脑内反馈的过程,而这个过程就是逻辑思维过程,只是我们也许没有意识到它罢了。它所产生的发想由于其灵活性,可能暂时跨越了严谨推理、论证的程序,把思维素材灵活有机地连接在新的形象系统中,以全新的眼光探索问题,从司空见惯的常识中发现"见怪不怪"的新的解决问题的方法。但其最终是否成立,还必须转换成语言,以逻辑思维的形式,从最简单的概念、判断开始,采取一种层层有据、循规蹈矩的逻辑推理论证。这样才可能使每一个创新发想既符合实践的需要,也符合科学的真理。

例如,我们在本章第五节所述的如何解"真假话"题型。虽然我们

---

① 刘文英:《漫长的历史源头》,中国社会科学出版社 1996 年版,第 616 页。

可以凭借直觉寻找关键突破口，但至于如何寻找突破口，则需要灵活地按照题干的具体逻辑形式，或利用逻辑方阵图找真假，或利用复合判断的负判断找真假，或利用矛盾律在推导中找真假。① 而这是确定的。

对于"匹配"题型也是如此。如下题：

老张、老王、老李、老赵四人的职业分别是司机、教授、医生、工人。已知：老张比教授个子高，老李比老王个子矮，工人比司机个子高，医生比教授个子矮，工人不是老赵就是老李。

根据以上信息，可推知：

A. 四个人的职业都可以确定。
B. 四个人的职业都不能确定。
C. 四个人的职业只能确定三个。
D. 四个人的职业只能确定两个。
E. 四个人的职业只能确定一个。

先依靠直觉找那个肯定能够先行进行匹配的一对。

按条件①④，老张不是工人就是司机；按条件⑤，老张只能是司机。

按⑤③②，工人是老赵。

剩下的事情就是填空了。

（赵）　＞　张　　＞　（王）　＞　（李）
工人　　　司机　　　教授　　　医生
⑤②　　　③⑤　　　①　　　　④
（2）　　（1）　　　（4）　　　（3）

正确选项是 A。

在利用直觉解这类题型时，不忽视直觉的能力与作用是认识问题，而如何挖掘它的潜力则是实践的问题。这个实践的过程，也是逻辑思维的论证过程。

例如，2005 年 MPA 逻辑样题第 5 题：

学校组织教师旅游，老赵、老钱、老孙、老李和小赵、小钱、小孙、小李一起参加。在旅馆里，他们八个人住四个房间，满足以下条件：

---

① 参见张晓芒：《逻辑思维训练》，第 37—46 页，第 132—155 页，第 193—203 页。

(1)每个房间住一老一小。

(2)同姓人不住同一个房间。

(3)如果老孙不和小李住一个房间,则老钱也不和小孙住一个房间。

(4)老李不和小赵住同一个房间。

问:那么以下哪种安排是不符合条件的?

A. 老钱和小孙住一个房间。　　B. 老赵和小钱住一个房间。

C. 老孙和小李住一个房间。　　D. 老孙和小钱住一个房间。

E. 老赵不和小李住一个房间。

条件(3)是一个带否定号的充分条件假言判断。这时,要从(3)"直觉"出充分条件肯定前件就要肯定后件,就通过易位法,将否定式变成肯定式,从而挖掘出新的条件。然后找这个肯定的前件。

¬(老孙∧小李)——→¬(老钱∧小孙)←→(老钱∧小孙——老孙∧小李)

目的是推出一个违反题干条件的结果,从而用归谬法否定这种可能:

如果A真:"老钱和小孙住一个房间"。则按条件(3):"老孙和小李住一个房间"也定真;老年人剩老李和老赵,年轻人剩小赵和小钱。

又按条件(4):"老李不和小赵住同一个房间",则只能有"老李和小钱住一个房间";老年人剩老赵,年轻人剩小赵,只能由他俩进行搭配。

但这种搭配违反条件(2):"同姓人不住同一个房间"。

符合肯定前件的是A。即正确选项是A:安排不符合条件。

第五,创新思维的产生受思维主体心理机制的影响,而把握不同心理因素与创新思维之间的本质联系,也需要借助于它们之间"为什么如此"的逻辑联系来认识与理解。即使在文学欣赏中,通过形象思维创新性地理解一种意境,也必须有一种内在的可以用语言表达的逻辑联系。

例如,中国传统思维方式有其意象性的特点,虽然逻辑学所认为的概念只是揭示了对象的本质属性,无所谓断定,但在元代马致远的《天净沙·秋思》中:"枯藤老树昏鸦,小桥流水人家,古道西风瘦马。夕阳西下,断肠人在天涯。"这些概念简单的排列,所表达的是一种苍凉的意境,已经有了断定。只是这些概念之间的联结是隐含的,需要意会。通过这种意会,意境感发了心情,契合了心境,而"感发"和"契合"就是一个心灵映射与逻辑联系的过程。这也就是为什么中国古代有"滋味说":"使味之者无极,闻之者心动。"①

第六,按本章开头对创新思维的界定,创新思维有突破和重新建构已有知识、经验的功能。这一功能突出体现在想象上,它是在头脑中改造记忆表象而创造新的形象的思维过程,也是对过去已经形成的那些事物的联系方式进行新的选择或重组的过程,具有极大自由度和超现实性。

但是,想象是感官在接受事物影响后,在大脑中形成了知觉模型,并在此基础上进一步改变这种知觉形象,形成新的知觉模型的一种能力。虽然前述柏拉图认为想象是对理念的摹仿,是不真实的,但想象作为一种"摹仿",必须具有一定的主观能动性、自觉性、目的指向性的心理基础及认识能力,这样才可以在想象的过程中,思维能够把经过改造的各个成分、因素,灵活地纳入到新的因果联系中,建立起新的完整形象。这就使得它无论怎样突破或重新建构,逻辑的因果关系仍然是不能须臾阙如的。前述的"任公子钓鱼",无论场面怎样宏大,仍然有它的物象原型基础。庄子只是利用这种基础,进行了再造性想象的改造,这种改造仍然是认同原有逻辑关系的过程,只不过是将其放大而已。

即使在本章第七节所述用"空壳子"的想象解题过程中,不管思维突破原有的物象与否,前后的思维仍然都是数与形的逻辑关系,只不过没有突破前是常规的数与形的逻辑关系,突破后是创新性的数与形的逻辑关系。

因此在由感觉上升至理性,再上升至理智的中间过程中,无论怎样"得意而忘言",潜在的逻辑因素始终起基础作用。这也就是前述马克思所言:"劳动过程结束时得到的结果,在这个过程开始时就已经在劳动者的表象中存在着,即已经观念地存在着。"

---

① [南朝]钟嵘:《诗品》。

2. 创新思维与逻辑思维的互动

尽管创新思维与逻辑思维是两种具有本质区别的思维品质,但在人的整体的思维素质中,它们之间又具有十分密切的、不可分割的互动联系。

(1)确定性与灵活性的互动。

从思维的要求上看,逻辑思维要求思维的确定性。在人们认识世界的过程中,逻辑思维以其具有的思维形式结构上的不能丝毫改变的"刚性",要求我们的任何论证都要严密、完整、有序。

而创新思维则要求思维的灵活性。它要求在认识事物中,思维主体的思维活动不受常规思维定势的束缚、局限,不恪守一种稳定的有序性,其思维方式、方法、程序、途径等都没有固定的框架,允许思维的自由跳跃,它往往借助于直觉和灵感,以突发式、飞跃式的形式寻求问题的答案。如前述司马光砸缸,一反常规思维的"让人离开水"的要求,考虑如何"让水离开人"。这种灵活性以其非刚性的"柔软",体现了思维认识角度的灵活多样。因此,它没有确定的唯一的思维形式结构。这表明,在认识世界的过程中,基本的原理是稳定的,但说明原理的事例则应该是紧贴现实生活。

因此,尽管两者在思维的要求上有些不同,但在创新活动中,其指向问题的解决目的却是一致的。刚性的思维要求指向明确,而柔软的思维则要求方法多样。因而纵向上,均是发现问题——收集信息——分析整理资料——运用合适的思考方法解决问题;横向上则是对思维主体的知识、记忆、想象、经验、智力以及思维环境等因素的综合运用,以逻辑思维与创新思维相互作用,体现了思维的综合性。如本章第五、第六节所述的字母顺序问题。

(2)线性与非线性的互动。

从创新活动过程的思维时间上看,在创新活动过程的准备阶段和验证阶段,逻辑思维以线性的、有序的思考方式,提出问题并验证、解决问题。它的每一步都有严格的时间渐进顺序,即使在推理的省略式中,其省略的部分也是思维主体心中自明的。而在创新发现迸发的中间阶段,主要是由创新思维以非线性的、发散的思考方式,通过创新思维的各种具体思维方法,自由地寻求独特的解决问题的最佳方案。它往往呈现出一种时间上的突发性、无序性,以跳跃式的方式在时间上留下许多空白点,有待于创新思维发现提出后,由逻辑思维的验证进行填补。

但是,创新思维与逻辑思维在思维时间上又是相互渗透的。任何一个创造性发现的产生,总有它时间上的前因后果。而逻辑思维的浓缩,又可以体现创新思维的经济。如前述日本谚语:天刮风,木桶店就要赚钱。在这个因果句中,这种并不明晰的因果关系,是由顿悟、灵感的潜意识感觉到的。但这个简洁的因果句,是可以按时间的发展顺序补齐因果关系链。追捕灵感的"热线追踪法"就体现了线性思维对非线性思维的论证意义和作用。所谓"热线"是由显意识孕育成熟了的,并可以和潜意识相沟通的主要思路。大脑中一旦"热线"闪现,就一定要紧紧追捕,迅速将思维活动和心理活动同时推向高潮,以求得一定结果。即如前述苏轼所言:"作诗火急追亡逋,情景一失永难摹"。

因此,从时间上看,创新成果的实现,是创新活动中三个阶段两种思维进程的整体效应的结果。如果在整个创新活动过程中,将其中的任何一种思维付之阙如,创新成果的产生也是难以想象的。

(3)有限与无限的互动。

从创新活动的思维空间上看,逻辑思维过程是有限过程,只要前提正确,并遵循逻辑思维的规律和规则,就可以通过有限的推导步骤,得出一个正确的结果。归纳推理和类比推理也大致如此。而创新思维过程却是一个无限的过程,或称概率过程。它只是增加了选择、突破和重新建构的机会。在此过程中,其思维的展开具有宏阔的空间。正是这种无限的思维空间,提高了创造性发现的实现概率。

但是,创新思维与逻辑思维在思维空间上也是相互渗透的。即前述任何一个创造性发想的产生,总有它合乎逻辑的东西,总可以若明若暗地勾勒出一条产生过程的逻辑轨迹。在对发散结果进行筛选、整合的过程中,也必须依靠逻辑思维对其进行价值判断、甄别和选择,通过创新漏斗,形成创新意识流,并最终导出创新性成果来。同样,在逻辑思维的理性认识过程中,也有创新思维的积极参与。如假说是一种逻辑思维形式,但在假说的产生过程中,如果没有想象、灵感、直觉的积极参与,单以某种形象的方式来改造既有的知识、经验,假说是难以提出来的。列宁就曾说过:"即使在简单的概括中,最基本的一般概念(一张桌子)中,都有一定成分的幻想。"①"天刮风,木桶店就要赚钱",无论它的因果关系链多长,在补齐它的思维时间的同时也就补齐了它的思维空间。

创新思维与逻辑思维的这种思维空间上的相互渗透,体现了创新活动过程中思维空间上的整体性,使创新活动得以成为多种思维相互作用的综合过程。

有时,创新思维与逻辑思维在思维时间与空间上本身就是基本同步的。如类比思维属于逻辑思维,它是根据两个或两类事物在某些属性上相同或相似,进而推出它们在其他属性上也相同或相似的推理方法。但同时,类比思维的过程又是一个整合多重信息源以启发思维、激活思维,并在思维的比较过程中重新建构知识的过程。它以"突出——映射——再表征——重构"或"突出——映射——再表征——组合的差异——重构"的形式,②使人们的认识从熟悉的问题范围(基础范围)向人们不熟悉的问题范围(目标范围)映射,从而丰富想象,触类旁通,启发思考。在这种辐射式的映射过程中,映射产生于直觉、灵感;但在产生这种直觉、灵感的同时,思维就已经同步地论证了基础问题与目标问题在类事理上的相似性或同一性了。

例如,阿基米德在发现浮力定律的过程中,如果仅仅只是一种灵感的顿悟,却没有逻辑思维的类比论证,他是不会高兴地喊"我发现了!我发现了!"难怪康德曾说过:"每当理智缺乏可靠论证的思路时,类比这个方法往往能指引我们前进。"③而科学家哈定也断言:"如果科学家一生注意细微的观察,训练自己注意寻求类比,使自己具备有关的知识,那么这个'感觉工具'……就将成为神通广大的仙杖。"④

---

① 列宁:《哲学笔记》,第282页。
② 参见王亚同:《类比推理》,河北大学出版社1999年版,第三章。
③ 康德:《宇宙发展史概论》,商务印书馆1980年版,第147页。
④ 参见贝弗里奇:《科学研究的艺术》,科学出版社1979年版,第61页。

(4)规范性与非规范性的互动。

从思维方式的类型上看,逻辑思维是规范性、定向性思维,以唯一的可行方法追求结论的有效性,故而它的思维进程从一开始就是在确定的区域内进行,有条不紊,循序渐进,步骤严密且具有很强的说服力,其结果可以由以往思维进程的每一步所验证,因此,表现在思维内容中的可能世界要小。而创新思维属于变异性、多向性思维,它以启发性的眼光寻找尽可能多的思路,促进创新发现的生成和生成方式的灵活多样性。它允许思维的自由跳跃,并不要求恪守一种稳定的有序性。因此,体现在思维内容中的可能世界要大。

创新思维与逻辑思维虽类型不同,但在创造性活动中,二者的有机结合却是必不可少的。创新思维可以广开思路,为逻辑思维提供更多的选择对象,为逻辑思维的线性指向提出更多的设想,以提高逻辑思维的效率。逻辑思维则可以发展创新思维的创新发现,严格论证创新发想的合理性。两者的结合以有序、无序的高度统一,使创新活动可以按照解决问题的实际需要,安排事物的结构和决定解决问题的方向;使创新活动的思维成果,能够灵活突破以往知识、经验的束缚,以逻辑思维规范的确定性的知性与灵感、直觉的灵活性的知性互动,进入一种全新的认知境界。

(5)严密与松散的互动。

从思维进程的方向上看,逻辑思维注重纵向集中,长于机械的线性进程,思维进程的每一步都要有充分的根据,都必须采取肯定或否定的形式,有严格的确定的真假规定。而创新思维注重横向发散,长于活跃的辐射进程,以灵活、丰富的想象力,充分展开想象、直觉、灵感的翅膀,以最经济的思维原则,直接把握事物整体的本质规定性。它所关心的只是如何提出新观点,探索事物发生、发展的丰富性和多样性。

尽管两者思维进程的方向不同,但体现在方向上的作用仍然有有机的联系。创新思维为逻辑思维的严密论证方向提供尽可能多的选择机会,即"条条道路通罗马"的"条条道路";而逻辑思维则将创新思维的松散的发散方向有目的地集中在最佳选择上,即"条条道路通罗马"的"最佳路线"。两者的结合及互动,可以使创造性成果既是新颖独特的,又是逻辑有效的。如这种思维方向上求同求异的有机结合,使"围魏救赵"、"田忌赛马"成为创新思维活动的经典故事。

(6)与大脑的互动关系。

科学研究发现,创新思维主要是大脑右半球的功能,与人的第二信号系统(语言)的联系较为松散,它对事物的认识和理解常常发生在潜意识中。而逻辑思维主要是大脑左半球的功能,与人的第二信号系统联系密切,它对事物的认识和理解主要发生在显意识中。两者的互动在于,充分发挥大脑右半球的功能优势,展开想象的翅膀,拓宽直觉的空间;并充分利用大脑左半球的功能优势,将创新发想转换成语言,并从逻辑上进行严密的论证。

(7)与其研究与训练的互动。

在对其的研究与训练上,逻辑思维研究的思维形式及其规律具有相对独立性,我们能够将它从不同的具体思维内容中抽取出来,使它暂时脱离思维内容,成为一种形式化的"样式",并将其贯穿于一切具体的逻辑思维内容中,以其具有的强制性与规范性,成为任何推理、论证都使用的确定思维形式结构。从而使正确思维过程都必须遵守,而且凡是符合思维形式及其规律的思维过程都是正确的。而创新思维研究的则是产生不同创新思维方法的心理机制,很难将其形式化。

但是,作为思维主体的整体的思维素质、能力中的不同的思维品质,创新思维与逻辑思维又都是可以通过技能训练得以提高的。我们完全可以经过有意识的问题训练,将自发的逻辑思维与创新思维的感觉,提高为一种自觉的逻辑思维与创新思维的意识,并在自为的训练、运用中,将这种意识升华为一种自由的逻辑思维与创新思维的精神。

总之,科学技术史早已表明,人类的任何一个创造性成果的最终产生,都是难以仅凭某一种思维方式就能够独立完成的。任何一个创造性活动过程,都应该而且必须是多种思维形式的相互交替、相互渗透、辩证统一、互补为用,共同发挥整体综合效用的结果。当我们对一个问题豁然开朗、恍然大悟时,不能说这个很简单的认识缺乏基本的逻辑轨迹;而当我们对一个创新发想进行逻辑论证时,也不能说这个发想原本就可以通过这条逻辑思路得到。因为,创新思维与逻辑思维作为思维的工具系统,同所有的工具系统一样,都有其存在的必然性和意义,也有其限定的使用范围。因此,为了使偶然的、不自觉的创新活动转向自觉的、主动的、有意识的创新活动,我们必须认识到在创新思维活动中,逻辑思维发挥着重要的基础性作用。这样,我们才能在逻辑思维的基础上张扬、升华,在创新性地解决问题过程中,体会人类创新、发展的兼具永恒性(超越时代的不变的价值)和时代性(伴随时代变化而变化的价值)的精神。

因此,在创新思维的培养和教育中,我们无论如何都不能忽视逻辑思维的基础性作用。

九、从心所欲不逾矩——创新思维活动中的伦理确定性问题

同第八节所述问题有所区别的是,虽然当前如何进行创新教育,日益受到了教育界的关注,但在以往的创新教育中,一般多论述创新思维的"发现"作用及意义。但我们认为,在创新教育中,还有一个重要的问题需要强调。这就是创新思维活动中的伦理要求。它同样有助于我们在创新活动中,真正把握"人以一种全面的方式,也就是说,作为一个完整的人,把自己的全面本质据为己有"。这也就是为什么本章开头对创新思维进行语义解释时,其内容就包括了"在客观需要的驱动和伦理规范的要求下"的内涵。

因此,在强调创新思维活动的"发现"、"发明"作用及意义的同时,还必须强调创新思维活动的推动人类文明发展的伦理作用及意义,必须确定创新的伦理底线。具体体现为创新意志对创新意识的发动作用和抑制作用。这种抑制作用的过程就是一种"创新三段论"的逻辑思维过程。

1. 创新意志的确定的伦理底线

毋庸置疑,在创新思维活动中,思维主体必然受创新意识和创新意志的影响。创新意识是在积极、主动、灵活、自觉地创造性地反映客观世界的过程中,自觉调节、控制、支配自己的情绪、意志和行动的问题意识,

它对认知心理产生强大的选择压力。而创新意志则有调节创新意识的作用,其表现又可分为发动作用和抑制作用。发动作用可以使创新思维主体内部意识向外部动作转化,而抑制作用则表现为意志对自我的节制、监督作用。

应该说,在创新思维活动中,意志是自由的,任何人都可以按照自己的创新意愿,选择、决定思考什么及怎样思考。但是,在创新思维活动中,虽然意志是自由的,但不等于说意志是随意的。从对客观事物规律的认识来讲,"自由不是在于幻想中摆脱自然规律而独立,而在于认识这些规律,从而能够有计划地使自然规律为一定的目的服务……因此,意志自由只是借助于对事物的认识来作出决定的那种能力"①。从履行道德义务的角度讲,意志自由并不是一种随心所欲的"冲动",它必须要合乎人类理性。黑格尔认为,人们常常把任性、随心所欲等叫做自由,这种自由只是"形式的自由"、"主观假想的自由",不是真正的自由。真正的自由在于对必然性的认识。② 因此,所谓的意志自由,是相对的、有条件的自由,它还必须为一些必然性或条件所制约。这个必然性或条件就是孔子所说的"从心所欲不逾矩"③之"矩",这个"矩"就是意志自由的伦理底线——作为一个社会普通人所应遵守的一些最起码、最基本的行为规范和准则。

只有在这个条件基础上,意志自由才有可能成为一种合乎事物之间普遍联系的、合乎理性的、全新的道德意志自由,才可以成为第一章第七节所引述的"精神的自由的本性与法的本质"④相一致的现实自由。如果偏离了这一点,就会偏离人类创新活动的超越自身,偏离创造出体能、智能、道德上的全新人格的最终目的,使创新的成果因道德的缺失,把文明的进步变成文明的梦魇。

例如,思维的发散是思维主体的个人精神活动,可以尽情地发散。在这一点上,它是自由的。但是,作为思维发散的结果,一旦要进行实施

---

① 《马克思恩格斯选集》第 3 卷,第 153—154 页。
② 黑格尔:《小逻辑》,第 307 页。
③ 《论语·为政》。
④ 黑格尔:《法哲学原理》,第 55 页。

操作,就具有社会性,就具有推动社会文明向前发展的功能。因此,相对于历史的发展,任何创新不仅应该是新的,同时也应该是合理的。这个合理不仅包含了思维的独创性,同时也包含了具有人文性质的社会性。

而本章开头对"创新思维"的语义解释,表明了创新思维的动力是:客观需要、解决问题的"问题意识"、思维主体的好奇心;创新思维的要求是:任何创新思维活动都必须要符合伦理规范。因此,任何创新思维活动就必须要:

(1)符合实际需要。

应该说,任何创新都是现实生活"逼迫"出来的。这是因为,任何创新成功的渠道并没有什么定律,但成功的前提却是一致的,那就是解决问题的需要。如果没有"问题",也无所谓什么"创新"。因此,任何创新性的思维活动,就都必须要结合动机和效果来看创新结果是否有利于人。即"合其志功而观焉"[①]。而符合实际需要,就是要求"志功合一"[②]。

例如,近年来,我国越来越多的城市用仿真植物美化街道、广场,装点人们的居住环境。但是有专家指出,这种仿真植物的主要材料是聚氯乙烯,它经过高温或长时间暴晒,会释放出对环境有害的氯化氢,而氯化氢是形成酸雨的主要因素之一。为此有专家呼吁城市景观要慎用仿真植物。

又如,2004年元宵节前,有家制作元宵的企业为了扩大广告效应,制作了一个4吨重的大元宵。虽然此"创新"堪称吉尼斯记录,但问题是,这么大的元宵有没有锅来煮?

(2)符合社会理性、社会道德和法律法规。

如前所述,创新思维的发散是一个"神骛八极,心游万仞"的自由过程。在这个发散过程中,虽然思维的发散是思维主体的个人精神活动,可以尽情地发散。在这一点上,它是自由的,没有什么"可以想什么,不可以想什么"。但是,如前所述作为思维发散的结果,一旦要实施,就具

---

① 《墨子·鲁问》。
② 《墨子·经下》。

有了社会性，就必须在收敛的过程中，以理性来进行规约了。这种理性的规约，除了要求其是符合实际需要的"最优选择"外，更重要的是还要求其符合社会理性，符合社会伦理道德的要求，符合社会现行法律法规的要求。

首先，任何创新都必须注重社会理性。

社会理性应该是合乎和谐社会美和人性美的最完全的认识能力，并藉此保障永恒的正义。如突破这一点，任何没有理性约束的"创新"个性都将是不安全的。

如第一章第三节所举的"个性化车牌"一例。正是由于"个性化车牌"概念的内涵规定中没有注入社会理性的要求，才会产生那种外延不好控制的非理性情况。

曾见过一个关于招聘的故事：某公司招聘一名销售部经理助理。经过筛选，最后只剩下三名应试者。销售部经理又出了一道题来选择自己的未来合作者：请谈一下你对《皇帝的新装》的感受。

第一位从文学的角度，大谈安徒生的这篇童话如何揭露了一些人的虚荣、铺张浪费和极端愚蠢，并且这种现象在任何时代都会出现，因此，这篇童话在今天仍然具有现实意义。

第二位从哲学的角度，大谈老子哲学，大象无形，推而广之，此时无衣胜有衣。因此，安徒生曾经受过中国传统哲学的影响。

第三位则说道：小时候，我曾经想当那个说真话的孩子，但自从我想做销售工作后，我才发现做童话中的两个裁缝才是我要追求的目标。

过了三天，前两位应试者都收到了婉言拒绝的信：我们要找的只是一个裁缝。

应该说，这三人的思维发散都打破了原有的思维格式，提出一种全新的思考方法。但他们的标新立异，缺乏了创新需要和创新理性的指导，从而在"创新"过程中，没有达到思维发散与收敛的和谐统一。销售部经理放弃前二人的选择思路是合理的，但对于后一人的选择，由于其缺乏创新理性的指导，故而是不合理的。如果放任这种选择，社会理性将如"歧路亡羊，无途可觅"。

其次，任何创新都不能违背社会公德。

毋庸讳言,现实的社会生活,往往是利益支配着我们的一切判断。但现实的社会生活不仅仅是经济生活,同时还包括了文化生活。因此,如何道德地追求功利,也就成为一个现实的问题。每个人在创新性地追求个人利益的同时,还应该恪守公共利益原则。只有符合公共利益的创新行为,才是道德的创新行为。因为"美德这个名词,我们只能理解为追求共同幸福的欲望,因此,公益乃是美德的目的"①。假如不顾这一原则,如报载有家餐馆取名为"塔玛地",还有的店铺取名"牛鼻屋"、"衣冠勤瘦"。② 尽管这种"另类"店名在取名过程中的思维发散别出心裁,但这种思维发散的结果,使用了不文明的语言等,过了"标新立异"的度,有碍社会精神文明的要求,违背了社会公德。同时,也违背了国家的有关法规:店名不能使用不文明的、不规范的文字,不能取引起群众误解的名字,不能有损国家形象、有碍社会主义精神文明。

当然,道德的约束只是软约束,还必须以制度的强约束来保障。2005年上海十二届人大常委会第十九次会议审议的《上海市企业名称登记管理规定(草案)》(修改稿)中就以法规的形式规定了五种情形禁止作为企业的名称。

第三,不能违反法律法规。

据报载,2002年12月12日,四川一名商人想要开一家"人乳宴餐厅",做108道人乳菜。然而主意一出,立即招来骂声一片,其"人乳宴餐厅"未能面世。2003年1月,长沙一家餐馆,推出了震撼国内外的"人乳宴"。据说,该店还准备在深圳推出标价高达28万元的极品"人乳全宴"。湖南省妇联及时制止了这一丑剧的后续演出。

早在2000年卫生部卫生法制与监督司就有过"关于人体母乳不能作为商品经营的批复"。2003年2月8日,卫生部明确作出规定:搞"人乳宴"属于违法行为,将受到法律追究。因此,"人乳宴"的发想不是创新,而是违法。

---

① 爱尔维修:《论精神》,《十八世纪法国哲学》,商务印书馆1961年版,第465页。
② 参见《每日新报》,2004年3月2日,第6版;《城市快报》,2008年2月15日,津报网。

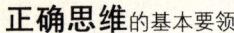

又据报载,上海有家浴室,为了防滑,竟然将5分硬币密密麻麻地镶嵌在瓷砖的接缝处。从创新发想来看,属于综合发散。既好看,又防滑,还能吸引顾客。但这种行为也违反了《中华人民共和国人民币管理条例》中的有关规定。

应该说,当今社会的许多商业行为,如用工业酒精勾兑假酒,往大米里掺沙子,给猪肉注水等行为,从思维发散的角度讲,可以算做是"创新"。但这些所谓的"创新",其实都只找到了一个缺乏道德的思维发散元。因此,这些"创新"既违反道德,也违反法律,丧失了任何创新都必须坚持的确定的伦理要求。

对于这些丧失伦理确定性的"创新",只有一句话:"出礼则入刑"。"礼法互补,以礼为主导,以法为准绳;以礼为内涵,以法为外貌;以礼移民心于隐微,以法彰善恶于明显;以礼夸张恤民的仁政,以法渲染治世的公平;以礼行法减少推行法律的阻力,以法明礼使礼具有凛人的权威;以礼入法使法律道德化,法由止恶而兼劝善;以法符礼使道德法律化,出礼而入于刑"。① 因为,法律的完备与创新心灵的调节是积淀而成的,只有当那些外在的约束体系在人类的创新活动中被有效地践行,并逐渐内化为创新活动主体的自觉意识以后,才能在现实的应然创新方式中,真正使道义规范由他律转化为自律、由自发转化为自觉,才能真正使道义规范的思维必然发展至现实的必然,才能真正在确定的人文意义上保证创新活动对于人类文明发展的推动作用。

第四,不能庸俗、媚俗、恶俗。

思维发散是创新,但思维发散并不意味着庸俗、媚俗、低俗、恶俗。当今一些商家炒作的庸俗、媚俗、低俗甚至恶俗现象之严重,已经到了无以复加的地步。

如有家店铺取名"黑店"。② 还有家包子店,招牌上赫然写着"仁肉包子"。在中国传统文化中,"仁"本是人生之大义,"仁,人心也;义,人路也。舍其路而弗知,放(丧失)其心而不知求,哀哉!……学问之道无

---

① 张晋藩:《中国法律的传统与近代转型》,法律出版社1999年版,第34页。
② 参见《每日新报》,2004年3月2日,第6版。

他,求其放心而已矣"①。可在这里,"仁"肉包子仅仅借"仁"字的形式,图谋的是孙二娘的"人肉包子"的恶名与刺激。还有家饭店的菜单上,赫然写着"男欢女爱"、"一丝不挂"、"勾勾搭搭"、"风流寡妇"等。其实,"男欢女爱"就是一雄一雌两只螃蟹,"一丝不挂"是一只烧鸡,"勾勾搭搭"是黄豆芽炒绿豆芽。这些把戏毫无任何真正意义上的创新,只不过是"玩一把心跳"而已。而这些离"为仁由己"也是十万八千里了。

第五,不能打擦边球。

至于前几年深圳一家广告公司的一个在女性画像臀部写着"等着你来包"的招租广告牌,2004 年 1 月福州一家广告公司的同样形式的"想占有我吗"的招租广告牌,尽管这样的广告违反不违反社会道德,现在还存在着争议,但从理性思维的角度看,这样的发散思维的"创新"还是少点好。因为这种"打擦边球"的思维方法,容易使人"想歪了"。

2006 年更有人抢注"中央一套"、"中央二套"、"中央三套"商标,所涉及的商品包括避孕套、内衣、比基尼泳装。据说其申请有的已被国家工商总局受理。② 但这样的商标是否伤害民众对中央电视台的感情?

上述现象都是现实存在的。但现实存在的不一定是合理的。我们可以回顾第三章第六节已阐述的黑格尔的观点,说现实的东西是合理的,并不意味着现存的一切事物都是现实的,因而都是合理的。他说:"在日常生活中,任何幻想、错误、罪恶以及一切坏东西,一切腐败幻灭的存在,尽管人们都随便把它们叫做现实,但是,甚至在平常的感觉中,也会觉得一个偶然的存在不配享受现实的美名。因为所谓偶然的存在,只是一个没有什么价值的、可能的存在,亦即可有可无的东西。"在他看来,只有符合历史发展规律的才是真正"现实的东西","现实性在它的开展中表明它自己是必然性"。因此,按照黑格尔的观点,说现实的东西都是合理的,并不意味着现实的东西就绝对地符合理性,都是好东西。随着法制建设和德治建设的进一步深化,虽然类似坑蒙拐骗等"甚至坏的和

---

① 《孟子·告子上》。
② 参见《书报文摘》,2006 年 8 月 14 日,第 4 版。

不真的东西之所以存在,也还是因为它们的某些方面多少符合于它们的概念",但应该相信,"那彻底的坏东西或与概念相矛盾的东西,因此即是自己走向毁灭的东西"。

要言之,在创新思维过程中,创新意志作为一种自觉确定目标,根据目标支配自己、调节行动、克服困难、实现目标的一种心理状态,在创新思维活动中是自由的。亦即在如何进行创新活动中,人可以自由支配自己的意志,按照自己的创新意愿,选择、决定做什么及怎样做。但必须指出的是,在创新活动中,虽然创新意志是自由的,但不等于说创新意志是随意的。只有在"从心所欲不逾矩"的确定性基础上,意志自由才有可能成为一种合乎事物之间普遍联系的、合乎理性的、全新的道德意志自由。

2. 创新三段论

创新意志对创新意识的发动作用和抑制作用,是一个创新思维活动中发散与收敛相结合的过程。在这个过程中,思维可以尽可能地自由发散,但最终还应有一个理性收敛的分析,使思维活动的创新,既符合实际需要,做到"志功合一",又符合社会理性、社会道德和法律法规,做到"从心所欲不逾矩"。

因此,创新思维虽然可以使人们打破原有的思维格式,为人们提供一种全新的思考方式,但这种意味着标新立异的全新的思考方式,必须以理性为指导,使之在创新的过程中,达到发散与收敛的和谐统一。这就意味着,在创新思维活动中,首先要认识到,任何事物、现象及其在思维中的反映,都具有一种普遍联系的特征,因此,"当我们深思熟虑地考察自然界或人类历史或我们自己的精神活动的时候,首先呈现在我们眼前的,是一幅由种种联系和相互作用无穷无尽地交织起来的画面"[①]。而人们"要真正认识事物,就必须把握、研究它的一切方面、一切联系和'中介'。我们决不会完全做到这一点,但是,全面性的要求可以使我们

---

① 《马克思恩格斯选集》第3卷,第60页。

防止错误和僵化"①。恩格斯所说的"深思熟虑"和列宁所说的"全面性的要求",体现在创新活动中,对于正确认识创新对推动人类文明发展的普遍联系,也是非常有意义的。

诚如前述,在创新思维活动中,意志是自由的。但意志的自由,应该是合乎理性的自由,意志的选择必须符合创新与伦理要求的普遍联系。因此,当我们的思维活动受到内在心理的和外在环境的压力时,在逻辑思维上,必须要以"法"的意识规范创新的"志功合一"。因此,第一章第七节所阐述的"法"的意识,在保证创新活动中恪守确定的伦理要求,仍然具有鲜活的意义。

即以一定的约束规范创新行为,表明我们对这种"理性的规范"的认识和运用;以一定的社会理性,表明我们对这种推动人类文明向前发展的思维方法的认识和运用。只有在此确定的伦理要求基础上,才能使创新活动真正遵从社会理性的同一律意识,以保证创新活动的伦理一致性与逻辑一致性。

将这种一致性体现在我们的创新活动中,就可以为挖掘人的潜能所具有的无限发展的可能性,提供方法论和认识论的意义,从而在创新素质教育的层次性上,使创新意愿与创新能力培养的目的在各自基础上相互促进,使创新教育与创新思维方法在完善各自的有机构成中相互促进,使创新教育与创新思维能力在促进各自发展的过程中相互促进;在创新素质教育的功能性上,使创新教育与创新思维在发现、重视人的价值中相互促进,使创新教育与创新思维在发现、发掘人的潜能中相互促进,使创新教育与创新思维在发现、发展人的个性中相互促进,使创新教育与创新思维在发现、发挥人的力量中相互促进。② 惟其如此,我们才能使创新教育与创新思维在理性的发展中创新,在理性的指导下践行。③ 从而使我们每一个人都在发展自己的创新能力的过程中,扮演好自己的社会角色,履行好自己的社会责任,并以此形成一种对自己来说

---

① 《列宁选集》第 4 卷,人民出版社 1972 年版,第 453 页。
② 参见张晓芒:《良性的互动——试论创新思维与素质教育的关系》,载《当代教育》(香港),2003 年第 7 期。
③ 参见张晓芒:《创新思维与创新教育的科学理论载体》,载《前进》,2003 年第 7 期。

难以随随便便就拒绝的使命感与责任感；严谨而不保守，灵活而不浮躁，锐意创新，追求真理，在做人、成才的统一中，实现自我价值与社会价值。

因此，我们认为，在创新教育中，不但要强调创新思维的基本含义包括了客观需要的动力，已经储存的知识和经验及新获得的信息的基础，综合运用各种思维成果、思维方法的方式，提出新观点、新理论、新形象、新办法、新思路的结果，同时也要强调必须符合伦理规范的要求。在这一点上，创新思维活动仍然受逻辑思维方式的约束。即：

M——P（具备 M 构成要件的创新应符合 P 伦理规范）

S——M（待决创新思维活动 S 具备 M 构成要件）

——————

S——P（所以，待决创新思维活动 S 应符合 P 伦理规范）

我们姑且把这个三段论称做"创新三段论"，其大前提，就是人类社会历史的集体性思考，是一种体现公众意识的价值判断。它在历史的积淀中，经过不同历史时段的人们的"千百万次的重复，它在人的意识中以逻辑的格固定下来。这些格正是（而且只是）由于千百万次的重复才有着先人之见的巩固性和公理的性质"①，并由此而形成所有创新思维主体在指导自己的创新思维活动中的具有普遍适用性的、极具人文性的准则，使任何一种创新活动，作为一种"文化的存在"，都必须将自身置于这个公理的"法的意识"中；使任何一个创新活动都受到人文传统与时代精神相互交融而形成的人文环境的影响，真正解决创新什么、怎样创新和为什么创新及为谁创新的问题。

如是，我们才能在品味康德的名言"世界上有两件东西能够深深地震撼人们的心灵，一件是人们心中崇高的道德准则，另一件是头顶上的星空"的过程中，把伦理的创新论式的历史感在我们心灵中扎下根来，把"智的灵活性"转换到社会秩序建设上来，从而将人的充分个体化的创新活动，融进充分体现社会性的整体创新活动中，并在此基础上开始我们的创新历程，发掘每个人先天与后天的各种能力，使之得到全面的发展；发动社会全体成员的才能，使之都能得到全面的发展。而在创新世

————————

① 列宁：《哲学笔记》，第 233 页。

界中,也只有在社会每个人的个体发展同社会发展达到和谐一致时,才能在追求"真正的财富就是所有个人的发达的生产力"①的过程中,真正体会到"每个人的自由发展是一切人的自由发展的条件"②。

---

① 《马克思恩格斯全集》第 46 卷(下),第 222 页。
② 《马克思恩格斯选集》第 1 卷,第 273 页。

参考文献

金岳霖:《逻辑》,三联书店1961年版。
周礼全主编:《逻辑——正确思维和成功交际的理论》,人民出版社1994年版。
王雨田主编:《现代逻辑科学导引》,中国人民大学出版社1987年版。
赵光武主编:《思维科学研究》,中国人民大学出版社1999年版。
刘培育主编:《创新思维导论》,大众文艺出版社1999年版。
张维真:《现代思维方法的理论与实践》,天津人民出版社2002年版。
梁良良主编:《创新思维训练》,中央编译出版社2001年版。
布朗、基利:《走出思维的误区》,中央编译出版社1994年版。
罗楠:《批判性思维》,山西人民出版社2004年版。
余式厚:《智库》,上海文化出版社1999年版。
多湖辉:《頭の体操》,日本光文社1966年版。
阴国恩等:《普通心理学》,南开大学出版社2001年版。
安德森:《认知心理学》,吉林教育出版社1989年版。
汪安圣主编:《思维心理学》,华东师范大学出版社1992年版。
张东荪:《理性与良知——张东荪文选》,上海远东出版社1995年版。
冯友兰:《中国哲学简史》,北京大学出版社1985年版。
冒从虎等:《欧洲哲学通史》,南开大学出版社1985年版。
刘文英:《漫长的历史源头》,中国社会科学出版社1996年版。
张晋藩:《中国法律的传统与近代转型》,法律出版社1999年版。
亚里士多德:《工具论》,广东人民出版社1984年版;中国人民大学出版社2003年版。

亚里士多德:《解释篇》,三联书店 1957 年版。
苗力田主编:《亚里士多德全集》第 1 卷,中国人民大学出版社 1990 年版。
亚里士多德:《形而上学》,载《亚里士多德全集》第 7 卷,中国人民大学出版社 1992 年版。
培根:《新工具》,载《十六——十八世纪西欧各国哲学》,商务印书馆 1975 年版。
黑格尔:《小逻辑》,商务印书馆 1980 年版。
黑格尔:《法哲学原理》,商务印书馆 1961 年版。
黑格尔:《哲学史讲演录》第 1 卷,三联书店 1956 年版。
黑格尔:《哲学史讲演录》第 2 卷,商务印书馆 1978 年版。
黑格尔:《历史哲学》,三联书店 1956 年版。
恩格斯:《自然辩证法》,人民出版社 1958 年版。
列宁:《哲学笔记》,人民出版社 1959 年版。
列宁:《黑格尔〈逻辑学〉一书摘要》,人民出版社 1972 年版。
莱布尼茨:《单子论》,载《十六——十八世纪西欧各国哲学》,商务印书馆 1975 年版。
爱尔维修:《论精神》,载《十八世纪法国哲学》,商务印书馆 1961 年版。
笛卡尔:《方法谈》,载《十六——十八世纪西欧各国哲学》,商务印书馆 1975 年版。
孟德斯鸠:《论法的精神》上册,商务印书馆 1961 年版。
休谟:《人类理智研究》,商务印书馆 1957 年版。
北京大学哲学系外国哲学教研室编:《西方哲学原著选读》上卷,商务印书馆 1981 年版。
罗素:《西方的智慧》,文化艺术出版社 1997 年版。
丹皮尔:《科学史》,商务印书馆 1979 年版。
彭加勒:《科学与方法》,商务印书馆 1983 年版。
玻恩:《我这一代物理学》,商务印书馆 1964 年版。
贝弗里奇:《科学研究的艺术》,科学出版社 1979 年版。
爱因斯坦、英费尔德:《物理学的进化》,上海科学技术出版社 1962 年版。

王晓德、张晓芒主编:《历史与现实——世界文化多元化研究》,天津人民出版社2007年版。

张晓芒:《先秦辩学法则史论》,中国人民大学出版社1996年版。

张晓芒:《中国古代论辩艺术》,山西人民出版社2001年版。

张晓芒:《创新思维训练》,企业管理出版社2006年版。

张晓芒:《逻辑思维训练》,企业管理出版社2006年版。

张晓芒:《诡辩——思维的陷阱》,企业管理出版社2006年版。

林润辉:《网络组织与企业高成长》,南开大学出版社2003年版。

野中郁次郎:《知识创新型企业》,《哈佛商业评论精选特辑:知识管理》,中国人民大学出版社2000年版。

汤姆斯等:《法人直觉:创建21世纪的机敏企业》,辽宁教育出版社1998年版。

卢秋田:《差异——一位中国大使眼中的东西方思维》,上海三联书店2003年版。

克劳塞维茨:《战争论》第一卷,商务印书馆1982年版。

蓝德曼:《哲学人类学》,工人出版社1988年版。

后　　记

曾被许多同学认为是最没逻辑的人，因此，这辈子从未敢想过要当教师。然自 2000 年始，还是鬼使神差地当了教师。第一学年最为惶恐，常是这周不知下周要给学生们说什么。记性又不好，只好烂笔头每天写讲义。

高校还要看科研文章。多年从事出版社工作，学问没什么长进，眼高手低却进步不小。轮到该自己研究点什么时，很是有一种挤牙膏皮的感觉。

高校还要看科研项目。承蒙山西黄宝山高科技有限责任公司董事长黄起先生无私资助，笔者报了个自筹资金项目。结果欣然，该项目被列为教育部人文社会科学"十五"规划项目"当代青少年综合思维方法研究"。于是便结合教学工作，开始了艰辛的"科研"之路。

还是多年来的习惯，无论做什么工作，都尽自己的努力，发自内心地把它当做一件"事情"来做。

项目完成后，不敢贸然投稿。且喜中央编译出版社不弃，选中书稿；又幸遇中央编译出版社编辑贾宇琰女士结合本项目的要求，在征询有关专家的基础上，提出了诸多宝贵意见，并付出艰辛的劳动。又经修改，成此书。难以名状的编辑情怀，使我感激之情，心不能授于口。

对在本项目的进行过程中，所有支持、帮助过我的师长、同仁、朋友、家人，情亦同然。好在还有来日。

天津大学研究生院的赵红星老师参与了本项目的研究，并合作撰写了第二章。

作者

2008 年 5 月

中央编译出版社教育类书目

书　　名	作者	定价
美德书	[美]威廉·贝内特	68.00元/100.00元/180.00元
爱因斯坦传	于尔根·奈佛	48.00元
创新思维方法概论	张晓芒	48.00元
决定孩子前途的42个习惯	崔玉超	25.00元
决定孩子前途的45个细节	张云鹏	25.00元
决定孩子前途的9个关键问题	姚磊	25.00元
如何说孩子才肯学	[美]阿黛尔·法伯和伊莱恩·玛兹丽施	26.50元
如何说 孩子才会听 怎么听 孩子才肯说	[美]阿黛尔·法伯 伊莱恩·玛兹丽施	26.80元
心灵鸡汤全集:学生版	王少毅	38.00元
中小学生典故必读	荆毅 林可	29.80元
女生最爱读的真情故事全集	王少毅	38.00元
男生最爱读的成功故事全集	王少毅	38.00元
越读越聪明	王少毅	38.00元
一生要知道的欧洲艺术名作	朱利峰	58.00元
帮孩子成为学习赢家	邵梅	22.00元
最伟大的演说辞:导读版	李双	48.00元
让孩子受益一生的实用方法全集	水成冰	32.00元
让孩子受益一生的哲理故事全集	水成冰	32.00元

让孩子受益一生的典故故事全集	荆毅　林可	29.80元
当代青少年问题与对策研究	高建中	58.00元
大学生心理健康与调试	吉红　王志峰	45.00元
高校师德论	安凤云	45.00元
高中考场作文经典素材大全	北京尚书作文研究室	39.00元
惊魂的谜团	王文宝	39.00元
可怕的现象	王文宝	39.00元
开发大脑潜能的600个智慧游戏	宿春君	36.00元
优等生最爱做的1000个数字思维游戏	赵一　杨艳利	39.80元
中外经典思维游戏全案	徐保平	29.80元
不可不知的300部国学名著	蔡践	46.00元
不可不知的2000个地理常识	王晓梅	38.00元
不可不知的2000个历史常识	王晓梅	36.00元
神秘世界—探索发现之谜	秦凤	49.60元
神秘的世界（中国版）	柴树冬	36.00元
可怕的巧合	北巫	32.00元
万事由来大全	何方园	49.00元
世界五千年未解之谜全集	李津	49.80元
世界五千年未解之谜全集Ⅱ	李津	49.80元
中国五千年宰相之谜全集	李津	49.80元
中国五千年帝王之谜全集	李津	49.80元
海洋探秘	［美］贝弗莉·麦克米伦　约翰·缪吉克	29.80元
恐龙探秘	［澳大利亚］约翰·隆博士	29.80元
古埃及探秘	［英］乔伊斯·泰德斯利	29.80元
太空探秘	［加拿大］艾伦·戴尔	29.80元

图书在版编目（CIP）数据

正确思维的基本要领/张晓芒著.
—北京：中央编译出版社，2008.11
ISBN 978-7-80211-786-0

Ⅰ.正…
Ⅱ.张…
Ⅲ.思维方法
Ⅳ.B804

中国版本图书馆 CIP 数据核字（2008）第 171288 号

正确思维的基本要领

出 版 人	和 龑
责任编辑	贾宇琰
责任印制	尹 珺
出版发行	中央编译出版社
地　　址	北京西单西斜街 36 号（100032）
电　　话	（010）66509236　66509360（总编室）　（010）66509350（编辑室） （010）66509364（发行部）　（010）66509618（读者服务部）
网　　址	www.cctpbook.com
经　　销	全国新华书店
印　　刷	北京中兴印刷有限公司
开　　本	787×960 毫米　1/16
字　　数	320 千字
印　　张	22.5
版　　次	2008 年 12 月第 1 版第 1 次印刷
定　　价	48.00 元

本社常年法律顾问：北京建元律师事务所首席顾问律师　鲁哈达
凡有印装质量问题，本社负责调换。电话：（010）66509618